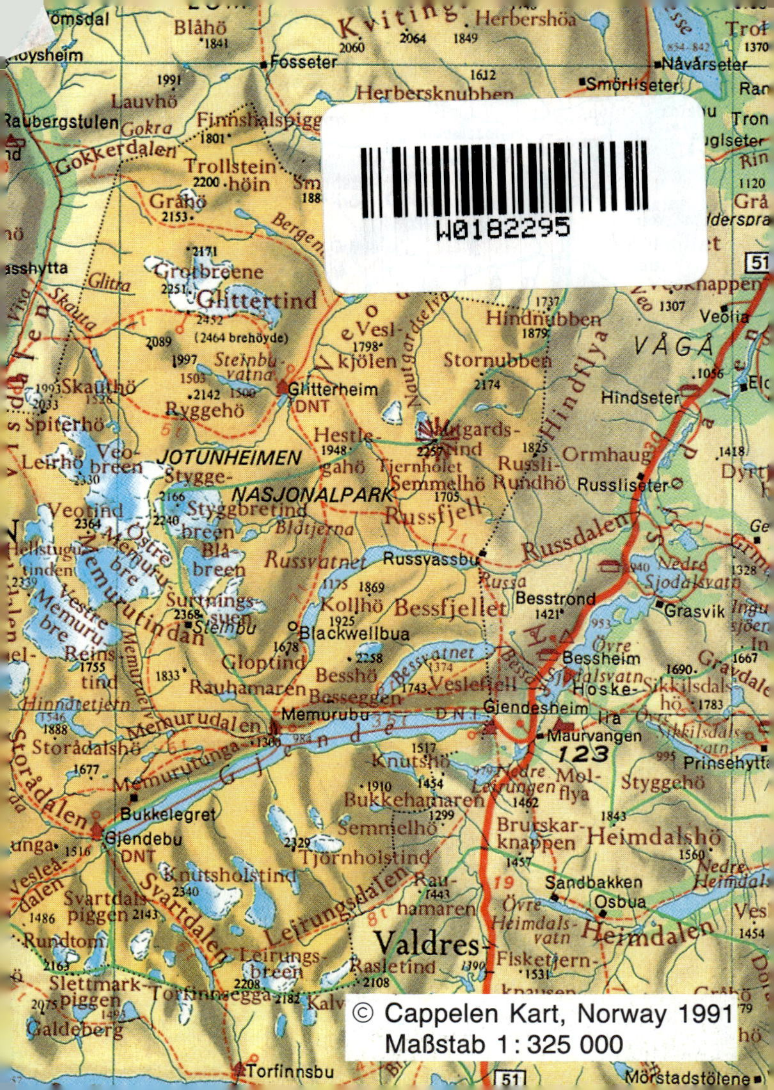
Blåhö
Kvitingskjølen
Herbershöa
Fosseter
Nåvårseter
Smörliseter
Herbersknubben
Lauvhö
Raubergstulen
Gokra
Gokkerdalen
Finnshalspiggen
Trollsteinhöin
Gråhö
Bergenhus
Grotbreene
Glittertind
(2464 brehöyde)
Steinbuvatna
Skauthö
Glitterheim
DNT
Ryggehö
Spiterhö
Leirhö
Veobreen
JOTUNHEIMEN
NASJONALPARK
Veslkjölen
Hindnubben
Stornubben
VÅGÅ
Veolia
Hindseter
Hindflya
Hestlegahö
Nautgardstind
Tjernholet
Semmelhö
Russlirundhö
Ormhaug
Russliseter
Stygge-
Styggebretind
Styggebreen
Veotind
Östre Memurubre
Vestre Memurubre
Memurutindan
Blåbreen
Blåtjerna
Russfjell
Russvatnet
Russvassbu
Russdalen
Nedre Sjodalsvatn
Grasvik
Surtningssuen
Steinbu
Kollhö
Bessfjellet
Besstrond
Blackwellbua
Gloptind
Besshö
Bessvatnet
Veslefjell
Bessheim
Øvre Sjodalsvatn
Hoske
Rauhamaren
Besseggen
Memurubu
DNT
Gjendesheim
Maurvangen
Sikkilsdalshö
Reinstind
Hinndaltjern
Memurudalen
Storådalshö
Memurutunga
Gjende
Knutshö
Nedre Leirungen
Mølflya
Styggehö
Prinsehytta
Bukkelegret
Bukkehamaren
Semmelhö
Brurskarknappen
Heimdalshö
Storådalen
Gjendebu
DNT
Tjørnholstind
Knutsholstind
Rauhamaren
Sandbakken
Osbua
Svartdalspiggen
Svartdalen
Leirungsdalen
Øvre Heimdalsvatn
Heimdalen
Rundtom
Valdres-
Leirungsbreen
Rasletind
Fisketjernknausen
Slettmarkpiggen
Torfinnsegga
Kalvå
Galdeberg
Torfinnsbu
Mørstadstölene

NORWEGEN

Trekkingführer

BERNHARD POLLMANN

Norwegen

für Trekker und Bergsteiger

Wanderungen und Bergbesteigungen in Jotunheimen und Rondane

Mit 51 farbigen Abbildungen,
14 farbigen Kartenausschnitten im Maßstab 1:100 000
aus den Karten „Jotunheimen“ und „Rondane“
(© Statens Kartverk Cappelens Forlag),
zwei Übersichtskarten im Maßstab 1:325 000 (© Cappelens Forlag)
sowie drei Übersichtsskizzen von Sebastian Schrank

BERGVERLAG RUDOLF ROTHER GMBH · MÜNCHEN

Umschlagbild:

Blick über den See nedre Leirungen auf die überzuckerte „Bärenkuppe“ Besshøi im Ost-Jotunheimen Ende Juni. Der See, um den bis zu einer Höhe von etwa 1100 m Fjellbirkenwald stockt (im Vordergrund niederliegende Zwergbirken, unter die sich einige Lappland-Weiden gemischt haben), wird eingefaßt von der Nordost-Flanke der Knutshøi (links) und von der niedrigeren Gjendeshøi (geduckt rechts). In den Taleinschnitt hinter Gjendes- und Knutshøi bettet sich der See Gjende (nicht sichtbar). Der weitgehend apere Rücken, der sich vor der Besshøi-Kuppe nach rechts hinauf schwingt und wandartig steil zum See Gjende abfällt, ist die sonnenexponierte Westpartie des Veslfjellet mit dem berühmten „Bärengrat“ Besseggen, dessen Ansatz am niedrigsten Punkt des Kamms erkennbar ist (fast genau unterhalb des Gipfels der Besshøi). Nach rechts schickt die Besshøi den Grat Brui („die Brücke“), über den der pfadlose und nicht markierte Aufstieg zu dieser mächtigen, überaus aussichtsreichen Kuppe erfolgt.

Foto: Bernhard Pollmann

Bild gegenüber dem Titel:

Brücke über den Fluß Koldedøla, Anfang Juli

Foto: Bernhard Pollmann

Sämtliche Fotos von Bernhard Pollmann

Die Ausarbeitung aller in diesem Führer beschriebenen Anstiege und Routen erfolgte nach bestem Wissen und Gewissen des Autors. — Die Benützung dieses Führers geschieht auf eigenes Risiko. — Soweit gesetzlich zulässig, wird eine Haftung für etwaige Unfälle und Schäden jeder Art aus keinem Rechtsgrund übernommen.

Bergverlag Rudolf Rother GmbH, München

1. Auflage 1991

ISBN 3-7633-2703-7

Gesamtherstellung Rother Druck GmbH, München

(2281/9206)

Vorwort

Jotunheimen, „das Heim der Riesen“, ist das höchste Gebirge des europäischen Nordens. Die unmittelbare Nachbarschaft von Zinnen, Graten und Gletschern, idyllischen Seen, tosenden Wasserfällen und fruchtbaren Tälern macht dieses als Nationalpark unter Schutz stehende Gebiet zu einer der abwechslungsreichsten und wildesten Landschaften Europas. Seine Faszination erschließt sich daher nicht nur beim Bergsteigen, Gletschergehen und Klettern, sondern alle natürlichen „draußen“-Aktivitäten lassen sich hier entfalten und kombinieren: mit dem Zelt oder von Hütte zu Hütte, auf Sohlen, Ski oder Steigeisen, auf markierten Pfaden oder abseits der vielbegangenen Routen.

Das gleiche gilt für die Rondane, die 1962 als erster Nationalpark Norwegens unter Schutz gestellt wurden. Hauptunterschied zwischen Jotunheimen und Rondane ist das Fehlen der Gletscher und des alpinen Gipfelmeers in den Rondane, wo eher „runde“ Formen überwiegen: vom Eis geschliffene Kuppen, Steinwüsten und baumlose Fastebenen mit Flechtenteppichen und Mooren, dazwischen Pflanzenoasen, tief eingeschnittene Täler und Schluchten, Kare mit Restgletschern. Jotunheimen und Rondane sind also relief- und stimmungsmäßig verschieden. Die Rondane können als „leichter“, „ruhiger“ und „weiter“ als der Jotunheimen empfunden werden. Die Vielfalt beider Gebirge hat seit der touristischen Entdeckung im frühen 19. Jahrhundert botanisch und geologisch Interessierte ebenso angezogen wie Maler, Dichter und Komponisten sowie all jene, die Ruhe und Kraft schöpfen wollen.

Hütten- und pfadmäßig zählen Jotunheimen und Rondane zu den besterschlossenen Wandergebieten Skandinaviens. Daß es mit Ausnahme einiger touristischer Rennstrecken dennoch weitgehend einsam ist, liegt daran, daß die technischen Steighilfen völlig fehlen, die es andernorts allzuvielen ermöglichen, ohne Annäherung und Achtung in die Berge einzubrechen: weder Seilbahn noch Sessellift, weder Rolltreppe noch U-Bahn. Auch das Fehlen von Gipfelrestaurants trägt dazu bei, daß das Gros derer, die bedient werden wollen, draußen und unten bleibt.

Wege gibt es so gut wie nicht. Die Pfade folgen meist den vom Eis ausgetieften Tälern. Einige der höchsten Gipfel sind auf markierten Routen zu erreichen, das meiste aber ist Improvisation und Neugier, Vorsicht und Abenteuer. Auch wer sich an die markierten Pfade hält, muß über Kondition verfügen, muß Hängebrücken und luftige Stege überschreiten, durch Blockfelder turnen, auf Geröll und Schnee abfahren, sich über Moordecken tasten und nach dem Wetter sehen. Mit Wandern auf Forstwegen hat Fjellwandern also nichts zu tun. Haken und Karabiner trennen es andererseits vom Kletter-Bergsteigen: Nur in den Hurrungane im West-Jotunheimen sind Zinnen so steil und ausgesetzt, daß Sicherungen nötig sind.

Niemand spricht in Norwegen von „Bergsteigen" oder „Trekking", gleichgültig ob die Begehung anspruchsvoller Gipfel, ob Zelttouren abseits der Pfade oder kurze Bergwanderungen auf dem Programm stehen. Das einfache, aber alle Aktivitäten umfassende Wort heißt „Fjelltour" („Bergfahrt"). Fjelltouren stehen in der Tradition des „Friluftsliv" („Leben in freier Luft"), einer spezifisch norwegischen Outdoor-Bewegung, die im 19. Jahrhundert entstand und nichts mit der Gitarrenromantik des deutschen Wandervogels zu tun hat. „Friluftsliv" ist aktives Entdeckerleben im Einklang mit der Natur, ihrer Schönheit, ihren Gesetzen, Leben in Achtung vor der Natur, im Wissen um ihre und die eigene Verletzbarkeit. Zu den bekanntesten Vertretern des Friluftsliv zählen der Polarforscher und Friedensnobelpreisträger Fridtjof Nansen sowie Roald Amundsen, der erste Mensch am Südpol und Bezwinger der Nordwestpassage.

Der vorliegende Führer beschreibt Routen zur Entdeckung der Nationalparks Jotunheimen und Rondane. Angrenzende Gebiete wurden nur in kleiner Auswahl aufgenommen, da außerhalb der geschützten Gebiete auch in Fjellgegenden mehr und mehr Zäune aufgestellt werden — eine Reaktion auf falsch verstandenen Individualtourismus in einem Land, in dem das Zelt in der Natur fast überall aufgestellt werden kann, wo kein Verbotsschild oder Zaun steht.

Dortmund, im Frühjahr 1991 — Bernhard Pollmann

Inhaltsverzeichnis

I. Allgemeiner Teil

II. Touristischer Teil

Täler, Talorte, Berge

Gipfel, Grate, Hütten

Übersichtskarte Verkehr

Hjerkinn
Dalholen
Folldal
Alvdal
E6
Grimsdalen
Dombås
Alvdal
Stadsbuøi
Dovre
Rondane
Vestfjell
Straumbu
Høvringen
▲2178
Rondslottet
Vågåmo
Atnosen
Sel
Enden
Otta
Rondablikk
Randsverk
Sjoa
Kvam
Gudbrandsdalen
Veolii
Friis-vegen
Vinstra
E6
Ringebu
Kilsdalshø
1783
Skåbu
Fåvang
sflya
Vestre Gausdal
Tretten
Lillehammer
Fagernes

I. Allgemeiner Teil

● 1 Das Land

Geographische Lage: Die Gebirgsmassive Rondane und Jotunheimen liegen — vereinfacht dargestellt — im nördlichen Ostnorwegen (Østlandet) auf etwa 62° nördlicher Breite. Das entspricht der Breitenlage (nicht aber dem Klima) von Süd-Grönland, Sibirien oder Alaska.

Ostnorwegen ist das Gebiet im Windschatten der Westküstengebirge vom Oslofjord bis hinauf zum Gebirge Dovrefjell. Das niederschlagsarme, kontinentale Østlandet ist in vielen Beziehungen — klimatisch, wirtschaftlich, sprachlich — das Gegenteil zum Vestlandet, dem „Westland" am Atlantik. Da Teile des Jotunheimen ins Vestlandet reichen, nimmt dieses Gebirge eine Grenzstellung ein. Von den Hurrungane-Zweitausendern z. B. sind es nur wenige Kilometer zum Sognefjord. Eine markante Trennungslinie zwischen Øst- und Vestlandet im Jotunheimen ist das Tal Bøverdalen.

Oppland: Rondane und Jotunheimen liegen zum Großteil in Oppland, der fünftgrößten norwegischen Provinz. Schon der Name Oppland — „Hinauf-Land" — verweist auf die Höhe: Nur 4,3% der Fläche sind Tiefland unterhalb der 300-m-Höhenlinie. Dagegen liegen 56,9 %, mehr als die Hälfte, über 900 m hoch. Das ist nicht nur für Norwegen Höhenrekord: In Oppland erheben sich die höchsten Berge Nordeuropas. Die höchsten Gipfel der skandinavischen Länder im Vergleich:

Norwegen	Galdhøpiggen	2469 m
Island	Hvannadalshnúkur	2119 m
Schweden	Kebnekajse Sydtopp	2111 m
Finnland	Haltiatunturi	1328 m
Dänemark	Yding Skovhøj	173 m

Oppland kann grob eingeteilt werden in das fruchtbare, nach der letzten Eiszeit vom Meer überflutete Tiefland im Süden und in das zum großen Teil aus landwirtschaftlich nicht nutzbarer Hochfläche bestehende Gebiet im Norden. Im Süden liegen die großen Seen Randsfjorden und Mjøsa. In die Hochflächen im Norden ist die fruchtbare Talung Gudbrandsdalen eingetieft. Östlich dieses Tals erheben sich die Rondane, westlich erstreckt sich Gausdal Vestfjell und Jotunheimen. Das wichtigste Seitental ist das von Westen einmündende Ottadalen.

Rondane: Die Rondane erheben sich — stark vereinfachend dargestellt — zwischen dem Tal Gudbrandsdalen im Westen und dem Tal des Flusses Atna im Osten und Nordosten. Im Süden gehen die Rondane in das Berg- und Moorland Fronskjølen über, im Südosten in das Ringebufjellet. Das Tal Grimsdalen — ebenfalls stark vereinfachend — gilt als Trennungslinie zwischen den Rondane und dem Gebirge Dovrefjell. Zehn Rondane-Gipfel überschreiten die 2000-m-Linie. Die Rondane wurden am 21. Dezember 1962 als erster Nationalpark Norwegens unter Schutz gestellt. Diese geschützte Fläche ist mittlerweile ca. 750 qkm groß.

* alle Höhenangaben in diesem Führer nach den topographischen Karten von Statens Kartverk (Ausnahme: Glittertind)

Die zehn Rondane-Zweitausender*

Name	Höhe m	Route
Rondslottet	2178	R 124ij
Storronden	2138	R 124h
Høgronden	2114	R 129b
Midtronden-West	2060	R 129e
Vinjeronden	2044	R 124i
Midtronden-Ost	2042	R 129e
Sagtinden	2018	R 124e
Storsmeden	2016	R 124e
Veslesmeden	2015	R 124g
Digerronden	2015	R 129d

Jotunheimen: Der Jotunheimen, Nordeuropas höchstes Gebirgsmassiv, wird im Osten durch das fruchtbare Tal Sjodalen begrenzt und läuft im Südosten in die Hochfläche Valdresflya aus. Im Süden ziehen sich die großen Seen Bygdin und Tyin, im Norden ist das Tal Ottadalen die Grenze. Die Trennungslinie zum Gletschergebiet Breheimen im Westen bildet der jahrhundertealte Handelsweg vom Fjord Lustrafjord über das Gebirge Sognefjell und durch die Täler Breiseterdalen, Leirdalen und Bøverdalen bis zum Ort Lom im Tal Ottadalen. Diesem Weg folgt heute die im Winter gesperrte Reichsstraße 55 (Sognefjellvegen).
Der Jotunheimen ist mit ca. 2500 qkm etwa so groß wie das Saarland, wie Vorarlberg oder der Tessin. 1140 qkm der zentralen Hochgebirgsregion wurde 1980 als Nationalpark unter Schutz gestellt. An diesen Nationalpark schließt sich das Landschaftsschutzgebiet Utladalen an (ca. 300 qkm).
Die Zahl der Jotunheimen-Zweitausender wird in norwegischen Veröffentlichungen mit „rund 200“ angegeben, „je nachdem, was als eigenständiger Gipfel angesehen wird“. Die untenstehende Liste verzeichnet im Bereich von 2000 bis 2299 m die markantesten Gipfel und Köpfe, von 2300 bis 2469 m alle Gipfel.

100 Jotunheimen-Zweitausender

Name	Höhe m	Route
Galdhøpiggen	2469	R 91c / R 92a
Glittertind	ca. 2464	R 90c
Storen = store Skagastølstinden	2403	R 101
Styggedalstinden	2387	R 101 (R 99f)
Skardstinden = Skarstind	2373	R 91l
vesle Galdhøpiggen	2369	R 92d
Surtningssui	2368	R 82fg
store Memurutinden	2364	R 91k / R 90i
Keilhaus Topp	2355	R 91d

Gjertvasstind = Jervvasstind	2351	R 99f
Sentralen	2348	R 101
store Heillstugutinden	2345	R 91f
Storgjuvtinden = Storjuvtinden	2344	R 92c
store Knutsholstinden	2341	R 83 q
Leirhøi	2330	R 91h / R 90i
Tjørnholstinden	2330	R 81k
Bukkehøi	2314	R 93m
store Tverråtinden	2309	R 91j
Ymelstind	2304	R 91l
lille Tverråtinden	2302	R 91j
Trollsteinseggi	2300	R 90m
Leirungstinden, østre	2288	R 81n
Galdhøi a	2283	R 92b
Memurutinden-West a	2280	R 82i
Svellnosi	2272	R 91c
Veotinden-Süd	2267	R 82hj
Mesmogtinden	2264	R 88b
Gråsuranden	2260	R 90o
Besshøi	2258	R 81o
Nautgardstinden	2258	R 81rs
Leirungstinden, vestre	2250	R 81w
Skarvflyløyfttinden	2250	R 81n
Veotinden-Hauptgipfel	2240	R 82h
Semmeltinden	2236	R 83l
Visbretinden	2234	R 93g
Memurutinden-Süd a	2230	R 82i
Høgdebrotet	2226	R 81j
Storebjørn	2222	R 95a
nordre Heillstugutinden	2218	R 91e
Styggehøi	2213	R 91i
Skarvflytinden-Süd	2210	R 81n
Kalvehøgdi, „vestre“	2208	R 88e
store Smørstabbtinden	2208	R 95h
Langedalstinden	2206	R 88b

Trollhøi	2201	R 90n
Kvitskardtinden	2193	R 88c
Langedalsbrehøi	2190	R 83o
Knutsholstinden-Nord	2185	R 83r
Veobretinden	2183	R 90j
Svellnosbrehesten	2181	R 91d
Kalvehøgdi, „østre“	2178	R 88e
Stornubben	2174	R 81s
Loftet	2170	R 66
Trollstein-Rundhøi	2170	R 90fm
Raudalseggi	2168	R 94f
Slettmarkpiggen	2163	R 83 n
Tverrbotntinden	2161	R 93l
Steinhøi	2161	R 90n
Munken	2159	R 88e
Skardalseggi	2159	R 94l
Raudalstindane	2157	R 94e
Uranostinden	2157	R 99e
Veslfjelltinden	2157	R 95g
Gråhøi	2154	R 90n
Tverrbotntinden	2151	R 93l
Veslebjørn	2150	R 95a
Ryggehøi	2142	R 90de
Snøholtinden = Sjogholstinden	2141	R 94i
Memurutinden-Süd b	2140	R 82i
Svartdalspiggen-Nord	2137	R 83p
Mjølkedalstinden	2137	R 94d
Lindbergtinden	2120	R 91j
Torfinnstinden, østre	2119	R 88d
Skeii	2118	R 95a
Hinnotefjellet	2114	R 83b
Gravdalstinden	2113	R 93k
Tverrbotntinden	2106	R 93l
Rasletinden	2105	R 88e
Skardalstinden	2100	R 94k

Glitter-Rundhøi	2089	R 90de
Tverrbotntinden	2084	R 93l
Soleibotntinden	2083	R 97e
Galdeberget	2075	R 83j
Stølsnostinden	2074	R 85d
Heillstuguhøi	2072	R 91e
Kvassryggen	2071	R 81i
Fannaråken	2068	R 95e / R 97a / R 99b / R 100
Falketind	2067	R 85d / R 103e
Svartholshøi	2067	R 90fm
midtre Høgvagltinden	2066	R 93h
Kvitingskjølen, austre	2064	R 104
Kalven	2034	R 95a
Spiterhøi	2033	R 91g
Kyrkja	2032	R 93d
Langvasshøi	2030	R 93f
Stølsmaradalstinden	2026	R 98f
Stetinden	2020	R 93j
Kalveholotinden, nordre	2019	R 88f
Storbreatinden	2018	R 95g
Langeskavlstinden	2014	R 84g

Bekannte Zweitausender außerhalb von Jotunheimen und Rondane

2286 m	Snøhetta-Stortoppen (Dovrefjell)
2249 m	Snøhetta-Vesttoppen (Dovrefjell)
2209 m	Storstygge-Svànàtinden (Dovrefjell)
2131 m	nordre Hestbrepiggen (Lomseggi / Breheimen)
2088 m	Tverràdalskyrkja (Breheimen)
2083 m	Lodalskàpa (Jostedalsbreen / Breheimen)
2004 m	Skredahøin (Dovrefjell)

Oslo, wo fast jede Norwegenfahrt beginnt oder endet, ist auf der Landseite ein rund 1200 qkm großes Mittelgebirge vorgelagert: die Oslomarka. Nach Bergfahrten in Jotunheimen oder Rondane bildet dieses Waldgebiet die letzte Möglichkeit, das Wiedereintauchen in die Hektik des Nicht-in-der-Natur-Lebens ein wenig zu überbrücken: Die Oslomarka bietet neben verhältnismäßig aussichtsreichen Bergen (Oppkuven 704 m, Ringkollen 702 m) viele stille und idyllisch-einsame Plätze bis hin zum Urwald, Seen mit Wildenten und Möwen, Flüsse, Moore und Badestrände, reges Tierleben mit Auerhähnen, Elchen und Rotwild. Im Bild der winzige See Svartkulp am Südrand der Oslomarka unweit des großen Badesees Sognsvann.

• 2 Das Reisen

a) Anreise, Einreise, Verkehrsmittel

Die Anreise nach Norwegen erfolgt in der Regel mit Auto und Fähre. Relativ teuer sind Flugzeug (1 Std. Hamburg—Oslo) und Zug (23 Std. Frankfurt am Main—Oslo). Seit 1987 hat das Städtchen Fagernes (südlich des Jotunheimen) einen Flugplatz, auf dem Großraumflugzeuge landen können. Die nervenraubendste Art, nach Norwegen zu gelangen ist die Anreise mit dem Auto auf der Vogelfluglinie (via Seeland, Göteborg). Für alle Fährschiffe ist Buchung im voraus zu empfehlen, auch in der Nebensaison (bei gleichzeitiger Buchung von Hin- und Rückfahrt – das läßt sich rasch wieder umbuchen – verbilligen sich die Fährschiffkosten nicht unwesentlich).

Kiel—Oslo: Von Kiel nach Oslo besteht eine Direktverbindung mit den Fährschiffen der Color Line (früher Jahre Line). Dies ist die erholsamste und komfortabelste Art, Norwegen auf dem Seeweg zu erreichen. Color Line Kiel: Tel. 0431/97409-0.

Frederikshavn—Moss/Oslo: Am preisgünstigsten ist die Überfahrt von Frederikshavn nach Moss (60 km = 1 Autostunde südlich von Oslo) mit der Stena Line. Kiel: Tel. 0431/9090; Stena Line Oslo: Tel. 02/412210 oder 361310 oder 33500. Schiffe der Stena Line verkehren auch zwischen Frederikshavn und Oslo. – Der kleine Campingplatz bei Vestby hat auch nachts offen.

Frederikshavn—Larvik: Relativ preiswert ist auch die Überfahrt von Frederikshavn nach Larvik mit der Larvik Line (10 Std. nachts, 7 Std. tagsüber, in der Nebensaison nicht täglich). Von Larvik sind es 130 km oder gut 2 Std. bis Oslo. Larvik Line Oslo: Tel. (0047 Norwegen) 02/00501.

Hirtshals – Oslo: Die Fähren der Fred. Olsen Lines laufen vom nordjütländischen Hirtshals aus unter anderem Oslo an. Fred. Olsen Lines Hamburg: Tel. 040/376930.

Rutehefte for turister: Das Norwegische Fremdenverkehrsamt in Hamburg (040/22710810) schickt die kostenlose Broschüre „Rutehefte for turister" zu. Auf ca. 50 Seiten sind hier die Fahrpläne der wichtigen Zug-, Flugzeug-, Bus-, Schiff- und Fährschiffverbindungen für ganz Norwegen einschließlich der Preise aufgeführt, auch die Abfahrtszeiten der Motorschiffe auf den Seen Gjende und Bygdin im Jotunheimen sowie die dortigen Busverbindungen (Fagernes—Otta).

Zug: Die Rondane sind von Oslo aus mit dem Dovrebanen zu erreichen, der roten Eisenbahn, die übers Dovrefjell nach Trondheim fährt (täglich etwa fünf Fahrten). Hauptbahnhöfe im Gebiet von Rondane / Dovrefjell sind Otta, Dombås und Hjerkinn, weiter südlich Lillehammer, Ringebu und Vinstra. An den anderen Bahnhöfen dieser Strecke halten nicht alle Züge. Die Fahrt von Oslo nach Otta dauert je nach Zugtyp 3½ bis 5 Stunden.

Die Eisenbahnlinie für die Anreise zum Jotunheimen ist Oslo—Fagernes (ca. 4 Std.). Dort besteht Busanschluß. Ski und Fahrräder werden ½ Std. vor der Abfahrt aufgegeben und reisen im Gepäckwagen mit. Im Winter haben einige Züge spezielle Skigepäckwagen.

Bus: Im Sommer gute Verbindungen, im Winter schlecht, sobald die touristischen Hauptrouten verlassen werden. Der Norwegische Bergwanderverein DNT organisiert während der Sommer- und der Winterhauptsaison Direktbusse Oslo—Jotunheimen bzw. Oslo—Rondane. Die Fahrkarte muß vorher gekauft werden.

Zollbestimmungen: Personalausweis. Für Kinder Kinderausweis (oder im Ausweis der Eltern eingetragen). Kfz-Versicherungskarte. Sehr wichtig: Verboten ist die Mitnahme lebender Tiere (in Norwegen gibt es keine Tollwut).

Außer für lebende Tiere hat der Zoll scharfe Augen für Spirituosen: Wer 20 Jahre alt ist, darf zollfrei 4 Halbe Bier plus 2 l schwachen Wein / Branntwein (bis 23 %) einführen; oder 1 l starken Branntwein (bis 60 %) plus 1 l schwachen Wein / Branntwein. Wer 16 Jahre alt ist, darf 200 Zigaretten oder 260 Gramm Tabak plus 200 Zigarettenpapierchen einführen. — Verboten ist die Einfuhr von Eiern und Kartoffeln, von Rauschgiften und Giftstoffen, von Waffen, Munition und Sprengstoffen. Verboten ist die Ausfuhr „von Altsachen und Gegenständen mit einem kunst-, kultur- oder personhistorischen Wert". Auch mehr als 5000 Norwegische Kronen dürfen nicht ausgeführt werden.

b) Autoverkehr, Straßenverhältnisse

Tanken: Die Versorgung mit katalysatorfähigem Bleifrei (blyfri) ist im Bereich der Europastraßen flächendeckend. Nachts ist Tanken jedoch vielfach — auch an der E 6 — nur mit Chipkarte möglich.

Straßen: Die Europastraßen und die meisten Reichsstraßen sind gut bis sehr gut ausgebaut. Europastraße = europaveien, Reichsstraße = riksveien = riksvegen (entspricht den deutschen Bundesstraßen). Die Europastraßenschilder haben grünen Grund mit weißer Schrift (E plus Nummer der Europastraße) in durchzogener weißer Umrandung. Die Schilder der Reichsstraßen haben weißen Grund mit schwarzer Schrift (Nummer der Reichsstraße) in durchgezogener schwarzer Umrandung. Ist die Umrandung nicht durchgezogen, sondern unterbrochen (gestrichelt), handelt es sich um eine Zufahrtsstraße.

Verkehrsregeln und Verkehrszeichen: Generell gelten dieselben Verkehrsregeln wie in der EG. Kreisverkehr ist relativ häufig. Blaue Schilder sind Hinweisschilder: Ein weißes M auf blauem Grund signalisiert bei engen Straßen eine Ausweichstelle (møteplass); ein Bäumchen mit Tisch weist auf einen Rastplatz, ein Bäumchen mit Hütte auf eine Jugendherberge; vier schwarze, im Viereck angeordnete Schlaufen verweisen auf eine Sehenswürdigkeit. Das Zeichen „Elchwechsel" (Elch im Gefahrzeichen) ist kein Ersatz für das Zeichen „Wildwechsel" (dieses Zeichen gibt es auch), sondern bedeutet: Hier wechseln, gern bei Dämmerung, Elche über die Straße. (Auf kleineren Straßen liegen häufig Schafe.) Wichtig auf Nebenstraßen ist auch das Zeichen mit der Unterschrift „Ferist": Abbremsen, denn nun hört kurz der Asphalt auf, stattdessen findet sich als Straßenbelag eine Art Röhrengitter (ferist = Viehgrill), das verhindern soll, daß hier das Vieh (= fe) weiterläuft. Ein Schild mit dem Wort „avgift" bedeutet immer: Hier muß bezahlt werden (z. B. auf einem Parkplatz = parkeringsplass). Zwei Abkürzungen finden sich häufig auf Wegweisern:

st.	=	stasjon (sprich: staschú:n)	=	Bahnhof
krk.	=	kirke (sprich: chírke)	=	Kirche

Ortsschilder gibt es so gut wie nicht (da es ja kaum Orte gibt, sondern nur Höfe o. ä.; vor Höfen steht oft das Schild „gardstun").

Geschwindigkeitsbegrenzung: Die Höchstgeschwindigkeit beträgt

Wie viele Paßstraßen ist auch der Sognefjellvegen im westlichen Jotunheimen von etwa Oktober bis Mai gesperrt. Anfang Juli türmen sich meterhohe Schneekanten neben der Fahrbahn.

innerorts 50 km/h, außerorts 80 km/h. Die E 6 ist zwischen Oslo und Lillehammer teilweise als Autobahn, teilweise als Schnellstraße ausgebaut; auf diesen Streckenabschnitten beträgt die Höchstgeschwindigkeit 90 km/h. Geldstrafen bei Übertreten der Höchstgeschwindigkeit sind drastisch. (Als Faustregel gilt ab Lillehammer: Mehr als 60 Streckenkilometer pro Stunde sind nur bei Inkaufnahme eines Strafzettels zu schaffen.)
Alkohol: Beim Überschreiten der Promillegrenze, die mit 0,5 relativ niedrig liegt, gibt es keinen Ausländerbonus: Blutprobe, Führerscheinentzug für mindestens ein Jahr, Schnellverhandlung mit Verurteilung zu mindestens drei Wochen Gefängnis, sofortiger Strafvollzug. Die Polizei kontrolliert!

Freitagnachmittag meiden: Das Verkehrsaufkommen ist außer im Großraum Oslo und auf der Europastraße 6 gering. Der meiste Verkehr herrscht am Wochenende, wenn die Leute in ihre Hütten fahren. Vor allem der Freitagnachmittag, aber auch der Sonntagabend sind als Reisezeit zu meiden.
Licht nicht vergessen: In Norwegen wird auch tagsüber mit Abblendlicht gefahren (sonst Geldstrafe). Vor Antritt einer Wanderung stets überprüfen, ob das Licht ausgeschaltet ist. Unangenehm ist es, nach einer mehrtägigen Tour das Auto mit leerer Batterie wiederzufinden.
Straßenkarte: Sehr empfehlenswert ist Cappelens Straßen- und Touren-Karte (R 6).
Pannenhilfe: Der NAF (Norges Automobilforbund) ist das norwegische Pendant zum ADAC. Die gelben NAF-Wagen fahren alle Reichsstraßen (auch im Gebirge) täglich einmal ab und helfen Liegengebliebenen. Für ADAC-Mitglieder ist die Pannenhilfe kostenlos. In der Regel wird bei kleineren Pannen (Starthilfe u. a.) auch Nicht-ADAC-Mitgliedern kostenlos Hilfe gewährt. Notrufsäulen stehen an den Gebirgsabschnitten der Reichsstraßen 51 (Jotunheimen-Ost) und 53 (Jotunheimen-Südwest) sowie der Europastraße 6 (Dovrefjell). Ein Anruf beschleunigt bei Pannen, die keine Gefahr für Gesundheit und Leben darstellen, nicht das Kommen des NAF-Wagens: Tel. 02/429400.
Mautweg („Bomveg"): Viele Almwege sind Mautwege. Die geringe Gebühr — je nach Weglänge und Instandsetzungsaufwand zwischen zehn und dreißig Kronen, selten mehr — ist selbständig zu entrichten: Im Kassenhäuschen neben der Schranke („bom", sprich: bum) liegen Umschläge bereit für das Geld; Umschlag beschriften (Name, Kfz-Nummer, Datum), Quittung abreißen und Umschlag mit Geld in die Kasse stecken; die Quittung gut sichtbar hinter der Windschutzscheibe auslegen.
Während der Saison sitzen am Beginn von vielbefahrenen Mautwegen Kassierer. Auf der E 6 ist an der Brücke über den See Mjøsa eine geringe Maut zu entrichten.
Winter: In Norwegen wird nicht gestreut. Geräumt werden nur die größeren Straßen. Gefahren wird von etwa Oktober bis einschließlich Mai mit Spikes. Eine schlechte Alternative zu Spikes sind

Schneeketten. Gesperrt sind „im Winter“ folgende Reichsstraßen des Gebiets Rondane und Jotunheimen: RV 220 (Ringebufjellet) zwischen Spidsberg Seter und Enden; RV 51 (Jotunheimen-Ost) zwischen Bessheim und Beito; RV 55 (Jotunheimen-West) zwischen Liasand und Opptun. Auskunft über aktuelle Sperrungen erteilt der NAF. Das Norwegische Fremdenverkehrsamt in Hamburg (Tel. 040/22710810) verschickt kostenlos eine Karte der im Winter befahrbaren Straßen. „Im Winter gesperrt“ kann bedeuten: „an Ostern nicht gesperrt“ (da an Ostern der größte Skiverkehr herrscht, werden einige der „im Winter“ gesperrten Streckenabschnitte geräumt). Auf Gebirgsstrecken kann es immer vorkommen, daß Kolonnenfahren — Schneepflug voraus — nötig ist. Beim Warten auf die entgegenkommende Kolonne sind eine Daunenjacke oder Wolldecke, eine gefüllte Thermoskanne und etwas zum Essen angenehm.
Der Einbau einer Motorheizung ist in Norwegen problemlos möglich und nicht teuer. Der Einbau einer Standheizung ist eine Investition, die sich bei regelmäßigen Winteraufenthalten lohnt. Außerdem: Besen, Eiskratzer, Enteiser, Ledertuch, Schneeschaufel, Starthilfekabel (plus Bedienungsanleitung), Taschenlampe.

• 3 Die Landschaft

a) Relief, Gesteine, Gletscher

Jotunheimen, Dovrefjell und Rondane gehören zu den Skanden, dem bis zu über 2400 m hohen westskandinavischen Gebirgszug, der bei der kaledonischen Faltung entstand und heute über weite Strecken hinweg die Wasserscheide und Landesgrenze zwischen Norwegen und Schweden bildet. „Kaledonisch gefaltet“ bedeutet: in der Zeit vor 400 Millionen Jahren gefaltet bzw. verbogen. Die Skanden sind an den uralten Baltischen Schild quasi angeschmiedet und bilden mit ihm eine riesige Pultscholle, die Finnoskandia heißt.
Am Ende des Karbons, vor rund 300 Millionen Jahren, wurde dieses Gebirge stark gerumpft (eingeebnet). Dabei entstanden die für das Relief zwischen Jotunheimen, Rondane und Dovrefjell charakteristischen Fastebenen. Eine solche Rumpfebene wird im Norwegischen

als Vidda bezeichnet (das Wort ist verwandt mit deutsch „weit"). Die bekannteste Vidda in diesem Gebiet ist die Valdresflya, in die der Jotunheimen im Südosten ausläuft („flya" ist ein anderes Wort für „vidda").

Als vor rund 150 Millionen Jahren in der Erdzeit, die Tertiär genannt wird, Nordamerika und Europa auseinanderdrifteten, hob sich Finnoskandia und stellte sich schräg. Steil fällt die Scholle nun im Westen in den Atlantik hinein, während sie sich nach Osten sanft zum Bottnischen Meerbusen hinabsenkt. Ihre Hauptwasserscheide sind die Skanden: Nord- und Westnorwegen schauen nach Westen zum Atlantik, Schweden und Ostnorwegen schauen zur Ostsee. Während die Skanden im Norden die Grenze zwischen Norwegen und Schweden bilden, teilen sie weiter südlich Norwegen in das atlantische Vestlandet und das kontinentale Østlandet.

Das heutige Großrelief verdankt seine Entstehung der Hebung im Tertiär. In den Skanden finden sich daher die höchsten Gipfel Skandinaviens: Galdhøpiggen, 2469 m, und Glittertind, 2464 m, im Jotunheimen sowie store Skagastølstinden, 2403 m, in den Hurrungane sind die höchsten, aber auch noch die Snøhetta, 2268 m, im Dovrefjell sowie Rondslottet, 2178 m, und Storronden, 2138 m, in den Rondane überragen alle anderen Gipfel Nordeuropas.

Während der zwei Eiszeiten im Quartär — das Ende des letzten Glazials in Norwegen wird vor etwa 10 000 Jahren angesetzt — wurde das bereits im Tertiär ausgebildete Flußnetz vom Eis überarbeitet und übertieft. Die Landschaft in den Rondane und im Jotunheimen ist also stark vom Eis geprägt mit Karen, Moränen, U-Tälern, Gletschertöpfen usw.

Das Gebiet der Rondane besteht größtenteils aus Sparagmit, einem feldspatreichen und relativ quarzitarmen Sandstein, auf dem nur genügsame Pflanzen gedeihen. Auf dieser Unterlage türmt sich vielfach grobblockiges Moränenmaterial aus Graniten und Gneisen. Der Verwitterungsschutt verhindert in der Block- und Felszone rasches Gehen.

Unzählige Schieferplatten decken die sonnige Südflanke des Vinjeronden. Weiter oben erschwert mächtiges Blockwerk den Aufstieg.

Der Jotunheimen zählt zu den wenigen Gebirgstrakten Norwegens mit alpinen Formen. Gabbro heißt hier das körnige, schwarzgrüne, harte Tiefengestein, das vulkanischen Ursprungs ist und reiche Nährstoffe enthält. Anders als in den sandsteinreichen Rondane findet sich daher im Jotunheimen teilweise üppige Vegetation. Gabbro ist meist dunkel mit weißen (Feldspat) Flecken. Daneben findet sich gneisähnlicher Gabbro mit schwarzen Parallelstreifen in weißem Material. An Stellen, wo im Gabbro mehr Magnesium und Eisen vorkommen, hat das Gestein eine rostrote Farbe. In einigen Namen spiegelt sich dies wider: Rusteggi = der Rostgrat, Raudhamrane = die roten Hämmer.

Fjell: Das Wort Fjell wird im Deutschen meist ungenau mit „Berg" oder „Gebirge" übersetzt. Fjell — auf alten Karten „Fjeld" geschrieben — liegt oberhalb der Nadelwaldgrenze und ist eine glazial überformte Hochlandschaft mit allem, was dieser weit gespannte Begriff umfassen kann: Berg, Gebirge, Gipfel, Kuppen, Gletscher, Vidda, Moore, Tundren, Seen, Flüsse, Täler, Schluchten usw.

Der Begriff Fjell sagt nichts über die Höhe aus. Liegt die Nadelwaldgrenze niedrig, ist auch eine Kuppe von 500 m Höhe „Fjell". Beispiel für diesen kollinen (hügeligen) Fjelltyp ist das Neverfjell, 1089 m, am Anfang des Lillehammer-Rondane-Pfads. Der zweite Fjelltyp ist das Plateaufjell mit welliger, über weite Strecken hin überschauberer, gerumpfter Oberfläche. Beispiele hierfür sind Rondane und Dovrefjell, deren Gipfel bis zu 1200 Höhenmeter aus der Rumpffläche emporragen. Der dritte Fjelltyp ist das alpine Fjell mit Gipfelmeer (Jotunheimen).

Vergletscherungen: Während es im Jotunheimen rund 60 Gletscher gibt, finden sich in den Rondane nur in besonders tiefen Nordkaren Restgletscher. Dieser Unterschied wird auf das Klima zurückgeführt: Der weiter im Westen liegende Jotunheimen ist niederschlagsreicher und im Sommer kälter als die Rondane. Westlich vom Jotunheimen erstreckt sich der Breheimen, „das Heim der Gletscher". Dort fließt der bis zu 500 m mächtige Jostedalsbreen, der größte Gletscher Festlandeuropas, nach dem Vatnajökull auf Island die zweitgrößte Plateauvergletscherung Europas.

Anders als der Jostedalsbreen sind die meisten Gletscher im Jotunheimen keine Plateau-, sondern Kargletscher (die in einem Kar liegen) oder Talgletscher (die durch ein Tal fließen). Von Südwesten nach Nordosten steigt die Firnlinie im Jotunheimen ca. 400 m an: Die Linie, bis zu der die Gletscher im Sommer ausapern (schneefrei werden), liegt im Südwesten bei 1600 m, im Gebiet von Glitterheim bei 2000 m. Die Gletscher sind nicht sehr groß. Der größte ist der Smørstabbreen im Westen (Foto S. 312/313) mit einer Fläche von ca. 15 qkm (im Größenvergleich mit den anderen Gletschern Norwegens rangiert er auf Platz 22), gefolgt von den zusammenhängenden Gletschern vestre Memurubreen und Heillstugubreen (12 qkm) sowie dem Veobreen (9 qkm).

Subatlantikum-Gletscher: Wie alle europäischen Gletscher sind die in Norwegen keine Reste der letzten Eiszeit (sie endete in Norwegen vor 10000 Jahren), sondern stammen aus dem Subatlantikum, der Nachwärmezeit, die erst vor 2500 Jahren begann. Damals erfolgte eine drastische Klimaverschlechterung: Es wurde kühler und feuchter, die Wald- und Schneegrenzen sanken ab, der Grundwasserspiegel stieg an, das flächenhaft einsetzende Hochmoorwachstum führte zur Wüstung von Wirtschaftsräumen, Haustiere konnten nicht mehr im Freien überwintern und mußten in Stallungen untergebracht werden, jahreszeitlich wandernde Menschen wurden zu festen Siedlungen gezwungen. Im Gebirge wurden ungeheure Massen Schnee zusammengepreßt und bildeten durch Zusammensacken und Verharschen Firn, die luftgefüllten Zwischenräume verschwanden, und der Firn verwandelte sich in das undurchlässige, milchige Firneis. Unter dem Druck der Schnee- und Eismassen ging dieses in grünblaues Gletschereis über, das sich bei einer Dicke von über 30 m in Bewegung setzte und zu fließen begann. Die Fließgeschwindigkeit liegt bei acht bis zehn Metern pro Jahr. Das Eis an den heutigen Zungen ist also vor rund 700 bis 800 Jahren als Schnee gefallen.

Im 17. Jahrhundert wurde es noch kälter, die sog. kleine Eiszeit begann, die Zungen stießen tief in die Täler und zerstörten Siedlungen. Mitte des 18. Jahrhunderts erreichte das Eis seine größte Ausdehnung (1743 löschte der Nigardsbreen die bäuerliche Siedlung Nigard aus), danach zog es sich wieder zurück (Nigard z.B. ist wieder frei). Wie weit sich die Gletscher seit 1750 zurückgezogen haben, läßt sich erkennen, wenn die Lage der Endmoränen mit der

Wollgras flockt auf Moorböden, wo das Wasser die Oberfläche er-

Gletscherstirn verglichen wird (z. B. am Veobreen). Aus anderen Gletschern wurden während dieses Schmelzprozesses zwei Gletscher (z. B. der austre und der vestre Memurubreen). Seit den 60er Jahren des 20. Jahrhunderts bilden sich auf den Gletschern neue Eisschichten, während die Zungen weiter abschmelzen.

Das aus den Gletschern austretende Schmelzwasser soll nicht frisch getrunken werden. Es kann durch Schneealgen oder Losung verunreinigt sein. In Jahren, in denen die skandinavischen Lemminge wandern, liegen auch viele Kadaver dieser langkralligen Nager auf den Gletschern.

reicht. Das silberweiße Haar wächst nach der Blüte im Juni.

b) Vegetation und Tierwelt

Der Jotunheimen als Wandergebiet wurde im frühen 19. Jahrhundert von Wissenschaftlern entdeckt, die seltene Pflanzen suchten. Der erste war Martin Wahl, der 1787 im Tal Bøverdalen die Lappenrose fand. Die fruchtbaren Täler sind bis heute Anziehungspunkt für botanisch Interessierte geblieben: neben dem Tal Bøverdalen vor allem das kreide- und schieferhaltige Tal Sjodalen sowie das Tal Veodalen. Die Reste der ältesten Kiefern Norwegens im Tal Smådalen sind 8660 Jahre alt, und bei der Hütte Glitterheim wurden Birkenreste auf ein Alter von 8000 Jahren datiert. Heute liegt die Kiefern-

grenze im Tal Sjodalen bei 940 m, die Fjellbirken erklettern am Nordufer des Sees Gjende und im Tal Skogadalen die 1200-m-Höhenlinie.
Im Jotunheimen ist die gesamte Gebirgsflora anzutreffen (Schnee-Enzian, Felsenehrenpreis, Arktische Glockenblume usw.). Das Gedeihen der Pflanzen hängt nicht allein von der Gesteinsart ab, sondern auch vom Lokalklima (Sonne, Wasserzufuhr, Höhe usw.). Am fruchtbarsten sind Täler (das Nordufer des Sees Gjende ist eine der Fruchtbarkeitsoasen im Nationalpark Jotunheimen), doch finden sich mehr als 120 Arten auch oberhalb der 1500-m-Linie, und mehr als 15 überschreiten die 2100 m. Den Höhenrekord hält — wie in den Alpen — der Gletscherhahnenfuß (2370 m im Galdhøpiggen-Gebiet), norwegisch issoleie. Da er trotz der Giftstoffe den Rentieren schmeckt, heißt er auch reinsblom, reinsblomme und renssoløy. Er ist von Juli bis September in Blüte zu finden.
Die Rondane hingegen mit ihrem Sparagmit-Sandstein bieten einer üppigen Vegetation wenig Ansatzpunkte. Die Flora oberhalb der Nadelbaumgrenze beschränkt sich auf anspruchslose Pflanzen, von denen sich zwar Rens, kaum aber Schafe und schon gar nicht Kühe ernähren können, während in den jetzt unter Schutz stehenden Tälern des Jotunheimen früher vielfach Almwirtschaft betrieben wurde (Utladalen).
Die Pflanzenoasen in den Rondane sind der Canyon Villmanndalen und die Rinne Slettløyftet am Übergang zwischen dem Großkar Verkisdalsbotn und dem Berg Vassberget. Fjellbirkenwald mit Hochstaudenfluren stockt im Tal Musvoldalen.
Elche sind im Gebiet der Nationalparks selten (zu sehen), ebenso wie Rotfüchse und Hasen, Mäuse, Lemminge und andere Nager. Mit Glück ist ein verirrter Vielfraß zu sehen. An Vögeln sind zu nennen Rabe, Rauhfußbussard und Steinadler, Drossel, Lerche, Rot- und Blaukehlchen sowie Fjellrype („Alpen-Schneehuhn“). Zuweilen verirren sich in die niedrigen Randlagen der Rondane Moschusochsen von der Dovre-Herde. Bis ins 19. Jahrhundert wurden in den Rondane Falken für die Adelsjagden Großbritanniens und des Kontinents gefangen. Das Piepen des Blaukehlchens ist relativ oft zu hören, das Rufen des Kuckucks ist in der baumlosen Flechten- und Steinwüste ein ungewohnt heimischer Klang.

In die Ritzen der feuchten Felsen unterhalb des Besseggen krallt die „Fjellkönigin“ oder „Bergfrau“ (Saxifraga cotyledon) ihre Wurzeln. Daß sich das seltene Steinbrechgewächs so „schief“ reckt, hat eine einfache Erklärung: Es strebt – wie alle im Fjell – zur Sonne.

Flechten: Am häufigsten unterhalb der Blockzone ist die Rentierflechte (reinlav), die im Deutschen wegen ihrer Polsterbildung auch als Rentiermoos bezeichnet wird. Die Rentierflechten verleihen großen Teilen des Rondane-Gebirges ein gelblich-weißes bis schwefelgrünes Aussehen. Weitere Flechten sind das Isländische Moos und die verschiedensten Krustenflechten. Diese sind meist fest mit dem Stein, auf dem sie wachsen, verbunden. Die auffälligsten Krustenflechten sind die Landkartenflechten, die die Steine mit leuchtendgrünen, rötlichen, gelblichen und schwarzen Mustern überziehen.

Beeren: Die häufigsten Beeren sind neben Heidel- bzw. Blaubeeren Preiselbeeren, Alpen-Bärentrauben, Schwedische Hartriegel, Krähenbeeren und Moltebeeren. Die neben der Preiselbeere begehrteste Frucht ist die Moltebeere, die auf Feuchthängen sowie auf Moor- und Heideböden wächst, im Juni weiß blüht und im Herbst gegessen werden kann, sobald sie sich orangegelb gefärbt hat (vorher ist sie rot). Die Blätter der Alpen-Bärentrauben-Büsche färben beim Verwittern im Herbst die dem Wind ausgesetzten Hänge, auf denen sie gern wachsen, tiefrot; die Frucht löscht den Durst und schmeckt gut, wenn sie schwarz ist (vorher rot). Die schwarzglänzenden Krähenbeeren wachsen auf kriechenden Zweigen mit immergrünen, nadelartigen Blättern und schmecken nach nichts, doch läßt sich aus ihnen ein erfrischender Saft herstellen (Kreklingsaft); auch der rundliche Schwedische Hartriegel, der wie eine verbeulte Mini-Orange aussieht (aber glatt), schmeckt nach nichts.
Birken: Die häufigste Birkenart auf den Moor- und Heideböden ist die Zwergbirke, ein Eiszeitrelikt, das hier meist nicht viel größer als 20 cm wird. Die Zwergbirke hat glatte, fast kreisrunde Blätter, die sich ledrig anfühlen, während die Blätter der Fjellbirke eiförmig-dreieckig und beidseitig behaart sind (manche Fjellbirken sind nicht viel größer als eine Zwergbirke; wenn sie nebeneinander wachsen, sind sie aus der Ferne kaum zu unterscheiden).
Rens: Die Zahl der im Nationalpark Rondane und seiner näheren Umgebung ganzjährig umherschweifenden Wildrens wird auf 3000 geschätzt. Rund 3000 Zahmrens äsen während des Sommers im Jotunheimen vorzugsweise im Gebiet der Täler Smådalen und Veodalen. Die Rentier-Kalb-Plätze bleiben aus Schutzgründen in den Routenbeschreibungen unerwähnt. Natürlich sind sie aufgrund bestimmter Namen unschwer auszumachen.
Deshalb die Warnung: Rentiere mit Kälbern sind unbedingt in Frieden zu lassen. Wird das Tier aufgeschreckt und verjagt, ist das meist gleichbedeutend mit einem Todesurteil für das Kalb.
Fanggruben (dyregraver) zeugen von einer Art der Renjagd, die jahrhundertelang betrieben wurde. Dabei wurden die Rens in Fallgruben gefangen, zu denen oft steinerne Leitzäune führten.
Vegetationszonen: Die Nadelbaumgrenze ist die wichtigste Trennungslinie im Fjell. Diese Linie, oberhalb derer sich das Kahlfjell

(snaufjellet) erhebt, liegt im Østlandet für norwegische Verhältnisse ausgesprochen hoch: knapp 900 bis 1100 m. Auch hierin unterscheidet sich das kontinentale Østlandet vom atlantischen Vestlandet: An der Westküste liegt die Baumgrenze bei nur 400 bis 500 m (in Nordnorwegen sinkt sie langsam auf Meeresniveau ab). Die Nadelwälder bestehen im Østlandet, sofern es sich nicht um Forstwälder handelt, meist aus Fichten und Kiefern, im Vestlandet hingegen meist überwiegend aus Kiefern.

Das Kahlfjell oberhalb der Nadelbaumgrenze hat drei Vegetationszonen. Unten erstreckt sich der „Weidengürtel" (vierbeltet), der alles andere als „kahl", aber eben nadelbaumlos ist (zum Gehen ist dieses Gelände oft am widrigsten): Weidengestrüpp (Lapplandweiden, Blaugrüne Weiden, Wollige Weiden usw.), Fjellbirkenwälder (bis zu 12 m hoch) und Zwergbirken (bis zu 20 cm hoch), Heiden, Tundren und Moore. Diese Zone wird auch als „Niedriggebirgsgürtel" (lavfjellsbeltet) bezeichnet. Die Birkenwälder sind an steilen, feuchten Hängen recht dicht und schirmen eine üppige Vegetation. In diesen Wäldern sind auch andere kälteresistente Laubbäume zu finden wie Espe und Eberesche (Vogelbeerbaum). Der Fjellbirkenwald hat sich im 20. Jahrhundert stark ausgebreitet. Im Jotunheimen reicht der Weidengürtel bis zu 1500 m.

Wo die Fjellbirkengehölze und Fjellheiden enden, beginnt der „Mittelgebirgsgürtel" (mellomfjellsbeltet). Hier treten an die Stelle der Heidekrautgewächse, Birken und Weiden vor allem Gräser und grasartige Pflanzen. Wo die zusammenhängende Pflanzendecke aufhört, wo Flechten, Moose, nackte Erde, Fels und Verwitterungsgestein vorherrschen, liegt der „Hochgebirgsgürtel" (høyfjellsbeltet).

c) Nationalparks

1962 wurden die Rondane als erster Nationalpark Norwegens unter Schutz gestellt. Seither sind 18 Nationalparks eingerichtet worden. Die Ausweisung weiterer ist geplant.

In Nationalparkgebieten — meist unberührtes Fjell, in Zukunft auch andere Gegenden — soll die ursprüngliche Natur samt ihrer Tier- und Pflanzenwelt erhalten werden. Daher gelten nicht nur für die öffentliche Hand (Verbot des Straßenbaus), für die gewerbliche Wirtschaft (Verbot des Baus von Hotels und Hütten) oder für die Indu-

strie (Verbot des Bergbaus und der Wasserkraftregulierung) besondere Bestimmungen, sondern auch für Menschen, die in der Natur nicht an erster Stelle eine Profitquelle sehen: Die Flora einschließlich aller Bäume sowie die Fauna einschließlich aller Säugetiere und Vögel stehen ganzjährig unter Schutz. Fremde Pflanzen- und Tierarten dürfen nicht eingeführt werden. Erlaubt sind das Beerenpflücken und — mit behördlicher Angelkarte — das Angeln sowie saisonal das Jagen. Offenes Feuer in den Waldgebieten ist von Mai bis September verboten. Oberhalb der Baumzone ist das Feuermachen gestattet. Dazu darf lose liegendes Holz als Brennmaterial verwendet werden, stehende lebende und tote Bäume dürfen nicht angetastet werden (manche Bäume sind schon über hundert Jahre tot und stehen noch immer; andere werden als Nistplätze benutzt usw.). Die Nationalparks sind für den motorisierten Verkehr — einschließlich Schneemobile — gesperrt.
Der Jotunheimen wurde erst 1980 Nationalpark, nach jahrzehntelangem Ringen zwischen Bauern, Fischern und Naturschützern auf der einen und der Wasserkraftindustrie auf der anderen Seite.1960 bildete das Storting, das Parlament in Oslo, einen Ausschuß, der bis 1963 ein Gutachten mit 94 schützenswerten Gebieten in ganz Norwegen vorlegte. Die an solchem Schutz nicht interessierten Kreise verstanden es, die Behandlung dieses Gutachtens bis zum Jahr 1969 hinauszuzögern. Bis dahin hatten sie die Erlaubnis erwirkt, 16 der im Gutachten empfohlenen naturschönsten Gewässer und Täler zur Regulierung der Wasserkraft zu nutzen: Aufstauung von Seen, Bau von Kraftwerken und Staudämmen, Verlegung ganzer Flüsse in kilometerlange Röhrentunnels. Im Kampf gegen die Regulierung des Flusses Vinstra ist die örtliche Bevölkerung der Industrie unterlegen. Den Kampf für die Regulierung des Flusses Sjoa wiederum hat die Industrie verloren. Warum die Rondane schon 1962 Nationalpark werden durften? Dort ist das „hydroenergetische Potential" sehr gering, d. h., der Wasserkraftausbau lohnt sich nicht für die Industrie.
Utmark und Innmark: Für das Sichbewegen in freier Natur ist nicht wichtig, ob sich das Land in Privatbesitz befindet oder Gemeinde-/Staatsland ist. Das Gesetz unterscheidet zwischen Innmark (Kulturland, meist eingezäunt) und Utmark (Ödland). In der Utmark kann

sich jeder das ganze Jahr über bewegen, wenn es rücksichtsvoll und mit gebührender Vorsicht geschieht und wenn der Besitzer kein Verbotsschild aufgestellt hat (in den Rondane und im Jotunheimen so gut wie nie der Fall; nur einige Seen im Jotunheimen dürfen nicht frei beangelt werden). In der Innmark kann sich jeder zu Fuß frei fortbewegen, wenn die Flur geforen oder verschneit ist, nicht aber in der Zeit vom 30. April bis zum 14. Oktober.

70 % der Fläche von Oppland sind Privatbesitz. Aber 60 % dieses Privatlands sind Utmark. Dort kann jeder wandern, zelten, baden, Beeren pflücken. Das bedeutet: 71 % der Fläche sind „frei". Dieses „freie" Gebiet in Oppland ist etwa so groß wie die Bundesländer Schleswig-Holstein und Saarland zusammen.

● 4 Das Klima

Reisezeiten, Klima, Wetter:

Winterhauptsaison ist an Ostern, Sommerhauptsaison während der Schul- und Industrieferien von Ende Juni/Anfang Juli bis Mitte August. Wer sich von Mitte Juli bis Mitte August nur wenig von den Straßen und befahrenen Wegen entfernt oder sich nur an den touristischen Superlativen orientiert, die meist am Rand der Nationalparks und damit unweit der Straßen liegen (Besseggen, Galdhøpiggen, Vettisfossen usw., siehe Liste R 20), wird permanent mit dem steigenden Individual-Massentourismus konfrontiert.

Nach den Schul- und Industrieferien färbt der Herbst die Blätter, die Beeren sind reif, nachts sinkt die Temperatur unter Null, die Mücken verschwinden. Wenn die Jagdsaison vorüber ist (ca. Mitte September), schließen viele Herbergen, und es wird einsam. Dieser farbenprächtige, lichtintensive und vergleichsweise niederschlagsarme Spätsommer wird von vielen als die schönste Jahreszeit empfunden. Die Septembersonne ist meist noch so stark, daß Schnee, der gelegentlich fällt, rasch schmilzt.

Im Oktober überziehen sich die Berge endgültig weiß, ab Mitte November herrschen Skibedingungen. Die Dunkelzeit, in der so gut wie alle Hütten und Herbergen geschlossen haben, dauert von vor

Weihnachten bis Ende Januar. Etwa Mitte Februar, wenn die Tage wieder länger geworden sind, beginnt die Winterhauptsaison. Sie gipfelt an Ostern mit relativer Überfüllung in den Hütten.
Daß in den Rondane vom 1. Mai bis zum 10. Juni nicht nur die Hütten und Herbergen, sondern auch die Selbstbedienungsquartiere geschlossen sind (siehe Liste R 5), ist ein Anhaltspunkt für die Zeit der Schneeschmelze, deren Gefährlichkeit von Unkundigen meist unterschätzt wird. Unten in den besiedelten Talschaften ist währenddessen meist alles schneefrei, auch in der Hauptstadt Oslo, wo am 17. Mai, dem Verfassungs- und Nationalfeiertag (nasjonaldag), in Faschingsstimmung getanzt wird. Im wetterwendischen Juni liegt noch viel Schnee im Gebirge (der Witterung anzupassende Faustregel: oberhalb 1500 m ist der Jotunheimen noch weiß), doch öffnen ab etwa Mitte Juni die Hütten und Herbergen. Für einige Gletscher im West-Jotunheimen lohnt sich auch noch Anfang Juli die Mitnahme der (Telemark-)Ski. Der 21. Juni ist der längste Tag des Jahres. Bei klarem Himmel läßt sich zu dieser Zeit fast „mitternachtswandern“, während in den Talorten die Johannisfeuer brennen. „Jonsok“ heißt dieses Fest in Norwegen: Mittsommernacht. Mit ihm beginnt der kurze, aber intensive Sommer.

	Dovre	Dombås	Lillehammer	Oslo
Frühlingstage	59	58	54	54
Sommertage	68	70	108	132
Herbsttage	62	61	55	57
Wintertage	176	189	148	122
Frosttage		214	179	140

1. Tag mit Temperaturen über 0° in Dovre: 15. April
1. Tag mit Temperaturen über 10° in Dovre: 13. Juni
1. Tag mit Temperaturen unter 10° in Dovre: 20. August
1. Tag mit Temperaturen unter 0° in Dovre: 21. Oktober

Sonnenscheindauer: Das Phänomen Mitternachtssonne ist in den Rondane und im Jotunheimen ebensowenig zu beobachten wie das der Polarnacht, in der die Sonne mehr als 24 Stunden nicht aufgeht. In den Rondane herrscht jedoch 43 Tage lang statt Nacht Zwielicht = Dämmerung (vom 31. Mai bis zum 12. Juli). Es ist von der Bewölkung und vom Gelände abhängig, ob sich in diesem Zwielicht „mitternachtswandern" läßt. Der 62. Breitengrad läuft bei Dørålseter durch die Nord-Rondane. Der Jotunheimen liegt weiter südlich, etwa zwischen 61°15' und 61°45'.

Tagesdauer am 62. Breitengrad (in Stunden)

	Tag mit Zwielicht	ohne Zwielicht	Nacht	Zwielicht
1. Februar	9¼	7½	14¾	1¾
1. April	15	13½	9	1½
21. Juni	24	19¾	0	4¼
1. August	19¾	17½	4¼	2¼
1. November	10	8½	14	1½
21. Dezember	7½	5¼	17½	2¼

Golfstrom: Trotz der hohen Nordlage – sie entspricht breitengradmäßig dem Süden Grönlands – herrscht in den Rondane und im Jotunheimen kein „Grönlandklima". Hauptgrund ist der Norwegische Strom, die warme, nordostwärts gerichtete Meeresströmung längs der norwegischen Küste. Der Norwegische Strom ist ein Ausläufer des Nordatlantischen Stroms, der seinerseits ein Ausläufer des sog. Golfstroms ist. Er sorgt z. B. dafür, daß die Temperaturen vor der nordnorwegischen Küste im Januar fast 30° und landesweit im Jahresdurchschnitt 9° über dem Breitenkreismittel liegen. Das bedeutet: Alle Häfen Norwegens sind ganzjährig eisfrei, nirgendwo sonst in der Welt rücken Ackerbau und Viehzucht so nah an den Nordpol vor wie in Norwegen.

Westwinddrift: Der zweite Hauptgrund für das breitengradmäßig abnormale Klima ist die Westwinddrift. Südwest- und Westwinde drücken den Nordatlantischen Strom gegen die norwegische Küste und transportieren die aufgewärmten Luftmassen ins Land, wo sie an die Berge stoßen. Daraus folgt ein starker Klimagegensatz zwischen dem küstennahen Westen und dem Gebiet östlich der küstennahen Berge: Im Osten – also in den Rondane und im Ost-Jotunheimen – ist der Wind weniger stark, fällt weniger Regen, ist die Luftfeuchtigkeit geringer, tritt weniger Bewölkung auf und ist der Winter härter als an der Westküste.

Kaltluftseen: Für die örtliche Windbewegung spielen die Täler eine wichtige Rolle. Ein Windphänomen in Herbst und Winter ist hier die „sno", ein kalter, beißender Wind, der ziemliche Geschwindigkeiten erreichen kann: In Strahlungsnächten – wenn sich bei wolkenlosem Himmel die tagsüber durch ungehinderte Sonneneinstrahlung erwärmte Luft kräftig abkühlt – rutscht die Kaltluft von den Hochflächen in die Täler und sammelt sich dort in Kaltluftseen. Dies kann einen Temperatursturz von 10° und mehr verursachen. Die Seen fließen talwärts ab, ein kalter, immer schneller werdender Windfluß, die „sno".

Eine Folge von Strahlung sind auch die „Eisennächte" (jernnetter) Ende August: Bodenfrost bei fast völliger Windstille.

Temperaturen: Die Temperaturen in den Rondane und im Ost-Jotunheimen liegen niedriger als an der Westküste. Gemeinsam mit den küstennahen Bergen haben Rondane und Jotunheimen jedoch die relativ niedrigen Temperaturen im Sommer und im Winter: —10° bis —8° im Januar, 8° bis 10° im Juli. Auf der Hütte Fannaråkhytta, 2069 m, in den Hurrungane im West-Jotunheimen wurden folgende extremen Durchschnittstemperaturen gemessen: Januar —11,7°, Juli 2,5°, Jahresdurchschnitt —6,1°; etwa 320 Tage im Jahr steigt die Temperatur dort nicht über 0°.

Der klimatische West-Ost-Gegensatz bleibt auch innerhalb des Ostens spürbar: Die Sommertemperaturen in den Rondane liegen etwas höher als im weiter westlich gelegenen Jotunheimen, und in den Rondane regnet und schneit es weniger als im Jotunheimen. Wer z. B. Ende Juni im Jotunheimen durch Schneefelder stiefelt und zu den Rondane hinüberschaut, wird diese oft weitgehend aper liegen sehen.

Beim Aufstieg gilt die Formel 100 Höhenmeter = —1,2°.

Regen, Nebel, Gewitter: Da der Osten im Windschatten der küstennahen Berge liegt, fallen in den Rondane und im Ost-

Auch wenn diese Wolken am Morgen wieder verflogen sind, bleiben die Nordflanken wegen der Schneekörner gefährliche Rutschbahnen.

Jotunheimen vergleichsweise wenig Niederschläge. Das Tal Gudbrandsdalen und sein größtes Seitental, das Tal Ottadalen, zählen zu den niederschlagsärmsten Gebieten Norwegens überhaupt. In der Station Ulstad im Tal Ottadalen z. B. werden jährlich 274 mm gemessen, in Skjåk gar nur 259 mm. Zum Vergleich: Bremen 715 mm, Oslo 740 mm, München 935 mm, Bergen an der norwegischen Westküste 2200 mm. Da der Jotunheimen teilweise küstennah liegt, gibt es hier beträchtliche Unterschiede. Am trockensten ist es im Nordosten, am See Tesse mit 460 mm. Beito und Bygdin im Süden kommen immerhin schon auf 800 und 1000 mm. Im Südwesten wird die 1200-mm-Marke überschritten. Das kurze Frühjahr ist meist die trockenste Jahreszeit (von der Schneeschmelze abgesehen).
Südwestwind in den Rondane und im Ost-Jotunheimen muß nicht Niederschlag bedeuten. Bei Ostwind kann dagegen mit Dauerregen

gerechnet werden (in Nord-Norwegen ist es dann schön). Nebel ist relativ selten im Hochgebirge, in den Tälern in niedrigen Lagen (Gudbrandsdalen, Ottadalen) aber häufiger.
Gewitter sind selten. Das Tal Bøverdalen an der Nordwestgrenze des Jotunheimen ist mit einem Gewitter pro Jahr das gewitterärmste Gebiet Norwegens. Gewitter brechen fast nur im Sommer los, wenn die Sonne das Land aufheizt. Sie sind eher ungemütlich laut als gefährlich (trotzdem immer niedrigen Geländepunkt ohne Wasser aufsuchen).
In der folgenden Aufstellung beziehen sich die Angaben für Niederschlag, Nebel und Gewitter auf Dovre, 485 m, im oberen Bereich des Tals Gudbrandsdalen, die Schneedeckenverhältnisse gelten für den Ort Lesja, 634 m, am Nordwestrand des Reinheimen, spiegeln also nicht die Verhältnisse im Gebirge oder gar Hochgebirge wider. Sie sind dennoch als Anhaltspunkte geeignet:

Tage mit	Niederschlag	Nebel	Gewitter	Schneedecke
Januar	7	0,3	0,1	26
Februar	6	0,3	0,0	27
März	6	0,3	0,0	26
April	4	0,7	0,0	11
Mai	5	0,3	0,1	1
Juni	7	1,0	0,6	0
Juli	10	1,0	1,2	0
August	10	1,4	0,5	0
September	7	1,8	0,1	1
Oktober	7	2,4	0,1	4
November	7	3,7	0,1	21
Dezember	7	0,9	0,0	26
Jahresschnitt	83	13,9	2,7	143

Schnee: Wie Regen fällt Schnee am heftigsten auf den windzugewandten Seiten der Berge, weniger im Lee. Der Schnee bleibt in den Bergen zum Teil erheblich mehr als 150 Tage im Jahr liegen, in der Regel von Oktober bis April, in höheren Lagen auch bis Juni und so-

gar Juli. Doch erreicht der Schnee im Osten nicht die Tiefe der küstennahen, niederschlagsreichen Gebirge.
Der trockene, feinkörnige Schnee im Tal Gudbrandsdalen und auf den angrenzenden Gebirgen wird gerühmt als der beste in Norwegen. Wachsprobleme gibt es keine. Dank des trockenen Kontinentalklimas werden auch Minusgrade von —20° nicht als unangenehm empfunden.
Wetterbericht: Für die Rondane, den Jotunheimen und die angrenzenden Fjellgebiete meldet der Rundfunk das Wetter gesondert. Der Sender P 1 (pe en) bringt die Wettermeldung („værmeldingen“) zu folgenden Zeiten: um 5.45 Uhr, um 7.03 Uhr (lokal), nach den 8-Uhr-Nachrichten, nach dem 12-Uhr-Zeitsignal (lokal), um 14.55, um 18.25 und um 21.50 Uhr.
Wer nicht norwegisch spricht, dreht am Kiosk oder im Supermarkt die Zeitung „Dagbladet“ um: Auf der letzten Seite findet sich die Norwegen-Landkarte mit international verständlichen Symbolen für die Lokalklimata. Genauer beschrieben wird das Wetter – wie im Rundfunk mit eigener Meldung für Rondane und Jotunheimen – allerdings nur im Text: oben für den Tag („i dag“ = „heute“), unten für die kommende Fünf-Tage-Periode („framover“ = „künftig“).

Die wichtigsten Wörter zum Verständnis des Wetterberichts:

i fjellet [i fjäle]	im Fjell (Gebirge)
pent vær [pe:nt wä:r]	schönes Wetter
dårlig vær [do:rli wä:r]	schlechtes Wetter
utrygt vær [ütrygt wä:r]	unsicheres Wetter
oppholdsvær [opholswä:r]	niederschlagsfreies Wetter
tiltykning [tiltykning]	Eintrübung
skyet [schyet]	bewölkt
skiftende skydekke [schiftene schydeke]	wechselnd bewölkt
sol [su:l]	Sonne
regn [räin]	Regen
frost	Frost
varm [warm]	warm, heiß
kald [kal]	kalt
regnbyger [räinbyger]	Regenschauer

Steinmännchen und rotes T weisen die vielbegangenen Routen.

snøbyger [snöbyger]	Schneeschauer
sludd [schlüd]	Schneeregen
litt	ein wenig, ein bißchen
mot kvelden [mu:t kwälen]	gegen Abend
stigende temperatur	steigende Temperatur
vind [win]	Wind
økende bris [ö:kene bri:s]	zunehmender Wind
minkende bris [minkene bri:s]	abnehmender Wind
lett bris	schwache Brise (Windstärke 3)
laber bris	mäßige Brise (4)
frisk bris	frische Brise (5)
liten kuling [li:tn kü:ling]	starker Wind (6)
stiv kuling	steifer Wind (7)
sterk kuling	stürmischer Wind (8)

● 5 Trekking

a) Wandern, Klettern, Zelten

Wandern: Die Hauptwanderpfade (gestrichelt rot auf den Karten der Umschlaginnenseiten eingezeichnet) ziehen sich meist durch Gelände oberhalb der Nadelwaldgrenze und sind manchmal kaum als Pfade zu erkennen, wäre nicht das rote T: Der Norwegische Bergwanderverein DNT läßt sie mit diesem Buchstaben markieren, der für „tur" = Tour steht und mit roter Farbe auf Steine, Felsen oder aufrecht gestellte Platten gemalt ist. Daneben finden sich Steinmännchen (aufeinander geschichtete Steine) unterschiedlicher Höhe, meist recht niedrig, aber in busch- und baumloser Landschaft deutlich sichtbar. In vermoortem und verwildertem Gelände ist das rote T manchmal schwierig zu entdecken. In großflächigen Mooren finden sich mangels Steinen auch kniehohe Pflöcke als Orientierungshilfen. Die Abstände von T zu T sind so gehalten, daß der Pfad auch bei mäßiger Sicht nicht verloren wird.
Dagegen gibt es in den Rondane und im Jotunheimen außer Hängebrücken und Stegen (fast) keine touristischen Hilfen und Sicherungen wie Leitern, Geländer, Absperrungen u. a. Das Gipfelzeichen ist kein Kreuz, sondern ein Steinhaufen, der bei vielbegangenen Gipfeln kolossale Größe erreicht hat.
An Pfadverzweigungen und Pfadkreuzungen stehen schulterhohe Wanderwegweiser, die das DNT-Zeichen („DNT") tragen. Die Beschilderung mit diesen Wegweisern ist vorbildlich, Verlaufen auf den Pfaden ist so gut wie unmöglich (aber was ist schon unmöglich). Keine Pfadmarkierungen sind übermannshohe Wegweiser, die nicht vom DNT gekennzeichnet sind. Sie weisen im Winter die Loipe (deswegen sind sie so hoch). Wer ihnen in der Wanderjahreszeit folgt, kann in unangenehmem Gelände landen.
Hängebrücken / Stege: Eine Hängebrücke ist eine Brücke, die an zwei Seilen hängt und gefährlich ins Schaukeln gerät, wenn sie in normaler Gehweise überschritten wird („normale Gehweise" = rechts links rechts links). Es ist am besten, langsam zu gehen, den Schwerpunkt niedrig zu halten (Knie leicht anwinkeln, um balancieren zu können) und vor allem allein auf der Brücke zu sein. Die hüft-

niedrigen „Brückengeländer"-Seile sind kaum mehr als ein psychologischer Halt.
Das Gegenteil zur Hängebrücke ist die Stegbrücke. Diese hängt nicht, sondern ist sozusagen fest: Ein Steg, der über einen Wasserlauf gelegt ist. Während Hängebrücken immer ungefähr gleich aussehen, sind die unterschiedlichsten Stegbrücken anzutreffen, vom einzelnen Baumstamm bis zur komfortablen Holzbrücke mit Geländer. Auf den topographischen Karten sind nur die Hängebrücken eingetragen. Schmale, geländerlose Stegbrücken, die schneebedeckt oder mit einem Eisfilm überzogen sind, stellen nicht unbedingt ein unüberwindbares Hindernis dar: vorsichtig kriechen.
Schließlich gibt es noch die Sesselbrücke (norwegisch „trekkstol"): Ein sesselartiger Sitz baumelt an Seilen über dem Fluß; er wird durch Ziehen an den Seilen vorwärtsbewegt – beim ersten Mal vielleicht eine wenig sicher scheinende und sehr „luftige" Angelegenheit, doch genau so ungefährlich wie andere Brücken.
In Mooren liegen zuweilen auch Planken oder Knüppeldämme. Dies ist nicht nur eine Hilfe für Touristen, sondern auch ein Mittel, das Moor vor den Touristen zu schützen.
Jedes Jahr werden neue Brücken und Stege gebaut oder ersetzt. Für diesen Führer bedeutet das: Auf den markierten Pfaden sind vermutlich weit weniger Gewässerdurchschreitungen nötig als in den Routenbeschreibungen angegeben.
Furten: Flüsse sind in den Rondane und im Jotunheimen nicht zu durchwaten, aber breite Bäche, Wildwasser und Ausflüsse von Seen. Viele lassen sich auf den aus dem Wasser ragenden Steinplatten und Felsbrocken überschreiten, aber es ist eine Frage der Jahreszeit und der Niederschläge, wie hoch der Wasserpegel steht. Ein Stab, um das Gleichgewicht zu stabilisieren und die Wucht des Wassers auszugleichen, ist von Vorteil. Fehlen Steine zum Überschreiten, müssen die Bergstiefel ausgezogen werden (hochschaftige Gummistiefel dagegen oft nicht). Bei Barfußdurchschreitung besteht Verletzungsgefahr. Um Schnittwunden durch scharfe Steinkanten u.a. vorzubeugen, empfiehlt sich ein Paar leichter (Leinen-)Turnschuhe. Reicht das Wasser über den Schaft der Gummistiefel, wird das Wasser barfuß in den ungefütterten Gummistiefeln durchschritten (Einlegesohlen herausnehmen).

Wenn im Text eine Gewässer-„Durchschreitung“ vermerkt ist, muß das nicht bedeuten, daß dort tatsächlich ein Bach o.ä. ist. Das ist von der Jahreszeit, von der Witterung, dem Schmelzen des Gletschereises, von den Regenfällen usw. abhängig. Die Wasserläufe im Hochgebirge können Rinnsale sein oder Flüsse – je nach Witterung, Wetter, Jahres- und sogar Tageszeit. Trockene Bachgräben können wie (kleine) „Schluchten“ aussehen, aber auch ganz flach sein. Siehe im Glossar (R 6) die Erklärungen zu den Wörtern „bekk“ = Bach und „åa“ (am Schluß des Alphabets).

Ein breiter Wasserlauf wird nie oberhalb oder unterhalb eines Wasserfalls, einer Schnelle oder von Felsen durchschritten. Optimal ist eine Stelle, bei der die Person im Fall eines Sturzes auf eine Sandbank oder gegen „weiches“ Ufer getrieben wird. Der Sturz in eiskaltem Wasser kann einen Schock auslösen, der vorübergehend lähmt.

Moore: Die Moorflächen sind kein „Schlamm“, sondern Hochmoore: eine relativ feste Pflanzendecke aus Torfmoosen, Heidevegetation, Wollgräsern, auch Lapplandweiden u.a. Diese Decke wölbt sich über Grundwasser, das nicht abfließen kann. Ist die Decke sehr dünn, federt sie über dem Wasser. Auch bei schwankender Decke ist der Gang über das Moor ungefährlich, solange Augen und andere Wasserlöcher vermieden werden. Leider sind sie manchmal kaum handtellergroß. Wird in ein solches Loch getreten, ist der Fuß sofort weg. Mit Berg- oder Trekkingstiefeln kann die Tour dann beendet sein. Bei hochschaftigen Gummistiefeln hingegen wird die Schrecksekunde in der Regel überwunden, ehe das Wasser über den Schaftrand fließt. Das Moor versucht allerdings, den Gummistiefel auszuziehen. Ein Stab als drittes Bein ist auch im Moor zu empfehlen.

Abbildung folgende Doppelseite: Rentierflechten färben weite Teile der Rondane. Diese Strauchflechten (vorn: hell) sitzen in dichten Rasen frei auf dem Boden. Dagegen wurzeln die kaum höheren Zwergbirken (vorn: dunkelgrün) in der mageren Krume. Wo sich das Gelände zur Niederung des Flusses Atna mit dem Büschelkopfmoor senkt, stockt ein schmaler Fjellbirkengürtel. Federwolken verkünden das Ende des sonnigen Wetters.

Im Moor finden sich ferner Stellen, die wie „stille Bäche“ aussehen, dabei ist die Pflanzendecke nur vom Wasser überflutet, unter dem Wasser ist sie fest und trägt, auch wenn sie dabei ins Schwanken gerät. An solchen Stellen leistet wieder der Stab gute Dienste. Selbstverständlich kann auch er in einem kleinen Wasserloch landen: Je nach Druck der auf ihm lastenden Hand verschwindet er sofort bis zum Knauf.
Diese Hinweise gelten nur für „Wandermoore“, also Hochmoore mit Pflanzendecke. Daneben gibt es auch sehr gefährliche Moore (auch die Hochmoore können gefährlich sein), in denen gras- oder weidenbewachsene Büschel wie Köpfe aus dem Sumpf ragen. Während T-Pfade auch durch Hochmoore führen, führen sie nie durch diese Büschelmoore. Auch wenn es einfach zu sein scheint, von Büschel zu Büschel zu springen – die Umgehung des Büschelmoors kostet meist nicht so viel Zeit und auf jeden Fall weniger Nerven als die Büschelhüpferei.
Abseits der T-Pfade: Die meisten der beschriebenen Touren, Gipfelzustiege und Gratwanderungen sind nicht T-markiert. Wer die Pfade verläßt, muß sich bewußt sein, daß die Vegetation unterhalb der Block- und Felszone sehr sensibel und verletzbar ist. Wunden, die hier aus Sorglosigkeit oder Unwissenheit geschlagen werden, brauchen in den Hochlagen des Nordens mehr Zeit als bei uns, um zu vernarben. Auch die verschiedenen Wachstumszeitspannen müssen berücksichtigt werden. Ein Bäumchen, das hierzulande vielleicht als „Setzling“ eingestuft würde, kann im Norden mehrere Jahre alt sein. Das Rentiermoos braucht Jahre, um einen Stein zu umweben, vernichtet ist dieser Flechtenvorhang im Nu.
Täler und Rücken: Wer zum ersten Mal in den Rondane und/oder im Jotunheimen wandert, wird sich wohl an die markierten Pfade halten. Der Nachteil der Pfade liegt auf der Hand: Sie führen meist durch Täler, sind also nur selten wirklich aussichtsreich. Damit soll nicht gesagt werden, daß Talwanderungen nicht faszinierend sein können. Aber Rücken und Grate bieten außer Faszination einen gewaltigen Aussichtsreichtum. Und einen dritten Vorteil haben die pfadlosen Rücken, Grate und Gipfel: Hier oben ist es still.
Topographische Karte und Höhenmesser gehören bei pfadlosen Touren zur Standardausrüstung.

Wer nicht alles aus der Froschperspektive erleben will, muß heraus aus den Tälern und hinauf auf die Rücken, „Nasen“ und Grate. Die einzige Unannehmlichkeit bei den Rücken und Nasen ist der meist ein wenig steile An- und Abstieg.

Führungen: Alleingehende oder Gruppen, die nicht die Erfahrung für bestimmte Unternehmungen mitbringen, sollen sich nicht entmutigen lassen, sondern eine Führung buchen. Allerdings bietet nicht jede Herberge oder bewirtschaftete Hütte Führungen an. In den Routenbeschreibungen ist vermerkt, wo regelmäßig Führungen veranstaltet werden. Unter R 59 ist die Telefonnummer von Lom Bre- og Fjellførarforlag vermerkt: Dort stehen praktisch immer Führer und Führerinnen bereit, und zwar für alle Ziele und alle Schwierigkeitsgrade (Gletscher, Gipfel, Klettern, Wandern), und auch für Einzelpersonen. Anruf genügt, am nächsten Morgen wartet der Führer an der vereinbarten Ausgangsstelle (Ausgangsstelle muß also nicht Lom sein). Die Ausrüstung, die bei geführten Touren eventuell benötigt wird, kann in der Regel geliehen werden. Auch wer glaubt, er sei „erfahren“, lernt bei einer Führung Neues.

Klettern: Das Klettergebiet im Bereich dieses Führers sind die Hurrungane im West-Jotunheimen (R 97 und R 101). Dort findet sich allerdings nicht „die 1000-Meter-Wand“, nach der oft gefragt wird. Solche Wände konzentrieren sich im Bereich des Tals Romsdalen (auf der Landkarte mit dem Finger von den Hurrungane aus nach Norden fahren bis fast zum Fjord Romsdalsfjorden). Sie sind in der Regel höher als 1000 m, darunter die Trolltindane-Ostwand, mit 1742 m die höchste Wand Europas und eine der sechs schwierigsten der Welt. Das Gebiet dort oben an der Küste ist durch die Europastraße 69 und die Eisenbahnlinie Raumabanen erschlossen und touristisch recht überlaufen; eine der Attraktionen ist das Romsdalshorn, das fast lotrecht von quasi Meereshöhe bis 1550 m ü. d. M. aufsteigt (es wird „von hinten“ aus dem Tal Venjedalen heraus erstiegen); eine andere Attraktion ist der Trollstigen, eine berühmt-berüchtigte Serpentinenstraße, auf der viele Menschen beweisen wollen, wie gut sie autofahren können. Weniger bekannt als die Wände des Tals Romsdalen sind die Wände des Tals Eikesdalen (östlich des Tals Romsdalen). Wer an Vorabinformation für diese Klettergebiete interessiert ist, wendet sich an den Norwegischen

Bergwanderverein DNT (Anschrift: Postboks 1963 Vika, N-0125 Oslo 1; Adresse: Stortingsgata 28 Eingang Roald Amundsens gate; Tel. 02-832550). In den Rondane wird nicht geklettert, obwohl es Wände gäbe. Der (Sand-)Stein würde jede Klettertour sofort zum Scheitern verurteilen.

Von Hütte zu Hütte: Der Norwegische Bergwanderverein DNT unterhält voll bewirtschaftete Hütten (betjente hytter), Selbstbedienungshütten (selvbetjeningshytter) und unbewirtschaftete Hütten (ubetjente hytter). Auch DNT-Nichtmitglieder können die voll bewirtschafteten Hütten benutzen. Sind mehrere Hüttenübernachtungen eingeplant, lohnt sich finanziell die DNT-Mitgliedschaft. Sie gilt für ein Jahr und kann im DNT-Büro in Oslo (Stortingsgata 28, Tel. 02-832550) sowie in den voll bewirtschafteten Hütten erworben werden. 1991 kostete sie 280 Kronen für Erwachsene (dividiert durch 4 ergibt ca. den DM-Betrag), für Jugendliche und Familienmitglieder ist sie erheblich preisgünstiger. Diese Beitragssätze steigen ebenso rasch wie die Hüttenpreise und die anderen Lebenshaltungskosten. Die Preise für DNT-Nichtmitglieder liegen zwischen 30 und 50% über denen für DNT-Mitglieder.

Voll bewirtschaftete Hütten sind Wanderherbergen mit Duschen, Trockenraum (hier hängen die Kleider wild durcheinander, Vorsicht vor Verwechslung), warmen Mahlzeiten, Einzelzimmern und Schlafsälen, elektrischem Strom usw. Zum Schlafen muß aus hygienischen Gründen ein Lakensack (Baumwollsack wie in Jugendherbergen) mitgbebracht werden, sonst Aufpreis.

Außerhalb und während der Saison bieten einige dieser Hütten zusätzlich Selbstbedienungsquartier wie bei den Selbstbedienungshütten (ist im Routenteil jeweils vermerkt).

Selbstbedienungshütten sind verschlossene Hütten mit Proviant, Geschirr, Bettzeug und Schlafkojen. Wandernde müssen sich hier „selbst bedienen“: Essen machen, Feuer machen, saubermachen, zahlen. Für die Selbstbedienungshütten gibt es einen Generalschlüssel (nøkkel), der vom DNT in Oslo oder in den bewirtschafteten Hütten sowie in Touristenbüros (turistkontor) gegen Hinterlegung einer geringen Kaution ausgegeben wird.

Der nøkkel paßt auch ins Schloß der unbewirtschafteten Hütten. Diese unterscheiden sich von den Selbstbedienungshütten nur

Das Angebot der bewirtschafteten DNT-Hütten umfaßt 2-Kojen-Zimmer – im Bild mit Kerzenbeleuchtung auf Bjørnhollia – ebenso wie Gruppenschlafsäle, Selbstbedienungsquartiere und Zeltstellen.

dadurch, daß sie keinen Proviant haben (ansonsten sind sie voll ausgestattet: Bettzeug, Kochgeschirr, Brennholz usw., falls in den Routenbeschreibungen nicht anders vermerkt).
Für alle Hütten gilt: Lakensack nicht vergessen!
Am Rand der Nationalparks gibt es private Herbergen (oft „Fjellstue“ = „Bergstube“ genannt), deren Ausstattung den voll bewirtschafteten DNT-Hütten entspricht. Einige von ihnen gewähren die üblichen DNT-Rabatte (ist im Routenteil jeweils angegeben).
Einige Selbstbedienungshütten haben in den Sommerferien eine „Hüttenwacht“ (hyttevokt). Es werden ständig Männer und Frauen für diesen fast natural bezahlten (Anreise, Unterkunft und Verpflegung sowie winziges Taschengeld), aber naturnahen Vier- bis Sechswochen-Fulltime-Job gesucht.

Die Öffnungszeiten der bewirtschafteten DNT-Hütten (in Klammern Hinweis auf Zeltgelände) geben einen Anhaltspunkt, wann „viel los“ ist. In der Sommerhauptsaison (Mitte Juli bis Mitte August) sind die Hütten oft überfüllt. Es empfiehlt sich trotz der Matratzen, die für solche Fälle bereitstehen, generell Liegematte und Schlafsack mitzuführen.

Hütte	Sommer	Winter
Bjørnhollia	16.6.– 9.9.1990	31.3.–16.4.1990
(Zeltplatz)	18.6.–10.9.1989	11.3.–27.3.1989
	18.6.–11.9.1988	19.3.– 4.4.1988
Rondvassbu	16.6.– 9.9.1990	17.2.–16.4.1990
(Zeltplatz)	10.6.–10.9.1989	18.2.– 2.4.1989
	10.6.–11.9.1988	20.2.– 4.4.1988
Grimsdalshytta	16.6.– 9.9.1990	31.3.–16.4.1990
(Zeltplatz)	16.6.–10.9.1989	18.3.–27.3.1989
	17.6.–11.9.1988	26.3.– 4.4.1988
Gjendesheim	7.6.–22.9.1990	11.3.–16.4.1990
	9.6.–17.9.1989	4.3.–16.4.1989
	10.6.–18.9.1988	27.2.–17.4.1988
Glitterheim	17.6.–16.9.1990	14.3.–16.4.1990
(Zeltplatz)	16.6.–10.9.1989	4.3.–16.4.1989
	17.6.–11.9.1988	5.3.–17.4.1988
Gjendebu	16.6.–16.9.1990	22.3.–16.4.1990
(Zeltplatz)	18.6.–10.9.1989	18.3.–27.3.1989
	17.6.–11.9.1988	19.3.–10.4.1988
Skogadalsbøen	24.6.– 9.9.1990	7.4.–16.4.1990
	23.6.–10.9.1989	18.3.–27.3.1989
	24.6.–11.9.1988	26.3.– 4.4.1988

Die teuerste Unterkunftsart außerhalb der Nationalparks ist das Høyfjellshotell (Hochgebirgshotel). Preiswert sind hingegen die Jugendherbergen (die nicht nur Jugendlichen vorbehalten sind; der Aufenthalt ist jedoch in der Hochsaison auf drei Tage beschränkt). Ganzjährig geöffnet bedeutet vielfach: Im Mai nicht geöffnet. In der

Regel kann davon ausgegangen werden, daß vor dem 10. Juni nichts offen ist (Schneeschmelze). Die in den Texten angegebenen Öffnungszeiten sind also nur Annäherungswerte. Aber auch wenn nach aktuellsten Informationen geöffnet sein müßte, braucht das nicht der Fall sein: In unsicheren Jahreszeiten stets anrufen, die Telefonnummern sind im Text vermerkt.
Zwei wichtige Wörter: å*pen* (sprich: open) = offen
stengt = zu, geschlossen, versperrt

Zelten: Alle offiziellen Hütten- und Campingplätze mit Öffnungszeiten, Telefonnummer, Ausstattung usw. sind in der kostenlosen Broschüre „Camping" aufgeführt, die beim Norwegischen Fremdenverkehrsamt in Hamburg (Tel. 040/22710810) angefordert werden kann. In der Hauptsaison ist es empfehlenswert, anzurufen und Hütte oder Zeltplatz reservieren zu lassen.
Darüber hinaus gibt es an einigen DNT-Hütten und Gebirgsherbergen provisorische Campingplätze, die weder in der genannten Broschüre noch auf Cappelens Straßen-und-Touren-Karte verzeichnet sind. Sie sind gegen eine geringe Gebühr zu benutzen, die jedoch im allgemeinen nicht zum abendlichen Aufenthalt in der Hütte berechtigt (da muß noch einmal zugezahlt werden). Alle diese provisorischen Zeltplätze sind in den Beschreibungen unter dem Hütten- oder Herbergsnamen vermerkt.
An vielen Stellen im Fjell ist es lohnend, das Zelt als „Basislager" aufzustellen. Die Rücksicht vor einer sehr verletzbaren Natur hat dabei Vorrag vor dem Interesse, den Tunnel an einer besonders günstigen Stelle abzuspannen. Diese Rücksicht macht auch die Mitnahme von Mülltüten zur Pflicht.
Das Zelt muß fjellsicher sein (Sturm, Nässe, Eis usw.). Es muß ein Moskitonetz und gute Abspannvorrichtungen haben. Es muß eine Kochmöglichkeit bieten, die auch bei Niederschlag nutzbar ist. Eine Apsis zwischen Innen- und Außenzelt ist nicht nur ein guter Koch- und Stauraum, sondern auch „Pufferzone" zwischen dem Innenzelt und Schnee und Feuchtigkeit draußen. Das Zelt muß sich in kürzester Zeit von einer Person allein mit Handschuhen aufstellen lassen. Zelte, bei denen Außen- und Innenzelt nicht ineinandergeknüpft sind, erweisen ihre mangelhafte Eignung bei Regen.

Mit Ein-Personen-Tunnel und Rad am Fluß store Ula, der hinter dem

Das beste Zelt kann nur so gut wie die Erdnägel sein. Die leichtesten Erdnägel bestehen aus Magnesiumlegierungen. Sie sind auch mit einem Hammer auf Stein nicht krummzukriegen.
Gezeltet werden in Wassernähe darf nie an einer Stelle, die nicht mindestens zwei Meter über der Wasseroberfläche liegt. Gezeltet werden darf nie im Wald oder unter Bäumen, auch wenn die Plätze idyllisch sind. Das Zelt muß so stehen, daß es von einem Baum, den der Sturm kippt, nicht getroffen werden kann. Der Sturm kann jeden

Lagerplatz in die westliche Rondane-Hochfläche schneidet.

Baum kippen. Das gilt auch für die widerstandsfähigen Fjellbirken: Eine Fjellbirke, die im Sturm tanzt, zerfetzt das Zelt, wenn nicht Abstand gewahrt wurde. Gezeltet werden darf nie in Karen (botn) und Kartälern (holet), auch wenn es in manchen Kartälern idyllische Stellen und Grasinseln an Wasser inmitten der Geröllwüsten gibt. Gezeltet werden darf nie in der Nähe von Wänden, Abbrüchen usw., deren Fuß von Geröllschutt bedeckt ist. Blockfelder und Schutt bedeutet generell Steinschlaggefahr.

b) Ausrüstung: Bekleidung und Ausrüstung für die Hochgebirgstrakte von Rondane und Jotunheimen unterscheiden sich im Prinzip nicht von der für die Alpen.

Stiefel: Starke Vermoorung unterhalb der reinen Felszone macht das Schuhwerk zum Problem. Bergstiefel laufen im Moor Gefahr, so tief einzusinken, daß das Wasser von oben in den Stiefel fließt. Bei Trekkingstiefeln ist dieses Problem noch größer, weil sie nicht so hochschaftig wie Bergstiefel sind. Fast auf jeder Tour finden sich Moorstellen. Gamaschen sind ein Notbehelf, auf den die meisten zurückgreifen.

In Skandinavien überall einsatzfähige Wandergummistiefel unterscheiden sich von den hierzulande erhältlichen und nur hierzulande einsatzfähigen Gummistiefeln dadurch, daß

- die erstklassige Stollenprofilsohle dieselbe Tritt-/Rutschsicherheit wie bei Bergstiefeln garantiert
- ein Stahlgelenk den Sohlenbereich versteift
- hohe Schäfte Bodennässe und Wasser fernhalten
- die Schaftschnürung den Fußbereich stabilisiert.

In diese ungefütterten Stiefel werden herausnehmbare Sohlen gelegt, die zusätzlich gekauft werden müssen. Es ist wichtig, beim Kauf (nur mit müden = angeschwollenen Füßen) die Einlegesohlen mitzubringen; das gleiche gilt für die Socken, die darin später tatsächlich getragen werden (nicht irgendwelche Probiersocken). Auf exakte Paßform – absolut fester Fersensitz – ist genau zu achten, da sich Gummistiefel nicht einlaufen lassen. Jedes Sportgeschäft in Norwegen bietet solche Gummistiefel an.

Damit soll nicht gesagt sein, daß Gummistiefel das Beste für Rondane und Jotunheimen sind. Im Bereich unterhalb der Felszone werden Leute mit Bergstiefeln oft die Leute mit Gummistiefeln beneiden, in der Felszone hingegen ist der Bergstiefel überlegen: Das dicke Leder schützt die Knöchel und den Fuß, die Sohle ist steifer als die des Gummistiefels. Für die Felszone am besten geeignet sind alpenländische, zwiegenähte, bedingt steigeisenfeste (d. h. mit Steigeisen auch für kleinere Touren auf leichten Gletschern geeignete) Stiefel aus gutem Leder. Dazu gehören ja nach Witterung (Gore-tex-)Gamaschen: in den niedrigen Lagen wegen der Bodennässe und des Gestrüpps, oben in der Felszone wegen des

Schnees. Trekkingstiefel mit oder ohne Gore-tex sind weder für Moor noch für Fels optimal geeignet, sind aber das komfortabelste Schuhwerk bei unschweren Wanderungen ohne Moor.
Turn-, Jogging- und andere Stadtschuhe sind völlig ungeeignet, sind aber in den touristisch mehr frequentierten Berggebieten häufig zu sehen. Kinder benötigen die gleiche optimale Ausrüstung wie Erwachsene.
Höhenmesser: Die Kombination von Karte und Höhenmesser ist die Grundlage für exakte Orientierung. Ein guter Höhenmesser gibt, sofern er bei Tourbeginn richtig eingestellt und unterwegs an markanten Punkten nachgestellt wird, verläßlich Auskunft über den Standort. Darüber hinaus fungiert der Höhenmesser als Barometer. Während ich den Kompaß so gut wie nie brauche (aber immer im Rucksack habe), benutze ich den Höhenmesser ständig – ein unverzichtbarer Ausrüstungsgegenstand.
Wanderstab: Bei Gewässerdurchschreitungen und im Moor ist der Stab Taststock und/oder Gleichgewichtsstabilisator. Beim Auf- oder Abstieg über Firnfelder hilft er Kraft sparen. Generell entlastet er die Kniegelenke. Ein drittes Bein erleichtert auch die Querung oder den Abstieg von Blockhängen. Beim Aufstieg in steilem, felsigem Gelände hingegen stört der Stab. Zu empfehlen ist daher ein stufenlos höhenverstellbarer Teleskopstab (das Beschneiden von Bäumen in den Nationalparks ist verboten; meist wachsen aber ohnehin keine). Wird er nicht benutzt, so wird er zusammengeschoben und hinten am Rucksack in der Schlaufe befestigt. Hilfreich sind Höhenmarkierungen am Stab. Mit ihnen läßt sich sofort feststellen, wie tief ein Wasser ist, ob es höher als der Schaftrand fließt (dabei müssen immer einige „Wellenbrecher-Zentimeter" hinzugerechnet werden). Der Teller ist nur im Schnee hilfreich.
Regenbekleidung: Im Rucksack wird eine (Gore-tex-)Überhose mitgeführt (seitliche Reißverschlüsse müssen abgedeckt sein); sie ist gleichzeitig Ersatzhose (in Verbindung mit der langen Unterhose). Ein guter Poncho, unter dem auch der Rucksack Platz hat, ist nicht nur Regen- und Windschutz, sondern läßt sich auch als Liegewiese auf feuchtem Untergrund und als Notzelt verwenden; im Regen läßt sich unter ihm Brot schneiden und im Routenführer lesen. Bei Gore-tex-Jacken ist dergleichen nicht möglich. Sie sind im Regen gut auf

Kurztrips, aber nur wenn die nächste Hütte einen Trockenraum hat. Die optimale Regen- und Schneebekleidung besteht aus Lodenjacke, Lodenhose und Lodengamaschen (im Schnee). Loden ist wind- und wasserdicht und atmungsaktiv. Schon die Wikinger trugen lodenähnliches, gewalktes Wollzeug.

Bodenkälte: Viele Stellen im Fjell laden zum Verweilen ein. Hier ist Schutz vor Kälte besonders wichtig, weil der Körper beim Sitzen oder Liegen nicht bewegt wird. Das phantastischste Panorama kann zur Qual werden ohne Kälteschutz, ganz zu schweigen von den Folgen ungehindert einwirkender Bodenkälte. Als Sitzunterlage dient der Ersatzkleiderpacksack aus dem Rucksack (siehe Checkliste); darüber hinaus ist allgemein als Bodenkälteschutz eine kurze Wollunterhose zu empfehlen, die über dem Slip getragen wird. Mit Kleiderpacksack und kurzer Wollunterhose wird die Bodenkälte weitgehend gebannt, nicht aber die auf den Oberkörper einstrahlende Kälte. Am geeignetsten sind dünne Pullover aus bester Wolle (Kaschmirwolle, kratzt auch nicht auf der Haut). Mit drei Kaschmirpullovern (à ca. 260 g) habe ich auch bei Minustemperaturen von unter 30° keinerlei Kälte empfunden: Die Daunenjacke ist überflüssig geworden.

Sommerkleidung: Auf keinen Fall kurze Hosen vergessen, das norwegische Fjell ist das reinste Solarium. Es ist am besten, kleidungsmäßig auf alle Wetterextreme im Fjell vorbereitet zu sein: auf den Schnee Mitte August und auf solche Hitze im Juni, daß eine Gipfeltour abgebrochen werden muß.

Müll: Fünf Mülleimertüten wiegen zusammen 22 Gramm und nehmen so gut wie keinen Platz weg. Sie gehören in jedes Wandergepäck. In ihnen läßt sich auch anderes transportieren als Müll: Pilze, Beeren (werden allerdings zusammengedrückt), Wasser, Steine, in Gewässern läßt sich die Kamera wasserdicht verpacken, usw.

Notset: In der Checkliste sind die Gegenstände des Notsets – Dreiecktuch, Trillerpfeife, Pflaster usw. – mit aufgeführt.

Bergrad: Das Bergrad, „deutsch“ Mountain-Bike, ist ein unverzichtbares Hilfsmittel beim Anmarsch zum Gipfelfuß auf Wegen. Es gibt mehrere solcher Fahrwege, die für den öffentlichen Verkehr gesperrt sind und zu Hütten führen. Bei der Begehung des Glittertind z. B. kommen zur eigentlichen Gipfeltour von 5 Stunden zweimal

1½ Stunden Transportweggehen, falls nicht in der Hütte Glitterheim übernachtet wird. Mit dem Rad hingegen ist der Weg in zweimal einer halben Stunde durchfahren – die gewonnenen zwei Stunden sind zusätzlich für die Entdeckung des Bergs da. Ähnlich ist es in den Rondane (Weg Spranget – Rondvassbu = Ausgangspunkt für mehr als die Hälfte aller Rondane-Zweitausender, außerdem Weg vom Hüttengebiet Åndalshytta zur Peer-Gynt-Hytta), am See Bygdin (Weg Bygdin – Bygdisheim), im Tal Koldedalen (Weg bis zum Fuß des Falketind), im Tal Utladalen (Weg bis in unmittelbare Nähe des Wasserfalls Vettisfossen), im Tal Gravdalen (Weg bis zum Stausee 1203), um nur einige markante Beispiele zu nennen.
Die Verbindung von Bergrad und Bergsteigen/Fjellwandern läßt sich also vielerorts praktizieren, wobei klar sein muß, daß das Rad nur auf Wegen eingesetzt werden darf, nicht auf Pfaden und nicht abseits der Pfade in der verletzbaren Vegetation. Die Routenbeschreibungen nennen diese Wege. Es geht nicht darum, mit dem Rad zum Gipfel zu fahren (das ist ohnehin unmöglich), sondern Zeit für die Berge zu gewinnen, langweilige Transportwege rasch zu durcheilen und in der Hauptsaison nicht so lange mit den Karawanen pilgern zu müssen, die diese Transportwege bevölkern.
Das Rad muß sehr stabil und dennoch leicht sein. Es muß breite, durch scharfe Steinkanten u. a. nicht verletzbare (Auto-)Reifen haben sowie eine gute Schaltung mit vielen Gängen, die sich durch Kombination der Kettenblätter und Ritzel so gut wie jeder Steigung und jedem Gelände optimal anpassen lassen. Wichtig sind außer hervorragenden Bremsen Klingel, Schutzblech und Licht sowie Gepäckträger mit der Möglichkeit zur Taschenbefestigung. Bei der Rückkehr vom Gipfel die volle Flasche aus der Halterung zu ziehen und in vollen Zügen zu trinken, ist ein Genuß. Die Wahl des richtigen Sattels hilft unangenehme Begleiterscheinungen vermeiden.
Gefahren wird problemlos mit Rucksack und Bergstiefeln sowie einer Kleidung, mit der nachher aufgestiegen wird (um nicht noch eine Umziehaktion starten zu müssen). Wird in der Nähe eines Wegs gezeltet (es gibt Wege, wo das einsam und versteckt möglich ist), sind zusätzlich zum Rucksack Fahrradtaschen angenehm.
Wer bei schlechtem Wetter das Gebirge verläßt, um mal wieder heiß zu duschen, bleibt auch an wolkenverhangenen Tagen nicht untätig

in Zelt, Hütte oder Auto, sondern kann mit dem Fahrrad durch die Gegend streifen und wird auf den Alm- und Wanderwegen und Sträßchen an Stellen gelangen, die mit dem Auto meist unentdeckt bleiben. In diesem Zusammenhang sei darauf hingewiesen, daß die Autofähren Räder kostenlos befördern (bei der Buchung habe ich allerdings bei der Frage nach der Fahrzeughöhe nie angegeben, daß ich ein oder zwei Bergräder aufrecht auf dem Dach stehen habe; die Kontrolleure nahmen es verwundert zur Kenntnis, lotsten mich aber ohne Widerrede zu den Wohnmobilen).

Checkliste: Diese Liste nennt unkommentiert Vorschläge für die in den Nichtschneemonaten beste Fjellausrüstung (ohne Zelt). Ausschlaggebend waren 1. Qualität und Funktionalität, 2. Gewicht. Nicht ausschlaggebend war der Geldwert.
Mit weniger als 6 kg ist der Tagesrucksack (als „Tagestour" wird eine Tour von ca. 6 Std. angesehen) extrem leicht gepackt, obwohl er alles Notwendige und in puncto Ernährung sogar gewichtsmäßigen Luxus enthält.

I. Ausrüstung am Körper

bedingt steigeisenfeste Bergstiefel aus wasserfest zugerichtetem Leder mit Stollenprofilsohlen, Zwienaht, herausnehmbaren Einlegesohlen	2600 g
1 Paar Trekkingsocken auf der Haut	104 g
1 Paar dicke Wollsocken als Überziehsocken	188 g
Schuhwerk-Alternative für Moorgebiete:	
hochschaftige Gummistiefel mit Stahlgelenk, Profilsohlen und Schaftschnürung	1816 g
Fußbett-Einlegesohlen	56 g
1 Paar Trekkingsocken mit verstärktem Fersen-Zehen-Bereich (auch über den Zehen), ohne Fersennaht	104 g
reißfeste, wind- und mückendichte, bequeme Langhose	386 g
Beintasche:	
topographische Karte, im Frischhaltebeutel = Nässe- und Abriebschutz	44 g

fester Gürtel	78 g
kurze Unterhose (Seide/Wolle)	38 g
kurze wärmende Unterhose (Wolle) gegen Bodenkälte beim Sitzen	94 g
Unterhemd (Seide)	104 g
Baumwollflanellhemd, das Gesäß bedeckend, mit zwei verschließbaren Brusttaschen mit Patten	266 g
Hemd-Brusttaschen:	
Toilettenpapier im Frischhaltebeutel	50 g
Schlüssel, Hütten-Generalschlüssel	50 g
Papiere, Banknoten, Schecks (werden auch in Selbstbedienungs- und unbewirtschafteten Hütten akzeptiert) u. a., wasserdicht verpackt	90 g
Signalpfeife mit Triller	12 g
Armbanduhr mit Leuchtzeigern, wasserdicht, stoßfest	37 g
Halstuch (Baumwolle) = Dreiecktuch	39 g
reißfeste, wind- und mückendichte, bequeme Jacke, (das Gesäß bedeckend, mit Reißverschluß und Knopfleiste, verschließbaren Taschen und wasserdichter Kapuze im Kragen	562 g
Jackenseitentaschen:	
gute Sonnencreme mit hohem Schutzfaktor = Haut-/Feuchtigkeitscreme	44 g
Lippenbalsam mit hohem Sonnenschutzfaktor	14 g
Gasfeuerzeug ohne Elektronik	16 g
Mückenabwehrmittel (Stift)	29 g
großes Baumwolltaschentuch	18 g
Höhenmesser	96 g
Jackenbrusttaschen:	
2 m 3-mm-Reepschnur	15 g
2 Energieriegel	74 g
1 Diafilm in der wasserdichten Filmdose	29 g
Mütze (Wolle), die sich auch über die Ohren ziehen läßt	42 g
1 Wanderstab (Teleskopskistock mit Metallspitze und abnehmbarem Teller)	272 g
Gesamtgewicht am Körper ohne Schuhwerk:	2499 g

II. Standardtasche

In dieser Tasche sind die kleineren wichtigen Dinge verstaut, die immer benötigt werden (könnten). Sie wird immer im Rucksack mitgeführt, auf kurzen ebenso wie auf längeren Touren.

Leinensäckchen	172 g
Taschenlampe	108 g
Suppenlöffel	51 g
Nagelschere	18 g
1 starke Wäscheklammer	9 g
Näh- und Fahrradflickzeug = Zeltflickzeug	20 g
5 Wundverband-Pflaster, steril verpackt	11 g
Rollenpflaster = Isolierband 5 m × 1,25 cm	23 g
Mullbinde 4 cm × 6 m	14 g
1 Paar Einmal-Handschuhe (Aids-Handschuhe)	3 g
Reisezahnbürste	18 g
Zahncreme	27 g
Metallspiegel mit Peilloch	38 g
Desinfektionsmittel für die Haut	72 g
Waschlotion für Haut und Haar	57 g
Mineralsalztabletten	26 g
Kompaß	53 g
2 m 3-mm-Reepschnur	14 g
Kerze	19 g
Rettungssack/gold	64 g
Moskito-Gesichtsschleier	8 g
Sturm- und gewöhnliche Streichhölzer in wasserdichter Streichholzdose	19 g
5 Mülleimertüten (gut für Müll, Wasser, Beeren, Pilze, Steine)	22 g
unzerbrechliches Etui	50 g
Ersatzbrille	21 g
Pinzette, nicht flach	1 g
Bleistiftstummel	2 g
3 Sicherheitsnadeln	3 g

Gesamtgewicht Standardtasche: 797 g

III. Tagestouren-Rucksack

Standardtasche und Rucksack bilden zusammen mit der am Körper getragenen Ausrüstung die Grundausrüstung auf der Ganztagestour. Die folgende Liste gilt nicht im Winter:

Rucksack

äußere Deckeltasche (von außen zu erreichen):

Walkmütze (zweite Mütze; Walk = aus gewalkter Wolle)	88 g
Walkfingerlinge mit Lederbesatz in der Innenhand	141 g
2 weiterführende topographische Karten, im Frischhaltebeutel	84 g
Gletscherbrille = Sturmbrille = Sonnenbrille (100 % UV-/IR-Absorption)	142 g
Sturmhaube	15 g

innere Deckeltasche:

Butankocher im Packsäckchen	230 g
Filmpacksäckchen	16 g
5 Diafilme in den wasserdichten Filmdosen	145 g
2 Kamera-Ersatzbatterien (Lithium)	10 g
Staubentferner (Gebläse mit abgerissenem Pinsel)	18 g
Haarpinsel	11 g
Objektivreinigungstücher	24 g
Ersatzdeckel für das meistgebrauchte Objektiv	16 g

oberer Rucksack-Packsack:

Kraxenponcho (Regenschutz, Liegewiese im Feuchten, Biwak-Notzelt)	500 g
Überhose mit Gore-tex = Ersatzhose, mit verdeckten Reißverschlüssen und zusätzlichen Knopfleisten an den Seiten	330 g
Pullover (Kaschmirwolle)	262 g
Packsack mit	32 g
2 Paar Ersatzsocken	292 g
Pullover (Kaschmirwolle, dünn) = zweiter Pullover	182 g
lange Unterhose (Seide)	108 g
leichte kurze Hose	63 g
Standardtasche	797 g
Handtuch, normal groß	228 g

unterer Rucksack-Packsack (auch von außen zu erreichen):

Butanflasche (in Norwegen so gut wie überall erhältlich)	350 g
kleiner Wasserkessel mit Deckel	192 g
Teeball (Teesieb)	13 g
Baumwolltaschentuch = Geschirrtuch	18 g
kleiner Edelstahl-Trinkbecher mit Henkel	102 g
Teeblätter in Aluminiumflasche	112 g
Butter in auslaufsicherer Butterdose	100 g
Proviantpacksäckchen	19 g
Dauerwurst	300 g
Brot	400 g
Holzbrettchen	306 g
3 Energieriegel	122 g
Messer	114 g
außen am Rucksack:	
Thermometer	9 g

Gesamtgewicht Tagestourenrucksack-Inhalt ohne Rucksackeigengewicht: 5891 g

dazu je nach Bedarf:

1-Personen-Biwaksack mit Gore-tex	624 g
Rentierfell als Liegematte (auch im Winter)	1500 g
Liegematte kurz, selbstaufblasend (nur Sommer/Herbst)	522 g
Schlafsack, 600 g Daune (Sommer), mit Seideninlet	1300 g
Schlafsack, 900 g Daune (Winter), mit Seideninlet	1800 g
2-Personen-Tunnelzelt einschließlich Gestänge	1823 g
11 Erdnägel (Magnesiumlegierung)	165 g
Stirnlampe mit Batterie	264 g
1-l-Thermosflasche (Vakuum, kein Glas)	1600 g
Leichtsteigeisen, 10-zackig, mit Kipphebelbindung	760 g
reißfeste Überhandschuhe mit Gore-tex	120 g
Baumwoll-Lakensack bei Hüttenwanderungen	532 g
Feueranzünder (Birkenrinde, Papier, Zweiglein etc.)	150 g
kniehohe Lodengamaschen	474 g
kniehohe Kunststoffgamaschen mit Gore-tex	242 g

c) Schwierigkeitsgrade

Für Fjellwanderungen gibt es keine offizielle Klassifizierung nach Schwierigkeitsgraden. Um jedoch eine schnelle Vorabinformation zu ermöglichen, wird folgende Klassifizierung eingeführt:

leicht	Spazierwanderung auf befahrbaren Wegen oder aufgelassenen = nicht mehr befahrenen Wegen ohne nennenswerte Steigung
unschwer	(Spazier-)Wanderung in jedem Gelände (außer Gletscher mit Spalten) mit einem im Anstieg zu bewältigenden Höhenunterschied von bis zu 500 m; in der Regel mit Gehhilfen an schwierigen Wasserläufen (Hängebrücken, Stegbrücken)
mittel	Wanderung in jedem Gelände (außer Gletscher mit Spalten) mit einem im Anstieg zu bewältigenden Höhenunterschied bis 1000 m
anspruchsvoll	Hochgebirgswanderung mit einem im Anstieg zu bewältigenden Höhenunterschied von mehr als 1000 m; Kondition, Trittsicherheit, Schwindelfreiheit und Wetterkenntnis erforderlich; in der Regel keinerlei Gehhilfen; oft Passagen mit geringen Schwierigkeiten
schwierig	steil und ausgesetzt; unabhängig vom im Anstieg zu bewältigenden Höhenunterschied von Ungeübten nicht zu schaffen
Gletscher	Wanderung über Gletscher mit Spalten; Gletscherausrüstung und Gletschererfahrung oder Führung erforderlich (Eisbuckel, die ohne Sicherung überquert werden können, werden nicht als „Gletscher“ klassifiziert)

Die Einstufung „anspruchsvoll“ für den Galdhøpiggen und ähnliche reliefmäßig kaum anspruchsvolle und zudem durch T-Markierungen touristisch erschlossenen Bergziele mag übertrieben erscheinen, vor allem vor Ort angesichts der zum Teil völlig ungenügend beklei-

deten (Turnschuhe mit glatten Sohlen) und ausrüstungsmäßig nur auf das gerade herrschende Sonnenwetter eingestellten Menschen, die hinaufpilgern – 1200 Höhenmeter auf und 1200 Höhenmeter ab, durch teilweise recht tiefen Schnee. Die meisten sind nach dieser Tour „geschafft". Es ist aber nicht der Sinn einer Bergtour, „geschafft" zu sein und danach mit glasigen Augen zerschlagen in der Hütte herumzuhängen. Also ist es richtig, diese Tour als „anspruchsvoll" einzustufen: Wer Kondition mitbringt, wird durch diese Tour nicht „geschafft". Außerdem ist Wetterkenntnis erforderlich.
Die Routenbeschreibungen setzen optimales Wetter voraus: keine Windstille bei brütender Hitze in Kartälern, kein vom Eis überzogener Fels, keine vom Niederschlag rutschigen Flechten auf Blöcken, keine ausgetrockneten Bachgräben, kein Schneefall im August, kein Sturm usw. Vor Antritt einer Tour sollen daher im Gespräch mit den Wirtsleuten in der Hütte und/oder mit anderen Personen folgende Punkte geklärt werden:

a) Wetterbericht (wird es Schnee/Nebel/Regen/Sturm usw. geben?)
b) aktuelle Schnee-/Eisverhältnisse und daraus resultierende Gehzeit bzw. Zeit für Auf- und Abstieg
c) Besonderheiten der Route (sind die Brücken/Stege intakt? Ist der Fluß/Bach zahm oder nur mit Seilsicherung durchschreitbar? Ist die steile Passage vereist? Ist der Gletscher versumpft? usw.)
e) Besonderheiten des Ziels

In diesem Führer sind alle Touren als „anspruchsvoll" eingestuft, wenn der im Anstieg zu bewältigende Höhenunterschied bei mehr als 1000 m liegt. In der Regel kommt zu diesem Anstieg ein gleich hoher Abstieg hinzu, für den nicht wesentlich weniger Zeit zu veranschlagen ist. Hinzu kommt außerdem die Entfernung: In Geröll-/Blockgelände ist bei ungünstigem Wetter oft für 1 km Entfernung 1 Stunde Gehzeit zu veranschlagen.
Die Formel 400 Höhenmeter = 1 Std. läßt sich im Jotunheimen und in den Rondane auf fast alle Bergziele anwenden (nicht auf Talwanderungen).
Wird die reine Gehzeit mit 1,5 (eineinhalb) multipliziert, ergibt sich ein Anhaltspunkt für die tatsächliche Gehzeit, zu der auch Rasten,

Ruhen und Schauen, Entdecken und vieles andere zählen und in der eine Kulanzzeit einkalkuliert ist, die um so größer wird, je größer die angegebene reine Gehzeit ist.

Steil: In den Routenbeschreibungen bedeutet „steil" in der Regel, daß das Gehen auf Zweien nicht mehr möglich ist, sondern die Fortbewegung auf Dreien erfolgt. So ist der Aufstieg aus dem Kartal Rondholet zum Talschluß als „etwas steil" eingestuft, obwohl ihn andere als „steil" ansehen (und mir inzwischen berichtet wurde, daß jemand hier bergkrank wurde). Da die ganze Wanderung zum Rondslottet jedoch als „anspruchsvoll" eingestuft ist, wissen Leute, die zum Schwindel neigen oder ohne ausreichende Nahrungsgrundlage aufbrechen, daß dieser Berg nichts für sie ist.

Pfad: Es wird nicht unterschieden zwischen „Pfad" und „Steig". Viele Pfade, auch die markierten, sind nicht nur in Moorgelände leicht zu verlieren. – Unterschieden wird jedoch zwischen Pfad = Steig und „Weg". „Weg" bedeutet immer Fahrweg, Karrenweg, Traktorweg usw. Aufgelassene Wege, die seit Jahrzehnten nicht mehr benutzt werden, werden als „Pfad" bezeichnet, obwohl sie stellenweise immer noch „zweispurig" sind, z. B. der historische Transportweg Rørosvegen in den Rondane.

Die Routen werden von Hütten/Herbergen aus beschrieben. Als „Hütte" wird immer eine Unterkunftsstätte bezeichnet, die dem Norwegischen Bergverein DNT gehört, auch wenn es sich um ein komfortables Hotel mit Massenabfertigung – aber günstigen DNT-Preisen – handelt; die „Masse" geht aus der angegebenen Bettenzahl hervor. Als „Herberge" wird immer eine Unterkunftsstätte bezeichnet, die nicht dem DNT gehört, also „privat" bewirtschaftet wird. Der Eintrag zu jeder Hütte/Herberge ist wie folgt aufgebaut:

1) Name und Kurzinformationen wie Höhe, Straßenanbindung usw.
2) Lage der Hütte, allgemeine Charakterisierung der Umgebung, Geschichtliches
3) Tabelle mit Bergzielen (kann entfallen)
4) Hinweise auf die meistbegangenen, schönsten und interessantesten Routen
5) Tabelle mit Hüttenzielen
6) Routenbeschreibungen

Die Beschreibung der Routen von Hütte zu Hütte erfolgt in der meistbegangenen oder in der empfehlenswerten Richtung. So wird die Route durch das Tal Leirungsdalen in Ost-West-Richtung beschrieben, obwohl die West-Ost-Richtung ebenso empfehlenswert ist. Hier kann aber nicht noch einmal das ganze Tal in umgekehrter Richtung beschrieben werden (in diesem Fall mehrere Seiten). Trotzdem sind einige Routen in zwei Richtungen beschrieben, zumindest teilweise: In der Tabelle mit den Hüttenzielen ist dann eine Randnummer angegeben, unter der sich ein anderes Ziel als das in der Tabelle angegebene findet. Der Anmarschweg zu diesem anderen Ziel und der Hütte sind anfangs identisch; erst später zweigt der Hüttenpfad ab, was dann im Text gekennzeichnet ist.
Die absoluten Höhenangaben werden meist ohne „m“ angegeben (wie auf den topographischen Karten): „Nach Osten zum See Raudalsvatnet 1313 hinab“ bedeutet also: Der See Raudalsvatnet hat eine absolute Höhe von 1313 m ü. d. M.

d) Mit Ski unterwegs

Norwegen ist das Ursprungsland des Skigehens. Das deutsche Wort Ski ist direkt aus dem Norwegischen übernommen, wo es genauso ausgesprochen wird und ursprünglich „Scheit“ bedeutete. Das Skimuseum unterhalb der Holmenkollen-Schanze in Oslo präsentiert u. a. einen 2000 Jahre alten Ski.
Telemarkski – Allround-Ski: Der hierzulande noch in nur wenigen Fachgeschäften angebotene Telemarkski ist der einzige für Rondane und Jotunheimen empfehlenswerte Allround-Ski. Mit ihm läßt sich fast alles machen: laufen, wandern, springen, abfahren, Slalom fahren, steigen usw. Der Telemarkski ist der Ski für alle, die unabhängig von gespurten Loipen und gewalzten Pisten eine Natur im Winter wiedersehen möchten, die sie in der schneefreien Jahreszeit schätzen und lieben gelernt haben.
In Norwegen gibt es zwei Arten von Loipen: gespurte Loipen (meist unterhalb der Baumgrenze) und nicht gespurte, aber durch Stöcke bzw. Reiser markierte Tourenloipen (meist oberhalb der Baumgrenze). Für die Tourenloipen sind gewöhnliche Loiplski nicht zu empfehlen. Wer in unbekanntem Gelände fährt, sollte sich an die markierten Tourenloipen halten.

Telemarkski sind am Schaufelansatzpunkt ca. 62 mm, in der Taille 52 mm und am Skiende 57 mm breit. Sie haben Stahlkanten und in der Regel keine Abstoßhilfe (diese Funktion übernimmt das Wachs, das zur Standardausrüstung auf Touren gehört). Die Länge der Ski errechnet sich aus Körpergröße plus 10 bis 20 cm. Die für stabile Schuhe und ausgedehnte Touren beste Bindung ist die Rottafella-Bindung (Nordic Norm) mit Metallstiften zur Fixierung des Stiefels und mit einer Vorrichtung zum Einhängen des Bindungskabels (muß extra gekauft werden). Die Bindung hat seitlich Metallbacken, die den Stiefel vor Beschädigung schützen. Wo der Stiefelabsatz aufsitzt, wird eine Metallplatte oder ein Fersenhalter (als Schwunghilfe) montiert. Empfehlenswert ist zusätzlich die Verwendung eines Zehenriemens (er wird vorn über den Stiefel gespannt); die stabilen Bindungen weisen dafür extra Schlitze auf. Außerdem haben sie einen Ring zum Einhängen des Fangriemens. Es kann verhängnisvoll sein, bei einem Sturz in ungespurtem Gelände, weitab von Siedlungen, einen Ski zu verlieren.
Der hier beschriebene Telemark-Ski ist der beste Kompromiß-Ski für Wanderungen im Winter. Darüber hinaus gibt es ein ähnlich breites Programm an speziellen Telemark-Ski (für Slalom, für Sprünge, für sportliches und für nicht sportliches Laufen usw.) wie hierzulande an Loipen-Ski.
Telemarkstiefel sind Bergstiefel aus Leder, das bei richtiger Pflege Schnee und Feuchtigkeit abhält und den Fuß gleichzeitig atmen läßt. Sie reichen in jedem Fall über die Knöchel, verfügen über einen guten Knöchelschutz, haben eine dicke Stollenprofilsohle, eine gut gepolsterte Zunge und eine hohe Wärmedämmung, besitzen eine herausnehmbare Einlegesohle, sind nicht unbeweglich starr und hart wie Hochtourenschalenstiefel, wiegen aber ebenso viel (ca. 2,4 kg). Als Skistöcke sind (stufenlos verstellbare) Tourenskistöcke zu empfehlen, die sich aneinanderschrauben lassen.
Die Mitnahme der Telemarkski ist bis Anfang Juli zu empfehlen (West-Jotunheimen). Je nach Witterung können einige Gletscher dann noch mit Ski befahren werden; die Ski werden am Gipfelfuß deponiert und warten auf die Abfahrt.
Es ist dringend davon abzuraten, über *Stauseen* zu laufen, obwohl sich die plane Fläche dieser Seen als natürliche Loipe anzubieten

Markierte Skiwanderrouten im Gebiet Jotunheimen

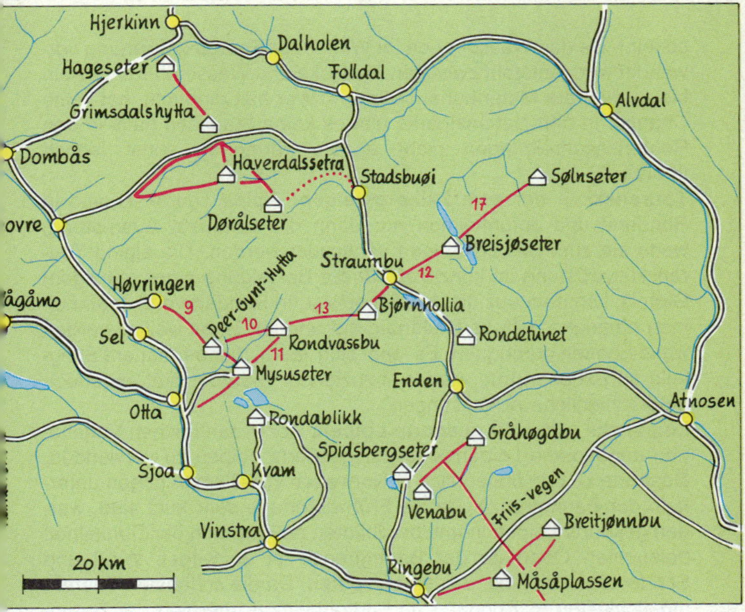

Markierte Skiwanderrouten im Gebiet Rondane

Zeichenerklärung

═══════	=	Fahrstraße
———————	=	markierte Loipe
....	=	unmarkierte Loipe
○	=	Ortschaft
△	=	Hütte
Zahlen	=	Kilometerangaben

scheint. Da das Wasser auch im Winter zur Energiegewinnung verwendet wird, entsteht zwischen Eisdecke und Wasseroberfläche ein bis zu mehrere Meter hoher Luftraum. Wer hier einbricht, hat keine Chance. In den Nationalparks gibt es keine Stauseen (falls in den Routenbeschreibungen nicht anders vermerkt), sonst jedoch überall.

Tourenski – nur zum Skibergsteigen: Alpine Tourenski sind in Rondane und Jotunheimen nur dann die adäquate Ausrüstung, wenn sie zum Skibergsteigen verwendet werden. Die alpine Tourenskiausrüstung ist konzipiert für die Besteigung eines (einzigen) Gipfels, von dem aus die Abfahrt erfolgt. In Rondane und Jotunheimen hingegen geht es beständig auf und ab, ist es wellig, werden weite Ebenen durchquert. Es lohnt sich kaum, hier permanent Steigfelle aufzukleben und wieder abzuziehen. Hierüber gibt es jedoch unterschiedliche Auffassungen.

Loipenski – nur für gespurte Loipen: Der in zahlreichen Variationen angebotene Loipenski ist für gespurte Loipen zu verwenden. Gespurte Loipen finden sich in Norwegen vor allem in Lagen unterhalb der Baumgrenze. Da die Frühwintertage sehr kurz sind, werden gespurte Loipen in und bei Städten ab Einbruch der Dunkelheit beleuchtet. Oberhalb der Baumgrenze ist es wegen Wind und Schneefegen sinnlos, Loipen zu spuren. Da die schönsten Tourenmöglichkeiten in Rondane und Jotunheimen oberhalb der Baumgrenze liegen, ist der Loipenski für diese Gebiete kaum brauchbar.

Abfahrtsski – nur für Pisten: Der Abfahrtsski ist nur pistengeeignet. Da viele das nicht glauben und sich und andere in Gefahr bringen, ist in Norwegen das Fahren mit Abfahrtsski abseits von Pisten verboten. Langlauf- und Abfahrtsausrüstungen können fast überall geliehen werden.

Sommerski: Das Sommerskizentrum im Bereich dieses Führers liegt in unmittelbarer Nähe des Galdhøpiggen, des höchsten Gipfels von Nordeuropa. Zu erreichen ist das Gebiet – die Lifte stehen auf dem Gletscher Vesljuvbreen – von der Reichsstraße 55 aus (Mautstraße bis kurz hinter die Herberge Juvasshytta R 92).

● 6 Allgemeine Informationen

a) Post, Telefon

Von den roten Telefonhäuschen aus läßt sich nicht nur überallhin telefonieren (teuer), sondern jeder Münzfernsprecher hat auch eine Nummer, die von überall aus angewählt werden kann. Wie telefoniert wird, ist auf dem Plakat an der Innenwand jeder Zelle auch auf Deutsch erklärt. Zuerst zwei 1-Kronen-Münzen auf die Rinne legen (5- und 10-Kronen-Münzen erst nachlegen, wenn die Verbindung hergestellt ist). Post und Telefon sind in Norwegen getrennt. Wer vom Amt aus anrufen will, muß nicht ins Postamt (Gebäudeaufschrift „Post"), sondern ins Telegrafenamt (Gebäudeaufschrift „Tele").

Vorwahl von Norwegen

nach Deutschland:	095-49 – Ortsvorwahl ohne 0
nach Österreich:	095-43 – Ortsvorwahl ohne 0
in die Schweiz:	095-41 – Ortsvorwahl ohne 0

b) Geschäftszeiten, Preise, Essen

Geschäfte, Cafés, Büros, Museen usw. schließen um ca. 16 Uhr. Auch die Städte sind dann wie ausgestorben: Die Leute essen „Middag", danach beginnt die Freizeit. Nur am Donnerstag ist bis ca. 20 Uhr geöffnet, aber nicht überall, da es kein allgemeines Ladenschlußgesetz gibt. Samstags schließen die Geschäfte zwischen 13 und 15 Uhr. Auch an den Feiertagen bleiben die Läden geschlossen.

Norwegen ist ein teures Land, was Güter und Dienstleistungen betrifft, die in irgendeiner Form als Luxus eingestuft werden könnten (Hotel, Alkohol) oder mit denen sich das Land nicht selbst versorgen kann (Fleisch). Dafür sind Grundnahrungsmittel und Dienstleistungen, die nicht als Luxus angesehen werden oder mit denen sich das Land selbst versorgt, gleich teuer (Milch, Milchprodukte) oder sogar billiger (Sauna, Strom, Diesel) als hierzulande.

Das Essen auf den Hütten ist sehr nahrhaft, aber nicht unbedingt wohlschmeckend. Ein Standardgericht sind Kartoffeln mit brauner Soße und Fleischbollen („Karbonader", eine Art Frikadellen). Eine schmackhafte Kalorienbombe ist Rømmegrøt (Sauerrahmgrütze). Die preiswertesten Einkehrmöglichkeiten unterwegs sind die Kafeterias, die teuersten sind die Hochgebirgshotels (Høyfjellshotell). Das Frühstück (frokost) ist fast überall gleich preiswert und vor allen Dingen reichhaltig. Generell gilt beim Frühstück: Wer das Komplett-Frühstück bezahlt, kann so viel essen, wie er will. Wer den Fehler begeht, z. B. nur zwei belegte Brötchen und etwas zum Trinken zu kaufen, bezahlt in der Regel mehr als bei einem Komplett-Frühstück. Das Zeitlimit für das Komplett-Frühstück ist in der Regel 10 Uhr, danach wird alles teurer. Eins ist absolut verboten: Sich vom Buffet die Taschen vollzustopfen. Das wird als Diebstahl angesehen (obwohl niemand etwas sagt).

c) Glossar wichtiger Wörter

Erst durch die Namen treten Gipfel, Flüsse und Täler aus ihrer Anonymität und werden ansprechbar. Die meisten norwegischen Namen beinhalten mehr als die reine Benennung: Sie erzählen Geschichten, verweisen auf Eigenarten. Wer kein Norwegisch kann, wird in dem Namen „Mjølkedøla" eine unverständliche Buchstabenfolge sehen, bei der nicht einmal klar ist, wie sie auszusprechen ist. Wer weiß, daß dieses Wort „Milchtalfluß" bedeutet – das Wasser ist „milchig" von der Gletschertrübe –, wird diesen Fluß mit anderen Augen sehen. Um Nichtnorwegischsprechenden die Namen ein wenig näherzubringen, werden sie in den Routenbeschreibungen übersetzt, wo es sinnvoll erscheint.
In den Routenbeschreibungen steht außerdem immer die Geländeform vor der Ortsbezeichnung: „*der Fluß* store Ula" (nicht „*die* store Ula"), „*der Gletscher* Heillstugubreen" (nicht „*der* Heillstugubreen"). Das sind zwar deutsch-norwegische weiße Schimmel, aber die norwegischen Bezeichnungen geben in der Regel präzise Auskunft über die Geländeform. Die Geländebezeichnungen werden direkt nachübersetzt und nicht verneudeutscht.
In der folgenden Liste sind die Geländeformen erläutert, die auf den Karten am häufigsten vorkommen. Nicht alle Wörter haben dieselbe Bedeutung wie im Deutschen (z. B. band). In der Liste steht zuerst die Grundform (band = Band), dann die bestimmte Form mit Artikelendung (bandet = das Band). Im Norwegischen steht der Artikel

nicht vor dem Wort, sondern wird als Endung hintangehängt: en = männlich, a = weiblich, et = sächlich (das t von et wird nicht ausgesprochen). Zu beachten ist, daß die topographischen Karten statt der weiblichen a-Endung in der Regel die i-Endung haben (also nicht: elva, sondern: elvi).

aksel, aksla – Schulter (eigentlich „Achsel"; Absatz in einem Grat; auch der obere Absatz der Stufe, mit der Hängetäler ausmünden, heißt Schulter; die topographischen Karten haben statt „aksla" die Dialektform „oksli")

bakside, baksida – Schattenseite eines Tals (wörtlich „Rückseite"; das Gegenteil ist „solsida" = Sonnenseite)

band, bandet – Band (schmales Felsband, das sich sattelartig zwischen zwei Bergen spannt, manchmal nach einer Seite hin bis zu wandartig steil abbricht, oft aber gut überschreitbar ist)

bekk, bekken – Bach (je nach Jahreszeit, Witterung, Gletscherschmelze, Regenfall usw. leicht durchschreitbar, oft überspringbar, übergehbar, auf den aus dem Wasser ragenden Steinen/Blöcken leicht zu durchqueren oder das genaue Gegenteil: Steine/Blöcke überschwemmt und glatt, „Bach" bis zu fünf Meter breit, reißend und tief; hier ist nie eine Vorhersage zu treffen; es kommt auf das Wetter und die Witterung an)

berg, berget – Berg (ohne Rücksicht auf Relief und/oder Vegetation)

botn, botnen – Kar (vom Gletscher im Berghang ausgeschürfte Nische; der wannenförmige Boden wird meist auf drei Seiten von Steilhängen oder Wänden umschlossen; in vielen Karen finden sich kleine Seen, sog. Karseen; in anderen hängen Restgletscher). Das Wort „botn" bedeutet auch „Talschluß, Fjordschluß"; gemeint ist der obere = hintere Ausgang des Tals oder des Fjords

bratte, bratta – Flanke (relativ steiler Hang eines Bergs, eines Grats usw.; steiler als ein Hang, aber nicht so steil wie eine Wand)

bre, breen – Gletscher

brehest, brehesten – Gletscherpferd (Nunatak; ein ganz von Eis umflossener Gipfel bzw. eine Felsinsel im Gletschereis)

bro, broa – Brücke, Hängebrücke

brot, brotet – Gipfel (wörtlich „Bruch"; gemeint ist eine vom Eis zernagte Kuppe mit steilem Abbruch/steilen Abbrüchen)

bru, brua – Brücke, Hängebrücke
bu, bua – Bude, Hütte (ursprünglich nur von Fischern, Jägern oder als Notunterkunft im Fjell; meist aus Stein; die Namen vieler Wanderunterkünfte enden auf -bu: Memurubu, Rondvassbu, Krossbu, Gjendebu, Olavsbu, Skagastølsbu usw., obwohl sich die bewirtschafteten unter ihnen vielfach zu großen Herbergen mit Massenabfertigungsatmosphäre entwickelt haben; üblicherweise heißen Touristenhütten nicht -bu, sondern -hytte, z. B. Grimsdalshytta; aber viele der jetzigen Herbergen haben sich aus kleinen Steinbuden entwickelt)
dal, dalen – Tal
-døla – Talfluß
egg, egga/eggen – Grat (mehr oder wenig scharfer Kamm; als „egga" werden auch ganze Höhenzüge zwischen zwei Tälern/Seen bezeichnet, unabhängig von ihrer „Schärfe", z. B. Lomseggi oder Skinnegga)
eksponert – ausgesetzt (Stelle, unter der das Gelände steil und unmittelbar abbricht)
elv, elva – Fluß (in der Regel breiter als eine åa; siehe am Schluß dieser Liste)
fjell, fjellet – Fjell (Landschaft oberhalb der Nadelwaldgrenze, alle Reliefformen umfassend von der Rumpfebene bis zum Grat und Gipfel; es heißt *das* Fjell, nicht *der* Fjell)
fly, flya – Hochfläche (weite Hochfläche im Fjell, also oberhalb der Nadelwaldgrenze; nicht unbedingt eben, sondern vielfach stark gegliedert; meist gut für Ski, oft stark vermoort)
fonn, fonna – Firnfeld (mehrjähriges Schneefeld)
foss, fossen – Wasserfall
gjel, gjelet – Klamm (enge Schlucht)
hammar, hammaren – Hammer (wandartiger Abbruch, in der Regel mit Überhang)
haug, haugen – Hügel (kleine runde Erhebung)
hol, holet – Kartal (wörtlich „Höhle", „Loch"; zeigt die Karte ein „holet" an, handelt es sich fast immer um ein Kar mit kurzem, wannenartigem Talfortsatz; die Karnische wird dann nie als „botn" = Kar bezeichnet, sondern die ganze Hohlform heißt „holet"; in den Routenbeschreibungen immer mit „Kartal" übersetzt)

hø, høa – Kuppe (hoher, wuchtiger, im Gipfelbereich kuppelförmig gerundeter Berg; hierfür steht in den Routenbeschreibungen das Wort „Kuppe“, obwohl es sich meist nicht um flache Kuppen im deutschen Sinn handelt, sondern um einen hohen und oft sehr steilen Kegel mit Rundung statt Spitze; viele Kuppen brechen auf einer Seite bis zu mehrere hundert Höhenmeter wandartig steil ab)
høgd, høgda – Höhe, Anhöhe, Höhenzug
iskalott, iskalotten – Eiskappe (Eiskappe, die eine Kuppe überzieht, ohne in einem Wächtendach abzubrechen)
kamp, kampen – Kopf (wörtlich „Wackerstein“; eine breite, rundliche Kuppe, die nicht sehr hoch ist)
-kjøl, -kjølen – Berg- und Moorland (wörtlich Keil = Bootskeil; ein Vergleichsname, der außerdem auf höherliegendes, aber nicht vegetationsloses Bergland hinweist)
klopp, kloppa – Steg/Brückensteg/Stegbrücke (unterschiedlichste Materialien und Formen, vom Baumstamm mit Drahtseilsicherung bis zu schwankenden Holzkonstruktionen ohne/mit Geländer)
knapp, knappen – Kopf (wörtlich „Knopf“ = „Birne“ im Sinn von „Kopf“; eine rundliche, kleine Kuppe, etwas steiler als ein „kampen“)
løyft, løyfti – Rinne (eine Rinne, die von Rens als Passage benutzt werden kann, um in höherliegendes Gelände zu gelangen; eine løyfti-Rinne ist zwar unwegsam, führt aber in der Regel nicht in Gelände, in dem es nichts zu fressen gibt; im Jotunheimen sind jedoch viele Gegenbeispiele zu finden)
nos, nosa – Nase (begehbarer, steil abbrechender Vorsprung; vielfach handelt es sich um langgezogene Rücken zwischen Tälern; dann in den Routenbeschreibungen als „Nasenrücken“ übersetzt)
pigg, piggen – Gipfel (wörtlich „Stachel“)
ras, raset – Lawine (aus Schnee, aber auch aus Fels = Felssturz; vgl. skred)
sal, salen – Sattel (sanfte Einsattelung im Kammverlauf; anders als im Deutschen kommt dieses Wort kaum vor; die übliche Bezeichnung für Einsattelungen ist „skardet“ oder „bandet“)
skard, skardet – Scharte (Einsattelung im Kamm-/Gratverlauf)
skavl, skavlen – Wächte (oft eisunterlagerte Schneeanwehung, die sich auf der lee- = windabgewandten Seite an Abbrüchen von Gipfelplateaus, Bändern, Kämmen, Graten und Gletscherspalten bildet;

die Wächte ragt dachartig über die Abbruchkante hinaus und bricht dann steil ab)

skred, skredet – Felssturz (Ausbruch größerer Felsmengen und Absturz in das darunterliegende Gelände; auch die unten liegenden Felstrümmer heißen „skredet" bzw. in der Dialektform „skridu"; das Wort „skredet" wird auch im Zusammenhang mit Schnee = Lawinen verwendet, doch ist bei Schneelawinen das Wort „raset" üblicher)

stup, stupet – Abbruch (bis zu wandartig steile Stufe; viele Kuppen brechen auf einer Seite mit einem „stup" von bis zu mehreren hundert Höhenmetern steil ab)

tind, tinden – Zinne (hoher, spitzer Gipfel)

tindane – die Gipfelgruppe (zusammengehörendes Ensemble hoher, spitzer Gipfel, die außer „store", østre", „vestre" usw. keine eigenen Namen tragen und durch Grate verbunden sind)

tjern, tjernet = ***tjørn,*** tjørnet – kleiner See, seeartige Pfütze oder Lache

topp, toppen – Gipfel (neutrale Bezeichnung für die höchste Stelle eines Bergs ohne Rücksicht auf das Relief; „til topps" = „zum Gipfel")

tunge, tunga – Zunge (Bergteil, der sich wie eine Zunge zwischen Wasser schiebt, z. B. zwischen See und mündenden Fluß)

varde, varden – Steinmännchen/Gipfelzeichen (die zur Pfadmarkierung aufeinandergeschichteten Steine heißen Steinmännchen; während sie oft kaum Kniehöhe erreichen, sind die Gipfelzeichen häufig begangener Bergziele zu hohen Pyramiden und Türmen angewachsen)

vardet – mit Steinmännchen markiert

vatn, vatnet – Wasser, See (Süßwassersee)

vegg, veggen – Wand

vidde, vidda – Hochfläche (siehe oben unter „flya")

å, åa – Fluß (laut Lexikon „en mindre elv" = „ein kleinerer Fluß"; im Jotunheimen Bezeichnung für viele Wasserläufe, die ohne Lebensgefahr nicht durchschreitbar sind, auch mit Seilsicherung; andererseits heißen auch solche Wasserläufe åa, die je nach Jahreszeit, Regenfall, Gletscherschmelze usw. mehr oder weniger Wasser führen; solche åa-Flüßchen können sich innerhalb weniger Stunden aus einem größeren, aber durchschreitbaren Bergbach in donnernde Flüsse verwandeln; sie haben oft tiefe Gräben ausgetieft, die an schmalen Stellen von Stegbrücken überspannt werden. Ein åa-Fluß ist in den Routenbeschreibungen immer ein Hinweis zur Vorsicht: Åa kann „Bach" bedeuten, aber auch „fast wasserleerer Graben" und „undurchschreitbarer Fluß". Der Hauptunterschied zu „elva" = Fluß ist, daß die åa nie sehr breit ist. Das aber macht die åa-Flüsse gefährlich: Die Wassermassen werden in die schmalen Felsbetten gezwängt und schießen hier mit enormer Wucht dahin.)

Himmelsrichtungen:

nord [nu:r]	Norden, nördlich
nordlig = nordre [nu:rli = nurdre]	nördlich
aust = øst [äüst = öst]	Osten, östlich
austlig = østlig = austre [äüstli]	östlich
sør [sö:r]	Süden, südlich
sørlig = søre [sö:rli = sö:re]	südlich
vest [west]	Westen, westlich
vestlig = vestre [westli = westre]	westlich

Wörter für den Wetterbericht siehe Seite 43.

Verständigung: Deutsch wird von vielen verstanden und von vielen gern gesprochen. Englisch wird von fast allen verstanden und gesprochen.

Grußformeln: Gegrüßt wird im Fjell mit „Hei", bei mehreren Personen mit „Hei hei" oder „Morn morn". Wer zu einer Wanderung, Gipfelbesteigung, Skitour usw. aufbricht, wird mit „god tur" verabschiedet (sprich: gu tür) und antwortet den Dableibenden mit „Ha det" (sprich: ha de) = „Hab/t es" (Kurzform von „ha det bra" = „Hab/t es gut"). Angesprochen werden alle mit du (sprich: dü).

Wörterbücher: Das Langenscheidt-Miniwörterbuch ist allen zu empfehlen, die so gut wie kein Norwegisch können und trotzdem ein wenig verstehen wollen (es bietet auch ein wenig Lautschrift). Die in Norwegen erhältlichen, preiswerten „Blauen Wörterbücher" (Blå Ordbøker) sind trotz des größeren Umfangs kaum zu empfehlen, da sie eine antiquierte Sprache pflegen. Das beste norwegisch-

deutsche Wörterbuch (leider teuer) stammt von Tom Hustad; es verzeichnet auch die für das Jotunheimen- und Rondane-Gebiet wichtigen Nynorsk-Wörter und bringt darüber hinaus Redewendungen; erschienen ist es im Verlag Universitetsforlaget Oslo unter dem Namen „Stor Norsk Tysk Ordbok". Die optimalen Ergänzungen zu diesem Wörterbuch sind die im selben Verlag erschienenen norwegisch-norwegischen Wörterbücher für Bokmål und Nynorsk.
Aussprache: In der Regel wird das Norwegische u wie deutsch ü gesprochen: Jotunheimen = Jotünheimen, Memurubu = Memürübü, Leirvassbu = Leirvassbü, du = dü. Das norwegische o hingegen entspricht meist dem deutschen u: Die Hauptstadt heißt nicht „oslo" sondern „uslu" oder „uschlu".

geschrieben	gesprochen
u	ü
y	y
o	u
ø	ö
å	o

Betont wird so gut wie immer – Dialekte ausgenommen – auf der ersten Silbe („germanischer Akzent"): Róndane, Jótunheimen, Mémurubu, Gáldhøpiggen (d stumm), Glíttertind (d stumm), Kvítskriuprestene usw.

Sprachen, Namen, Ortsbezeichnungen
In Norwegen, wo bis ins 19. Jahrhundert Dänisch Amtssprache war, gibt es zwei offizielle Sprachen: Bokmål („Buchsprache") und Nynorsk („Neunorwegisch"). An der Westküste wird überwiegend Nynorsk, im Østlandet und in Nordnorwegen wird überwiegend Bokmål gesprochen (diese Behauptung ist natürlich reine Theorie, denn in Wirklichkeit werden Dialekte gesprochen). Landesweit sprechen 80 % aller Schulkinder Bokmål, 20 % Nynorsk. Nynorsk ging aus den Dialekten der Westküste hervor, Bokmål ist ein Kompromiß zwischen den ostnorwegischen Bauerndialekten und der ehemaligen Amtssprache (wer in Norwegen TV sieht, sieht sich auch bei „norwegisch"-sprachigen Filmen mit Untertiteln konfrontiert, meist

Nynorsk-Untertitel). Wer im Ausland „Norwegisch“ lernt, lernt Bokmål. Die in Oslo erscheinenden Cappelen-Karten haben Bokmål-Legende, bei den topographischen Karten variiert es je nach Gegend. Für Bergtouristen ist dies insofern ein Problem, als sich auf verschiedenen Karten verschiedene Bezeichnungen finden. Der Grund ist nicht nur die Unterscheidung zwischen Bokmål und Nynorsk, hinzu kommen die Dialektformen.
Problematisch wird es z. B., wenn verschiedenen Karten unterschiedliche Dialektformen oder Lautumschreibungen zugrundeliegen: Juvass = Gjuvass, Gjertvat = Jervvass, Snøholstinden = Sjogholstind, Sygnefjell = Sognefjell. Daneben finden sich völlig verschiedene Namen für dasselbe: Sognefjell = Dølafjell (bei den Fjordleuten hieß dieses Gebirge Dølafjell, bei den Talleuten Sygnefjell bzw. Sognefjell). Schließlich finden sich Fälle, in denen sich die Kartographen weder über den Namen noch über die Landschaftsform einig sind: Skardstølsbotn („Schartenalm*kar*“) = Skagastølsdalen („Ragealm*tal*“).
Nach den staatlichen Richtlinien müssen geographische Namen dem jeweiligen Dialekt angepaßt werden, wobei die Kartographen sprachliche „Haupttypen“ berücksichtigen sollen. Auf einen solchen „Haupttyp“ ist das -i am Schluß vieler geographischer Namen auf den topographischen Karten zurückzuführen. Es bedeutet „die“ (weiblicher Artikel), also: „høi“ = „die Kuppe“ (Cappelens Karten haben -a statt -i oder lassen die Artikelendung ganz weg: høi = høa = hø). Dabei sagen die Leute in diesen Gebieten nicht -i, sondern -e, aber dieses -e ist kein „Haupttyp“. Es können sich bis zu vier verschiedene Schreibweisen finden, was die Artikelendung angeht, z. B. für die Hütte = bu am Ausfluß des Sees Russvatnet: Russvass*bu* (Cappelens Straßenkarte), Russvass*bua* (Cappelens Tourenkarte), Russvass*bui* (topographische Karte von 1981), Russvass*bue* (topographische Karte von 1933).
Ein weiterer häufiger Wechsel in den Schreibweisen ist der von l und r. Oft wird in einigen Dialekten r nicht wie r, sondern wie „dickes l“ gesprochen. Das Wort für Block- oder Geröllfeld wird zwar „ur“ bzw. mit stummem d „urd“ geschrieben, aber mit dickem l „ül“ gesprochen. Deswegen heißt der Geröllfluß in den Rondane nicht Urda, sondern Ula (nicht mit l, sondern mit „dickem l“ zu sprechen).

Vielfach weichen die Karten in der r-/l-Schreibweise voneinander ab: Neverfjell = Nevelfjell. Oft schleppt die topographische Karte auch das stumme d mit: Urdadalen = Uradalen, Rauddalseggi = Raudalsegga; dabei ist sie jedoch nicht konsequent, sonst müßte sie Fjeld statt Fjell schreiben. Sinnvoll wäre es allerdings, wenn die Karten das stumme d zwischen Vokalen beibehielten: Ein Tal heißt auf allen modernen Karten „Ringsdalen", was keinen Sinn ergibt; eigentlich müßte es „Ridingsdalen" geschrieben werden; das d zwischen den i ist stumm, weshalb in älteren Beschreibungen die Schreibweise „Riingsdalen" zu finden ist.

In diesem Führer wird die i-Endung der modernen topographischen Karten übernommen, sofern es sich nicht um Namen handelt, die anders bekannt sind. Beispiel: Cappelens Karten und die topographische Karte von 1933 bezeichnen den international unter dem Namen „Besseggen" bekannten Grat im Jotunheimen als „Besseggen"; die aktuelle topographische Karte von 1981 bezeichnet ihn als „Besseggi". In diesem Führer ist er unter „Besseggen" zu finden. Dabei ergeben sich Inkonsequenzen: So heißt es zwar „Besseg*gen*", aber „Lomsegg*i*" und „Skinnegg*a*".

Im allgemeinen werden die Inkonsequenzen der topographischen Karten übernommen, also nicht durchgängig -tindane („die Zinnen"), sondern auch -tindene und -tindan. Dabei werden Reisende vor Ort auf abweichende Schreibweisen stoßen: Hier im Führer heißt die Herberge Røysheim wie auf der topographischen Karte, die nach staatlichen Richtlinien erstellt wurde, „in Wirklichkeit" – d. h. auf dem Schild vor der Herberge – heißt sie Røisheim. Ist der Unterschied nicht verständlich, wird er im Text verdeutlicht: Gjuvflyi = Juvflya, Gjertvatnet = Jervvatnet. Das gilt auch für solche Fälle, wo die DNT-Wegweiser eine andere Schreibweise als auf der topographischen Karte haben: Heillstugubreen = Hellstugubreen.

Im Register sind die Schreibweisen der topographischen Karten aufgenommen. Für Wanderungen abseits der T-Pfade sind die Übersichtskarten weniger geeignet.

Rondane ist ein Mehrzahlwort in der bestimmten Form wie *die* Alpen, *die* Rocky Mountains, *die* Pyrenäen oder *die* Karpaten. Jotunheimen ist ein Einzahlwort in der bestimmten Form wie *der* Himalaya, *der* Montblanc, *der* Atlas. Also: *die* Rondane, *der* Jotunheimen.

Hofrodung am Fluß Begna unweit Fagernes im Süden des Jotunheimen.

d) Besiedlung, Wirtschaft, Geschichte

Norwegen steigt. Langsam, am stärksten im südlichen Østlandet, hebt sich das Land: rund 40 cm pro Jahrhundert. Bis zu 3000 m dicke Eismassen drückten es während des Glazials herunter. Das Eis schmolz ab, das nacheiszeitliche Meer überflutete das Land und lagerte fruchtbaren blauen Ton ab. Vom Druck entlastet, hob sich das Land aus der Flut. Das Lockermaterial sammelte sich in den Senken, meist winzigen Fleckchen, die die Besiedlungsform diktieren: Klein- und Kleinsthöfe in weiter Streuung.

Das nacheiszeitliche Meer reichte nicht bis zum Jotunheimen und den Rondane. Es endete im Süden des Tals Gudbrandsdalen in einer Höhe von rund 280 m über der heutigen Meereshöhe. Wo das Land aus dem Wasser ragte, bildeten sich in den Talungen Ostnorwegens riesige Eisstauseen. Die fruchtbaren Ablagerungen in diesen Seen bilden die Grundlage für eine blühende Landwirtschaft.

Landwirtschaft unter Extrembedingungen: Nirgendwo in der Welt dringen Ackerbau und Viehzucht so weit gegen den Nordpol vor wie in Norwegen. Doch 48% der Fläche dieses Landes kommen als Hochgebirge für die menschliche Dauernutzung nicht in Betracht. Nur 3,2% sind landwirtschaftlich nutzbar (in der Bundesrepublik Deutschland 55,1%). Das am dünnsten besiedelte Land Festlandeuropas zählt daher neben der Bundesrepublik Deutschland, Belgien und den Niederlanden zu den am dichtesten besiedelten Ländern, wenn die landwirtschaftlich nutzbare Fläche pro Einwohner zugrundegelegt wird: etwa ¼ Hektar.
In der Provinz Oppland liegt die Quote mit 3,7% über dem Landesdurchschnitt, doch rechts und links des Tals Gudbrandsdalen verhindert der Boden, daß noch mehr genutzt werden kann: Das grobblockige Moränenmaterial wird hier vielfach von Sparagmit unterlagert, einem feldspathaltigen Stein, der zu fast sterilem Sand zerfällt.
Hinzu kommt die Trockenheit. Fünfmal soviel Niederschlag wie in der Sahara ist für die Landwirtschaft im Tal Ottadalen ohnehin zu wenig, doch fällt dieser Niederschlag nicht im Frühjahr, der Hauptwachstumszeit, sondern im Juli und im August. Landwirtschaft ist daher nur mit Bewässerungsanlagen zu betreiben, im Jahr 1613 wird zum ersten Mal eine erwähnt (mehrere dieser alten Anlagen sind noch erhalten). Heute wird das Wasser aus den Flüssen gepumpt und über Schläuche auf den Äckern und Wiesen verspritzt. Von den ca. 925 qkm landwirtschaftlich genutzter Fläche in Oppland entfallen 60% auf Viehweiden und Heuwiesen sowie 24% auf den Anbau des Viehfuttergetreides Gerste (Norwegen kann sich nicht selbst mit Getreide versorgen). Eine vergleichsweise untergeordnete Rolle spielt der Anbau von Gemüse und Hafer (je 4%), Weizen (3%) und Kartoffeln (2,5%).
Der Durchschnittshof in Oppland hat 80 Schafe, 50 Milchziegen, 24 Rinder und 10 Kühe (Norwegen kann sich nicht selbst mit Fleisch versorgen). Rund 5000 kg Milch pro norwegischer Kuh bedeuten annähernd Weltrekord (Norwegen deckt seinen Milchbedarf selbst und exportiert in geringem Maße Milchprodukte, z. B. Käse). Die Motorisierung der Höfe ist im europäischen Vergleich überdurchschnittlich hoch.

Von der Landwirtschaft allein können die Menschen im oberen Gudbrandsdal nicht leben. Viele Bauern sind daher zugleich Ackerbauern, Viehbauern und Waldbauern. 22,5 % der Fläche Opplands sind von Forstwald in Privatbesitz bestanden.
Zum Nettonationalprodukt trägt die norwegische Landwirtschaft weniger als 5 % bei, ist also volkswirtschaftlich ein verhältnismäßig unbedeutender Faktor (trotz der staatlichen Förderung seit Ende der 70er Jahre). Dennoch ist sie von grundlegender Bedeutung: Sie hat nicht nur das Siedlungsnetz entscheidend geprägt, das Bauerntum spielt in Kultur und Politik weiterhin eine Rolle, deren Bedeutung in keinem Verhältnis zur volkswirtschaftlichen Produktivität steht, sondern begründet ist durch die geschichtliche Entwicklung.

Geschichte: Die Geschichte Norwegens ist bis ins ausgehende 19. Jahrhundert überwiegend die Geschichte von Bauern. Während der Zugehörigkeit Norwegens zu Schweden bzw. Dänemark ab 1319 wurde diese Bauerngeschichte überlagert von einer politischen Geschichte, mit der die Bauern wenig zu tun hatten und die überwiegend von Dänemark aus gestaltet wurde. Diese Zeit wird in Anlehnung an ein Ibsen-Zitat als der „400jährige Schlaf" bezeichnet.
Der norwegische Bauer war „odelsbonde", ein „freier Bauer mit Sippeneigentum an Grund und Boden". Anders als in Deutschland, Österreich, Rußland, Frankreich usw. gab es in Norwegen keine persönliche Unfreiheit des Bauern, gab es keine Erbuntertänigkeit, keine Leibeigenschaft, keine Frondienste, keine Patrimonialgerichtsbarkeit und ähnliche Berechtigungen von Adligen, Bischöfen und anderen Herrschaften. (Zum Vergleich: In Deutschland war die Bauernbefreiung erst Mitte des 19. Jahrhunderts vollendet.) In Norwegen gab es das Odelsrecht, das ursprünglich für mehrere Generationen galt und heute in folgender Fassung Gesetzeskraft hat: Die Mitglieder einer Bauernfamilie haben das Recht, einmal verkauften Landbesitz zurückzuerwerben, wenn er ihnen mindestens 20 aufeinanderfolgende Jahre gehört hat und nicht drei Jahre oder mehr in fremdem Besitz gewesen ist.
Wikingerzeit: Um 800 begann die politische und kulturelle Blütezeit der Wikingerära. Als König Harald Hårfagre („Schönhaar") um 872 die norwegischen Kleinkönige unter seine Herrschaft zu zwingen

versuchte, wanderten viele Bauern und Häuptlinge aus. Ab 875 besiedelten sie Island. Erik der Rote entdeckte 982 die größte Insel der Erde; er nannte sie Grønland („grünes Land“), um durch diesen Namen Siedler anzulocken. Sein Sohn Leif Eriksson entdeckte im Jahr 1000 von Grönland aus Amerika, das er Vinland („Laubwiesenland“) nannte. Norweger schufen – hauptsächlich auf Island – die altnordische Literatur, die älteste Bauernliteratur. Sie übertrifft an Umfang und Reichtum alle anderen germanischen Literaturen.

Königtum und Christianisierung: Ab der Jahrtausendwende bildete sich endgültig das Zentralkönigtum heraus. König Olav der Heilige, der als Landespatron gilt, führte mit Unterstützung deutscher Kirchenfürsten (Bremen) gewaltsam das Christentum ein. Der autoritäre Herrscher fiel in der Schlacht bei Stiklestad im Kampf gegen aufständische Bauern. Der Bund zwischen Thron und Altar war jedoch nicht mehr rückgängig zu machen. Es kam zu Bürgerkriegen, z. B. zwischen den antiklerikalen Birkebeinern und den Baglern. Erst König Haakon IV. Haakonson konnte während seiner Regierungszeit (1217 – 1263) die Verhältnisse stabilisieren und das Land zu einer kulturell-wirtschaftlichen Blüte führen. Der Feudalisierungsprozeß führte nicht zu ausgeprägten Abhängigkeitsverhältnissen, die Masse der Bauern war nicht hörig. Die Zeit von Harald Hårfagre bis zum Erlöschen der Dynastie im Mannesstamm (1319) wird als Sagazeit bezeichnet, weil sie in den altnordischen Chroniken, den Sagas, beschrieben wird. Ins 11./12. Jahrhundert fällt der Bau der Stabkirchen.

Pest: Die Pestepidemie von 1349/50 raffte ein Drittel oder die Hälfte der Bevölkerung dahin. Mehr als die Hälfte aller Höfe fiel wüst: Im Bereich von Lom, dem nördlichen Einfallstor zum Jotunheimen im Tal Ottadalen, wurden 100% der Höfe im Fjellbereich oberhalb 700 m aufgegeben und 86% im Bereich von 600 bis 700 m. In der guten Lage von 300 bis 400 m fielen nur 30% wüst. Der Schwarze Tod ließ Wirtschaft und Kultur des Landes weitgehend zusammenbrechen. Das Land brauchte 200 Jahre (länger als andere Länder Europas), um wieder die gleiche Einwohnerzahl zu erreichen wie vor der Pest (ca. 450000).

Unter dänischer Herrschaft: Der endgültige Niedergang der alten Kultur, die völlige Überfremdung und politisch-wirtschaftliche

Machtlosigkeit begann unter der Herrschaft Dänemarks ab 1387. Norwegen wurde politisch und kirchlich von Dänen verwaltet. Es bildete sich ein Amtsadel heraus, der fast ausschließlich aus Dänen bestand. Wirtschaft und Industrie lagen in den Händen von Deutschen (Hanse), Dänen, Niederländern und Schotten. Nur die Bauern waren „norwegisch". Sie waren zwar „frei", hatten aber keine politischen Rechte.

Union mit Schweden: 1814 trennten die europäischen Großmächte im Frieden von Kiel Norwegen von Dänemark ab (als Strafe für die Kriegsbeteiligung Dänemarks auf seiten von Napoleon I.) und vereinigten es mit Schweden (das mit den siegreichen Alliierten gekämpft hatte). Am 17. Mai 1814 (Nationalfeiertag) beschworen die gewählten Vertreter des norwegischen Volkes in Eidsvoll die bis heute gültige Verfassung. Das selbständige Norwegen war nun zwar in Union mit Schweden vereinigt, hatte aber ein eigenes Parlament, das Storting („großes Ting"). In der folgenden Zeit der nationalen Selbstbesinnung, die einherging mit grundlegenden Veränderungen während der industriellen Revolution, spielte das Bauerntum die tragende Rolle, da alle anderen Schichten – Adel, Beamte, Klerus, alle „Standespersonen" – ausländisch überfremdet waren. (1833 errangen die Bauern im Parlament die Mehrheit gegenüber den Bürgern.)

Überbevölkerung und Auswanderung: Während großer Zeitabschnitte des 19. Jahrhunderts wies Norwegen das höchste Bevölkerungswachstum Europas auf. Folge war eine starke Proletarisierung, vor allem in den Tal- und Fjellgemeinden des Østlandet, da das Wirtschaftswachstum mit der Bevölkerungsexplosion nicht Schritt halten konnte. 10019 Einwohner waren z.B. in den Ottadalen-Gemeinden Lom, Skjåk und Vågå im Jahr 1865 zu viel (im Jahr 1987 sind es 9399 Menschen, rund 6 % weniger als vor knapp 130 Jahren). Viele Familien wanderten aus, weil sie keine andere Möglichkeit sahen, der Armut zu entkommen. Die meisten emigrierten in die USA (wo es heute mehr Norweger gibt als in Norwegen). Viele zogen nach Nordnorwegen in Gegenden, wo der Boden noch nicht bebaut wurde. Der bekannteste Nordland-Auswanderer ist der in der Gemeinde Lom geborene Literaturnobelpreisträger Knut Hamsun. 1862, als Knut zwei Jahre alt war, übersiedelte Vater Pedersen, ein armer Schneider bäuerlicher Herkunft, mit der Familie auf die Insel Hamarøya am Hamsund in Nordland (nach diesem Sund wählte Knut Pedersen später seinen Dichternamen). Das Hamsun-Geburts-„Haus“ – eher ein Koben, ein Stall, eine Box – führt diese Armut vor Augen (viele Touristen verstehen die Bedeutung dieses „Museums“ nicht und ärgern sich, daß sie für die Besichtigung eines „Lochs“ Eintritt zahlen sollen; dieses Geburtshaus ist aber kein Museum des Luxus, sondern ein Museum der Armut).

Unabhängigkeit: 1905 votierten die Norweger in einer Volksabstimmung für die Unabhängigkeit ihres Landes von Schweden. Prinz Carl von Dänemark nahm die Einladung des Storting an und wurde als Haakon VII. König von Norwegen.

Okkupation: Am 9. April 1940 überfiel das nationalsozialistische Deutsche Reich Norwegen, kurz vor der geplanten britischen Landung. Haakon VII. ging ins Exil nach London, lehnte die von Berlin geforderte Abdankung kategorisch ab und leitete mit seinem Sohn, Kronprinz Olav (König 1957 – 1991), den Widerstand gegen die Besatzer und die norwegischen Kollaborateure (Quisling).

Nachkriegszeit: Der Beitritt zur NATO führte zum Verlust nationaler Rechte, auch wenn machtvolle Volksbewegungen die Ausrüstung der Truppen mit Atomwaffen und die Stationierung solcher Waffen verhindern konnten (auch Kernkraftwerke gibt es in Norwegen nicht). 1960 erfolgte der Beitritt zur EFTA. 1969 wurde im Nordseeschelf das Ekofisk-Felt entdeckt, eins der größten Einzelölfelder der Welt. Heute ist Norwegen neben der Schweiz und Schweden das reichste Land Europas.

Siedlungsformen: Neben dem Talboden steigen die Hänge und Flanken bis zu 800 Höhenmeter auf. Die Einzelhöfe liegen auf beiden Seiten des Tals, doch nicht auf dem Grund, sondern mindestens am Hangfuß. Dies ist weniger eine Folge der Überschwemmungsgefahr Fluß als der Kaltluftseen in Herbst und Winter (aus demselben Grund werden auch beim Ackerbau die Hänge bevorzugt). Am Sonnenhang (solside) ziehen sich die Höfe weiter hinauf als am Schattenhang (bakside). Der Sonnenhang trägt lichten, durchweideten Wald, den Schattenhang deckt dichter Forstwald. Die Höfe auf halbem Hang sind oft die größten und wohlhabendsten. Die ältesten Höfe liegen in den besten Ackerbaugebieten und tragen reine Naturnamen wie Berg („Berg"), Dal („Tal") usw. oder Namen, die heute niemand mehr versteht. Die Namen der zweitältesten Höfe enden auf -vin („Laubwiese"). Die Menschen, die darin in der Zeit vor 500 n. Chr. lebten, nutzten lichten Laubwald als „Laubwiese", also als Weide und zur Laubheugewinnung. Die Namen der Höfe aus der darauffolgenden Wikingerzeit enden oft auf -stad und -set, verbunden mit einem Personennamen (Zeichen für die größer werdende Bedeutung des Individuums innerhalb der Sippe), und liegen in schlechten Lagen, oft relativ hoch und auf ungünstigen Böden. Spätestens ab dem Hochmittelalter wurden viele Höfe erweitert. Im Østlandet entstanden dabei keine Dörfer (wie teilweise im Vestlandet), sondern die neugerodeten Höfe sind siedlungsmäßig vom Mutterhof getrennt, tragen aber seinen Namen, jedoch mit dem Zusatz „øvre" (oberer), „nedre" (niederer), „nordre" (nördlicher) usw. Eine heute fast verschwundene, aber von der Tourismusbranche immer als typisch fürs Østlandet bezeichnete Wirtschaftsform ist die Seterwirtschaft (Almwirtschaft). Im 19. Jahrhundert, als die Täler im Bereich des nördlichen Gudbrandsdalen überbevölkert waren, besaß fast jeder zweite Hof eine Seter in der Utmark, dem unbebauten Land oberhalb der Baumgrenze. Die Seter besteht aus dem „Hof" (vielfach nur besserer Schuppen), der Heuwiese und der Weide, diente also der Produktion von Milch, Fleisch und Winterfutter (für den Mutterhof). Die Bauern wachten darüber, daß sich keine Fremden oben niederließen und die ohnehin nicht sehr zahlreichen Wildheuplätze wegschnappten. Wer sich dort oben niederlassen wollte, mußte sich als „husmann" (Kätner, Kötter, Heuerling) in den Dienst der Altbauern begeben. Die Folge war die Herausbildung von deutlich getrennten sozialen Schichten im Bauerntum des Østlandet (in der Zeit von 1860 bis 1869 wurde z. B. im Kirchspiel Kvam im oberen Gudbrandsdal von 88 Ehen nur eine einzige zwischen Großbauer und Kätner geschlossen). Den Kätnern gehörte das Vieh ihres husmann-Hofs, manchmal auch der Hof bzw. drei Wände davon (die vierte war Eigentum des Altbauern). Sozial unter den Kätnern standen die „innerster" (Instleute), die bei Besitzenden (auch bei Kätnern) zur Miete wohnten. Keine Häuser oder Mieträume hatten Tagelöhner, Knechte und Mägde. Sie konnten daher auch keine Familien gründen. Am Ende der sozialen Leiter standen in Erd-

öchern und ähnlichen Unterkünften hausende Menschen sowie die „tater“ (fahrendes Volk).
Die Seterwirtschaft verschwand weitgehend mit der Technisierung. Eine Almwiese läßt sich vielfach nur mit der Hand, nicht mit der Maschine mähen. In der Umgebung von Rondane und Jotunheimen gibt es aber noch viele alte Seterhöfe (seter = støl). Einige wurden ab- und auf dem Gelände des Freilichtmuseums Maihaugen in Lillehammer wieder aufgebaut, mit Originaleinrichtung.
Siedlungsdichte: Flächenmäßig ist Oppland mit 25 259,7 qkm die fünftgrößte norwegische Provinz. Es hat 182 000 Einwohner. Das entspricht 7,6 Einwohnern pro qkm (Norwegen 13, Bayern 155, Hessen 262).
Da es in Norwegen (fast) keine Dörfer gibt, wurde für Siedlungen mit mehr als 200 Einwohnern und einer Bebauung, bei der die Häuser nicht weiter als 50 m auseinanderstehen, die Bezeichnung „Dichtort“ (tettsted) eingeführt. Im Gebiet von Rondane und Jotunheimen gibt es keinen Dichtort mit mehr als 7000 Einwohnern.

e) Literatur und Karten
Topographische Karten im Maßstab 1 : 50 000 sind in Norwegen in Buchhandlungen, in vielen Läden auf dem Land, in Tankstellen, Kiosks, Hotels usw. erhältlich.
Zur Tourenvorbereitung gehört das Kartenlesen. Die topographischen Karten sind bei jeder guten Buchhandlung im deutschsprachigen Raum zu bestellen. Welche Blätter des topographischen Kartenwerks benötigt werden, ist in den Routenbeschreibungen bei jeder Tour angegeben.
Die Knickstellen einer neuen Karte werden mit breitem, durchsichtigem Klebeband überklebt. Auf Wanderungen werden die Karten in durchsichtigen Hüllen transportiert, um sie vor Nässe und Abrieb zu schützen.
Topographische Karten 1 : 50 000: Die von Statens Kartverk herausgegebenen topographischen Karten der Serie M 711 verzeichnen fast alle vom Menschen herbeigeführten Veränderungen (Pfade, Hütten, Hängebrücken usw.), aber beschränken sich auf Minimalangaben, was die Oberflächenbedeckung betrifft: Moor, Wald, Wasserläufe, Gletscher usw. — ja. Blockfelder, Geröllfelder, Matten usw. — nein.

Die 100-m-Zwischenhöhenlinien (20-m-Höhenlinien) sind grundsätzlich „lesefreundlich“ beschriftet, d. h., die Zahlen stehen nie auf dem Kopf. Wer die „benutzerfreundliche“ Beschriftung (gipfelwärts oder gratwärts) gewohnt ist, kann durchaus irritiert werden.
Die Serie M 711 liegt seit 1988 komplett vor. Die Luftbildaufnahmen und Vermessungen der Rondane-Karten sind bis zu 20 Jahre alt, die Jotunheimen-Karten hingegen sind aktueller.
Von wichtigen Wandergebieten hat das Landesvermessungsamt Sonderkarten herausgegeben. Sie haben unterschiedliche Maßstäbe (1 : 50 000 bis 1 : 200 000) und Druckqualität. Im Maßstab 1 : 50 000 liegen zur Zeit für Jotunheimen und Umgebung die Karten „Beito“ und „Gausdal / Nordfjell“ vor, für Rondane / Dovrefjell und Umgebung die Karten „Lillehammer“, „Ringebu“ und „Dombås“ sowie „Snøhetta“. Von diesen Gebieten liegen auch *Loipenkarten* („Skikart“) vor, die sich durch größere Aktualität und die markierten Loipen unterscheiden.
Cappelens Tourenkarten 1 : 100 000: Cappelens kartinstitutt und Statens Kartverk haben für Rondane und Jotunheimen zwei Wanderkarten im Maßstab 1 : 100 000 herausgegeben. Sie haben gegenüber den topographischen Karten den Nachteil, daß die Höhenlinien (20 m, 100-m-Zwischenhöhenlinien so gut wie nie beschriftet) bei steilem Gelände stark ineinanderrutschen. Sie haben gegenüber den topographischen Karten den Vorteil größerer Aktualität für die Gebiete außerhalb der Nationalparks und verzeichnen außerdem alles touristisch Wissenswerte wie Entfernung von Hütte zu Hütte, Hüttenklassifizierung, Hotels, Jugendherbergen, Straßenkilometer usw. Diese Karten sind als Übersichtskarten generell zu empfehlen. Sie sind ferner zu empfehlen für Wanderungen, bei denen die markierten Pfade nicht verlassen werden. Hierfür sind sie völlig ausreichend. Völlig ungenügend sind sie hingegen für pfadlose Unternehmungen.
Cappelens Straßen- und Tourenkarte 1 : 325 000: Unerreicht unter den Straßenkarten ist die Karte „Sør Norge-nord“, die beim Verlag Cappelen in Oslo erscheint. Sie wird im deutschen Sprachraum unter dem Titel „Mittel-Norwegen I“ vom Verlag Kümmerly + Frey vertrieben. Sie deckt im Maßstab 1 : 325 000 das gesamte nördliche Südnorwegen ab, von Oslo bis zum Dovrefjell, von der schwedi-

schen Grenze bis zur Westküste. (In fünf Karten deckt sie ganz Norwegen ab.) Sie verzeichnet so gut wie alles: Straßen bis hin zu den holprigsten Fahrwegen, die größten Wanderrouten, die bewirtschafteten und unbewirtschafteten Hütten im Fjell, Aussichtsstellen an der Straße, Campingplätze, Sehenswürdigkeiten, Fährrouten usw.

Weiterführende Literatur:

Berge, Nr. 46: Norwegen. Bern 1991. (Zeitschrift mit mehreren Beiträgen zur norwegischen Bergwelt, darunter zu Jotunheimen und Rondane)

Crawford-Currie, Ronald: Skiwandern. Ausrüstung, Technik, Touren. Gothenburg / Schweden 1982. Deutsch München 1983. (Skiwanderbuch speziell für skandinavische Verhältnisse)

Den Norske Turistforenig: Årbøker. (Die Jahrbücher des Norwegischen Bergvereins DNT erscheinen seit 1868; mehrere Bände beschäftigen sich ausschließlich mit Jotunheimen und Rondane; auch von den alten Jahrgängen sind viele Bände heute noch erhältlich; fast jede bewirtschaftete Hütte verfügt über eine Fjellbibliothek, in der in den DNT-Jahrbüchern u. a. Werken geschmökert werden kann)

Faarlund, Thorbjørn (Hg.): Jotunheimen fra hytte til hytte. 2. Auflage Oslo 1987. (Farbband mit großformatigen Fotos, Kartenskizzen und Routenbeschreibungen in Erlebnisform)

Gjærevoll, Olav und Reidar Jørgenson: Fjellflora. Trondheim 1952 ff., Trondheim 1988, deutsch Trondheim 1979. (handlicher Pflanzenführer mit farbigen Zeichnungen)

Glässer, Ewald: Norwegen. Darmstadt 1978. (Wissenschaftliche Länderkunden, Bd. 14)

Gulden, Gro u. a.: Fjellsopper. Oslo 1985. (handliches Pilzbuch mit Fotos)

Hanschke, Thomas: Alpine Ausrüstung. München 1984. (alpine Lehrschrift für Ausrüstung in jedem Gelände, zu jeder Jahreszeit; mit Ausnahme des nur auf die Alpen abgestimmten Skitourenteils auch für Jotunheimen / Rondane zu empfehlen)

Helberg, Claus (Hg.): Til fots i fjellet. Beskrivelse av merkede fjellruter i Norge. Oslo 1986, Neuauflage 1990. (Das offizielle Rucksack-Routenbuch des Bergvereins DNT mit wichtigen Informationen im Telegrammstil; im Gespräch ist der Ergänzungsband „På ski i fjellet")

Hohle, Per (Hg.): Til fots i Rondane – Dovrefjell – Trollheimen (hervorragende geologische, botanische und kulturhistorische Einführungen, Routenbeschreibungen ähnlich Helberg, s. o.)

Lindemann, Rolf: Norwegen. Räumliche Entwicklungen in einem dünnbesiedelten Land. Stuttgart 1986. (Klett / Länderprofile)

Olsson, Olle G. und Bo Nylen: Fjällflora. Deutsch von Jan Scherping. Kiel 1985. (handlicher Pflanzenführer mit Fotos)

Ryvarden, Leif: Norges Nasjonalparker. 2. Auflage Oslo 1989. (Führer durch die Nationalparks; keine Routen, jedoch geologische, botanische usw. Einführungen)

Schwarzott, Jan: Under Storen. Portrett av Utladalen og Vettisfossen. Oslo 1989. (Fotoband über das Tal Utladalen und den Wasserfall Vettisfossen; auch englisch und deutsch)

Thomessen, Erik W. und Tor Harald Skogheim: Jotunheimen. Turguide Vågåvatnet – Gjende. Aurdal o. J., ca. 1986 (guter Führer für Bergsteiger)

Thomessen, Erik W. und Gunnar Vigerust: Jotunheimen. Turguide for fjellene mellom Bygdin og Gjende. Aurdal o. J., ca. 1985 (guter Führer für Bergsteiger)

f) Wichtige Adressen auf einen Blick:

DNT (Bergwanderverein), Postboks 1963 Vika, N-0125 Oslo 1; Stortingsgata 28 (Eingang Roald Amundsens gate); Tel. 02-832550
NAF (Automobilclub), Storgata 2, N-0105 Oslo 1, Tel. 02-429 00
Norwegisches Fremdenverkehrsamt, Monsbürger Damm 27, D-2000 Hamburg 76; Tel. 040/22710810.

Botschaften:

Deutschland: Oscars gate 45, N-0258 Oslo 2, Tel. 02-552010
Österreich: Sophus Lies gate 2, N-0264 Oslo 2, Tel. 02-552348
Schweiz: Drammensveien, N-0010 Oslo 1, Tel. 02-417017
Königlich Norwegische Botschaft:
D-5300 Bonn-Bad Godesberg, Gotenstraße 163, Tel. 0228-819970
A-1030 Wien, Bayerngasse 3, Tel. 0222-726692
CH-3006 Bern, Dufourstraße 29, Tel. 031-444676

● 7 Bergrettung

a) Alpines Notsignal
Dieses international eingeführte Notsignal sollte jeder Bergsteiger im Kopf haben:

- Innerhalb einer Minute wird **sechsmal** in regelmäßigen Abständen, mit jeweils einer Minute Unterbrechung, ein hörbares (akustisches) Zeichen (Rufen, Pfeifen) oder ein sichtbares (optisches) Signal (Blinken mit Taschenlampe) abgegeben. Dies wird solange wiederholt, bis eine Antwort erfolgt.
- Die Rettungsmannschaft antwortet mit **dreimaliger** Zeichengebung in der Minute.

Die abgebildeten Alarmsignale im Gebirge wurden international eingeführt. Die Armzeichen leiten sich bei Ja vom Y des englischen „yes" ab, bei NEIN von N (no). Um einen schnellen Rettungseinsatz zu ermöglichen, müssen die Angaben kurz und genau sein.

Man präge sich das „5-W-Schema" ein:

- **WAS** ist geschehen? (Art und Zahl der Verletzten)
- **WANN** war das Unglücks?
- **WO** passierte der Unfall, wo ist der Verletzte? (Karte, Führer)
- **WER** ist verletzt, wer macht die Meldung? (Personalien)
- **WETTER** im Unfallgebiet? (Sichtweite)

b) Hubschrauberrettung
Der Einsatz von Rettungshubschraubern ist von den Sichtverhältnissen abhängig. Für eine Landung ist zu beachten:

- Hindernisse im Radius von 100 m dürfen nicht vorhanden sein.
- Es ist eine horizontale Fläche von 30 × 30 m erforderlich. Mulden sind für eine Landung ungeeignet.
- Gegenstände, die durch den Luftwirbel des anfliegenden Hubschraubers umherfliegen können, sind vom Landeplatz zu entfernen.
- Der anfliegende Hubschrauber wird mit dem Rücken zum Wind von einer Person und „Yes-Stellung" eingewiesen.
- Dem gelandeten Hubschrauber darf man sich nur von vorne und erst auf Zeichen des Piloten nähern.

INTERNATIONALE ALARMSIGNALE IM GEBIRGE

SEGNALI INTERNAZIONALI D'ALLARME IN MONTAGNA

SIGNAUX INTERNATIONAUX D'ALARME EN MONTAGNE

SENALES INTERNACIONALES DE ALARMA EN MONTANA

JA
OUI
SI

Rote Rakete oder Feuer
Razzo rosso o luce rossa
Fusée ou feu rouge
Cohete de luz roja

Rotes quadratisches Tuch
Quadrato di tessuto rosso
Carré de tissu rouge
Cuadro de tejido rojo

WIR BITTEN UM HILFE
OCCORRE SOCCORSO
NOUS DEMANDONS DE L'AIDE
PEDIMOS AYUDA

NEIN
NON
NO

WIR BRAUCHEN NICHTS
NON ABBIAMO BISOGNO DI NIENTE
NOUS N'AVONS BESOIN DE RIEN
NO NECESITAMOS NADA

Diese Zeichen dienen der Verständigung mit der Hubschrauberbesatzung. Sie ersetzen nicht das Alpine Notsignal.

Die touristischen Superlative

Jotunheimen:			
—	Sognefjellvegen (Panoramastraße)	1440 m	R 95
—	Gjende (See)	984 m	R 81
—	Leirdalen/oben (Talübergang)	1405 m	R 93
1	Leirungsdalen (Tal)	1400 m	R 81l
2	Vettisfossen (Wasserfall)	690 m	R 103a
2	Utsikten/Skinnegga (Aussichtspunkt)	1518 m	R 84f
3	Besseggen (Grat)	1510 m	R 81a
4	Fannaråken (Gipfel/Hütte)	2069 m	R 100
4	Galdhøpiggen (höchster Gipfel)	2469 m	R 91c
5F	Glittertind (Gipfel)	2464 m	R 90c
Rondane:			
—	Spranget (Nationalparkgrenze)	1080 m	R 123
—	Furusjøen (See)	852 m	R 134
—	Høvringsvatnet (See)	1121 m	R 126
[illegible]F	Peer Gynt hytta (Einkehrhütte)	1100 m	R 127
1F	Rondvatnet (See)	1167 m	R 124
1	Skranglehaugan (Gletschertöpfe)	1096 m	R 129
3F	Veslesmeden (Gipfel)	2015 m	R 124g
5	Blåkollen (Gipfel)	1580 m	R 132e
6F	Rondslottet (höchster Gipfel)	2178 m	R 124ij

II. Touristischer Teil

Täler, Talorte, Berge

● 20 Empfehlenswerte Ausgangspunkte und Ziele

Die Übersicht links verzeichnet Ausgangspunkte und Ziele, die Fremden in Jotunheimen und Rondane (nicht in den dazwischenliegenden und angrenzenden Fjelltrakten) als Einstieg dienen können. Kein Ziel ist nur pfadlos oder nur über Gletscher zu erreichen. Die Zahl in der ersten Spalte zeigt an, wie lang der Fußmarsch ohne Rückweg von der nächsten Straße aus etwa dauert; ein F hinter der Stundenangabe bedeutet: Anmarsch ab der nächsten Straße kann mit Fahrrad verkürzt werden.

● 21 Gudbrandsdalen (Tal)

Die Hauptanfahrtsroute für Jotunheimen *und* Rondane ist die durch das Tal Gudbrandsdalen führende Europastraße 6, von der aus zahlreiche Abstecher möglich sind (die Europastaße 68 hingegen ist nur für den Jotunheimen interessant).

Das Tal Gudbrandsdalen gilt als „das Tal der Täler" — so jedenfalls bezeichnete es der patriotische Dichter Henrik Wergeland (1808—1845), und heute wirbt die Tourismusbranche mit dem Prädikat „dalen over alle daler" auf Hotelaschenbechern und Souvenirs.

Abbildung folgende Doppelseite: Das Neverfjellet (1089 m) nördlich von Lillehammer ist der erste der aussichtsreichen Berge auf dem 100 km langen Pfad von Lillehammer in die Rondane. Hinten zeigt sich die Gipfelkette der Rondane als Ziel. Die markierte Route durchquert das Hochland im Osten des Tals Gudbrandsdalen.

Das Tal durchschneidet die Gebirgswelt des nördlichen Østlandet auf einer Länge von 203 km. Die im unteren Bereich bewaldeten Hänge steigen vielfach steil bis zu über 1000 Höhenmeter auf. Im Westen erstrecken sich die Ausläufer des Jotunheimen (stark vereinfachend gesagt), im Osten erheben sich die Gebirgslandschaften von Øyerfjellet und Ringebufjellet sowie die Rondane, die im Norden ins Dovrefjell übergehen.
Das Tal beginnt am See Mjøsa bei der Olympiastadt Lillehammer in ca. 122 m Höhe, zieht sich in zahlreichen Windungen nach Nordwesten, knickt beim Ort Dombås scharf nach Westen und endet am See Lesjaskogsvatnet in 612 m Höhe. Durchflossen wird es vom Fluß Lågen (Gudbrandsdalslågen). Das größte Nebental ist das beim Städtchen Otta von Westen einmündende Tal Ottadalen. Traditionell wird das Tal Gudbrandsdalen unterteilt in Sør- und Nord-Gudbrandsdal (Süd- und Nord-Gudbrandsdal).
Seit frühgeschichtlicher Zeit ist das Tal Gudbrandsdalen der wichtigste Verbindungsweg zwischen Ost- und Nordnorwegen. Heute verläuft hier die Europastraße 6, die beim Ort Dombås das Tal verläßt und über das Dovrefjell-Gebirge in die Krönungsstadt Trondheim und weiter in den Norden führt. Auch der Dovrebanen, die Eisenbahnlinie von Oslo nach Trondheim, folgt bis Dombås dem Tal Gudbrandsdalen. An den Hängen des durch Gletschererosion im Pleistozän ausgetieften Tals liegen zum Teil jahrhundertealte Bauernhöfe. Das Freilichtmuseum auf dem Hügel Maihaugen in der Stadt Lillehammer sammelt die Kulturgüter des Bauerntums aus dem Tal Gudbrandsdalen.
Gudbrandsdalen ist das einzige große Tal Norwegens, das nach einer Person benannt ist: nach dem Großbauern Dale-Gudbrand aus Hundorp. Der Geschichtsschreiber, Staatsmann und Dichter Snorri Sturluson (1178—1241) berichtet in der Saga über Olav den Heiligen: Als König Olav im Sommer 1021 das Gebiet des Gudbrandsdalen christianisieren wollte, stieß er von Norden in das Tal vor und besiegte bei Bredevangen ein Bauernheer unter der Führung des Sohns von Dale-Gudbrand. Den in Gefangenschaft Geratenen sandte Olav mit einem Friedensangebot zum alten Dale-Gudbrand, und dieser berief ein Ting ein. Am dritten Tag erschienen König und Bischof in der Versammlung, während die Bauern einer

Peer Gynt: Auf den Namen des sagenumwobenen Bauern und Jägers Peer Gynt, der durch Henrik Ibsens Versdrama (1876) und Edvard Griegs Bühnenmusik weltbekannt wurde, stoßen Reisende überall im Tal Gudbrandsdalen und in den Gebirgslandschaften von Rondane und Jotunheimen. Bei Ibsen ist Peer ein hübscher, aber armer, von den anderen belächelter Bauernjunge, der sich durch reiche Phantasie und unbändigen Tatendrang auszeichnet. Weder kann er seine hochfliegenden Träume verwirklichen noch sein „Selbst" finden. Er erträgt die banale Wirklichkeit nicht, zieht arm in die Fremde, um sein „Reich" zu gründen, bereist die ganze Welt und kehrt nach einem Vierteljahrhundert noch ärmer zurück, ein Phantast, der im Leben und in der Liebe zu Solveig, seiner „einzigen", versagt hat. Während er Phantomen nachjagt, ist Solveig in seiner Waldhütte tätig und wartet auf ihn, jahrelang, jahrzehntelang:

„Der Winter mag kommen und wieder vergehn,
der Frühling und auch noch der Sommer danach;
doch eines Tages, da werd' ich dich sehn;
ich weiß es und warte, wie einst ich versprach."

Als Peer als alter Mann, gebrochen, zur inzwischen erblindeten Solveig zurückkehrt, erkennt er, daß nur bei ihr sein „Reich" gewesen wäre.

Da Ibsen aus den norwegischen Märchen und Sagen geschöpft hatte, galt Peer ursprünglich als Verkörperung des Norwegers schlechthin. Ab der Jahrhundertwende wurde er als Repräsentant der „nachromantischen" Generation in Europa betrachtet, als der zivilisations-„negative" Held.

Schauplatz der Sagen um den Jäger Peer Gynt und seine Abenteuer mit Berggeistern aller Art ist die Gebirgslandschaft von Jotunheimen, Rondane und Dovrefjell. Ibsens Drama führte zu einem regelrechten Peer-Gynt-Boom, und einige der im Schauspiel beschriebenen Stätten – vor allem der Grat Besseggen (R 81 a) im Jotunheimen – wurden schon im 19. Jahrhundert Touristenattraktionen.

Statue des Gotts Tor opferten. Einer der Königsmannen, Kolbein der Starke, zerschlug die Statue mit einem Holzknüppel, und aus den Trümmern wimmelten die Ratten und Mäuse hervor, die sich an den Opfergaben sattgefressen hatten. Damit war für die Bauern klar, daß es mit Tor nicht so weit her sein konnte wie mit dem Christengott. Sie ließen sich taufen, und der alte Dale-Gudbrand errichtete eine Kirche auf seinem Hof.
Mit dem Tal Gudbrandsdalen sind ferner die Namen der drei norwegischen Literaturnobelpreisträger eng verknüpft: Bjørnstjerne Bjørnson (1832—1910), der Dichter der norwegischen Nationalhymne und erste skandinavische Literaturnobelpreisträger, und seine Frau Karoline kauften 1874 das Gut Aulestad in Gausdal, das um die Jahrhundertwende eines der geistigen Zentren Norwegens war (heute ein schönes Museum). Knut Hamsun (1859—1952) wurde in Garmostræe in der Gemeinde Lom im Seitental Ottadalen als Sohn eines armen Schneiders bäuerlicher Herkunft geboren (R 58). Sigrid Undset (1882—1949) lebte ab 1919/20 mit Ausnahme der Besatzungsjahre in Lillehammer.

● 22 **Sør-Gudbrandsdal** (südlicher Teil des Tals Gudbrandsdalen)

Europastraße 6.

Sør-Gudbrandsdal umfaßt den südlichen Bereich des Tals Gudbrandsdalen vom See Mjøsa bis zum ehemaligen Wasserfall Harpefossen 75 km nördlich sowie die umliegenden Fjellgebiete und Talschaften.
Mjøsa: Die bereits im Jahr 1858 aufgestaute Mjøsa ist der größte Binnensee Norwegens. Das rund 100 km lange Gewässer, dessen ökologisches Gleichgewicht zur Zeit mit einem „Programm 2000" stabilisiert werden soll, erreicht südöstlich der Insel Helgøya eine Tiefe von 449 m: rund 325 m unter der Meeresoberfläche. Nach der letzten Eiszeit war das Gebiet vom Meer überschwemmt, wobei sich fruchtbarer blauer Ton ablagerte. Heute ist die Gegend um die Mjøsa eins der bedeutendsten Getreideanbaugebiete Norwegens. Im Sommer (1. Juni bis 31. August) verkehrt zwischen den Orten Minnesund, Gjøvik, Hamar und Lillehammer seit 1858 der Schaufelraddampfer „Skibladner".

Im südlichen Bereich des Tals Gudbrandsdalen führt die E6 durch dichtbesiedeltes Gebiet mit touristischen Angeboten und Ausflugsmöglichkeiten, auf die im Rahmen eines Trekkingführers nicht eingegangen wird.
Eine genauere Beschreibung dieses Streckenabschnitts einschließlich einiger Ausflugsmöglichkeiten bietet das Büchlein „Autoreisen in Norwegen" von Erling Welle-Strand, herausgegeben von Nortrabooks (Norwegisches Fremdenverkehrsamt); es hat farbige Kartenausschnitte und Farbfotos und ist für alle in diesem Führer berührten Straßen zu gebrauchen (das Buch ist in deutscher Sprache auch in größeren Buchhandlungen in Oslo erhältlich).
Lillehammer-Rondane-Pfad: Über das Hochland östlich des Tals führt der Lillehammer-Rondane-Pfad. Die nur wenig besiedelte Hochfläche – ca. 1000 m – ist von einem Gewirr mautpflichtiger Almwege durchzogen, die oberhalb der Baumgrenze als Ausgangspunkte für Wanderungen benutzt werden können (meist unschwere Wanderungen in einer weiten, relativ einsamen Hochlandschaft, in der sich auch ungestört das Zelt aufschlagen läßt, meist identisch mit Etappen des Lillehammer-Rondane-Pfads).
Fåberg (Ort, Bahnhof): In Fåberg, 5 km nördlich von Lillehammer, zweigt die Reichsstraße 255 von der E6 nach Westen ab. Sie führt durch das Tal Gausdal, durch das einsame, waldreiche Tal Espedalen (Möglichkeiten zu Touren in dem Berggebiet Gausdal Vestfjell) und durch das Tal Vinstradalen (R 34) und mündet am Ort Vinstra wieder auf die E6. Der Umweg macht – verglichen mit der E6 – etwa 30 km aus, wird jedoch ausgeglichen durch geringes Verkehrsaufkommen. Die Straße ist über weite Strecken in ausgezeichnetem Zustand. Ab Segelstad bru gibt es keine Hausansammlung mit mehr als 200 Einwohnern, die wenigen Tankstellen sind abends geschlossen oder nur mit Chipkarte benutzbar. In Skåbu zweigt der im Winter nicht geräumte Mautweg Jotunheimvegen (R 34e) nach Jotunheimen ab (ausgeschildert), während die Reichsstraße talabwärts zum Ort Vinstra an der E6 im Tal Gudbrandsdalen führt.
Auf der Rückfahrt von Norden nach Oslo stellt die Reichsstraße 255 nicht nur eine lohnenswerte Alternative zur E6 dar, sondern bietet letztmals vor dem Tal Gudbrandsdalen die Möglichkeit, einen einsamen Platz zum Zelten zu finden. Unten im Tal dagegen ist alles Kul-

urland, die Weiden sind eingezäunt, sogar vor den Wäldern versperren Bretterzäune den Weg, Hof reiht sich an Hof.
In vestre Gausdal / Forset zweigt die empfehlenswerte, im Winter gesperrte Paßstraße „Vestfjellvegen“ über Gausdal Vestfjell ab; sie führt u. a. am *Nationalpark Ormtjernkampen* (Fichtenurwald) vorbei und erreicht nach 84 km den Ort Fagernes (R 73 a), das südliche Einfallstor zum Jotunheimen.
Reichsstraße 220: Kurz hinter dem Ort Ringebu (bzw. in Ringebu Zubringerstr. ausgeschildert „Rondevegen“) zweigt von der E 6 die empfehlenswerte Reichsstraße 220 (R 27) zum Ringebufjellet ab.

• 27 Ringebufjellet / Rondane-Umfahrung

Reichsstraße 220 (im Winter gesperrt).

Ringebufjellet ist das Fjell östlich des Tals Gudbrandsdalen und südöstlich des Rondane-Gebirges: ein reliefmäßig eher ruhiges Gebiet, das jedoch landschaftlich eine außergewöhnliche Faszination ausüben kann, auch bei tiefhängenden Wolken und Regenwetter. Verkehrsmäßig erschlossen ist das Gebiet durch die im Winter zwischen Spidsberg Seter und Enden gesperrte Reichsstraße 220, die eine Paßhöhe von 1060 m erreicht. Der Wintersperrenschlagbaum wird ca. am 20. Oktober herabgelassen, ca. am 20. Mai ist die Straße wieder befahrbar. Tanken nicht vergessen.
Es besteht die Möglichkeit, die Rondane auf Straßen rundherum zu umfahren: Reichsstraße 220 bis Enden (38 km); dort 33 km auf der Reichsstraße 27 nordwärts bis zur Abzweigung des Mautwegs in das Tal Grimsdalen. Der Fahrweg durch das Tal Grimsdalen erreicht nach 46 km den Ort Dovre an der E 6. Während der ganzen Fahrt besteht immer wieder die Möglichkeit zu Wanderungen in den Nationalpark Rondane.

• 27 a Ringebu – Enden

Reichsstraße 220, 38 km.

Die Reichsstraße 220 führt vom Ort Ringebu das bewaldete Frya-Tal aufwärts und erreicht nach 9 km die Häuser von **Venabygd** (Post, Kirche von ca. 1780). Hier zweigt eine Seitenstraße nach links ab: Sie folgt dem Fluß Frya aufwärts 8,5 km bis Venåsen; dort beginnen zwei weiterführende Mautwege: 1.) Mautweg 6 km bis Alm

Venåsseter am markierten Pfad R 135 a zur DNT-Selbstbedienungshütte Eldåbu am Rand des Nationalparks Rondane; 2.) Mautweg zur Alm Eldåseter am selben Pfad; von Eldåseter ist es noch eine 3/4 Std. zu Fuß bis zur Hütte.

In Venabygd verläßt die Reichsstraße 220 das Tal der Frya und führt auf das Ringebufjellet hinauf. Im Streckenabschnitt bis zum Wintersperrenschlagbaum finden sich mehrere auch im Winter geöffnete Unterkunftsmöglichkeiten:

Trabelia Camping (Tel. 062-8 40 75, N-2632 Venabygd), mit Hütten.

Venabu Høyfjellshotell, ca. 18 km ab Ringebu, 940 m (Tel. 062-8 40 55, N-2630 Ringebu; DNT-Rabatte), Pferdeausleihe; Kurztouren: 1.) Eine knappe Stunde durch Wald nach Südosten zu den Wasserfällen Myafossene im Fluß Mya; 2.) Ca. 2 Std. zuerst auf dem Fahrweg nach Osten, dann auf Pfad nach Nordosten zum Wasserfall Dørfossen, den der Fluß Døra in einer 125 m tiefen Schlucht bildet. Außerdem markierter Pfad R 135 a nach Nordwesten (anfangs Fahrweg) zur DNT-Selbstbedienungshütte Eldåbu am Rand des Nationalparks Rondane (4—5 Std.).

Spidsberg Seter Fjellstue, ca. 22 km ab Ringebu, 932 m (Tel. 062-8 40 12, N-2630 Ringebu); markierter Pfad R 135 a nach Nordwesten zur DNT-Selbstbedienungshütte Eldåbu (4—5 Std.).

Muen (Kuppe, 1424 m): Kurz hinter der Paßstelle (1060 m; Übernachtungsmöglichkeit Bølliseter) wird die Grenze zwischen den Provinzen Oppland und Hedmark passiert; hier Parkplatz und empfehlenswerte Begehung des „Haufens“ Muen östlich der Straße. Dem T-markierten Pfad nach Osten folgen, bis ein ebenfalls markierter Pfad zum Gipfel abzweigt (unschwer); der am Fuß des Muen weiterlaufende Pfad erreicht wenig später die DNT-Selbstbedienungshütte Gråhøgdbu, eine der Hütten am sog. Lillehammer-Rondane-Pfad.

Vom Parkplatz an der Provinzgrenze führt der markierte Pfad R 135 b (anfangs Weg) nach Westen zur DNT-Selbstbedienungshütte Eldåbu am Rand des Nationalparks Rondane (4 Std.).

Gunstadseter: Von der Provinzgrenze schlängelt sich die Reichsstraße 220 nach Nordosten hinab, teilweise sehr aussichtsreich, vor allem in der Gegend der Almsiedlung Gunstadseter, der einzigen auf der ganzen Strecke: hier Pfad R 132 g nach Nordwesten zur bewirtschafteten DNT-Hütte Bjørnhollia am Rand des Nationalparks Rondane (6 Std.).

Enden: Nach 9 km ab Provinzgrenze mündet die Straße unterhalb der Baumgrenze in Enden (Unterkunft, Camping, Pfad zum Nationalpark Rondane) auf die Reichsstraße 27 (R 27b).

● 27b Enden – Grimsdalen

Reichsstraße 27, 41 km.

Enden-Atnbrua/Brenn: Hinter Enden überquert die Reichsstraße 27 die Wasserscheide zwischen den Flüssen Vulua und Atna und erreicht nach 8 km die Häuser von Atnbrua und Brenn an der Südbucht des Sees Atnsjøen (701 m). Zwischen Enden und Atnbrua findet sich Unterkunft in Vollum und in Hamna (Rondetunet turistgård mit Kafeteria); hier markierter Pfad R 132d zur bewirtschafteten DNT-Hütte Bjørnhollia am Rand des Nationalparks Rondane. Auch in Atnbrua/Brenn gibt es Unterkunft: Brenn (= Brændgård) sowie ganzjährig geöffneter Hütten- und Campingplatz Skogli (Tel. 064-63761, N-2490 Atna, Bootsverleih). Auf dem Hof Brenn (= Brend) wohnte ein Jahr lang Knut Hamsun und schrieb den Roman „Gedämpftes Saitenspiel" (En Vandrer spiller med Sordin, 1909).

Atnsjø kafé: In Atnbrua/Brenn knickt die Reichsstraße 27 nach Nordwesten und führt teilweise hoch über dem Nordostufer des Sees Atnsjøen durch den Wald. Hier war es bis 1987 ziemlich einsam, ein Kaufladen zwischen den Bäumen und das merkwürdige Wirtshaus Atnsjø kafé (ausgestopfte Vögel und Tiere; die Türpfosten stammen von 700 Jahre altem Baum) mit einer rostigen Bleifreizapfsäule waren außer der Straße die einzigen menschlichen Spuren. Dann wurden im Gebiet nördlich des Atnsjø kafé ein Fahrweg zur Herberge Breisjøseter in das Gelände gesprengt und Ferienhütten aufgestellt; Breisjøseter (DNT-Rabatte) liegt direkt südlich des store Sølnkletten (bis zu 1827 m), von dem aus sich eine hervorragende Aussicht auf die Rondane und bis zum Jotunheimen bietet.

Die Kirche von Ringebu ist an der E6 als Stabkirche ausgeschildert. Schon die Außenansicht zeigt allerdings, daß diesem Gotteshaus beim Umbau im 17. Jh. das Germanische ausgetrieben wurde, das ein Charakteristikum der „echten" mittelalterlichen Stabkirchen ist.

Neset: Die Reichsstraße 27 nähert sich nun dem See, der hier verlandet und stark vermoort (schützenswertes, aber noch nicht unter Schutz stehendes Gebiet mit zahlreichen Vogelarten). Die Mücken können zur Plage werden. Häuser von Neset mit einer der ältesten meteorologischen Stationen in Norwegen (seit 1903). Kurz westlich von Neset zweigt ein Stichweg nach links hinunter zum See ab. Hier bestand früher eine Bootsbrücke (vielleicht lebt sie eines Tages wieder auf): am anderen Seeufer sind es 1½ Std. zur bewirtschafteten DNT-Hütte Bjørnhollia; der gewöhnliche Ausgangspunkt für die Wanderung nach Bjørnhollia ist seit der Aufhebung der Bootsbrücke Straumbu (siehe unten).

Straumbu: Nach 13 km ab Atnbrua/Brenn erreicht die Reichsstraße 27 den Bauernhof Straumbu (R 133), der während der schneefreien Wanderzeit Kost und Logis anbietet. An der Bushaltestelle unterhalb des Hofs überspannt eine ziemlich feste Brücke den Fluß Atna; von hier aus sind es 2 Std. auf dem Pfad R 133 a zur bewirtschafteten DNT-Hütte Bjørnhollia am Rand des Nationalparks Rondane. – Kurz hinter der Brücke zweigt der Pfad zum Gipfel Høgronden – in Sicht – ab, doch ist die Brücke über den Fluß store Myldingi zusammengebrochen (Stand 1990).

Gammelgarden: Die Reichsstraße 27 ist streckenweise nur noch ein im Moor aufgeschütteter, aber gut ausgebauter Fahrdamm: links Moor und Fluß, rechts Moor und Bäume im Wasser, dahinter der Kiefernwald, und überall Mücken. Cappelens Straßenkarte verzeichnet am Hof Gammelgarden (gammel = alt), wenige Kilometer nördlich von Straumbu, einen Fahrweg zur DNT-Hütte Bjørnhollia; dieser Weg ist jedoch für den öffentlichen Verkehr gesperrt. Mit dem Rad sind es 8 km und 300 Höhenmeter.

Stadsbyøi: Weiter geht es, ab und zu ein einsamer Hof, auf Stelzen gestellte Verschläge für Milchkannen an der Straße, bis nach 24 km ab Atnbrua/Brenn der Fluß Atna plötzlich nach Westen knickt, während die Reichsstraße 2 km geradeaus die Häuser von Stadsbyøi erreicht. Hier Wanderschlafstelle ohne Bewirtung auf einem fremden Hof; gut 3 Std. Fußmarsch bis zu den Herbergen Døralseter am Rand des Nationalparks Rondane, fast die ganze Zeit auf dem Mautweg. – Blick auf den Høgronden, 2114 m, aus neuer Perspektive.

Dørå setervegen: Stodsbyøi rechts liegen lassen und 2 km nördlich

von der Reichsstraße auf den Dørålsetervegen nach links abbiegen. Dieser Mautweg endet an den Herbergen von Dørålseter (R 129) am Rand des Nationalparks; die gletschergeformte Landschaft, die dieser Weg durchquert, ist sehr beeindruckend. Wer nicht in die Herberge will, findet vorher Stellen zum Zelten.
Grimsdalsvegen: 4 km nördlich der Dørålsetervegen-Abzweigung zweigt von der Reichsstraße 27 der Mautweg Grimsdalsvegen durch das Tal Grimsdalen ab (Beschreibung siehe R 130). Der Fahrweg mündet nach 46 km am Ort Dovre (R 39) auf die E6.

● 30 **Peer-Gynt-vegen** (Gebirgsstraße westlich des Tals Gudbrandsdalen)

Der im Winter gesperrte und dann als Tourenloipe genutzte Peer-Gynt-Weg führt durch die Gebirgslandschaft westlich vom Südteil des Tals Gudbrandsdalen. Der Weg ist mautpflichtig, nicht asphaltiert und nach der Schneeschmelze völlig mit Schlaglöchern übersät, die ab Mitte Juni zugeschüttet werden. Auf diesen Weg verweisen im Tal Gudbrandsdalen überall Hinweisschilder. Der aussichtsreiche Weg (parallel zu ihm, also immer in Sichtweite der Telegrafenlinie, und zwar östlich von dieser, verläuft der sog. Peer-Gynt-Pfad) ist als Alternative zur E6 jedem zu empfehlen, der nie in den Rondane oder im Jotunheimen war. Allgemein zu empfehlen ist er im Winter, wenn er als Tourenloipe genutzt wird, gut auch für Neulinge, die in ca. 15-km-Tagesetappen „von Herberge zu Herberge“ das Gepäck per Schlitten vorausbefördern lassen können. Über solche u.a. Touren (Paddeln, Reiten) „im Reich Peer Gynts“ informieren die Touristenbüros.

● 31 **Nord-Gudbrandsdal** (Nordteil des Tals Gudbrandsdalen)

Europastraße 6.

Nord-Gudbrandsdal umfaßt den nördlichen Bereich des Tals Gudbrandsdalen von Harpefoss im Süden bis zum See Lesjaskogsvatnet, aus dem der Fluß Lågen ausfließt. Im Osten von Nord-Gudbrandsdal liegen der größte Teil des Rondane-Gebirges und ein Teil des Dovrefjell-Gebirges. Den Westen bilden die Täler der Flüs-

se Vinstra, Sjoa und Otta sowie der größte Teil des Jotunheimen. Damit ist Nord-Gudbrandsdal fast halb so groß wie die ganze Provinz Oppland und mit rund 11 100 qkm etwa so groß wie die Regierungsbezirke Niederbayern oder Stuttgart. Während Niederbayern jedoch über eine Million Einwohner hat (98 je qkm) und der Regierungsbezirk Stuttgart mehr als 3,4 Millionen (327 je qkm), leben in Nord-Gudbrandsdal nur etwa 29000 Menschen (2,6 je qkm). Land- und Forstwirtschaft beschränken sich auf die fruchtbaren Täler, nur rund 10% der Gesamtfläche sind wirtschaftlich „produktives Land". Den Rest bilden wilde Gebirgs- und Hochgebirgstrakte, in denen die höchsten und bekanntesten Gipfel Norwegens liegen.
Städte gibt es nicht. Der größte Ort ist der Verkehrsknotenpunkt Otta mit etwa 2500 Einwohnern. In einigen Tälern liegen alte Höfe, die schon aus der Sagazeit vor über 800 Jahren bekannt sind.

● 32 Harpefoss – Vinstra – Kvam – Sjoa

Europastraße 6, 26 km.

Die Gemeinde Nord-Fron reicht nördlich von Harpefoss bis südlich von Sjoa und umfaßt Teile des Nationalparks Rondane sowie der östlichen Jotunheimen-Ausläufer. Auf 1157 qkm leben 6231 Menschen, 5,4 pro qkm. Verwaltungssitz ist Vinstra. Hauptwirtschaftszweige sind Land- und Forstwirtschaft sowie Industrie und Fremdenverkehr.

Moen: Das Tal Gudbrandsdalen ist von Harpefoss bis nördlich des Orts Vinstra relativ breit. Die E6 folgt wie die Eisenbahnlinie dem Ostufer des Flusses Lågen und erreicht 5,5 km nördlich von Harpefoss Moen; hier Abbiegemöglichkeit nach rechts (= Norden) zum Peer-Gynt-Almweg R 33a. – Gegenüber von Moen, am Südufer des Flusses Lågen, liegt das Nedre Vinstra kraftverk, das erste Elektrizitätswerk Norwegens, das – mit der Kraft des vertunnelten Flusses Vinstra (R 34) – 200000-Volt-Kabel speisen konnte.

Vinstra (Städtchen, 241 m; Bahnhof): Abzweigung in das Tal Vinstradalen (Reichsstraße 255; R 34); Abzweigung nach Jotunheimen (via Jotunheimvegen: R 34e); Abzweigung nach Rondane (via Peer Gynt-Seterveg; R 33a); Abzweigung zum Peer-Gynt-vegen.

Der Fremdenverkehrsort Vinstra liegt an der Einmündung des Tals Vinstradalen in das Tal Gudbrandsdalen (das Tal mündet von links

[= venstre] ein; daher der Name Vinstra). Der Verkehrsknotenpunkt ist Verwaltungssitz und Einkaufszentrum der Gemeinde Nord-Fron. Vinstra nimmt die Ehre in Anspruch, Heimat von Peer Gynt zu sein. Anfang August wird hier alljährlich das Peer-Gynt-Fest veranstaltet. Dicht am Westufer des Flusses Lågen, direkt nördlich der Reichsstraße, liegt die Sødorp kirke, ein Holzbau aus dem Jahr 1752. Die Kirche wurde 1910 an diese Stelle versetzt. Vorher stand sie am Ostufer des Flusses Lågen in Brandvoll/Sødorp (am Südausgang von Vinstra an der E6). Dort wurde 1929 die hölzerne Sødorp kapell errichtet, neben der ein Gedenkstein das angebliche Grab Peer Gynts markiert.
Auch im Winter geöffneter Hütten- und Campingplatz Bøygen (Tel. 062-90137, N-2640 Vinstra).
Kvamsporten: Bei Brekken, 3,9 km nördlich des Städtchens Vinstra, verengt sich das Tal Gudbrandsdalen zum Kvamsporten („die Pforte von Kvam"). Von der Parkbucht nach dem Sehenswürdigkeitenschild fällt der Blick auf den 1034 m hohen Berg Teigkampen am Westufer des Flusses Lågen. Mit ein bißchen Phantasie läßt sich in den Gesteinsformationen dort das „Bjørnsons profil" entdecken, das von Felsen gebildete Profil des Dichters der norwegischen Nationalhymne.
Brekken: In Brekken zweigt ein Almweg nach rechts (= Osten) ab. Er erreicht nach 9 km die Almsiedlung Gravdalssetrene, 1007 m. Von dort aus ist unschwer die Kuppe Gråhøa, 1431 m, zu begehen, der höchste Gipfel des Moor- und Berglands Fronskjølen.
Von Brekken sind es noch 6,1 km bis zum Ort Kvam. Kurz vorher machen Fluß und Tal eine scharfe Biegung nach Westen. Bei Vik liegt das Grab des schottischen Captains Sinclair (R 36).
Kvam (Ort, 252 m; Bahnhof): In Kvam stößt der empfehlenswerte Peer-Gynt-Almweg (R 33a) wieder auf die E6. Von Kvam aus (ausgeschildert „Rondablikk") führt dieser Weg steil hinauf zum Hotel Rondablikk und zum See Furusjøen (R 134).
Neben der Kirche von Kvam erinnert ein Denkmal an die Gefechte des Jahrs 1940 zwischen Deutschen und Briten. Die 1952 errichtete Kirche wurde dem alten, bei den Kämpfen zerstörten Bau aus dem Jahr 1775 nachgebildet. – Mindestens 20000 Jahre alt sind die Mammutfunde, die im Gebiet von Kvam gemacht wurden.

Hinter dem Ortsausgang von Kvam erhebt sich neben der E6 im Norden die steile Kuppe Landsverkhøa (1189 m). Kurz vor Sjoa wird die Gemeindegrenze von Sel überschritten. Weiterfahrt auf der E6: Siehe R 36.

● 33 **Fronskjølen** (Bergland im Osten des Tals Gudbrandsdalen)

Karten 1718 II und 1718 I.

Im Osten des Gudbrandsdalen-Streckenabschnitts zwischen den Orten Vinstra, Kvam und Otta führen kurze Täler mehr als 800 Höhenmeter steil hinauf in die außerhalb der Saison einsame Gebirgsgegend zwischen Ringebufjellet und Rondane. Die weite, seen- und moorreiche Landschaft lädt zu Wanderungen und Angelpartien ein, fast überall läßt sich das Zelt aufschlagen. Verkehrsmäßig erschlossen ist dieses Gebiet nur durch den Mautweg Peer Gynt-Seterveg. Da es keine Herbergen gibt, fehlen anders als beim Peer-Gynt-Weg (R 30) Hinweisschilder an der E6 so gut wie völlig. Nur im Ort Kvam steht ein Hinweisschild auf das Hotel Rondablikk (R 134).

● 33 a **Peer Gynt-Seterveg** (Peer-Gynt-Almweg)

Der empfehlenswerte Peer-Gynt-Almweg, ein Mautweg, zweigt im Ort Vinstra (R 32) von der E6 ab und mündet im Ort Kvam (R 32) wieder auf die E6 (Gesamtlänge 52 km, davon 39 km von Vinstra bis zum Hotel Rondablikk). Er führt u. a. am Furusjøen vorbei, einem der am schönsten gelegenen Seen am Rand des Nationalparks Rondane. Der Weg wird außerhalb der Hauptsaison wenig befahren. Die Abzweigung von der E6 in Sødorp am Südausgang des Orts Vinstra unmittelbar bei der Texaco-Tankstelle ist etwas versteckt (ausgeschildert gelbes Schild Sødorp, weißes kleines Schild Peer Gynt-Seterveg).

Hågå (Peer-Gynt-Hof): Nach 2½ km ab Vinstra liegt unterhalb der ersten Spitzkehre des Peer-Gynt-Almwegs der in Privatbesitz befindliche und der Besichtigung nicht freigegebene Hof Hågå, 420 m, mit 18 alten Gebäuden. Hier soll der „historische“ Peer Gynt gelebt haben, jener Peder Laurissen (gestorben 1665) oder Peder Olsen (gestorben 1785), dessen Leben Anlaß gab für die Peer-Gynt-Sagen.

Stubberudflata (Mautstelle): Der Peer-Gynt-Almweg windet sich teilweise in Serpentinen den Talhang hinauf mit guter Aussicht. Nach 6 km ab Vinstra wird in ca. 800 m Höhe der Schlagbaum erreicht. Hier können Angelscheine erworben werden, wenn die Mautstelle besetzt ist. Von nun an ist der Weg nicht mehr asphaltiert.
Sulseter (Übernachtung, Reitschule, Alpinanlage, 955 m): Die „Alm" Sulseter, 11 km ab Vinstra, ist die erste Häuseransammlung oberhalb der Baumgrenze. Hier gibt es eine kleine Alpinanlage mit Lift.
Paßstelle, 1170 m: Nordöstlich des Sees Afstjørna, 16 km ab Vinstra, erreicht der Peer-Gynt-Almweg mit ca. 1170 m die höchste Stelle. Im Osten erhebt sich der unschwere Berg Krøkla, 1240 m, mit guter Aussicht auf Ringebufjellet, Rondane und Jotunheimen. Die beiden Steinhügel neben dem Almweg im Bereich der Paßstelle heißen Steingrim und Bølaug und sollen von Peer Gynt persönlich errichtet worden sein. Das Schneefeld Mjølbøla („der Mehlkasten") links des Wegs verschwindet der Überlieferung nach nie. Sollte es doch einmal schmelzen, werden die Almhöfe keine Blumen mehr haben – weiß der Volksmund.
Fryvollan (Hof): Nach 29 km ab Vinstra, kurz hinter der Brücke über den Fluß Frya, erreicht der Fahrweg den Almhof Fryvollan, 740 m. Bis hierhin ist der Peer-Gynt-Almweg weitgehend identisch mit einem der Rørosveger (R 124a), der historischen Verbindungswege zwischen dem Tal Gudbrandsdalen und der Bergwerksstadt Røros. Während der Peer-Gynt-Almweg in Fryvollan nach Nordwesten knickt und dem Fluß Frya aufwärts zum See Furusjøen folgt, ist der alte Rørosvegen von Fryvollan an Pfad (zunächst Karrenweg), der in nordnordöstlicher Richtung in das Tal Hornflågådalen und an den Vulutjørna-Seen vorbei zur bewirtschafteten DNT-Hütte Bjørnhollia (R 132) und weiter in das Flußtal des Atna-Mittellaufs führt. Als Zwischenstation für die Übernachtung kann die DNT-Selbstbedienungshütte Eldåbu (R 135) dienen.
Kvamsnysætrin (Schuppen/Hütten): Der Peer-Gynt-Almweg folgt ab dem Hof Fryvollan dem Flußtal der Frya aufwärts. Bevor er die Frya auf einer Brücke überquert, zweigt ein Fahrweg nach rechts ab (Richtung „Kvamsnysætrin"). Dort Begehung des Gipfels nordre Geitberget (1178 m, R 134c).

Hovdepiggen (kleiner Berg, 970 m): Nach der Kvamsnysætrin-Abzweigung überquert der Peer-Gynt-Almweg den Fluß Frya auf einer Brücke und umrundet den im Südosten wie ein Härtling abbrechenden Hovdepiggen. Der aufgeschüttete Fahrdamm durchquert das Moorgebiet Hovdemyra. Bei der ersten Abzweigung im Moor nach rechts halten Richtung Furusjøen, aber nicht zum See hinunterfahren, sondern über den Rücken von Nordwesten auf den Hovdepiggen spazieren, einen Buckel, der in seiner Unscheinbarkeit kaum zum Begehen herausfordert. Belohnung für die viertelstündige Spazierwanderung ist eine sehr gute Aussicht.
Furusjøen (See): Zu den Touren um den wunderbaren See Furusjøen siehe R 134.
Rondablikk (Hotel): Siehe R 134.
Rondablikk-Kvam (Fahrweg, 13 km): Vom Hotel Rondablikk führt der Fahrweg hinab zur E6, meist durch Wald mit wenig Aussicht.

● 34 Vinstradalen (Tal westlich des Tals Gudbrandsdalen) Reichsstraße 255.

Das Tal Vinstradalen mündet am Ort Vinstra (R 32) von Westen in das Tal Gudbrandsdalen. Der Name Vinstradalen ist von den meisten Landkarten verschwunden: Das Tal ist noch da, vom einst gewaltigen Fluß, der nun durch gigantische Röhrensysteme schießt, fließt noch ein freies Restchen neben der Reichsstraße 255. Die Reichsstraße führt talaufwärts und knickt nach 26 km nach Süden in das Tal Espedalen hinauf; im Bereich des Knicks zweigt außerdem der Mautweg Jotunheimvegen (R 34e) Richtung Jotunheimen ab.
Die Geschichte von der Bändigung des Flusses Vinstra ist wichtig für das Verständnis der oft „unnatürlich“ wirkenden Landschaft weiter oben auf dem Hochland, über die der Mautweg Jotunheimvegen führt: Der Fluß Vinstra tritt aus dem Stausee Bygdin aus (ca. 1057 m), einem der südlichen Grenzseen des Nationalparks Jotunheimen. Auf der weiten Hochfläche Valdresflya bildet er die fischreiche Seenkette Vinstri (ca. 1031 m, reguliert), Sandvatnet, Kaldfjorden und Øyvatnet (die letzten drei maximal 1019 m, reguliert). Die Grenze zwischen den Gemeinden Nord-Fron und Øystre Slidre läuft durch das Wasser der ineinander übergehenden Seen Kaldfjor-

Die Vinstri-Seen und Gausdal Vestfjell (im Hintergrund) eignen sich hervorragend für die Kombination Boot- und Bergwandern.

den und Sandvatnet. In den See Sandvatnet mündet ein 6,2 km langer Tunnel, aus dem das Wasser aus dem nördlich gelegenen See nedre Heimdalsvatnet (1053 m, reguliert) abgeführt wird. Aus dem Kaldfjorden wiederum wird das Wasser abgezapft und durch einen 3,5 km langen Tunnel nach Norden in den See Øyangen geleitet (maximal 998 m, reguliert). Vom See Øyangen führt ein 8 km langer Tunnel das Wasser über eine Fallhöhe von 330 m dem Øvre Vinstra kraftverk am See Slangen, 668 m, zu. Der See Slangen nimmt nicht nur das Wasser des Tunnelflusses Vinstra auf, sondern auch das des Flusses Hinøgla, der frei die Berge hinabrennt. Wo die Vinstra floß, als sie noch nicht vertunnelt war, zieht sich das Moorgebiet Hersjømyrene. Aus dem Kraftwerksee Slangen fließt das Wasser in den Kraftwerksee Olstappen, der bis zur selben Höhe wie der Slangen aufgestaut werden kann. Der See Olstappen nimmt außerdem das Wasser aus dem See Espedalsvatnet auf. Vom See Olstappen wird das Wasser durch einen 23,6 km langen Tunnel in das Verteilerbecken von Båkalhaugen geleitet. Dort schießt es 420 m Fallhöhe hinunter zum Nedre Vinstra Kraftwerk am Fluß Lågen (gegenüber von Moen, südlich des Orts Vinstra).

● **34 e Jotunheimvegen** (Mautweg zum Jotunheimen), 52 km

Bei den Häusern von Skåbu, 26 km westlich des Orts Vinstra, zweigt von der Reichsstraße 255 der mautpflichtige, im Winter nicht geräumte (= gesperrte) Jotunheimvegen ab (ausgeschildert). Er führt längs der Seen, die der ehemalige Fluß Vinstra auf der Hochfläche bildet, nach Westen und mündet unweit der Herberge Bygdin Høyfjellshotell (R 86) auf die Reichsstraße 51, direkt im Südosten des Nationalparks Jotunheimen.

Trotz der Paßhöhe von knapp über 1200 m ist der Jotunheimvegen kaum als Gebirgsstraße zu empfinden. Er durchquert ein weites Hochland, das von nicht allzu hohen Kuppen durchbrochen wird. Das ganze Gebiet ist sommers und winters ein hervorragendes Terrain für unschwere Wanderungen zu Fuß (Gummistiefel) und auf Ski.

Es ist knifflig, beim Jotunheimvegen die Übersicht zu behalten, weil es hier keinen einzigen „Ort" gibt:

nach 6 km: See Slangen, Abzweigung zur Herberge Sikkilsdalsseter
8 km: Abzweigung zur Herberge Storhøliseter
20 km: Kreuzung mit T-Pfad Storhøliseter-Oskampen
22 km: Abzweigung Almweg zum See nedre Heimdalsvatnet
33 km: Pfad zur DNT-Selbstbedienungshütte Storeskag
39 km: Herberge Haugseter, T-Pfad zur DNT-Hütte Gjendesheim
52 km: Reichsstraße 51

Von Skåbu (Karte 1718 III) führt die Straße aufwärts zur Herberge Kampeseter (dort angeblich „höchstgelegener Kaufladen des Nordens", 870 m) und erreicht nach 6,2 km die Herberge Slangen Seter (jetzt Karte 1717 IV; ganzjährig geöffnet, Tel. 062-955 18, im Sommer Reitschule) am Kraftwerksee Slangen (668 m). Hier endet die

Asphaltdecke. Nach der Brücke über den Seeausfluß zweigt nach rechts der schmale Fahrweg zur Herberge und staatlichen Pferdezuchtalm ***Sikkilsdalsseter*** ab, 27 km bis dorthin (vgl. R 81 t). 2 km weiter zweigt nach links der Mautweg zur Herberge ***Storhøliseter*** ab.

1 km nach dieser Mautwegabzweigung liegt rechts die alte Alm Finnbølseter mit Gebäuden aus schwarzbraunen, teerimprägnierten Kiefernstämmen. Nach und nach tritt der Wald zurück, die Aussicht wird besser, und nun muß die Maut bezahlt werden (Schlagbaum). Vor dem Berg Raudsgardkampen (1163 m) schwingt der Weg nach Süden und knickt wenig später südlich der Kuppe Falkefangarhøgda (1115 m) nach Südwesten.

Nun Karte 1617 I und auf das rote T achten: Etwa 14 km ab See Slangen kreuzt der markierte T-Pfad von der Herberge Storhøliseter zur DNT-Selbstbedienungshütte Oskampen den Weg. Es ist lohnend, dem Pfad nach Westen zur Hütte, 1175 m, zu folgen (gut 2 km) und dann den aussichtsreichen Berg ***Oskampen,*** 1513 m, von Westen aus zu begehen.

2 km südlich dieser Pfadabzweigung zweigt vom Jotunheimvegen ein Almweg nach Westen zum großen See nedre Heimdalsvatnet (ca. 1053 m) ab; die Angaben von Cappelens Straßenkarte und Cappelens Tourenkarte sind hier widersprüchlich und beide falsch, was die Sperrung dieses Fahrwegs betrifft; er ist erst gesperrt an der nächsten Weggabelung (topographische Karte hat dies richtig). Dies muß richtiggestellt werden, weil es nach der Angabe auf der Tourenkarte unmöglich ist, den Pfad Oskampen-Storeskag zu finden. — Von der Sperre Spaziergang auf dem Fahrweg nach Westen zum See nedre Heimdalsvatnet, dann frei nach Süden aufsteigen zur aussichtsreichen Kuppe ***Austhøi,*** 1589 m; knapp 3 Std. bis Gipfel. Alternative: Dem Pfad Oskampen-Storeskag nach Südwesten folgen und vom Pfad aus zur Austhøi aufsteigen.

Von der Almwegabzweigung hält der Mautweg Jotunheimvegen 2 km nach Süden, knickt dann im rechten Winkel nach Westen und erreicht vor der Kuppe Buhø (1327 m) den höchsten Punkt; Aussicht auf den Jotunheimen (Gjende-Alpen).

Der Weg führt nun hinab zur Seenkette. Wo er das Ufer erreicht, im Bereich der Landbrücke zwischen den Seen Sandvatnet und Vinstri,

führt ein markierter Pfad nach Süden zur DNT-Selbstbedienungshütte ***Storeskag;*** von diesem Pfad aus ist der aussichtsreiche Berg ***Skaget*** 1686 zu begehen, der im Süden zu sehen ist. Der See Sandvatnet ist bekannt wegen der großen Schlägerei um die Fischrechte zwischen den Gudbrandsdal-Leuten und den Valdres-Leuten im Jahr 1828.
Im Norden erstreckt sich zwischen den Kuppen Austøi, 1589 m, und Gråhøi, 1779 m, das stark versumpfte Tal Døradalen. Wegen der Moore ist die Begehung der Gråhøi von hier aus nicht zu empfehlen.
Nächste Station ist die Herberge ***Haugseter*** (Tel. 061-41217, N-2957 Vinstervatn; Höhe 1030 m; geöffnet 20. Juni bis 25. September), Ausgangspunkt des Pfads zur bewirtschafteten DNT-Hütte Gjendesheim (Beschreibung des Pfads: R 34i; Beschreibung der Hütte Gjendesheim: R 81). Empfehlenswert ist auf diesem Pfad auf jeden Fall die kurze Wanderung das Flüßchen Urekåni aufwärts zur Schlucht ***Glupen*** und ein Stückchen weiter mit prächtiger Aussicht auf den Jotunheimen; von dort (am Nord-Ausgang der Schlucht) ist auch die Begehung der aussichtsreichen Kuppe ***Gråhøi,*** 1779 m, gut möglich.
Die beiden Berge westlich des Urekåni-Tals, store Nuten, 1541 m, und søre Gluptinden, 1555 m, bilden die Grenze zur Hochfläche Valdresflya.
Die restlichen Kilometer folgt der Jotunheimvegen dem Vinstri-Nordufer mit Aussicht auf den Jotunheimen (Gjende-Alpen, Bitihorn). Unweit der Mündung auf die Reichsstraße 51 liegt die Herberge Bygdin Høyfjellshotell (R 86) am See Bygdin mit Ausflugsboot während der Hochsaison. Rechts hingegen geht es auf der Reichsstraße 51 hinauf zur Jugendherberge Valdresflya Ungdomsherberge (R 89) und dann hinab zur Hütte Gjendesheim am See Gjende (R 81), mit Bootsverkehr während der Hochsaison; zum Streckenabschnitt Bygdin—Maurvangen—Gjendesheim siehe R 73d.

● 34 i Haugseter — Gjendesheim (DNT-Hütte, 995 m)
Un-/mittelschwer, 7 Std., Anstieg ca. 500 m.
Karten 1617 I und 1617 IV.

Sehr aussichtsreich. — Der Pfad beginnt am Mautweg Jotunheimvegen (R 34e) zwischen der Herberge Haugseter und dem Flüßchen Urekåni, dem er am Ostufer ca. 2 km aufwärts folgt, dann über Steg ans Westufer und zur Schlucht Glupen zwischen den Zinnen nordre Gluptinden, 1590 m, und søre Gluptinden, 1555 m, hinauf. Hier oben (höchster Punkt der Strecke 1389 m) prächtige Aussicht auf den Jotunheimen (am Nord-Ausgang der Schlucht Möglichkeit zur Begehung der aussichtsreichen Kuppe Gråhøi 1779 m, rechts). Abstieg nach Norden mit der Ostbucht des Sees øvre Heimdalsvatnet, 1088 m, als Orientierungspunkt: den Ausfluß des Sees durchschreiten und dem Nordufer ca. 3 km ostwärts folgen bis zur Hütte vor dem Bach Sandbakkbekken. Diesseits des Bachs den Hang hinauf, oben den Bach durchschreiten und nun noch 6 km bis Gjendesheim. Beschreibung dieses letzten Streckenabschnitts siehe R 81 v.

● 36 Sjoa — Otta — Sel — Rosti veidelet

(Europastraße 6), 28 km.

Sjoa (Hausansammlung, Bahnhof 300 m; Abzweigung nach Heidal und zum Jotunheimen; Jugendherberge): Sjoa liegt an der Mündung des gleichnamigen Flusses in den Fluß Lågen. Während das Tal am Oberlauf des Flusses Sjoa, an der Ostgrenze des Jotunheimen, als Sjodalen (R 64) bezeichnet wird, ist der untere Teil bekannt als Heidal bzw. Heidalen. Der Umweg durch das „lebende Freilichtmuseum“ Heidalen zum Städtchen Otta beträgt 37 km. Von der E 6 zweigt in Sjoa die Reichsstraße 257 (R 37) nach links (= Nordosten) Richtung Heidal/Sjodalen/Jotunheimen ab. An dieser Straße liegt auch die Jugendherberge Sjoa Ungdomsherberge (Tel. 062-3 60 37, N-2653 Sjoa; geöffnet 1. Juni bis 1. September).

Die Gemeinde Sel erstreckt sich südlich von Sjoa bis Rosti im Norden und umfaßt den zentralen Teil des Nationalparks Rondane sowie Heidal. Auf 880,5 qkm wohnen 6510 Menschen, 7,4 pro qkm. Verwaltungssitz ist Otta. Hauptwirtschaftszweige sind Land- und Forstwirtschaft sowie Industrie und Fremdenverkehr.

In Sjoa schwingen das Tal Gudbrandsdalen und der Fluß Lågen wieder nach Norden. Während die Eisenbahn nach 800 m auf das Westufer wechselt, bleibt die gut ausgebaute E 6 auf dem Ostufer des Lågen.

Blomseterdalen: Nach 8,5 km ab Sjoa zweigt nach rechts (= Osten) der Mautweg zum Tal Blomseterdalen ab (10 km). In Serpen-

tinen windet er sich über 600 m den Hang hinauf und endet kurz vor dem See Furusjøen (R 134) mit guten Ausflugsmöglichkeiten (Gummistiefel). Im Tal Blomseterdalen stehen bei Hesseter zwei Riesenkiefern, die bereits 1908 unter Naturschutz gestellt wurden.
Sinclairstøtten: 9,5 km hinter Sjoa führt die E 6 am Bergvorsprung Kringen vorbei. Hier lädt ein Sehenswürdigkeitenschild zum Verweilen ein. Wer dieser Aufforderung nachkommt, sieht in der schmalen Parkbucht allerdings nur eine Plakette, die an den schottischen Captain Sinclair erinnert. Kein Grund zum Halten, doch es ist gut, die entsprechende Geschichte zu kennen: Die Plakette erinnert an die siegreichen Kämpfe der Gudbrandsdøler Bauern gegen schottische Söldner am 26. August 1612 in der Schlacht bei Kringen. Als während des Kalmarkriegs zwischen Dänemark und Schweden ein 550 Mann starkes Aufgebot schottischer Söldner durch das Tal Gudbrandsdalen marschierte, stellten in Kringen 450 Bauern den Fremden eine Falle. Oben auf dem Felsvorsprung hielten sich die mit Sensen und Beilen bewaffneten Bauern verschanzt, während ihre Väter und Urgroßväter vom Westufer des Flusses Lågen mit Pfeilen herüberschossen, um die Aufmerksamkeit der Schotten abzulenken. Als sich die Söldner unter dem Felsvorsprung befanden, blies auf einem Gipfel am Westufer Frau Pillarguri die Lure. Auf dieses Signal hin bewarfen die Bauern die Schotten mit Steinen, Felsbrocken und Baumstämmen. Da sie wegen der Heuernte keine Zeit hatten, die 134 am Leben gebliebenen Schotten nach Christiania (Oslo) auf die Festung Akershus zu bringen, töteten sie sie während der Siegesfeier im Ort Kvam. Als noch 18 Schotten am Leben waren, wurde das Massaker gestoppt.
Anführer des Schottenzugs soll ein Captain Sinclair gewesen sein. Er fiel während der Schlacht im Zweikampf mit Berdon Seielstad und wurde in Vik (östlich von Kvam) am Ufer des Flusses Lågen begraben. Der Gipfel, auf dem damals Pillar-, Pellar- oder Prillarguri in die Lure stieß, heißt heute Pillarguri (R 38).
Rondanevegen (im Winter geräumte Panoramastraße zum Rondane-Gebirge): Dicht hinter Kringen, direkt vor der ersten Tankstelle des Städtchens Otta, zweigt von der E 6 der Rondanevegen (ausgeschildert) nach rechts (= Osten) ab. Er windet sich in Serpentinen den Hang hinauf und endet nach 13 km in Mysuseter (R 122).

Während der Serpentinenauffahrt schöner Blick zurück und hinunter auf das Tal Ottadalen. Deutlich sichtbar ist die verschiedene Färbung der beiden Flüsse: Die gletschermilchtrübe „grüne“ Otta mündet in den „blauen“ Lågen.

Otta (Städtchen): Siehe R 38 (die neue Trasse der E 6 führt an Otta vorbei; Abzweigung Reichsstraße 15 Richtung Jotunheimen beachten).

Selsvollene („die Wiesen von Sel“): Nördlich von Otta verbreitert sich das Tal Gudbrandsdalen. Nach rund 3 km, im Mündungsbereich des Flusses Ula, fließt der Fluß Lågen plötzlich ein kurzes Stück auf der westlichen Talseite. Hier beginnen „die Wiesen von Sel“, die Kornkammer des Gudbrandsdalen, doch ist dies noch nicht lange so. Die Ula transportiert jährlich rund 1300 Kubikmeter Geröll ins Tal, das sind 250 Lastwagenladungen. Während des Ofsen, der Flutkatastrophe von 1789, war die Menge der Kies- und Steinmassen so gewaltig, daß der Lågen von der linken auf die rechte Seite des Tals gedrängt wurde, sich eine meterhohe Geröllschicht auf die Äcker legte und in der Folgezeit das fruchtbare Gebiet dort unten versumpfte. 1857 wurden erstmals Pläne für die Entwässerung dieser Moore vorgelegt, der Selsmyrene („die Moore von Sel“), in denen der Wasserschierling üppig gedieh (Wasserschierling heißt auf Norwegisch selsnepe = Sel-Rübe). 1878/79 wurde oberhalb der Ula-Mündung die erste Talsperre Norwegens errichtet, eine 12,5 m hohe Materialsammel-Sperre — es war der erste Schritt zur Trockenlegung der Sümpfe: Ein Jahrhundert später, 1981, war „das Wunder von Sel“ vollbracht, waren 50000 qm Sumpfland in Kornfelder verwandelt. Heute murren viele Bauern darüber, daß es im Tal „zu trocken“ sei.

Selsverket (Hausansammlung, 320 m; Abzweigungen Richtung Rondane): Selsverket, 3,5 km nördlich des Städtchens Otta an der Mündung des Flusses Ula in den Fluß Lågen, war der erste Industriebetrieb im Tal Gudbrandsdalen. Das Kupferbergwerk wurde 1642 gegründet und blieb — in dänischem Besitz unter deutscher Führung — bis 1789 in Betrieb. 1789 zerstörte der Ofsen, die große Flutkatastrophe, den ganzen Ort. — Sel kirke, Holzkirche aus dem Jahr 1742. — Auch im Winter geöffneter Hütten- und Campingplatz Ulvolden Camping (Tel. 062-30323, N-2670 Otta Ulvolden 110).

In Selsverket zweigt direkt hinter (= nördlich) der Straßenbrücke über den Fluß Ula eine Straße ins Fjell hinauf ab. (Schöner Wasserfall Ulfossen gleich oberhalb der Straßenbrücke.) Sie gabelt sich kurz darauf in zwei empfehlenswerte Mautwege, die beide Richtung Rondane führen: Mysusetervegen und Kampevegen.

Mysusetervegen (Mautweg Richtung Rondane): In Selsverket zweigt nach rechts (= Osten) eine Straße ab, die in den Mautweg Mysusetervegen übergeht. Dieser führt durch das waldreiche Tal des Flusses Ula hinauf zur Siedlung Mysuseter (R 122), 8 km.

Ein Sehenswürdigkeitenschild verweist nach ca. 3 km auf die höchsten Erdpyramiden Nordeuropas, die ***Kvitskriuprestene*** (5 Min. vom Fahrweg hinauf in den Wald). Sie bestehen aus einer hellen Moränenmasse, die im trockenen Zustand fest wie Zement ist; bei Regen oder Überschwemmungen wird sie aufgelöst und ausgewaschen; an den Stellen jedoch, auf die Felsbrocken drücken, bleibt die Masse auch bei Nässe so fest, daß sie nicht weggeschwemmt wird — so sind diese hellen „Pyramiden" (oder Säulen) mit den aufliegenden dunklen Felskappen entstanden. Die zungenbrecherische Bezeichnung „Kvitskriuprestene" für dieses unter Schutz gestellte Naturdenkmal bedeutet sinngemäß: die weißgekleideten Priester (= Pfarrer) mit den schwarzen Hüten.

Kampevegen (Mautweg an den Rand des Nationalparks Rondane): In Selsverket zweigt nach rechts eine Straße ab, von der wenig später der Mautweg Kampevegen abzweigt. Er endet an der Grenze des Nationalparks Rondane, eine Gehstunde (Fahrrad gut möglich) von der Einkehrhütte ***Peer Gynt hytta*** (R 127, keine Übernachtung) entfernt; sehr empfehlenswert. Die Rondane waren Zentrum des Nord-Gudbrandsdal-Widerstands gegen die Besatzer und ihre norwegischen Kollaborateure. Hauptquartier war „das Nest" ***Reiret*** (ebenfalls am Kampevegen gelegen, ausgeschildert); die winzige Hütte (jetzt rekonstruiert) war so gut getarnt, daß sie auch dann nicht entdeckt werden konnte, wenn jemand auf dem Dach stand. Die Deutschen und ihre Kollaborateure fanden die Hütte nie. Besichtigung ist nach Absprache mit dem Turistkontoret in der Stadt Otta möglich. Im Gästebuch heißt es: „Hier erleben wir den Kampf für die Befreiung Norwegens stärker als auf irgendeiner Gedenktafel für Gefallene."

Die Selsvollene im Gudbrandsdalen mit der turmbekrönten Blåhøi.

Bemerkenswert am Kampervegen außerdem die gigantischen Geröllhügel ***Rundhaugene*** im Bereich der Baumgrenze, entstanden am Schluß der letzten Eiszeit, sowie eine nicht ganz erhaltene Bewässerungsanlage. Der Kampervegen endet für den öffentlichen Verkehr an der Grenze des Nationalparks, während die Straße als Transportweg weiterführt zur Peer Gynt hytta, einer Hütte, die während der Hauptsaison (Ostern und Sommer) Einkehr bietet (keine Unterkunft) und die zugleich als Pfadspinne fungiert; Hütten- und Bergziele siehe dort (R 127). Anmarschzeit ca. 1 Std. auf dem mit Bergrad gut befahrbaren Transportweg bzw. auf dem Pfad westlich (= links) des Transportwegs.

Der langgezogene Bergrücken im Westen ist der ***Formokampen:*** Von der Nationalparkgrenze auf dem Transportweg ca. 3 km zurückfahren bis zu den Hütten von Kampesætrin / Hamnsætri. Dort jede Menge Trampelpfade zum Formokampen (sehr aussichtsreich).
Nord-Sel (Ort, 300 m, Bahnhof): Zwischen Selsverket und dem 10 km nördlich gelegenen Nord-Sel bleibt das Tal Gudbrandsdalen zwischen den steilen Hängen breit und steigt kaum an. Die E 6 führt an Nord-Sel vorbei, die Hauptsiedlungen einschließlich Bahnhof und Hausansammlung Sel sowie Campingplatz, Hof Romundgard usw. liegen jedoch am Westufer. Dort zweigt auch die kleine, im oberen Teil serpentinenreiche Straße ab, die durch das tiefe Tal Rustdalen führt und nach 18 km kurz vor dem Ort Vågåmo (R 57) auf die Reichsstraße 15 im Tal Ottadalen mündet.
Die Hochfläche (ca. 1000 m) zwischen Nord-Sel und dem Tal Ottadalen wird von mehreren Fahrwegen durchzogen (zahlreiche Steinbrüche). Der höchste Gipfel ist der Haldorpiggen, 1119 m. Der markante, turmgekrönte Gipfel, der von der E 6 aus je nach Talwindung „links" oder „rechts" immer wieder zu sehen ist, ist die Jetta (Ostkuppe Blåhø 1617 m). Auf (!) diesen Aussichtsberg führt vom Ort Vågåmo ein Mautweg.
Die Gegend um Nord-Sel mit Jørundstad und Romundgard ist aus dem monumentalen Prosaepos „Kristin Lavranstochter" (1920 – 1922) der Nobelpreisträgerin Sigrid Undset bekannt. Undset zeichnet in dieser Trilogie ein realistisches Bild von den Bauern im Gudbrandsdalen im 14. Jahrhundert. Vor der Kirche von Nord-Sel wurde 1982, anläßlich des 100. Geburtstags von Sigrid Undset, eine Kristin-Statue enthüllt, ein Werk der Bildhauerin Kari Rolfsen.
Rosti veidelet (Abzweigung Richtung Rondane): Nördlich von Nord-Sel wird das Tal Gudbrandsdalen eng und steiler. Dieser Abschnitt trägt den Namen „Rosti", ein Dialektwort für „unwegsame Strecke". Nach gut 4 km wird das Rosti veidelet („die Wegscheide auf der unwegsamen Strecke") erreicht (kleiner Parkplatz, Infotafel). Der Name paßt zu diesem Ort, wo die gut ausgebaute, serpentinenreiche Straße nach Høvringen (R 125) abzweigt, 8 km bis dorthin (über Høvringen ist die Pension Putten Seter zu erreichen). Am 24. Mai 1940 fand hier die letzte Kampfhandlung in Südnorwegen statt: Sechs norwegische Soldaten vernichteten einen Truppentransport

der Invasionsmacht. Die fremden Soldaten wurden auf der engen Straße zwischen Fels und Hochwasser führendem Fluß eingekesselt; das Echo und der Lärm des über die Ufer tretenden Wassers machten die Lokalisierung der Norweger möglich. Die Zahl der Toten ist unbekannt. Die sechs Norweger setzten sich ohne Verluste nach Schweden ab.
Nördlich von Rosti passiert die E 6 die Grenze der Gemeinde Dovre (R 39).

● 37 Heidal (Talschaft westlich des Tals Gudbrandsdalen)

Reichsstraße 257.

An der Tank- und Einkaufsstelle von Sjoa (R 36) zweigt von der E 6 nach links (= Nordwesten) die im Winter nicht gesperrte Reichsstraße 257 (empfehlenswert für die Anreise nach Ost-Jotunheimen) in das Tal Heidalen ab, das vom Unterlauf des Flusses Sjoa durchflossen wird. Bis Anfang der 60er Jahre bildete die Talschaft unter dem Namen Heidal eine eigene Gemeinde (1736 Einwohner im Jahr 1960) mit Bjølstadmo als Haupt-„Ort“. Seither gehört es zur Gemeinde Sel. Hauptwirtschaftszweige sind Land- und Forstwirtschaft. Besichtigung der Höfe ist weder möglich noch erwünscht.
Heidal gilt als das größte „lebende Museum“ Norwegens und ist damit das ländliche Pendant zur Bergwerksstadt Røros. Von den mehreren hundert im Einzugsbereich des Tals Gudbrandsdalen unter Schutz stehenden Gebäuden liegen allein 90 in Heidal. 17 Bauernhöfe haben geschützte Gebäude, neun Höfe stehen ganz unter Denkmalschutz. 60% der 1300 Häuser in Heidal sind älter als 100 Jahre, 18% stammen aus dem 18. Jahrhundert. Der größte und älteste ist der Hof Bjølstad, der seit 1600 im Besitz der gleichen Familie ist.

● 38 Otta (Städtchen, Bahnhof), ca. 300 m

Abzweigung Richtung Jotunheimen: Reichsstraße 15 (R 55).
Abzweigung Richtung Rondane: Rondanevegen (R 36).

Das 2500-Einwohner-Städtchen Otta, Hauptort der Gemeinde Sel, liegt an der Einmündung des Tals Ottadalen in das Tal Gudbrandsdalen und ist ein wichtiger Verkehrsknotenpunkt und Fremdenver-

kehrsort. Hier zweigt von der E 6 die Reichsstraße 15 durch das Tal Ottadalen Richtung Jotunheimen bzw. Westküste ab. Unmittelbar im Osten liegen die Rondane, die auch im Winter über die Straße Rondanevegen zu erreichen sind.
Otta, ein relativ starkes Zuwanderungsgebiet, hat eine weitaus größere Bedeutung, als die geringe Einwohnerzahl vermuten läßt. Es ist der inoffizielle Hauptort von Nord-Gudbrandsdal, also Einkaufs- und Versorgungszentrum für rund 29000 Menschen. Hier gibt es mehrere Tankstellen, Supermärkte, Sportgeschäfte, ein Kaufhaus, Möglichkeiten zum Einkehren von der preiswerten Kafeteria bis zum First-Class-Hotel, sogar eine (Krawatten-)Disco fehlt nicht. Hallenbad mit Sauna bietet der Ottahallen (tgl. 15.00—18.00 Uhr). Am ersten Dienstag im Oktober findet alljährlich Norwegens größte Landwirtschafts-Verkaufsmesse statt, der Otta-Martna'n (Otta-Jahrmarkt).
Eine architektonische Schönheit ist Otta nicht. Im April 1940 wurde die Stadt beim Überfall des nationalsozialistischen Deutschen Reichs durch Bomben völlig zerstört. Seit die E 6 seit 1988 reine Umgehungsstraße ist und auch die Reichsstraße 15 an den Rand verlagert wurde, wird der Stadtkern hübsch hergerichtet, mit Fußgängerzone, Straßencafés usw.
Information: Nord-Gudbrandsdal Turistkontor, Nygata 4, 2671 Otta, Tel. 062/30244.
Tokampen (Aussichtsberg, 867 m): Unmittelbar im Südwesten der Stadt erhebt sich der Berg Tokampen (Fahrweg bis dicht zum Gipfel). Dort ist eine 110 × 50 m große Wehranlage (bygdeborg) aus der Völkerwanderungszeit erhalten. Steile Abhänge auf drei Seiten sowie ein System von fünf Außen- und einer Innenmauer auf der vierten Seite sicherten die Anlage, von der aus sich gute Aussicht über Sel und auf die Rondane bietet.
Pillarguri (Aussichtsberg, 852 m): 15 m niedriger als der Tokampen ist der Gipfel Pillarguri, der direkt an der Westseite des Tals Gudbrandsdalen aufragt (Fahrweg bis in Gipfelnähe). Das Denkmal auf dem Berg erinnert an die Schlacht bei Kringen unten im Tal (R 36: Sinclairstøtten). Hier oben blies Pillarguri die Lure, als sich die schottischen Söldner unter den Schanzen der Bauern befanden. Pillarguri ziert heute das Wappen von Sel.

● 39 **Dovre** (Gemeinde)
Europastraße 6.

Dovre gilt als die „Urgemeinde“ Norwegens. Als die Abgeordneten in Eidsvoll 1814 die heute noch gültige Verfassung des Königreichs verabschiedeten, lautete ihr abschließender Schwur: „Enige og troe til Dovre faller“ — einig und treu, bis Dovre fällt. Im 18. / 19. Jahrhundert war Dovre Symbol für das „Echtnorwegische“, das sich von dänischen und schwedischen Einflüssen freigehalten hatte.
Die Gemeinde zählt heute 3122 Einwohner und ist mit 1431 qkm etwas mehr als halb so groß wie das Saarland. Das Gemeindegebiet erstreckt sich vom Rondslottet im Südosten, dem höchsten Rondane-Gipfel (2178 m), bis zur Snøhetta im Norden, dem höchsten nordeuropäischen Gipfel außerhalb des Jotunheimen (2286 m). Das Gebiet ist ausgezeichnetes Wander-, Angel- und Jagdterrain. Die höchste Partie des Dovrefjell-Gebirges steht seit 1974 als Nationalpark unter Schutz. Am Bahnhof Kongsvoll beginnt der markierte Pfad zur DNT-Selbstbedienungshütte Reinheim (4½ Std., 15 km, 400 hm), von der aus die Snøhetta in 3 Std. zu ersteigen ist.
Dovre (Ort, ca. 500 m, Bahnhof): Dovre, 34 km nördlich des Städtchens Otta, ist der Hauptort der gleichnamigen Gemeinde. Die neue Trasse der E 6 führt am Ort vorbei (mehrere Abzweigungen, viele Schilder, etwas verwirrend). Während der Ort selbst wenig bemerkenswert ist (Einkaufs- und Einkehrmöglichkeit), gibt es in der Umgebung (viele alte Höfe) einige interessante Dinge, z. B. den unter Schutz gestellten alten Königshof (gamle storgården) ***Tofte*** (590 m), wenige Kilometer nördlich von Dovre, zu erreichen auf dem Fahrweg, der am Hang bis Dombås weiterführt. Tofte ist bekannt seit König Harald Hårfagre (Harald Schönhaar), dem norwegischen Lokalfürsten, der nach seinem Sieg in der Schlacht am Hafrsfjord im Jahr 872 die Vereinigung aller norwegischen Teilreiche durchsetzte und damit der erste König von Norwegen wurde. Der Birkebeiner-König Haakon IV. Haakonsson baute hier eine Kapelle. Tofte war die letzte Station vor dem beschwerlichen Weg übers Dovrefjell. Dieser zu einem großen Teil heute noch begehbare Weg (der andere Teil ist von der E 6 zuasphaltiert) ist der ***Kongevegen,*** der „Königsweg“. In Dovre zweigt der Fahrweg in das Tal **Grimsdalen** ab (R 130).

● 55 **Ottadalen** (westliches Seitental des Tals Gudbrandsdalen) – Reichsstraße 15.

Das Tal Ottadalen ist das größte Seitental des Tals Gudbrandsdalen. Es wird durchflossen vom 135 km langen, gletschertrüb-„grünen" Fluß Otta, der von Westen her beim Städtchen Otta (R 38) an der E 6 in den „blauen" Fluß Lågen mündet.

Auf den ersten 17 km ist das Tal eng und für norwegische Verhältnisse dicht bebaut. Rechts und links des Bodens erheben sich steile, land- und forstwirtschaftlich genutzte Hänge, die in über 1200 m hohes Fjell übergehen. Hinter dem Ort Lalm verbreitert sich das Tal. Auf den folgenden 40 km bildet der Fluß langgestreckte, zusammenhängende Seen: Lalmsvatnet (355 m), Vågåvatnet (362 m) und Ottavatnet/Skim (363 m). Danach steigt das Tal etwas an und wird ab einer Höhe von rund 600 m breit. Die Bebauung tritt mehr und mehr zurück, auch die Wälder verschwinden. In der Gegend des Sees Breidalsvatnet (ca. 900 m) verzweigt es sich. Der Fluß Otta tritt aus dem See Djupvatnet (1017 m) aus in unmittelbarer Nähe des Geirangerfjords (die Wasserscheide zum Atlantik liegt nur etwa 6 km vom Fjordschluß entfernt).

Verkehrsmäßig ist das Tal durch die Reichsstraße 15 erschlossen, die eine Paßhöhe von 943 m erreicht und an der Westküste in Nordfjordeid am Eidsfjorden endet. Diese Reichsstraße wird nicht mehr in den Listen der im Winter gesperrten Straßen geführt. Eine leicht zu übersehende, obwohl überdimensionale Ampelanlage auf freier Straße hinter dem Städtchen Otta zeigt an, ob die Strecke auch in den Höhenlagen befahrbar ist. Nennenswerte Orte sind Vågåmo (31 km ab Otta), Lom (62 km ab Otta), Stryn am Innvikfjorden (187 km ab Otta) und Nordfjordeid (231 km ab Otta).

38 km ab Otta zweigt die Reichsstraße 51 nach Süden Richtung Ost-Jotunheimen und Valdresflya ab. In Lom zweigt die Reichsstraße 55 Richtung West-Jotunheimen, Hurrungane und Westküste ab (auch Richtung Gletscher Jostedalsbreen). Nach 137 km ab Otta zweigt eine aussichtsreiche Straße zum berühmten Kreuzfahrtschiff-Fjord Geirangerfjorden mit den „Sieben Schwestern" (= sieben Wasserfälle) ab; von Otta 153 km bis dorthin; an dieser Straße prächtige Aussicht zum Dalsnibba (1476 m; Mautweg zum Gipfel).

● 56 Otta — Vågåmo

Reichsstraße 15, 31 km.

Die Reichsstraße 15 folgt auf der ganzen Strecke dem Nordufer des Flusses Otta. Parallel dazu verläuft am Südufer ein Sträßchen, der sog. Baksideveien (zwei Straßenbrücken bis Vågåmo). Vom Baksideveien zweigt nach ca. 7 km ab Otta ein Fahrweg bis in unmittelbare Nähe des Bergs Veggemskampen, 1014 m, ab. Im ganzen Tal Ottadalen finden sich immer wieder die Bezeichnungen Solside („Sonnenseite") und Bakside („Rückseite" = Schattenseite).

Die Fjellregion im Norden des Tals ist von einem Netz kleiner Fahrwege durchzogen, die zu niedergelegten oder noch ausgebeuteten Steinbrüchen führen. Ein solcher Fahrweg beginnt in Dale (dort Schieferbruch) knapp 2 km hinter dem Städtchen Otta (Möglichkeit, in die Nähe des aussichtsreichen ***Haldorpiggen*** 1119 zu fahren mit Abbruch zum Tal Gudbrandsdalen). Ein zweiter beginnt kurz vor Åsåren (dort Talksteinbruch) vor der ersten Brücke über den Fluß Otta: Er führt hinauf aufs Råsdalsfjellet, 1041 m, und dann nach Norden hinab zum Ort Nord-Sel (R 36).

Lalm: Nach 17 km erreicht die Reichsstraße den Ort Lalm, Steinbruch-Weiterverarbeitungszentrum. In Lalm zweigt ein Sträßchen nach Süden in den aus vielen Troll-Geschichten bekannten Wald ***Heidalsskogen*** (R 37) ab; es mündet in Bjølstadmo auf die Reichsstraße 257 und bildet für die Anreise Richtung Jotunheimen durchaus eine Alternative zur Fahrt durch das Tal Ottadalen (Ersparnis 14 km, dafür schlechtere Straßen). Von diesem Sträßchen zweigt in Reiret, kurz hinter Lalm, ein befahrbarer Almweg aufs ***Bringsfjellet*** ab mit Pfaden zur aussichtsreichen Olashovda, 1246 m, und zum Heimranden, 1134 m (Karte 1618 I). Auch von dem Gebiet dort oben berichten die Volksmärchen von Begegnungen mit Trolls.

Ab Lalm verbreitert sich das Tal Ottadalen, der Fluß biegt nach Norden und dann Nordwesten und bildet den Flußsee Lalmsvatnet (355 m); rechts erhebt sich der Berg Tolstadkampen (ca. 1043 m). Hof nedre ***Bjørnstad,*** dessen Original eins der markantesten Gebäude-Ensembles im Freilichtmuseum auf dem Maihaugen in Lillehammer ist. Gut 7 km ab Lalm zweigt in Holungsøyi ein Sträßchen durch das enge Tal ***Rustdalen*** nach Nord-Sel ab. Von der Abzweigung sind es noch knapp 7 km bis zum Ort Vågåmo.

Kurz vor dem Ort Vågåmo liegt rechts das eindrucksvolle Hofensemble ***Sandbu,*** benannt nach einem hier seit vor dem 12. Jahrhundert ansässigen Adelsgeschlecht. König Haakon VII., Kronprinz Olav (der nachmalige König Olav V.) und Ministerpräsident Johan Nygaardsvold machten hier während der Flucht ins Londoner Exil am 17. April 1940 Station.

● 57 Vågåmo (Ort), ca. 365 m

Reichsstraße 15.

Der 1000-Einwohner-Ort Vågåmo (Post, Bank, Camping- und Hüttenplatz, viele Läden, Alpinanlage) liegt am Ostende des Flußsees Vågåvatnet, und ist der Hauptort der Gemeinde Vågå. Diese umfaßt den unteren Bereich des Tals Ottadalen (außer dem Städtchen Otta), den Osten des Jotunheimen, das Tal Sjodalen sowie Teile des Tals Finndalen und des Skjerva-Flußtals. Auf den 1310 qkm der Gemeinde leben 4047 Menschen, das sind 3,1 pro qkm. Hauptwirtschaftszweige sind Land- und Forstwirtschaft, Industrie und Fremdenverkehr.

Touristenattraktion in Vågåmo ist die ***Stabkirche*** („Vågå kirke"), deren älteste Teile aus dem 11. Jahrhundert datieren. Damals brachte König Olav der Heilige den Bauern das Christentum. Die Überlieferung berichtet, daß der Herrscher die Bauern auf den Berg Tingsvaberget rief. Wenn sie sich weigerten, ihrem seit Menschengedenken überlieferten Glauben abzuschwören und den unbekannten Glauben anzunehmen, wurden sie über die Felskante ins Tal gestürzt. In Vågåmo ist Jo Gjende begraben (R 81); Grabstein hinter der Stabkirche.

Der Berg mit „Blendportal" im Westen des Orts (unweit der Stabkirche) ist das Prestberget (598 m), das aus steilgestellten Schieferschichten besteht. Von einer dieser Schichten ist unten ein Teil herausgebrochen, so daß ein etwa 25 m hohes, halbrundes Tor vorgeblendet ist, das „Bergriesen-Portal" Jutulporten.

Vågåmo ist auch ein kleiner Verkehrsknotenpunkt:

Zuerst nach Norden, dann nach Osten führt der Mautweg Blåhøvegen bzw. ***Jettavegen*** zur Blåhøi (1617 m), dem sehr aussichtsreichen, sendeturmbekrönten Hauptgipfel des Jetta-Massivs; 12 km bis dorthin.

Nach Norden führt ein Mautweg 35 km zur E 69 übers Gebirge (auf der E 69 Möglichkeit, zu den „1000-Meter-Wänden“ des Tals Romsdalen weiterzufahren). Er folgt anfangs dem Fluß Finna aufwärts, zweigt dann ins Flußtal der Skjerva und erreicht im Gebiet der Kvitingshø eine Paßhöhe von 1190 m. Sehr schöner Ausgangspunkt. Auch wer nicht ins Skjerva-Flußtal einbiegt, sondern dem Fluß Finna weiter aufwärts in das Tal ***Finndalen*** folgt, gelangt in unberührtes Gebiet. Dort soll ein neuer Nationalpark entstehen: Reinheimen — „das Heim der Rens“.

• 58 Vågåmo — Lom

Reichsstraße 15, 31 km.

Die Reichsstraße 15 überquert am südlichen Ortsausgang von Vågåmo den Flußsee Vågåvatnet (362 m) und führt am Südufer flußaufwärts zum Ort Lom. Nach 7 km zweigt nach Süden Richtung Jotunheimen und Valdresflya die Reichsstraße 51 ab (siehe R 65 und dann R 64).

Fenster in der nach Teer duftenden Holzwand der Stabkirche von Lom, die ihre germanische Ursprünglichkeit (12. Jh.) bewahrt hat.

Bringsfjellet: Wer nach der Überquerung des Flußsees nicht der Reichsstraße 15 Richtung Lom folgt, sondern in entgegengesetzter Richtung ottaabwärts fährt, hat nach wenigen hundert Metern die Möglichkeit, auf einem Almweg nach rechts auf das Bringsfjellet hinaufzufahren: Dort führen unschwere Pfade zur aussichtsreichen Olashovda, 1246 m, bzw. zum Heimranden, 1134 m (Karte 1618 I). Der Almweg verzweigt sich oben; zwei verschiedene Wege führen hinab zur Reichsstraße 51.

Solsidevegen: Parallel zur Reichsstraße 15 führt am Nordufer (= Sonnenseite) des Flußsees Vågåvatnet ein Sträßchen nach Lom (empfehlenswerte Alternative zur Reichsstraße), zunächst am Strand entlang bis Sveom. Dort beginnt ein Pfad (anfangs Karrenweg) nach Nordwesten in das Tal ***Finndalen*** (Karte 1618 I). — Weitere Pfade in das Tal Finndalen ab Grøna (ca. 18 km ab Vågåmo).

Tessanden: Auf der Reichsstraße 15 ist die nächste Station gleich hinter der *Abzweigung der Reichsstraße 51* der Kraftwerksort Tessanden, wo der aus dem See Tesse austretende Fluß Tessa in die Otta bzw. den See Vågåvatnet mündet. Post, Einkehr- und Unterkunftsmöglichkeit.

Garmo: 11 km nach der Abzweigung verengt sich der See. Hier liegt die als Geburtsort des Literaturnobelpreisträgers Knut Hamsun bekannte Hausansammlung Garmo mit Post, Unterkunftsmöglichkeiten, Sägewerk und Kirche. Bei letzterer handelt es sich um einen Nachbau von 1872, da die ursprüngliche Kirche in den 1860er Jahren auf einer Auktion verkauft wurde. Diese Ur-Kirche errichtete der Bauer Torgeir Gamle, der dafür von König Olav dem Heiligen im Jahr 1021 den fischreichen See Tesse (R 105) als Geschenk erhielt. Um 1700 wurde sie umgebaut, 1859 wurde Knut Pedersen, der spätere Hamsun, darin getauft, kurz darauf wurde sie versteigert. Die in alle Täler und auf alle Höfe verstreuten Teile des unter den Hammer geratenen Gotteshauses sammelte Trond Ekkestuen und verkaufte sie an Anders Sandvig. Auf diese Weise gelangten die Kirchenteile nach Lillehammer, wo sie im Freilichtmuseum auf dem Maihaugen wieder zusammengesetzt wurden. — Östlich von Garmo führt ein Mautweg zum See Tesse hinauf. — Das Geburts-„Haus" von Knut Hamsun, **Garmostræe,** liegt direkt an der Straße und ist zu besichtigen (Sehenswürdigkeitenschild).

Lomskollen: In Garmo verläßt die Reichsstraße vorübergehend das Flußufer. Zwischen Straße und Fluß schiebt sich der bewaldete Berg Lomskollen (844 m), der auf einem Pfad von Garmo aus unschwer zu begehen ist. In Garmo zweigt auch die Uferstraße ab; sie mündet einige Kilometer weiter westlich, in der Nähe der Straßenbrücke über die Otta, wieder in die Reichsstraße 15.
Meadalen: Wo der Lomskollen auszuflachen beginnt, zweigt nach links der Mautweg R 104a Richtung Kvitingskjølen-Massiv ab (6 km bis Soleggen).

● 59 Lom (Ort, ca. 370 m)

Reichsstraße 15; Abzweigung Reichsstraße 55 (R 66).

Touristenort und Einkaufszentrum; auch im Winter geöffneter Hütten- und Campingplatz mit Motel Lom Camping (Tel. 062-11220, N-2686 Lom), aber auch die anderen Hütten- und Campingplätze haben recht lang im Jahr geöffnet.
Lom, gelegen an der Mündung des Tals Bøverdalen in das Tal Ottadalen, ist der Hauptort der Gemeinde Lom und zentraler Ausgangspunkt für Touren in die umliegenden Gebirge: Jotunheimen, Kvitingskjølen, Reinheimen, Breheimen und Lomseggi sowie ins Heimfjellet, den „Hausberg“ von Lom. Die blaue Infotafel mit allen Sehenswürdigkeiten in Lom (Stabkirche usw.) sowie den Unterkunftsmöglichkeiten und Sehenswürdigkeiten im Tal Bøverdalen und im Jotunheimen steht an der Abzweigung der Reichsstraße 55. Geführte Gletscher- und Gebirgstouren veranstaltet ***Lom Bre- og Fjellførarlag*** für Einzelpersonen und Gruppen (Tel. 062/11445 und 12578). Weitere Auskünfte: Lom Turistkontor (Tel. 062-11286).
Bei Lom verlandet der Fluß Otta zu einem schalen Sund. Schuld ist der Fluß Bøvra, der hier seine Sand- und Kiesmassen aus den Gletschern des Jotunheimen ablagert. Der auffällige Berg gegenüber der Mündung der Bøvra ist das Tronoberget (886 m).
Bøverdalen mit Reichsstraße 55: Siehe R 66.

● 59a Lomseggi (Gebirge bei Lom, bis zu 2068 m)

Karten 1618 IV und 1518 I.

Zwischen den Tälern Bøverdalen, Ottadalen und Lundadalen erhebt sich der mächtige, sehr aussichtsreiche Fjellrücken Lomseggi

„Lom-Grat“). Die markantesten Erhebungen sind Eggapiken, 1524 m, Storivilen 2068 m, Lendfjellet, 1973 m, und Moldurhøi, 2044 m.
Für den Eggapiken ganz im Nordosten signalisiert Cappelens Straßen- und Tourenkarte „aussichtsreich“, verschweigt aber, daß ein Pfad hinaufführt, vielleicht, weil er über mehrere hundert Höhenmeter hinweg steil ist. Er beginnt versteckt im Wald oberhalb des Otta-Südufers westlich der Bøvra-Mündung (mit dem Rad kurz vor der großen Kreuzung aus neben der Reichsstr. 15 auf den Fahrradweg ortsauswärts = westwärts fahren, bis links das grüne Wanderer-Schild „Lomseggi“ auftaucht; weiter das Asphaltsträßchen aufwärts, in Serpentinen und mit Fahrrad nicht unsteil).
Unschwer zu erreichen ist vom Eggapiken aus der restvergletscherte Storivilen im Südwesten; von dort unschwer weiter nach Westen zum Lendfjellet, 1973 m, in dessen Nordostkar der Gletscher Lendbreen wühlt, aus dem das Flüßchen Lenda austritt. Vom Lendfejellet weiter nach Südwesten zur Moldurhøi mit dem Gletscher Moldurbreen auf der Ostseite. — Die Hesthøi, 2021 m, im Südwesten der Moldurhøi ist von Sulheim (R 66) bzw. besser von Høydalsseter am Burmavegen (R 66) aus zu erreichen.

● 64 **Sjodalen** (Tal im Ost-Jotunheimen)
Reichsstraße 51.

Das fruchtbare, weite Strecken bewaldete Tal Sjodalen bildet die Ostgrenze des Jotunheimen. Es wird durchflossen vom Forellenfluß Sjoa, der auch an erfahrene Wildwassersportler hohe Ansprüche stellt. Er tritt im Jotunheimen aus den Høgvagltjørnene-Seen am Gletscher Høgvaglbreen aus, durchfließt den See Gjende und mündet nach 100 km im Tal Gudbrandsdalen in den Fluß Lågen. Als Sjodalen wird nur der Talbereich im Osten des Jotunheimen bezeichnet. Der untere Teilbereich heißt Heidalen (R 37). Südlich von Randsverk wendet sich die Sjoa nach Osten, durchbraust die „Rittersprungschlucht“ Riddersspranget, nimmt den Fluß Muru aus dem

Lichter Kiefernwald schmückt den Uferbereich der Sjoa unterhalb des Sjølikampen. Auf dem Waldboden sitzen helle Strauchflechten. Die Sjoa zählt zu den international bekannten Wildwasser-Strecken.

Tal Murudalen auf, knickt wieder nach Norden, nimmt in Rindseter den Fluß Rinda auf und fließt dann durch das Tal Heidalen ab. Verkehrsmäßig ist das Tal Sjodalen durch die Reichsstraße 51 erschlossen, die „im Winter“ zwischen der Herberge Bessheim Fjellstue bzw. Gjendesheim und dem Skizentrum Beito gesperrt ist; dieser im Winter gesperrte Streckenabschnitt südlich des Tals Sjodalen heißt „Valdresflyvegen“, weil er über die Hochfläche Valdresflya führt. Da die Anfahrt immer von Norden oder von Süden erfolgt, wird im folgenden der Sjodalen-Streckenabschnitt bis zum See Gjende besprochen (fast alles: Karte 1618 II), während der Valdresflya-Streckenabschnitt unter R 73 beschrieben ist.

● **64 a** **Randsverk** (Kafeteria / Camping, Herberge), 730 m
Reichsstraße 51, Abzweigung Reichsstraße 257.

Nach Norden führt von Randsverk aus die Reichsstraße 51 am See Lemonsjøen vorbei in das Tal Ottadalen (Beschreibung dieses Streckenabschnitts: R 65).

Nach Osten zweigt die Reichsstraße 257 Richtung Tal Heidalen ab (R 37); sie mündet beim Bahnhof Sjoa im Tal Gudbrandsdalen auf die E 6. Gut 4 km östlich von Randsverk zweigt von ihr der Fahrweg nach Süden in das Tal Murudalen ab, wo der Heidalsmuen, 1743 m, als höchster Gipfel zwischen Jotunheimen und Rondane ein lohnenswertes Ziel darstellt.

Nach Westen zweigt ein im Winter gesperrter Mautweg mit mehreren Verzweigungen ab (um diesen Mautweg zu erreichen, etwa 1 km von der Kafeteria Richtung Bessheim fahren und dann rechts, wo gleich der Schlagbaum; der Weg ist landschaftlich reizvoll und abwechslungsreich, die Steigungen stellen an Radelnde allerdings einige Ansprüche). Er führt 1. zum See Tesse (2 × Maut; R 103); 2. an den Anfang des renreichen Tals Smådalen (R 104); 3. zur DNT-Hütte Glitterheim, d. h. Richtung Glitterheim ist er die 24 km bis zum Schlagbaum an der Nationalparkgrenze befahrbar (R 90 a).

Randsverk Turiststasjon ist eine 1880 unter dem Namen „Jens Tronhus’ sæter“ eröffnete Herberge — jetzt mit Campingplatz und Hütten (Tel. 062-3 87 28 bzw. 062-3 87 45, N-2680 Vågåmo; geöffnet ca. 1. Juni bis 15. September; Essen) —, deren Gästebücher illustre Namen verzeichnen. Hauptattraktion sind Requisiten der „Tre i Norge“,

jener drei Briten, die um 1880 den Jotunheimen bereisten und darüber ein in Norwegen bis heute immer wieder aufgelegtes Buch veröffentlichten („Drei in Norwegen. Von zwei von ihnen").
Ausflüge direkt ab Randsverk: 1) Südöstlich von Randsverk erhebt sich aus den Wäldern die aussichtsreiche Kuppe Rindhovda mit Gipfel Ørnkampen, 1162 m; Pfad, Anstieg ca. 440 m; kleiner See im Gipfelbereich; 2) nach Norden auf die sehr aussichtsreiche Kuppe Trollhøi, 1370 m, zwischen den Seen Tesse und Lemonsjøen.

● **64 c** **Riddersspranget** („Rittersprung"), Sjoa-Schlucht
Etwa 5 km von Randsverk zeigt ein Sehenswürdigkeiten-Hinweisschild nach Osten in den Wald. Der Fahrweg führt einige hundert Meter hinunter zu einem improvisierten Parkplatz mit Herz-Häuschen und einer Anschlagtafel, die auch auf Deutsch verzeichnet, was diejenigen erwartet, die dem kurzen Pfad hinunter zum Fluß Sjoa folgen: Dort sprang Ritter Sigvat Leirhol aus Valdres mit der schönen Skårvangssole in den Armen über die Felsschlucht, durch die die Sjoa tost. Sigvat hatte die Schöne in Sandbu (stattliches Hofensemble östlich des Orts Vågåmo) geraubt, als sein Konkurrent Ivar Gjesling aus Vågå mit ihr Hochzeit halten wollte. Sigvat erschlug einige Hochzeitsgäste, entführte das Mädchen und entkam den Verfolgern, indem er über die Schlucht sprang, die heute „Riddersspranget" heißt und als so attraktiv gilt, daß sie an jedem Sommerwochenende von unzähligen Reisebussen angesteuert wird. Absperrungen sollen Waghälse davon abhalten, es dem Ritter nachzutun. Der Ritter mußte den Brautraub übrigens bezahlen: Er überließ dem Nebenbuhler den fischreichen See Heimdalsvatnet.

● **64 e** **Veolii** (Alm, 1016 m)
Ca. 5 km nach der Riddersspranget-Abzweigung zweigt vor der Reichsstraßenbrücke über den Fluß Veo ein Fahrweg in den Wald hinauf ab. Er endet 2 km weiter an der Alm Veolii oberhalb der Baumgrenze. Dort beginnt ein lohnenswerter Pfad (R 90 b) zur DNT-Hütte Glitterheim im Nationalpark Jotunheimen.

● **64 f** **Hindseter fjellstue** (Herberge mit DNT-Rabatt, 950 m)
Ausgangspunkt für konditionsmäßig fordernde Touren in das über-

Ende September im Russdalen. Der Nautgardstinden hat sich in Weiß

aus aussichtsreiche Nautgardstinden-Massiv (R 81 s) direkt im Westen.
Der Berg, der sich südlich von Hindseter jenseits des Flusses aus den Wäldern erhebt, ist der Stuttgongkampen, 1418: Fahrweg mit Brücke über den Fluß Sjoa, drüben Pfad nach Osten zum See

gehüllt, während unten auf 1000 m noch trockenes Feuerholz liegt.

Tjørnosen, 1227 m, und von diesem zum aussichtsreichen Gipfel; ca. 4 Std. auf und ab, unschwer. Hindseter (Tel. 062-38916, N-2680 Vågåmo; Campinghütten, im Winter markierte Loipen; geöffnet ca. 20. Februar bis nach Ostern sowie vom 15. Juni bis zum 15. September) war ursprünglich Almhof und Poststation.

● **64 g** **Russdalen** (Seitental des Tals Sjodalen)
Kurz vor dem Flußsee nedre Sjodalsvatnet 940 mündet von Westen das bewaldete Tal Russdalen in das Tal Sjodalen. Von der Reichsstraße 51 zweigt ein Fahrweg in dieses Tal ab. Er endet nach 800 m an einem wilden Parkplatz vor einem Zaun. Dann beginnt der aufgelassene Weg (Fahrrad nicht möglich), der längs des Flusses Russa knapp 8 km aufwärts zum See Russvatnet 1175 führt. Dieser wunderschöne See liegt bereits im Nationalpark Jotunheimen. Die Fischerhütten am Ausfluß der Russa sind Hinweis auf den Forellenreichtum dieses Sees, der sich allerdings in Privatbesitz befindet. Am Ausfluß (Hängebrücke) verläuft der markierte Pfad Gjendesheim-Glitterheim (R 81 p-r), auch ein Ausflug auf den aussichtsreichen Nautgardstinden 2258 ist möglich (R 81 r).

● **64 h** **Besstrond seter** (Herberge und Hütten, 985 m)
Wirtschaft („Kro") und Herberge mit Hüttengelände westlich der Halbinsel zwischen den Flußseen øvre Sjodalsvatnet 953 und nedre Sjodalsvatnet 940. Bootsverleih. Markierte Loipen (Tel. 062-3 89 23, N-2680 Vågåmo; geöffnet 10. Februar bis 1. Mai und 1. Juni bis 1. Oktober). Es gelten dieselben Tourenvorschläge wie für die DNT-Hütte Gjendesheim (R 81). Touren zum Nautgardstinden-Massiv können mit dem Anmarsch durch das Tal Russdalen begonnen werden (R 64 g). Außerdem zweigt ein Fahrweg in das Gebiet östlich des Flusses Sjoa ab. Er führt hinauf in das moor- und milchziegenreiche Tal Griningsdalen.

● **64 i** **Besstrondfjellet** (Berg, 1224 m, mit Kiefernstammoor)
Diese halbstündige Exkursion (Pfad) von der Herberge Besstrond seter ist interessant wegen eines Moorsees, in dem Reste von Kiefernstämmen liegen, die etwa 8000 Jahre als sind — ein Hinweis darauf, wie hoch die Waldgrenze in dieser Gegend lag, als es nach der Eiszeit viel wärmer war als heute.

● **64 j** **Bessheim Fjellstue** (Herberge, 964 m, DNT-Rabatt)
Seit Mitte des 18. Jahrhunderts von Bergtouristen benutzte Herberge am Flußsee øvre Sjodalsvatnet (953 m), ursprünglich Almhof (Tel. 062-3 89 13, N-2680 Vågåmo; Campinghütten; geöffnet

15. März bis 1. Mai sowie 1. Juni bis 25. September). An Ostern Polarhunderennen.
Für Bessheim gelten dieselben Tourenvorschläge wie für die DNT-Hütte Gjendesheim (R 81), jedoch verkürzt sich der Anmarsch für Touren in das Gebiet nördlich des Gjende-Sees (z. B. zur Kuppe Besshøi, 2258 m, sehr empfehlenswert, 7—8 Std. auf und ab, vgl. R 81 o) durch den Pfad, der von der Herberge den Fluß Bessa aufwärts zum schönen See Bessvatnet, 1373 m, führt (1 Std. zum See); vom See auch Aufstieg zum Grat Besseggen (R 81 a).

● 64 k **Maurvangen** (Hütten- und Campingplatz mit Lebensmittelladen, 960 m)

Vor Maurvangen zweigt die Stichstraße zur DNT-Hütte Gjendesheim am See Gjende ab, 2,5 km bis dorthin. Gjendesheim (R 81) ist einer der beliebtesten Ausgangspunkte für Touren in den Nationalpark Jotunheimen, doch kann auf dem Gelände von Gjendesheim nicht gezeltet werden. Der Hütten- und Campingplatz Maurvangen ist sehr gut ausgestattet (Tel. 062-38922 oder 37659; N-2680 Vågåmo; geöffnet 15. Februar bis 1. Mai sowie 20. Mai bis 1. Oktober) und eine lohnenswerte Alternative zu den verdreckten wilden Campingplätzen längs der Straße.
Für Maurvangen gelten dieselben Tourenvorschläge wie für Gjendesheim. Für Touren in die Gjende-Alpen jedoch nicht Gjendesheim als Ausgangspunkt wählen, sondern die Reichsstraße 51 ein paar hundert Meter nach Süden hinauffahren, bis der Weg zu den Hütten von Leirungsbuene nach rechts abzweigt. Für Touren zur Kuppe Besshøi, zur DNT-Hütte Glitterheim und zum Nautgardstinden-Massiv kann statt der Hütte Gjendesheim auch die Herberge Bessheim Fjellstue (R 64 j) als Ausgangspunkt genommen werden.

Abbildung folgende Doppelseite: Vom Sognefjellvegen fällt der Blick hinauf in das Tal Leirdalen. Aus dieser Perspektive läßt sich nachvollziehen, warum der abgesetzte Gipfel im Talschlußbereich den Namen Stetinden trägt („Amboßzinne“). Die spitze Doppelzinne mit der schneegefüllten Scharte rechts ist der Skagsnebb. Der Mautweg durch dieses Tal ist Anfang Juli oft noch wegen Schneeverwehungen gesperrt.

● 65 Lemonsjøen (See, 862 m)

Reichsstraße 51-Nord.

In Randen am Flußsee Vågåvatnet im Tal Ottadalen zweigt die Reichsstraße 51 von der Reichsstraße 15 nach Süden ab und führt hinauf in das Tal Sjodalen, das die Ostgrenze des Jotunheimen bildet. 20 km sind es bis Randsverk (R 64a). Nach 4,6 km ab Randen zweigt der Fahrweg zur Herberge Brimi Fjellstugu am See Tesse (R 105) ab.

Nach etwa 10 km ab Randen wird auf der Reichsstaße 51 der See Lemonsjøen erreicht. Diesen wunderschön gelegenen See trennt ein in der Trollhøi 1370 m hoher Rücken vom See Tesse.

An der Südbucht liegt die ganzjährig geöffnete Herberge Lemonsjø Fjellstue og Hyttegrend (Tel. 062-38722; N-2680 Vågåmo; auch Campinghütten, Alpinanlage). Im Winter ca. 100 km gespurte und/oder markierte Loipen ober- und unterhalb der Baumgrenze.

● 66 Bøverdalen (Tal im Nordwest-Jotunheimen)

Reichsstraße 55.

Das 53 km lange Tal Bøverdalen bildet die Nordwestgrenze des Jotunheimen. Durchflossen wird es vom Fluß Bøvra, der aus dem Gletscher Bøverbreen austritt, mehrere Seen und zwei Wasserfälle bildet und beim Ort Lom (R 59) in den Fluß Otta mündet. Die Kies-, Stein- und Schlammassen, die die Bøvra mitführt, haben die Otta in Lom zu einem schmalen Sund verlanden lassen. Die steilen Hänge des U-Tals sind bis zu einer Höhe von 1000 m bewaldet. Mit einem Gewitter pro Jahr ist das Tal Bøverdalen das gewitterärmste Gebiet Norwegens.

Die Reichsstraße 55 folgt dem Tal Bøverdalen 22 km bis zur Brücke Leira bru, führt dann 9 km durch das Tal Leirdalen, überschreitet den „Hals" Bøverkinnhalsen und trifft dann wieder auf den Fluß Bøvra; der Talbereich dort heißt allerdings nicht mehr Bøverdalen, sondern Breiseterdalen.

Vestsidevegen: Die Reichsstraße 55 folgt ab dem Ort Lom dem Südostufer des Flusses Bøvra. Auf den ersten 8 km verläuft parallel am Nordwestufer das Sträßchen Vestsidevegen. Dort liegen interessante Höfe: zuerst Andvord (sprich: anwur) mit einem ca. 250 Jahre alten Tinghaus; dann Marstein, wo der Dichter Tor Jonsson herstammt; schließlich Aukrust, wo der Dichter Aukrust lebte. Mit dem Auto ist der Vestsidevegen uninteressant, für Fahrräder ist er die Alternative zur nicht ungefährlichen Reichsstraße. An der Brücke Flå bru, wo die Reichsstraße 55 den Fluß Bøvra überquert, mündet das Sträßchen auf die Reichsstraße.

Sulheim: Knapp 3 km weiter, wo von Westen der Fluß Sula in den Fluß Bøvra mündet, liegt der Hof Sulheim mit Hütten- und Campingplatz (Tel. 062-1 21 15, N-2686 Lom; geöffnet 10. Juni bis 10. September). Blick nach Süden hinauf Richtung Galdhøpiggen.

Storivilen: Den steilen Hang hinter dem Hof Sulheim führt nördlich des Flusses Sula ein Pfad zur Alm Leikseter (900 m). Oben ist es flach und kuppig, dann mäßig ansteigend zum Storivilen, 2068 m, und anderen Gipfeln mit grandioser Aussicht; vgl. die Tour R 59a; Karte 1518 I. Zahmrenwinterweide.

Røysheim turiststasjon (Herberge, ca. 515 m): Die traditionsreiche Herberge Røysheim turiststasjon (Tel. 062-120 31, N-2686 Lom; geöffnet 20. Februar bis 1. Oktober) liegt an der Mündung des Tals Visdalen in das Tal Bøverdalen und ist fast ein kleines Freilichtmuseum. Mehrere Hofgebäude sind über 300 Jahre alt. 1858 wurde die Poststation mit Herberge für Bergtouristen eröffnet. Der damalige Besitzer Ole Halvorsen Rødsheim war der erste Fjellführer im Jotunheimen.

Mautweg Røysheim-Spiterstulen (17 km): An der Herberge Røysheim turiststasjon zweigt von der Reichsstraße 55 ein Mautweg ab, der das Tal Visdalen aufwärts zur Herberge Spiterstulen (R 91) an der Grenze des Nationalparks Jotunheimen führt; von dort sind es 4 Std. auf den Galdhøpiggen, 2469 m, den höchsten Gipfel Nordeuropas. Am Weg viele wilde Zeltmöglichkeiten.

Pfad Røysheim – Juvasshytta (5 Std.): In Røysheim beginnt der markierte Pfad zur Herberge Juvasshytta (R 92), von der aus der Galdhøpiggen in 3 Std. erstiegen werden kann (die Herberge Juvasshytta ist von der Hausansammlung Galdbygda aus auch mit dem Fahrzeug zu erreichen, siehe unten). Der Pfad führt zunächst talaufwärts durch Wald, dann steil den Talhang hinauf aufs Raudberget, 1068 m, und leicht hinab zur Herberge Raubergstulen, 1008 m. Dort beginnt der Mautweg zur Juvasshytta. An der ersten Kurve hinter Raubergstulen verläßt der Pfad den Mautweg.

Galdesand / Galdbygda (Hausansammlung): Galdbygda, kurz vor der Brücke Leira bru, ist die einzige Ansammlung von Häusern nicht nur einer Familie im Tal Bøverdalen und stellt eine Art Zentrum dieser Talschaft dar: Jugendherberge Bøverdalen Ungdomsherberge (Tel. 062-120 64, N-2687 Bøverdalen; geöffnet 20. Juni bis 10. September); Hütten- und Campingplatz Galdesand Camping (N-2687 Bøverdalen; geöffnet 10. Juni bis 5. September); Lebensmittelladen, Poststation Bøverdalen, Kirche Bøverdalen kirke aus dem Jahr 1861. Im letzten Jahrhundert gab es hier einen einzigen Hof, Galde (galde = „steiler, schwieriger Weg") ; nach ihm wurde der höchste Gipfel Nordeuropas Galdhøpiggen benannt.
Mautweg Galdbygda-Raubergstulen-Juvasshytta (13 km): Nach Osten zweigt bei der Hausansammlung Galdbygda der Fahrweg/Mautweg zur schön gelegenen Herberge Raubergstulen Turisthytte (= auch Hütten- und Campingplatz; Tel. 062-121 85, N-2686 Lom; Bootsausleihe; geöffnet 15. Juni bis 15. September) und weiter zur höchstgelegenen Herberge Nordeuropas Juvasshytta (R 92) in unmittelbarer Nähe des Galdhøpiggen ab (Galdhøpiggen von der Juvasshytta aus nur über Gletscher zu erreichen); an der Juvasshytta außerdem Sommerskizentrum. Busverkehr.
Leira bru (Brücke über die Leira): Kurz hinter Galdbygda mündet der Fluß Leira aus dem Tal Leirdalen in den Fluß Bøvra. Die Reichsstraße 55 knickt hier nicht mit dem Tal Bøverdalen nach Nordwesten, sondern folgt dem Tal Leirdalen nach Südwesten.
Gipfelgruppe Hestbrepiggane: Südlich der Brücke Leira bru zweigt von der Reichsstraße 55 ein Sträßchen nach Nordwesten ab. Es folgt dem Fluß Bøvra aufwärts, wird später Mautweg und mündet 12 km weiter in der Nähe der Herberge Jotunheimen fjellstue wieder auf die Reichsstraße. Dieses Sträßchen ist zu empfehlen für Touren in das faszinierende Gebiet der „Pferdgletschergipfel" Hestbrepiggane: Kurz hinter der Mautstelle, nach etwa 8 km ab Brücke Leira bru, zweigt ein Fahrweg nach Westen zur Alm Netoseter (800 m) ab. Von dort etwas steil über das Netoseterfjellet nach Nordnordwesten aufsteigen und dann steil nach Nordwesten zum „Hochsitz" Høgset 2103 m; auf dieser Route stellt der aus dem Gletscher Høgsetbreen austretende Fluß Geitåi ein Risiko dar. Südwestlich der Alm Netoseter überspannt eine Hängebrücke die Geitåi; gegebenenfalls diese

Hängebrücke benutzen und aufsteigen (Karte 1518 II links oben im Eck). Vom Høgset unschwer auf breitem Grat nach Westen zum (Ost-)Gipfel Hestbrepiggen 2132, der nach Westen steil zum Gletscher heimste Breen abbricht; weiter nach grob Westen auf dem an den höchsten Stellen 2160, 2112 und 2143 m hohen Grat (Karte 1518 III rechts oben im Eck).

Elveseter Turisthotell (Herberge, 700 m): Ab der Brücke Leira bru folgt die Reichsstraße 55 dem Tal Leirdalen. Zwischen dieses und das Tal Bøverdalen schiebt sich das Leiråsfjellet mit der Kuppe Geithøi 1306 als höchster Erhebung.

Nach etwa 2 km wird die Herberge Elveseter Turisthotell erreicht, ein modernes Hotel im alten Gudbrandsdals-Stil mit dicken dunklen Balken und Schnitzereien (Tel. 062-1 20 00, N-2686 Lom); Elveseter selbst ist nicht „modern", sondern war und ist eine Alm, wie der Name -seter andeutet („Flußalm", aber es gibt andere Deutungen), nur daß der Hotelbetrieb dazugekommen ist; das älteste Gebäude von Elveseter ist der Midtgard von 1640.

Pfad Elveseter – Juvasshytta (4—5 Std.): Bei Elveseter beginnt ein Weg, der durch den Wald nach Südosten in das enge Tal hinaufführt, in dem der Gletscher Storjuvbreen = Storgjuvbreen abfließt; der Weg endet vor der Zunge, die sich in den letzten Jahrzehnten zurückgezogen hat. Im Bereich der Baumgrenze zweigt vom Weg nach Osten der Pfad zur Herberge Juvasshytta (R 92) in unmittelbarer Nähe des Nationalparks Jotunheimen und des Galdhøpiggen ab (Galdhøpiggen von Juvasshytta aus nur über Gletscher zu erreichen). Er umrundet nördlich das steile Mytingsfjellet und stößt kurz vor der Herberge auf den Mautweg Raubergstulen – Juvasshytta, vorher noch Bachdurchquerung.

Mautweg zur Herberge Leirvassbu (15 km): Ab Herberge Elveseter steigt die Reichsstraße 55 mehr an. Nach ca. 7 km zweigt der Mautweg zur Herberge Leirvassbu (R 93) ab, sehr empfehlenswerter Ausgangspunkt. Beeindruckender Blick von der Reichsstraße aus hinein in das Tal Leirdalen mit dem spitzen Skagsnebb rechts und dem stumpfen Stetinden hinten.

Bøverkinnhalsen (Fjellübergang): Nach der Abzweigung des Mautwegs verläßt die Reichsstraße 55 das Flußtal der Leira und führt auf den „Hals" Bøverkinnhalsen hinauf mit den beiden Bakkebergtjørn-

Seen in knapp 1000 m Höhe. Hier oben liegt die rauchtabakfreie **Herberge Jotunheimen Fjellstue** (Tel. 062-12910 bzw. 14700, N-2686 Lom; geöffnet von 15. Februar bis 15. Oktober) mit Kafeteria. Aussicht auf die „Pferdgletschergipfel" Hestbrepiggane im Nordwesten und auf den „Dachboden" Loftet im Süden.

Ab der Jotunheimen Fjellstue ist die Reichsstraße 55 „im Winter" gesperrt, und zwar fast bis hinab in das Tal Fortundalen. Außerdem zweigt der Privatweg Burmavegen zum See Høydalsvatnet ab.

Loftet (Gipfel 2170 m): Am östlichen See auf dem Bøverkinnhalsen geht von der Reichsstraße (gegenüber der Mündung des Fahrwegs zum Almhof Bakkebergseter) ein Pfad nach Süden Richtung vesle Loftet, 1630 m, hinauf (den Abbruch westlich umgehen). Vom vesle Loftet dann aufs Loftet mit guter Aussicht.

Burmavegen (Fahrweg zur Alm Høydalsseter): Bei der Herberge Jotunheimen Fjellstue auf dem Bøverkinnhalsen zweigt das Sträßchen Burmavegen nach Norden zum See Høydalsvatnet, 905 m, ab. An der Ostbucht dieses Sees beginnt der Mautweg nach Nordosten in das kleine Bøverdalen (siehe oben unter Hestbrepiggane). Der etwa 8 km lange Burmavegen folgt dem Nordufer des Sees Høydalsvatnet und endet im Bereich der Alm Høydalsseter, die auch beherbergt und Angelscheine für die fischreichen Seen in der Umgebung verkauft.

Pfad Høydalsseter – Nørdstedalseter (5 Std., Karte 1518 III): Der unschwere, aussichtsreiche Hochflächenpfad zur DNT-Selbstbedienungshütte Nørdstedalseter (vom Ort Fortun aus auch über Mautweg zu erreichen) führt nach Westen hinauf auf Kopf P. 1227 mit Aussicht auf die „Pferdgletschergipfel" Hestbrepiggane im Norden (Aufstieg zu diesen von hier aus nur mit Gletscherausrüstung und Gletschererfahrung, 8—10 Std. Traverse und Retour); von P. 1227 sanfter Abstieg nach Westen zum Ausfluß des Sees Høyøyin und den Ausfluß durchschreiten (weiter unten Wegbrücke); nach der Durchschreitung Aufstieg auf dem Rücken Geitryggen (letzter = höchster Kopf P. 1412 m), dessen Südflanke in eine karartige Senke hinabfällt; links vorn Blick auf den Gletscher Liabreen, links im Süden auf Fannaråken und die Hurrungane-Zinnen. Von Kopf 1412 sanfter Abstieg nach Westen und bald Südwesten mit dem Stausee øvre Grønevatnet (1313 m — 1333 m) als Orientierungspunkt. Vom

Stausee nach Südwesten in das Tal Vetledalen und diesem abwärts folgen zur Hütte, das letzte Stück auf einem Fahrweg.
Bøvertun Turiststasjon (Herberge, 950 m): Die Herberge Bøvertun (Tel. 062-129 21, N-2686 Lom; geöffnet 20. Juni bis 10. August), seit 1863 von Bergtouristen benutzt, liegt an der Westbucht des Sees Bøvertunvatnet (937 m) am Fuß des wegen seines Pflanzenreichtums am Seeufer bekannten Bergs Høyrokampen (1440 m).
Kalksteingrottenpfad in das Tal Dumdalen: Ausgangspunkt Bøvertun Turiststasjon, wo auch Führung bereitsteht; siehe R 95 c.
Pfad Bøvertun – Nørdstedalseter (6 Std., Karte 1518 III): Sehr aussichtsreiche Hochflächenwanderung zur DNT-Selbstbedienungshütte Nørdstedalseter. Nach Westen etwas steil den Hang hinauf und durch die kartalartige Höhlung Bøvertunholet auf die Hochfläche Høyfjellet hinauf. Nun immer etwa gleichbleibend auf 1300 m Höhe nach Westen, vorbei an zahllosen Pfützen und Tümpeln, hoch an der Nordbucht des großen Stausees Storevatnet vorbei und noch einmal aufwärts auf den breiten Rücken zwischen dem Stausee und dem Gletschersee Liabrevatnet. Zur hervorragenden Aussicht auf diesem Rücken vergleiche die Routenbeschreibung R 95 b, wo auch der Rest der Route beschrieben ist.

● 67 Sognefjellvegen

Reichsstraße 55 im West-Jotunheimen.

Eine der beeindruckendsten Hochgebirgsstrecken Skandinaviens; Paßhöhe 1440 m, im Winter gesperrt; Beschreibung des Streckenabschnitts einschließlich Touren siehe R 95.
Mautweg Turtagrø – Øvre Årdal (32 km): Bei der Herberge Turtagrø (R 97) am westlichen (= unteren) Ende des Sognefjellvegen zweigt von der Reichsstraße 55 der aussichtsreiche Fahrweg nach Süden zum Aluminiumort Øvre Årdal ab. Dieser im Winter nicht geräumte, kurvige Mautweg, den Wohnwagengespanne nicht nutzen sollen und der eine Paßhöhe von 1315 m erreicht, ist die einzige Straßenverbindung zwischen West- und Süd-Jotunheimen. Blick auf die Zinnen der Hurrungane (R 97) und auf den Gletscher Jostedalsbreen. Viele wilde Zeltmöglichkeiten.
Turtagrø – Fortun (11 km): Die Reichsstraße 55 führt von der Herberge Turtagrø (884 m) hinab in das tiefe, enge Tal Bergsdalen zum

Ort Fortun. Dieser Abschnitt der Reichsstraße 55 wurde wie der Sognefjellvegen im Jahr 1938 eröffnet und wird mit seinen elf Haarnadelkurven von vielen als Attraktion empfunden (Aussichtspunkte in Kurven).

Fortunsdalen (Tal): Der Ort Fortun liegt im unteren Bereich des Tals Fortunsdalen. Talaufwärts nach Norden führt ein 26 km langer Fahrweg zur DNT-Selbstbedienungshütte Nørdstedalseter, 937 m, im östlichen Breheimen (vgl. R 95 b).

Fortun – Skjolden (12 km): Talabwärts führt die Reichsstraße 55 zum Ort Skjolden am Fjord Lustrafjord. Ausgangspunkt für Touren im Wander- und Gletschergebiet Breheimen. Empfehlenswert Abstecher von Skjolden zum Jostedalsbreen, dem größten Gletscher Festlandeuropas: In Skjolden auf der Reichsstraße 55 bleiben (am westlichen Fjordufer) und 26 km bis zur Abzweigung am Ort Gaupne fahren; ab Gaupne auf der Reichsstraße 604 ca. 30 km zum Gletscher Nigardsbreen, einem Arm des Jostedalsbreen.

● 70 Øvre Årdal (Ort, ca. Meereshöhe)

Reichsstraße 53.

Der an einem Ausläufer des Sognefjords zwischen bis zu 1300 m hohen, steilen Fjellkuppen liegende Ort Øvre Årdal (Geschäfte, Unterkünfte, Post, Sparebank) ist berühmt-berüchtigt wegen des unterirdischen Wasserkraftwerks und des Aluminiumwerks A/S Årdal og Sunndal Verk, nach dessen giftigen Gasen die Stadt riecht. Die Gase ziehen hinauf ins Fjell und vernichten die ohnehin spärliche Vegetation. Øvre Årdal ist der Hauptort der Gemeinde Årdal, deren Einwohnerschaft sich in den letzten 45 Jahren dank Kraftwerk fast verdreifacht hat: von 2182 Menschen im Jahr 1946 auf 6330 im Jahr 1988 (im Jahr 1801 waren es noch 823). Die meisten wohnen im Gebiet der auf ihre Elektrolysehallen so stolzen Stadt.

Nach Norden führt ein Fahrweg in das empfehlenswerte Tal Utladalen hinein (R 71). Im Süden der Stadt führt eine Serpentinenstraße in die Nähe des Toppen, 1089 m, eines Vorgipfels der Heirsnosi, 1348 m. Dieser Weg war bis 1957 die einzige Straßenverbindung zwischen Øvre Årdal und dem See Tyin. Diese Funktion hat die Reichsstraße 53 übernommen, die durch die Täler Moa- und Tyedalen nach Osten führt.

Øvre Årdal – Stadt zwischen Fjord und Felswänden.

● 71 Utladalen (Tal im Südwest-Jotunheimen)

Karte 1517 IV.

Im Aluminiumort Øvre Årdal (R 70) zweigt ein Fahrweg von der Reichsstraße 53 nach Norden bzw. Nordosten in das Tal Utladalen ab. Dieses vom Fluß Utla durchflossene, enge Tal trennt Ost- von West-Jotunheimen. Im Westen ragen die Hurrungane-Spitzen aus den Gletschern, im Osten ist die Landschaft weniger steil.
Das Tal gehört nicht zum Nationalpark Jotunheimen, ist jedoch als Landschaftsschutzgebiet ausgewiesen: Es gelten dieselben Schutzbestimmungen wie im Nationalpark, doch dürfen die Bauern Vieh weiden lassen. Der Autoweg endet 8 km ab Øvre Årdal in **Hjelle** (107 m) an der Grenze des geschützten Gebiets.

Hier besteht die Möglichkeit, durch das Tal Utladalen zum Wasserfall ***Vettisfossen*** zu gehen (R 103a); ein empfehlenswerter Umweg zu diesem höchsten Wasserfall Norwegens führt über die unbewirtschaftete Hütte Fremre Hjelledalen (R 103b). Ferner besteht die Möglichkeit, ab Hjelle zur unbewirtschafteten Hütte Stølsmaradalen aufzusteigen (R 98).

● 72 Moadalen – Tyedalen (Täler im Südwest-Jotunheimen)

Reichsstraße 53.

Vom Aluminimort Øvre Årdal (R 70) in Meereshöhe führt die Reichsstraße 53 nach Osten hinauf (mehrere Tunnels auf der ganzen Strecke, anfangs Serpentinen) durch die Täler Moadalen und Tyedalen und erreicht nach 24 km die Staudammsiedlung Tyinosen am Ausfluß des regulierten Sees Tyin (1073 m – 1083 m) an der Grenze der Provinzen Sogn og Fjordane und Oppland (hier mit 1117 m höchster Punkt der Straße). Die beiden Täler und die umliegenden Wasser wurden von der Kraftwerkindustrie neugestaltet: Flüsse sind umgeleitet und trockengelegt oder in Röhren und Tunnels verlegt, die Seen sind aufgestaut und durch gigantische Turbinenröhrensysteme (Fallhöhen bis zu 1008 m) miteinander verbunden usw.

● 72 a Torolmen – Fremre Hjelledalen (unbewirtschaftete Hütte, 763 m)

Unschwer, 5 Std., Anstieg ca. 200 m.

Karte 1517 IV.

Nach 16 km ab dem Aluminiumort Øvre Årdal erreicht die Reichsstraße 53 den Stausee Torolmen (ca. 1050 m). Hier führt von der Reichsstraße ein Fahrweg nach Nordwesten ins Fjell hinauf. Nach ca. 2 km auf diesem Fahrweg beginnt der Pfad zur unbewirtschafteten Hütte Fremre Hjelledalen (R 103b); sie gehört dem Bergwanderverein Årdal Turlag und ist mit dem DNT-Universalschlüssel zugänglich.

Die Wanderung auf diesem markierten Pfad ist wegen der guten Aussicht empfehlenswert. Anfangs sind drei Stauseen zu passieren, wobei der dritte, das Kyrkjevatnet (1342 m – 1352 m), ein markantes Beispiel für das Hand-in-Hand von Gesetzgebung und Industrie ist:

Der Staudamm ist der einzige Teil dieses Sees, der nicht mehr zum Schutzgebiet gehört. Der Pfad führt direkt am Staudamm vorbei, umrundet die Westbucht des Sees und führt dann nach Norden auf den Rücken mit großartiger Aussicht.
Beim ***Abstieg*** zur Hütte im Tal Hjelledalen entweder auf dem markierten Pfad bleiben und den Fluß Hjelledøla durchschreiten; oder von oben frei zur Hütte absteigen und auf der Hängebrücke über den Fluß.

● **72 b** **Sletterust – Slettningsbu** (DNT-Selbstbedienungshütte, 1315 m)
Unschwer, 3 Std., Anstieg ca. 270 m.
Karten 1517 IV und 1517 II.

Vor der Westbucht des Stausees Torolmen von der Reichsstraße 53 nach Süden abbiegen, den Fluß Tya auf der Brücke überqueren, zu den Häusern von Sletterust fahren und südlich der Staumauer parken. Dort beginnt der markierte Pfad zur DNT-Selbstbedienungshütte Slettningsbu.

● **72 c** **Tyin** (Stausee im Süden des Jotunheimen, 1073 m – 1083 m)
Reichsstraße 53.

Ab der Staudammsiedlung Tyinosen (R 72) folgt die Reichsstraße 53 dem Südwestufer des großen Stausees Tyin nach Süden. In Tyinstølen (Unterkunft) zweigt nach Westen der Pfad zur DNT-Selbstbedienungshütte Slettningsbu (1315 m) ab (2 Std.). 9½ km ab Tyinosen wird an der Südbucht des Sees das Hotel Tyin Høyfjellshotell (1989 abgebrannt) erreicht. Hier führt die Reichsstraße 53 nach Süden und mündet nach 4 km in Serpentinen auf die Europastraße 68 beim Alpinskizentrum Hugostua (Unterkunft). Von dort sind es auf der Europastraße 75 km bis zum Städtchen Fagernes (R 73 a).

● **72 d** **Tyin – Tyinholmen – Eidsbugarden** (Unterkunft), 23 km

Von Tyin (R 72 c) an der Südbucht des gleichnamigen Stausees (Brücken) führt ein im Winter nicht geräumtes, aussichtsreiches Sträßchen am Ostufer nach Norden. Nach 19 km wird an der Nord-

Blick vom Valdresflyvegen auf die Vinstri-Seen Ende September. Auf

ostbucht des Sees die gute Wirtschaft und teure Herberge Tyinholmen (R 85) erreicht. Von dort sind es 4 km nach Eidsbugarden (R 84) mit Schiffsanlegestelle am Stausee Bygdin. Der Weg, der von der Herberge Tyinholmen bis zum Fuß des Gipfels Falketind führt, ist sehr gut mit dem Rad befahrbar, wenn es die Schneeverhältnisse erlauben.

der Valdresflya sind bis weit in den Juni Skitouren möglich.

● 73 **Valdresflya** (Hochfläche)

Reichsstraße 51 „Valdresflyvegen“.

Valdresflya ist die weite Hochfläche, in die der Jotunheimen im Südosten ausflacht. Sie ist verkehrsmäßig erschlossen durch die im Winter zwischen dem Skizentrum Beito und der Herberge Bessheim Fjellstue gesperrte Reichsstraße 51 „Valdresflyvegen“.

• 73 a Fagernes (Städtchen, ca. 360 m)
Europastraße 68, Abzweigung Reichsstraße 51 Valdresflyvegen.

Das 2000-Einwohner-Städtchen Fagernes ist Zentrum der Gemeinde Valdres und das südliche „Einfallstor zum Jotunheimen". Hier ist die Endstation des Valdresbanen, der Zugverbindung zwischen Oslo und Fagernes (210 km; 4½ Std.). 1987 wurde ein Flugplatz eröffnet, auf dem Großraumjets landen können. Der seither hochverschuldete Ort lebt u. a. vom Fremdenverkehr und verfügt über ein entsprechendes Angebot an Hotels, Geschäften usw. Mit dem Bus sind es von Fagernes zur DNT-Hütte Gjendesheim (R 81) am See Gjende ca. 1½ Std. Der Bus fährt weiter über Randsverk (R 64 a) und Vågåmo (R 57) nach Otta (R 38).

In Fagernes mündet die aussichtsreiche, im Winter gesperrte Paßstraße „Vestfjellvegen", die von vestre Gausdal / Forset über das Gausdal Vestfjell führt (vorbei am Urwald-Nationalpark Ormtjernkampen), auf die Reichsstraße 68.

• 73 b Fagernes — Beitostølen
Reichsstraße 51, 37 km.

Dieser Streckenabschnitt führt aufwärts durch bewaldetes, besiedeltes, durch kleine und kleinste Sträßchen verkehrsmäßig erschlossenes Gebiet.

Heggenes (Abzweigung zur Hütte Storeskag): 21 km ab Fagernes liegt am See Heggefjorden (488 m) die Haus- und Hotelansammlung Heggenes. Hier zweigt nach rechts ein kurzes Sträßchen nach Rudøle ab; dort beginnt ein Mautweg, der zur DNT-Selbstbedienungshütte Storeskag (1122 m) südöstlich der Seenkette Vinstri führt; von dieser Hütte aus ist unschwer zu begehen der aussichtsreiche Gipfel Skaget, 1686 m (Karte 1617 I).

Hegge stavkirke (Stabkirche): Kurz hinter Heggenes steht die Stabkirche von Hegge, im Jahr 1327 erstmals erwähnt, aber älter; umgebaut im 19. Jahrhundert. Geöffnet 14. Juni bis 1. September mit täglichen Führungen von 11.00 bis 18.00 Uhr.

Skammestein (Spar-50-km-Abzweigung): 30 km ab Fagernes und 7 km vor Beitostølen zweigt ein Sträßchen nach links zur E 68 ab; wer von Norden kommt und nach Südwest-Jotunheimen will (Tyin,

Utladalen, Hurrungane, Sognefjellvegen usw.), kann hier 50 bis 60 km sparen, wenn er dieses 15 km lange Sträßchen nimmt (und somit die Stadt Fagernes vermeidet).
Beitostølen (Wintersportgebiet): Nach 37 km ab Fagernes wird im Bereich der Baumgrenze das Alpinski- und Behindertensportzentrum Beitostølen (ca. 900 m) erreicht, der am besten ausgebaute und meistbesuchte Wintersportort von Valdres: vier Skilifte und über 100 km markierter und zum Teil maschinell gespurter Loipen unterhalb und oberhalb der Baumgrenze. Über den Verlauf der Loipen informiert die Loipenkarte „Beito" (1 : 50 000). Wintersportlicher Höhepunkt ist das „Ridderrennet". Jede Menge Unterkünfte (auch Hütten), fast alle ganzjährig geöffnet. Sehr gut bestücktes, großes Sportgeschäft, wohl das beste im Jotunheimen.
Loipe Beitostølen-Bygdin: „Im Winter" ist die Reichsstraße 51 ab dem Ortsausgang gesperrt. Skiläufer, die zum Jotunheimen wollen, lassen sich mit dem Lift Olaheisen zur Bergstation transportieren, folgen der Loipe Blau I Richtung See Olevatnet und zweigen nach 1,6 km auf die mit roten Stangen markierte Loipe ab, die am Westufer des Sees Olevatnet vorbei und hinauf zur regulierten Seenkette Vinstri (ca. 1030 m) führt (6 km bis dorthin ab Bergstation Olaheisen). Dort zweigt eine ebenfalls rot markierte Loipe ab, die nach Westen zur Herberge Bygdin Høyfjellshotell (R 86) am Stausee Bygdin führt (8,4 km ab der Abzweigung). Von dort weiter nach Gjendesheim.

• 73 c Beitostølen — Bygdin (Reichsstraße 51), 14 km.
Dieser „im Winter" gesperrte Streckenabschnitt führt auf die baumlose Hochfläche Valdresflya hinauf. Im Bereich des steil zur Straße abbrechenden Aussichtsgipfels Bitihorn (1607 m) erreicht die Straße eine Paßhöhe von 1166 m und führt dann sanft hinab zur Herberge Bygdin Høyfjellshotell (R 86) zwischen dem Stausee Bygdin (ca. 1050 m) und der Stauseenkette Vinstri (ca. 1030 m). An der Herberge zweigt ein für den öffentlichen Verkehr gesperrter Fahrweg nach Westen zur Pension Bygdisheim ab (gut mit Fahrrad). Die ebenfalls am See Bygdin gelegenen Herbergen Torfinnsbu (R 88) und Eidsbugarden (R 84) sind während der Sommersaison mit dem Motorboot „M/S Bitihorn" zu erreichen.

Jotunheimvegen: Etwas nördlich der Herberge Bygdin Høyfjellshotell zweigt von der Reichsstraße 51 der Mautweg Jotunheimvegen nach Osten ab (beschrieben R 34 e). Er folgt dem Norduferbereich der Seenkette Vinstri und mündet nach 52 km auf die Reichsstraße 255 im oberen Bereich des Tals Vinstradalen.

● 73 d Bygdin – Maurvangen
Reichsstraße 51, 19 km.

Mit weiter Aussicht führt die hier oft noch Anfang Juli von wandhohen Kanten aus geräumtem Schnee flankierte Reichsstraße 51 über die Hochfläche Valdresflya, auf der hin und wieder Rens zu sehen sind, und erreicht nach 7 km die Jugendherberge Valdresflya Ungdomsherberge (R 89), empfehlenswerter Ausgangspunkt für die Tour über den Höhenzug Kalvehøgdi (im Westen). In diesem Gebiet lassen sich bis weit in den Juni hinein Skitouren unternehmen.
Dann geht es hinab zum Hütten- und Campingplatz Maurvangen (R 64 k). Dort zweigt nach Westen der Fahrweg zur DNT-Hütte Gjendesheim (R 81) am See Gjende ab.
Streckenbeschreibung Reichsstraße 51 Maurvangen-Randsverk siehe R 64.

Gipfel, Grate, Hütten

Dieser Teil beschreibt Touren aller Schwierigkeitsgrade in den Nationalparks Jotunheimen und Rondane. Ausgangspunkte sind dabei Hütten und Herbergen, die als typische Wanderunterkünfte einzustufen sind, also nicht Hotels in Dichtorten oder Pensionen am Rand der beschriebenen Gebiete.

● 80 Jotunheimen-Gebietsübersicht

Utladalen: Das von Süden heraufführende Tal Utladalen teilt den Nationalpark Jotunheimen in zwei ungleich große Teile: das Hauptgebiet im Osten und Nordosten von einem relativ kleinen Westteil (viel Niederschlag), der unter dem Namen Hurrungane bekannt ist. Ein schmaler Nationalparkstreifen nördlich des Tals Utladalen verbindet die beiden Gebiete. In diesem schmalen Streifen erheben sich Fannaråken und Smørstabbtindane, die ebenfalls zum niederschlagsreichen Westen zählen. Vom Tal Utladalen aus sind beide Hauptteile und der Korridor zu erreichen.
In den pfadlosen Tälern, die von Westen meist als Hängetäler mit einer steilen Stufe in das Tal Utladalen münden, läßt sich in der Regel gut zelten. Die Täler, die von Osten in das Tal Utladalen münden, sind hingegen fast alle durch T-Pfade erschlossen.
Hurrungane (Westen): Im „spitzen“ Hurrungane-Gebiet überwiegen die Klettergipfel. Aus der Gruppe Skagastølstindane ragt der dritthöchste Gipfel Nordeuropas auf, der Storen, 2403 m.
Fannaråken (Westen): Den Hurrungane-Zinnen und -Gletschern ist im Nordosten der Fannaråken, 2068 m, vorgelagert, auf den außer der Gletscherroute von zwei Seiten steile T-Pfade führen und auf dem eine Unterkunftshütte steht. Fannaråken kann als das ästhetisch faszinierendste Erlebnis im Jotunheimen empfunden werden. Wolken, Schnee und Regen pflegen diese Schönheit allerdings meist zu verschleiern (Westlage).
Smørstabbtindane (Westen): Nordöstlich des Fannaråken erhebt sich zwischen mehreren durch Pfade oder Fahrwege erschlossenen Tälern ein Ensemble von Gletschern, Kuppen und Zinnen, deren bekannteste die Gruppe Smørstabbtindane mit dem Storebjørn,

2222 m, ist. Es handelt sich um ein vielbesuchtes, aber bis weit in den Sommer hinein schneebedecktes Gebiet, in dem von den Herbergen aus Gletscherführungen und -kurse veranstaltet werden und in dem Touren aller Schwierigkeitsgrade möglich sind.

Gjende-Alpen (Südosten): Der fjordähnliche See Gjende teilt Ost-Jotunheimen in ein nördliches und ein südliches Gebiet. Im Südteil, zwischen den Seen Gjende und Bygdin, erheben sich die Gjende-Alpen, ein Paradies für Gipfel- und Gratwanderungen aller Schwierigkeitsgrade, am besten mit Zelt als Ausgangspunkt. Höchste Erhebung ist die Zinne store Knutsholstinden, 2341 m. Durchzogen werden die Gjende-Alpen vom Tal Leirungsdalen, durch das ein markierter Pfad führt.

Nautgardstinden / Kvitingskjølen (Nordosten): Kuppen prägen das meist unschwere Gebiet nördlich des Sees Gjende mit dem berühmten Grat Besseggen, der mächtigen Kuppe Besshøi, 2258 m, und dem überaus aussichtsreichen Nautgardstinden-Massiv, 2258 m. Nördlich an dieses Gebiet, getrennt durch das fruchtbare und renreiche Flußtal Smådalen, schließt sich außerhalb des Nationalparks der Kvitingskjølen an, ein bis zu 2064 m hohes Massiv, das zu Fuß oder auf Ski ebenso unschwer zu begehen ist wie der Nautgardstinden, aber zusätzlich fast völlige Einsamkeit bietet, obwohl direkt im Osten der touristisch erschlossene See Tesse liegt.

Memurutindane (Zentrum): Hohe Gipfelgruppen umstehen die Gletscher nordwestlich des Sees Gjende. Diese wilde Gegend ist ohne Gletscherwanderung am raschesten zu erreichen durch das Tal Memurudalen, in dessen oberem Teil sich zelten läßt. Die per Pfad erreichbare Surtningssui, 2368 m, zählt zu den schönsten Aussichtsgipfeln des Jotunheimen.

Einen Besseggen-ähnlichen, nicht anspruchsvollen „Renner" weist der Süden dieses Gebiets auf: Die aussichtsreiche Pfadwanderung von der Herberge Memurubu über die Bergzunge Memurutunga zur DNT-Hütte Gjendebu.

Glittertind (Norden): Nördlich des zerschrundenen Memurutindane-Gebiets erhebt sich der Glittertind, ca. 2464 m, der zweithöchste Gipfel Skandinaviens. In seiner Umgebung lassen sich sehr schöne Touren aller Schwierigkeitsgrade durchführen, von der Hütte oder vom Zelt aus.

Galdhøpiggen (Nordwesten): Von Norden her durchschneidet das Tal Visdalen fast 30 km lang das Gebirge und trennt die beiden höchsten Fjelltrakte. Im Osten des Tals erhebt sich der Glittertind, im Westen und Südwesten erstreckt sich ein Gipfel- und Gletschermeer, in das ein einziger Pfad führt: Auf ihm gehen Rüstige und quälen sich weniger Rüstige zum Galdhøpiggen, 2469 m, dem höchsten Gipfel Nordeuropas. Dementsprechend überlaufen ist diese Route in der Hochsaison, wenn die Busse im Tal Visdalen Reisegesellschaften und Schulklassen ausspucken. Ansonsten ist dieses Gebiet nur geübten Fjell- und Gletscherwanderern zugänglich. Von keiner anderen Herberge als von Spiterstulen aus lassen sich so viele Gipfel besteigen, die höher als 2300 m sind.
Ura-/Raudalen (Süden-Zentrum): Zwischen dem Tal Utladalen im Westen und den Seen Tyin, Bygdin und Gjende im Osten erstreckt sich ein auf Pfaden in den Tälern gut zugängliches, landschaftlich großartiges Gebiet mit Gipfeln, Gletschern und Graten sowie unschweren Kuppen und breiten, aussichtsreichen Rücken zwischen den Tälern. Die bekanntesten, aber nicht höchsten Zinnen sind Falketind, 2067 m, und Uranostinden, 2157 m. Im Zentrum dieses Gebietes liegt die Hütte Olavsbu, die im Winter und Sommer meistbenutzte Selbstbedienungshütte des DKT im Jotunheimen.

● 80 a Jotunheimen – Ausgangspunkte

Der Jotunheimen wird von den im Winter gesperrten Reichsstraßen 51 (Osten) und 55 (Westen) sowie der wintersicheren Reichsstraße 15 (Norden) auf drei Seiten umschlossen. Von der weiter südlich verlaufenden, wintersicheren Europastraße 68 zweigt die im Winter gesperrte Reichsstraße 53 Richtung Tyinholmen am See Tyin bzw. Eidsbugarden am See Bygdin ab. Hinzu kommen im Sommer die Motorbootverbindungen Gjendesheim – Memurubu – Gjendebu auf dem See Gjende sowie Bygdin – Torfinnsbu – Eidsbugarden auf dem See Bygdin.

In der folgenden Liste sind die Ausgangspunkte, von denen aus Touren gesondert beschrieben werden, mit einem * gekennzeichnet; ein – hinter dem Namen bedeutet „kein Straßen-/Mautweganschluß“:

Hütten als Ausgangspunkte im Jotunheimen

Lage	Ausgangspunkt	Höhe m	Beschreibung
Smørstabbtindane	*Leirvassbu	1405	R 93
(= West)	*Krossbu	1267	R 95
	*Sognefjellhytta	1410	R 95
Fannaråken/	*Krossbu	1267	R 95
Hurrungane	*Sognefjellhytta	1410	R 95
(= West)	*Turtagrø	884	R 97
	*Fannaråkhytta –	2069	R 100
	*Skagastølsbu –	1756	R 101
	*Stølsmaradalen –	849	R 98
Utladalen	*Skogadalsbøen –	831	R 99
(= Südwest)	Vetti –	240	R 103 a
	*Vettismorki –	683	R 103
	Fremre Hjelledalen –	763	R 103 b
	*Vormeli –	612	R 102
	*Stølsmaradalen –	849	R 98
Ura-/Raudalen	*Eidsbugarden	1062	R 84
(= Süd-Zentrum)	*Tyinholmen	1080	R 85
	*Gjendebu –	990	R 83
	*Olavsbu –	1440	R 94
	Fremre Hjelledalen –	763	R 103 b
	*Vettismorki –	683	R 103
	*Skogadalsbøen –	831	R 99
	*Leirvassbu	1405	R 93
Gjende-Alpen	*Gjendesheim	995	R 81
(= Südost)	*Gjendebu –	990	R 83
	*Torfinnsbu –	1060	R 88
	*Bygdin Høyfjellshotell	1065	R 86
	Valdresflya UH	1386	R 89
Nautgardstinden	*Gjendesheim	995	R 81
(= Nordost)	*Glitterheim –	1384	R 90
	Maurvangen	960	R 64 k
	Bessheim Fjellstue	964	R 64 j

	Besstrond Seter	985	R 64h
	Hindseter Fjellstue	950	R 64f
	Randsverk	730	R 64a
	Lemonsjø Fjellstue	870	R 65
Memurutindane	*Memurubu –	1008	R 82
(= Zentrum/Nord)	*Gjendebu –	990	R 83
Glittertind	*Glitterheim –	1384	R 90
(= Nord)	*Spiterstulen	1106	R 91
Galdhøpiggen	*Spiterstulen	1106	R 91
(= Nordwest)	*Juvasshytta	1841	R 92
Kvitingskjølen	Brimi Fjellstugu	880	R 105a
(= Nord)	Soleggen Fjellstugu	970	R 104

● 81 Gjendesheim (bewirtschaftete DNT-Hütte, 995 m)

Ost-Jotunheimen am See Gjende; an der Reichsstraße 51 (Wintersperrung). Karte 1617 IV.

143-Betten-Herberge (Tel. 062-3 89 10, N-2684 Gjendesheim); geöffnet ca. Anfang/Mitte Juni bis Ende September sowie ca. Ende Februar bis Ostern; Parkplatz, Schiffsanlegestelle, Bootsverleih, Angeln; keine Selbstbedienungsquartiere, kein Zelten (nächster Hütten- und Campingplatz ist Maurvangen R 64k; außerdem halbwilder Zeltplatz auf zwei großen Wiesen zwischen Gjendesheim und Maurvangen neben der Straße).

Bushaltestelle an der Linie Otta – Gol, die nicht das ganze Jahr über befahren wird; Abfahrtszeit Richtung Fagernes (Bahnhof) via Valdresflya Ungdomsherberge und Bygdin: 15.20 Uhr (knapp 2 Std. Fahrzeit); Abfahrt Richtung Otta (Bahnhof) via Maurvangen, Bessheim, Hindseter, Randsverk, Vågåmo: 14.50 Uhr (2½ Std. Fahrzeit).

Wintersport nordisch: Markierte Tourenloipen Gjendesheim-Glitterheim, Gjendesheim-Memurubu, Gjendesheim-Oskampen (Gausdal Vestfjell), Gjendesheim-Bygdin (dort Anschluß an das Ski-

austre Memurubreen
Memuru-
tindane
Memurubre
Reinstind
Reinstind-
vatnet
Surtningssubekken
Surtningssua
oksla
Blackw
Rau-
hamrane
VÅGÅ
LOM
øvre Russglop
Glopåa
Hesttjørna
Hestbekken
Muru
Memurudalen
Hinnotebekken
Sjugurdtind
tjørna
Sjugurdtind
Lågtunge-
tjørna
Lågtunga
Grunnevatnet
Memurutunga
Høgtunge-
tjørna
Høgtunga
Langtjørna
Bukke-
lægret
LANGMORKI S.A.
Gjendebu
Veslådalen
Svartdalsoksla
Langedalen
Skarvfly-
tindane
Skarvfly-
breen
store
Knutsholstind
rådalshø
ndestunga
dalen

Russvatnet
Sundodden
1869
Kollhøene
1925
Bessfjellet
1787
Bukkehø
Grjotåa
Besstrondfjellet
Bessheim-
1521
Rundhø
Besstjørnene
1357
Besshøbreen
Bessvatnet
Bessa
2258
Besshø
1373
Veslefjellet
Bjørnbøltjørna
1475
1743
Veslløyfti
Bandet
Besseggen
1140
Gjendehalsen
Bjørnbølet
Hamnhammaren
Gjendesheim
GJENDE
Leirungsbua
Leirungsholet
Gjendeshø
1257
Sjoa
Mågåhølen
Vesleløyfttind
øvre Leirungen
1033
Knutshø
1517
Leirungsbuene
983
nedre Leirungen
Leirungsdalen
Leirungsåa
Bukkehammaren
1910
1899
Kvassryggen
Bukkehammartjørna
1594
Varga
nordre Brurskarknappen
1464
2071
Semmellægret
Semmelhø
1302
12
Høgdebrotet
2226
Steinflya
1309
Leirungsmyrene
Steinflybekken
Steinflybreane
søre Brurskarknappen
1458
JOTUNHEIMEN N.P.
Svarthammarbua
Tjørnholsbekken
Flybekken
Rauhamrane

gebiet Beitostølen R 73bc). Abfahrtsgebiete: Nautgardstinden (2258 m, besser von Glitterheim aus, Glitterheim aber nur kurz an Ostern geöffnet), Hochfläche Steinflyi im Tal Leirungsdalen (R 81 l).
Bootsverkehr: Von ca. Anfang Juli bis ca. Ende August verkehrt das Motorboot „M / S Gjende" zwischen Gjendesheim, der Herberge Memurubu (R 82) und der DNT-Hütte Gjendebu (R 83); Möglichkeit der bloßen Gepäckbeförderung. Abfahrtszeiten in der Hauptsaison: täglich 7.00, 9.55 (nur bis Memurubu) und 11.30 Uhr sowie freitags und samstags auch 16.00 Uhr. Bis Memurubu dauert die Fahrt 35 Min., bis Gjendebu noch einmal dieselbe Zeit.

Der See Gjende, 984 m, – „der Stock", „der Gerade" – wird oft als der schönste See im Jotunheimen bezeichnet. Auf den ersten Blick wirkt er wie ein Fjord: über 18 km lang, schmal (nur gut 1 km breit), von hohen Flanken, Steilhängen und Wänden eingefaßt. Die Gletschertrübe weist jedoch darauf hin, daß es sich um einen Binnensee mit frischem, kaltem Süßwasser handelt. Die glazial übertiefte Senke, in der er liegt, ist bis zu 149 m tief. Im Uferbereich wachsen stellenweise seltene Blumen. Die Pflanzen finden windgeschützte, sonnige Stellen, die von den Hängen rieselnden Bäche sorgen für Wasser. Wenn kalte Fallwinde von Westen durch die Senke jagen und die Wellen an der Ostbucht hochpeitschen, kann der See ungemütlich wirken.
Bauern und Fischer aus Vågå sowie viele andere kämpften seit den 20er Jahren gegen die Pläne, den See nach den Vorstellungen der E-Industrie neu zu gestalten. Nun liegt er mit Ausnahme der Ostbucht im Nationalpark und ist geschützt.
An der Ostbucht steht seit 1878 Gjendesheim, eines der größten und bestbesuchten DNT-Berghotels. Das älteste Gebäude ist weiterhin in Gebrauch, Touristen logieren in dem 1934 eröffneten und 1976 modernisierten Bau. Neben dem Gelände der DNT-Hütte liegt der große, während der Saison bewachte und gebührenpflichtige Parkplatz Gjendeosen. Hier legt das Motorschiff an, das in der Sommerhauptsaison Gjendesheim mit der Herberge Memurubu und der bewirtschafteten DNT-Hütte Gjendebu verbindet (bei großem Andrang während der Hauptsaison passen nicht alle Wartenden aufs Schiff).

Bergziele ab Hütte Gjendesheim (995 m)

Zielname	Höhe m	Pfad	Grad	Beschreibung
Tjørnholstinden	2330	nein	anspruchsvoll	R 81 k
østre Leirungstinden	2288	"	"	R 81 n
Besshøi	2258	"	"	R 81 o
Nautgardstinden	2258	"	"	R 81 rs
vestre Leirungstinden	2250	"	"	R 81 w
Skarvflyløyfttinden	2250	"	"	R 81 n
Høgdebrotet	2226	"	"	R 81 j
Skarvflytinden-Süd	2210	"	"	R 81 n
Stornubben	2174	"	"	R 81 s
Kvassryggen	2071	"	"	R 81 i
Besshøi-Nord	2033	"	"	R 81 o
austre Hestlægerhøi	1950	"	mittel	R 81 p
Bukkehammaren	1910	"	anspruchsv.	R 81 h
Heimdalshøi	1843	"	mittel	R 81 v
Sikkilsdalshøi	1778	ja	mittel	R 81 u
vestre Hestlægerhøi	1758	nein	mittel	R 81 p
Veslefjellet	1743	ja	mittel	R 81 a
Knutshøi	1517	nein	anspruchsv.	R 81 g
Besseggen v. Veslefjell	1510	ja	mittel	R 81 a
Besseggen v. Südflanke	1510	nein	anspruchsv.	R 81 c
Gjendeshøi	1257	nein	unschwer	R 81 e
Gjendeshalsen	1140	ja	unschwer	R 81 d

Gjendeosen bedeutet „Gjende-Mündung". An dieser Stelle, wo bis Mitte August viel geangelt wird, tritt der Forellenfluß Sjoa aus. Die Forellen im See sind nicht übermäßig zahlreich, bringen jedoch durchschnittlich ein halbes Kilo auf die Waage. Sie fressen die winzigen Flohkrebse und die Larven der Kriebelmücken. Diese nur millimetergroßen fliegenähnlichen Mücken – die Weibchen mit Stechrüsseln ausgerüstet – heißen hier „Gjendefliegen". Außerhalb der Sommerhauptsaison sind sie kaum wahrnehmbar.
Die DNT-Herberge ist benannt nach dem Jäger Jo Gjende (1794–1884) und der Hütte, die er in den 40er Jahren des 19. Jahrhunderts am Ausfluß der Sjoa errichtete. Der Name Gjendesheim bedeutet

„Gjendes Heim". Die Behausung dieses Renjägers aus Heidal steht dort noch immer (am Fuß der Gjendeshøi). Die enormen Quarzitplatten neben der Tür lassen auf einen Mann mit Riesenkräften schließen. Der vegetarisch lebende Einzelgänger soll rund 500 kapitale Bullen erlegt haben. Die zweite Hütte, die er am See errichtete, ist die Leirungsbui an der Mündung des Flusses Leirungsåi.
Die von den meisten unternommene Wanderung ist die über den Grat Besseggen (R 81 a). Einsamer und geländemäßig außer Blockfeldern kaum anspruchsvoll ist es im überaus aussichtsreichen Nautgardstinden-Massiv (R 81 r).
Gjende-Alpen / Leirungsdalen: Die Gipfel südlich des Sees Gjende („Gjende-Alpen") sind alpiner und anspruchsvoller als die im Norden. Sie werden auch zum Klettern aufgesucht; das Tal Leirungsdalen (R 81 l), von dem aus sie am besten zu erreichen sind, ist allgemein mit Zelt zu empfehlen; auf Gehzeitangaben wurde bei diesen Gipfeln verzichtet, da sie meist nicht von Gjendesheim aus erstiegen werden, sondern von einer individuellen Zeltstelle im Tal aus (die Gehzeit ab Gjendesheim und zurück würde je nach Ziel 6 bis 12 Std. betragen, vom Tal aus ist es dagegen nur ein kurzer Anmarsch); die Überschreitungsmöglichkeiten sind zum Teil mannigfach. Es besteht auch die Möglichkeit, sich nach Absprache mit den Hüttenwirten am Gjende-Südufer im Boot absetzen zu lassen (kürzer ab Memurubu). Der höchste Gipfel, store Knutsholstinden (2341 m, R 83 q), ist am besten von der DNT-Hütte Gjendebu (R 83) aus zu erreichen.
Da es direkt bei Gjendesheim keine Brücke über die Sjoa gibt (erst 2 km weiter flußabwärts die Straßenbrücke), ist ein Bootsdienst nach Bedarf eingerichtet (beim Rückweg am Südwestufer Signalflagge zeigen, rufen und pfeifen). Wer von Gjendesheim aus diesen Bootsdienst nicht nutzen will, geht die Straße bis zur Kreuzung mit der Reichsstraße 51 und hält auf dieser gut 1 km nach rechts aufwärts: Dort zweigt ein Weg zu den Hütten am Ausfluß des Sees nedre Leirungen ab.
Am raschesten ist das Tal Leirungsdalen von folgender Stelle aus zu erreichen: Die Reichsstraße 51 aufwärts fahren bis zur Grenze zwischen den Gemeinden Vågå und Øystre Slidre; nun wenden und von der Gemeindegrenze aus ca. 1 km zurückfahren; hier findet

sich links eine winzige wilde Parkbucht, von der aus ein leicht zu verlierender Pfad hinabführt; bitte nicht parallel zur Straße parken (paßt nur 1 Auto hin), sondern quer bzw. schräg (haben ca. 4 Autos Platz).

Hüttenziele auf Pfaden ab Hütte Gjendesheim (995 m)

Zielname, Weg	höchste Höhe m	Std.	Grad	Beschreibung
Memurubu				
via Besseggen	1743	5–6	mittel	R 81 a
via Gjende-Ufer	1080	3½	unschwer	R 81 b
Gjendebu				
via Leirungsdalen	1680	8	mittel	R 81 l
Torfinnsbu				
via Leirungsdalen	1680	8–9	mittel	R 81 m
Glitterheim				
via Hestlægerhøi	1685	7	mittel	R 81 p
via Tjørnholet	1731	7	mittel	R 81 q
via Nautgardstinden	2258	8–10	anspruchsv.	R 81 r
Hindseter				
via Nautgardstinden	2258	8–9	anspruchsv.	R 81 s
Sikkilsdalsseter				
längs See	1120	5	unschwer	R 81 t
via Sikkilsdalshøi	1778	6	mittel	R 81 u
Haugseter				
via Valdresflya	1389	7	unschwer	R 81 v

● **81 a** **Gjendesheim – Memurubu** (Herberge, 1008 m) via Besseggen

Mittel, 5—6 Std., Anstieg Ost-West ca. 760 + 150 m = 910 m; Anstieg West – Ost ca. 510 + 370 m = 880 m; im Winter nicht gangbar.

Karten 1617 IV und 1618 III (schlecht zu handhaben).

Zu den populärsten Touren in Norwegen überhaupt (nicht nur in der Hochsaison vielbegangen) zählt die Wanderung über den „Bärengrat“ Besseggen, den zwischen den Seen Gjende und Bessvatnet

aufragenden Westgrat des Bergs Veslfjellet. Henrik Ibsen hat ihn 1876 in seinem dramatischen Gedicht „Peer Gynt“ bekanntgemacht.
Peer Gynt macht die Tour auf einem Renbock – und stürzt ab. Dieses Lügenmärchen, das er seiner Mutter auftischt, beeinflußt bis heute das Verhalten von Tausenden: Sie nehmen das Schiff von Gjendesheim zur Herberge Memurubu und steigen von West nach Ost zurück. Auch das Tourenbuch des Norwegischen Bergwandervereins empfiehlt Schwindelanfälligen diese Richtung.
Ibsen war nie auf dem Besseggen, sondern hat in seinem Theaterstück Gehörtes verarbeitet. Vielleicht hat ihm der Schriftsteller Aasmund Olafsson Vinje gar nicht vom Grat Besseggen, sondern vom Knutshøi-Grat (R 81 g) erzählt. Der angebliche Schwindelmacher Besseggen ist keine „Sense“, sondern ein teilweise rückenbreiter Kamm, der auf Fotos und auf der Karte furchterregender aussieht, als er ist, und der bei Trockenheit / Schneefreiheit geländemäßig keine Probleme bietet: meist fester Fels, wenig Geröll, nur gelegentlich kleine Stufen. Die Westrichtung in Verbindung mit der scharfen Absetzung zum See Gjende sorgt für ungehinderte Sonneneinstrahlung und damit für Schneefreiheit relativ früh im Jahr (Juni). Bei entsprechendem Wetter ist der Besseggen daher ein ausgezeichnetes Solarium, doch ist auch im Hochsommer mit Schneegestöber zu rechnen.
Die Südflanke des Besseggen fällt teilweise wandartig steil bis zu 600 Höhenmeter zum See Gjende ab (keine Steine hinunterwerfen, unten verläuft der Uferpfad). Die Nordflanke fällt weniger steil bis zu 300 Höhenmeter zum See Bessvatnet hinunter. Wer West-Ost geht (die meisten), muß den relativ steilen Besseggen-Grat hinaufkrabbeln. Das ist der Sinn der Empfehlung: Wer kriecht, dem wird nicht schwindlig. Wer hingegen Ost-West geht, kann den Besseggen aufrecht hinuntergehen und mühelos die kleinen Stufen hinabspringen und genießt eine phantastische Aussicht. In den letzten über 120 Jahren hat sich am Besseggen ein einziges Unglück ereignet: Ein Wanderer wurde vom Blitz getroffen.
Ost-West-Gehende, die am selben Tag wieder zurück wollen, aufpassen: Die Abfahrtszeit des Schiffs an der Herberge Memurubu vorher abchecken; sonntags bis donnerstags fährt das letzte Schiff

um 14.40 Uhr nach Gjendesheim zurück (Aufbruch muß also mindestens um 9.00 Uhr morgens in Gjendesheim sein, wobei dann keinerlei Pause und unvorhergesehenes Vorkommnis eingeplant ist). Nur freitags und samstags fährt noch ein Schiff um 17.50 Uhr (Aufbruch spätestens um 12.00 Uhr in Gjendesheim). Wer das Schiff verpaßt, kann auf dem Uferpfad R 81 b zurückgehen.
Die Tour beginnt an der Hütte Gjendesheim mit einem mäßig steilen Schräganstieg Richtung Norden auf dem bald baumlosen Westhang des Gjendeshalsen, 1140 m. Der Pfad ist markiert, das nächste rote T immer in Sicht. An der Pfadverzweigung oben (Wegweiser) wendet sich der Pfad nach links (= Nordwesten; geradeaus geht es zur Hütte Glitterheim), weiter bergauf. Relativ bald knickt der Pfad im rechten Winkel nach Osten in eine (Echo-)Schlucht hinein. Nach wenigen Metern (der rote Pfeil auf dem Fels ist leicht zu übersehen) zweigt aus der Schlucht eine Rinne im spitzen Winkel nach links ab: Durch diese Rinne nach oben.
Nach dem Verlassen der Rinne präsentiert sich eine völlig veränderte Landschaft: eine Art welliger Steinvidda (wasserlos). Veslfjellet („das kleine Fjell") lautet ihr Name. Hier oben halten sich bis weit in den Sommer Schneefelder und Wächten. Während der aussichtsreichen Wanderung zum Gipfel des Veslfjellet, 1743 m, reicht der Blick zurück bis zu den Rondane. Die mächtige Kuppe rechts vorn jenseits des Sees Bessvatnet ist die Besshøi, 2258 m. Deutlich sichtbar ist der Unterschied in den Farben der Seen Gjende und Bessvatnet: Gjende smaragd- oder grau- oder milchiggrün vom Gletscherwasser, Bessvatnet hingegen blau. Das Bessvatnet, 1373 m, ist am Sommeranfang noch vereist, wenn Gjende, 984 m, bereits eisfrei ist.
Vom Veslfjellet leichter Abstieg nach Westen, allmählich steiler werdend, bis der Besseggen erreicht wird. Er ist etwa 400 m lang, der zu bewältigende Höhenunterschied liegt bei rund 200 m.
Der Besseggen läuft in das Bandet aus, ein schmales Felsband zwischen den Seen: Das Bessvatnet rechts liegt nur 8 Höhenmeter unterhalb des Bandet, links dagegen fällt die Wand 398 m zum See Gjende hinunter. Wenn irgendwo Schwindelgefühle angesagt sind, dann wohl eher hier, aber nicht wegen der Wand, sondern wegen der Kräfte, die hier am Werk sind: Wann bricht das Band? Die letzte

Eiszeit jedenfalls hat es nicht geschafft, dieses Band abzuschlagen, sonst würde sich der See Bessvatnet in einer 398 m hohen Kaskade in den See Gjende ergießen. Etwas ähnliches ist vom Band aus drüben am Gjende-Südufer zu beobachten: Wo der Wasserfall aus dem Tal Leirungsdalen in den Gjende-See braust, hat es vor der letzten Eiszeit ebenfalls ein „Band“ gegeben. Dort ist es zertrümmert worden. Damals hat das Eis auch in der Senke des Sees Bessvatnet gebohrt. Ergebnis sind drei bis zu 102 m tiefe Unterwasserkare. Doch ehe das Eis seine Arbeit vollenden und das Band wegsprengen konnte, erwärmte sich das Klima. Aus dem See Bessvatnet tritt nun der Fluß Bessa aus, der nach 3 km bei Bessheim in den Flußsee øvre Sjodalsvatnet mündet. Die künstliche Absprengung des Bands war einer der Pläne der Wasserkraftindustrie, als die Regulierung des Sees Gjende zur Debatte stand.
Vom Band aus geht es das Tal zwischen der Kuppe Besshøi, 2258 m, und dem namenlosen „Ufergebirge“ aufwärts zum See Bjørnbøltjørnet, 1475 m. Dort bietet sich phantastische Sicht über den Gjende-See in den unteren Bereich des Tals Leirungsdalen hinein, das von den bis zu wandartig steilen Flanken der Knutshøi, 1517 m (links), und des Bukkehammaren, 1910 m, begrenzt wird. Die Ähnlichkeit zwischen Knutshøi und Bessegen ist nicht zu übersehen.
Hinter dem See Bjørnbøltjørna, dessen Ausfluß durchschritten wird (dicke Felsblöcke) geht es noch ein letztes kleines Stück aufwärts, dann beginnt der Abstieg nach Memurubu (R 82), zunächst gemächlich, hinter der Kreuzung mit dem Pfad Memurubu-Glitterheim (Wegweiser) dann etwas steil.

Der Aufschwung des Besseggen-Grats Ende Juni. Alle steigen den Besseggen aufwärts, wie es der Norwegische Bergwanderverein Schwindelanfälligen empfiehlt. Das Bild zeigt jedoch, daß die Mär vom messerscharfen „Sensengrat“ aus der Luft gegriffen ist, und daß beim Hinaufkrabbeln so gut wie nur Aussicht auf den Grat selbst besteht. Wer den breiten, sonnigen Kamm hingegen in aufrechter Haltung abwärts steigt – wie in der Routenbeschreibung dieses Führers empfohlen –, genießt beständig prächtige Aussicht. Der Routenverlauf ist peinlich genau mit dem roten T markiert.

● 81 b Gjendesheim – Memurubu (Herberge, 1008 m) via Gjende-Ufer

Unschwer, 3½ Std., Anstieg ca. 100 m.

Karten 1617 IV und 1618 III.

In der motorbootlosen Nichtwinter-Nebensaison bildet dieser alte Almweg (Pfad) die einzige Fuß-Schnellverbindung zwischen Gjendesheim und Memurubu (R 82). Er führt am Fuß der Südflanken von Veslfjellet, Besseggen usw. meist durch Fjellbirkenwald mit teilweise überaus fruchtbarer Vegetation. Am Anfang ist er kurortmäßig ausgebaut, mit Brettern über Modderstellen und am Beginn des Walds sogar einer Bank und Wiese. Später sind Viehzäune zu übersteigen, Blockfelder zu queren, zuweilen wird es recht matschig, dann wieder fällt das Ufer so steil hinab, daß Drähte als Absperrungen fürs Vieh gespannt sind. Unterhalb vom Gipfel des Veslfjellet und unterhalb der Bandet-Wand türmen sich die mächtigsten Blockfelder (Steinschlaggefahr). Es ist ein Pfad, der nicht durchrast werden will, ein Pfad auf dem es außer der Vegetation viel zu entdecken gibt: Höhlen, Kiesstrand, gut versteckte Zelte, wunderbare Aussichten.

● 81 c Gjendesheim – Besseggen via Südflanke

Anspruchsvoll, Anstieg ca. 510 m.

Karten 1617 IV und 1618 III (relativ unbrauchbar).

Auf Route R 81 b 4 km Richtung Herberge Memurubu bis an die Stelle, wo unterhalb des Besseggen andeutungsweise eine kleine Halbinsel in den See Gjende hineinragt und oben eine Rippe/Rinne (und zwar die weiter westlich gelegene, also die zweite schräg nach links zum Besseggen hinaufführt. Nun westlich vom Bach den Hang hinauf, oben links um den Felsvorsprung herum und auf der Rippe (in der Rinne rutschiger Kleinschutt) nach Nordwesten zum Besseggen hinauf. Steinschlaggefahr.

● 81 d Gjendesheim – Gjendeshalsen (Berg-„Hals“ 1140 m)

Unschwer, ½ Std., Anstieg 145 m.

Karte 1617 IV.

Aussichtsreicher Spaziergang. – Von der Hütte Gjendesheim auf dem steinmännchenmarkierten Pfad nach Nordosten hinauf.

• 81 e **Nedre-Leirungen-Rundtour** (Taltour)
Unschwer, 2 Std., kaum Anstieg.
Karte 1617 IV.

Spaziergang mit Möglichkeit zur unschweren Begehung der Kuppe Gjendeshøi, 1257 m.

Anmarsch 1: Mit dem Boot von der Hütte Gjendesheim über den Ausfluß des Sees Gjende (= Fluß Sjoa) übersetzen lassen, am anderen Ufer auf dem leicht zu verlierenden T-Pfad in Flußabwärtsrichtung am Bergfuß um die Kuppe Gjendeshøi herum bis zu den Almhütten Leirungsbuene am See nedre Leirungen, 983 m.

Anmarsch 2: Von der Straßenbrücke über den Fluß Sjoa aus gut 1 km die Reichsstraße 51 südwärts (= aufwärts) halten und den ersten Weg nach rechts hinab zu den Almhütten Leirungsbuene.

Der See nedre Leirungen (leir = Lehm, -ungen = -See) liegt im Tal zwischen der Kuppe Gjendeshøi und der stufigen Knutshøi, 1517 m. Anders als sein Pendant im nächsten Nachbartal fließt er jedoch nicht nach Norden in den See Gjende aus, sondern mündet in den Fluß Sjoa. Während der T-Pfad am Ostufer des Sees nedre Leirungen weiterführt, umrundet ein nichtmarkierter Pfad den ganzen See. Es ist empfehlenswert, am sonnigeren Nordufer am Fuß der Gjendeshøi zu bleiben. Der See endet vor einer Schwelle, die ihn vom See Gjende trennt. Die Schwelle überschreiten und am Ufer des Sees Gjende wieder Richtung Hütte Gjendesheim gehen und dabei die Kuppe Gjendeshøi am Fuß umrunden oder sie begehen von der Schwelle aus. Die Gjendeshøi bietet ein wenig erste Übersicht. Der Ausblick wird zwar rechts beeinträchtigt durch Blech und Chrom auf dem Parkplatz, aber weiter links ist alles unberührt.

• 81 f **Øvre-Leirungen-Rundtour** (Taltour)
Unschwer, 3 Std., ca. 100 m Anstieg.
Karte 1617 IV.

Anmarsch 1: Wie R 81 e zu den Hütten Leirungsbuene am See nedre Leirungen. Nun auf dem T-Pfad den Ausfluß des Sees auf dem Steg überqueren und am Ostufer entlang vermoort Richtung Süden, allmählich ansteigend durch teilweise wiederum vermoortes Gelände im Ostuferbereich des Flüßchens Varga. Nach dem Überschrei-

ten einer Viehzauntreppe entweder weiter den T-Markierungen folgen (mündend auf den unter Anmarsch 2 geschilderten Anmarschweg) oder nach der Holzbrücke Ausschau halten, die an einer versteckten Stelle das Flüßchen Varga überspannt (kurz oberhalb der „Schlucht“, die die Varga hier ausgewaschen hat); die Holzbrückenüberquerung mit Ziel Knutshøi hat 1989 vor einem neuen Stacheldrahtzaun geendet.
Anmarsch 2: Von der Straßenbrücke über den Fluß Sjoa die Reichsstraße 51 südwärts (= aufwärts) halten knapp 4 km (schwierig zu findende Ausgangsstelle; am besten die Straße ein Stück weiter aufwärtshalten bis zum blauen Grenzschild der Kommunen Vågå und Øystre Slidre; vom Grenzschild aus genau 1 km zurückfahren bis zur winzigen wilden Parkbucht links). Hier beginnt ein verwilderter und leicht zu verlierender Pfad, der in das Tal hinabführt. Orientierungspunkt ist zunächst das kleine Köpfchen vorn unten, dann die Brücke über den Fluß Leirungsåi.
Das Tal Leirungsdalen wird von den Flanken der Knutshøi, 1517 m, und des Bukkehammaren, 1910 m, eingefaßt. Es finden sich einige Zeltstellen, aber die Stacheldrahtzaunbesitzer wollen vielleicht gerade das Zelten verhindern. Im diesseitigen Uferbereich des mäandernden und in einem Delta in den See øvre Leirungen, 1033 m, mündenden Flusses Leirungsåi leicht abwärts gehen (nicht über die Brücke, über die der T-Pfad führt) auf einem Saumpfad an der Grenze zwischen Moor und Knutshøi-Flanke. Aus dem fischreichen See ergießt sich der Fluß in einem Wasserfall in den See Gjende. Neben dem Wasserfall steht am anderen Ufer die Hütte Leirungsbui, die von Jo Gjende errichtet wurde. Nun am Ufer des Sees Gjende zurück Richtung Hütte Gjendesheim (vgl. R 81 e).

● 81 g **Knutshøi** (stufengratartiger Berg mit Kopf 1517 m)
Anspruchsvoll, Anstieg ca. 530 m.
Karte 1617 IV.

Wie R 81 f durch das Tal Leirungsdalen zum See øvre Leirungen, 1033 m. Am Wasserfall = Ausfluß dieses Sees in den See Gjende beginnt der Knutshøi-Rücken, der sich allmählich zu einem schmalen Grat verengt, dessen Flanken auf beiden Seiten bis zu wandartig steil abfallen. Anfangs unschwerer, dann anspruchsvoller Aufstieg.

Beim Aufstieg zum Bukkehammaren fällt der Blick auf die im Tal Leirungsdalen mäandernde Leirungsåi und den Rücken der Knutshøi.

Vom Gipfel Abstieg dem Gratverlauf folgend. Teilweise steil. Da der Anmarsch in jedem Fall von Osten aus erfolgt, während des Anmarschs das Relief studieren und eventuell den Aufstieg von Osten aus beginnen (einige Stufen sind steil). 1989 hat vor dem Ostansatz der Knutshøi ein neuer Stacheldrahtzaun ohne Viehzauntreppe den Weitermarsch versperrt.

● **81 h** **Bukkehammaren** (Gipfel 1910 m)
Anspruchsvoll, Anstieg ca. 960 m.
Karte 1617 IV.

Sehr aussichtsreich. – Wie R 81 f zur festen Holzbrücke über den meist undurchschreitbaren Gletscherfluß Leirungsåi im Tal Leirungsdalen, das von Bukkehammaren (links) und Knutshøi eingefaßt wird. Die Brücke überschreiten, dann zwei Möglichkeiten:

Alternative 1 (moorig und Kniegestrüpp, aber kurz): Nach der Überquerung der Brücke den T-Pfad verlassen und durch vermoortes Gelände auf das Fjellbirkenwäldchen am Nordhang der kuppigen Semmelhøi zuhalten (hin und wieder sind Trampelpfade zu entdecken). Hauptorientierungspunkt ist der Einschnitt zwischen der kuppigen Semmelhøi und dem Zielgipfelberg Bukkehammaren; aus diesem Einschnitt läuft ein Bach heraus, der hier die Grenze des Nationalparks bildet.
Alternative 2 (kaum moorig, aber Umweg und Kniegestrüpp): Nach der Brücken-Überschreitung des Flusses Leirungsåi weiter auf dem T-Pfad nach halblinks aufwärts und um die Semmelhøi östlich herum (auch der Pfad führt durch vermoortes Gelände, aber er ist markiert, was eine psychologische Hilfe ist). Nach der Umgehung der Semmelhøi (1 sehr schöne Zeltstelle, aber Blick auf die Reichsstraße) vom T-Pfad nach rechts abzweigen, also vor dem Bach, und dem Bachgraben (sehr gestrüppig) am Fuß des Semmelhøi-Nordhangs aufwärts folgen bis zum Einschnitt zwischen Semmelhøi und dem Zielgipfelberg Bukkehammaren.
Nun dem namenlosen Nationalpark-Grenzbach am diesseitigen Grabenufer aufwärts folgen und ihn an einer günstigen Stelle durchschreiten. Er fließt aus dem Karsee Bukkehammartjørnet, 1594 m, aus, wo das Gelände einflacht. Hier letzte Möglichkeit, den Bach zu durchschreiten. Dann auf dem breiten, auf den ersten 100 Höhenmetern etwas steilen Südost-Rücken zum Gipfel. Der Rücken wird kurz vor dem Gipfel etwas schmal, flacht aber dafür aus.
„Bukk“ bedeutet (Ren-)Bulle bzw. Bock. Nicht selten sind in dieser Gegend Geweihe zu finden oder Rens zu sehen. – Fast nur ein Steinwurf ist es vom Bukkehammaren über den Grat Kvassryggen (R 81 i) zum vergletscherten Høgdebrotet (R 81 j).

● 81 i **Kvassryggen** (gratartiger Rücken bis zu 2071 m)
Anspruchsvoll.
Karte 1617 IV.

Kvassryggen ist die gut 2 km lange Verbindung zwischen den Gipfeln Bukkehammaren, 1910 m (R 81 h), und Høgdebrotet, 2226 m (R 81 j). Dem Namen Kvassryggen (= „Scharfrücken“) wird er im letzten Teil vor dem Høgdebrotet gerecht. Bis dahin fällt nur die

Südflanke mehr oder weniger steil ab, während sich nach Norden ein unschwerer Hang hinabzieht. Die Köpfe erreichen 1899 m und 2071 m. Von 2071 m leicht absteigen nach Südwesten in die Scharte. Aus der Scharte auf dem steilen Nordgrat zum Høgdebrotet hinauf.

● **81 j** **Høgdebrotet** (gletscher-„zerbrochene" Kuppe, 2226 m)
Anspruchsvoll.
Karte 1617 IV.

Phantastische Aussicht. – Anmarsch am schönsten (aber nicht kürzesten) via Bukkehammaren (R 81 h) und Kvassryggen (R 81 i). Abstieg (oder geländemäßig nicht anspruchsvoller Aufstieg) über den Südost-Rücken zwischen den Steinfly-Gletschern und weiter nach Osten über die abfallende Hochfläche Steinflyi mit der kuppigen Semmelhøi, 1302 m, als Orientierungspunkt. Am Fuß ihres Osthangs verläuft Pfad R 81 l. Der Grat, der sich vom Høgdebrotet zur Zinne Tjørnholstinden (R 81 k) im Südwesten hinüberzieht, ist für Nichtkletternde zu steil und ausgesetzt.

● **81 k** **Tjørnholstinden** (Zinne 2330 m)
Anspruchsvoll.
Karte 1617 IV.

Aussicht Hunderte von Kilometern. – Aufstieg von der Hochfläche Steinflyi aus über den Südost-Rücken (der Gletscher rechts davon hat keine Spalten). Die letzte Partie steil. – Der Grat, der sich vom Tjørnholstinden zum Gipfel Høgdebrotet (R 81 j) im Nordosten hinüberzieht, ist für Nichtkletternde zu steil und ausgesetzt.

● **81 l** **Gjendesheim — Gjendebu** (bewirtschaftete DNT-Hütte, 990 m) via Leirungsdalen
Mittel, 8 Std., Anstieg ca. 730 m; Lawinengefahr im Tal Svartdalen.
Karte 1617 IV.

Diese Route durch den oberen Teil des Tals Leirungsdalen (leir = Lehm, -ungen = -See) zwischen den vergletscherten Gjende-Alpen wird wenig begangen. Die meisten ziehen es vor, mit dem Ausflugsboot in 1¼ Std. von Gjendesheim zur Hütte Gjendebu (R 83) zu

tuckern. Das Tal Leirungsdalen ist von einer wilden, zum Verweilen und Entdecken herausfordernden Schönheit. Es ist zu schade, es durcheilen zu müssen, nur weil in der Hütte das Abendessen zur festgesetzten Zeit wartet.
Mit Zelt und Zeit hingegen ist diese Tour Traumtour. Dann aber sollten mehrere Tage eingeplant werden. Es gibt im Bereich dieses Tals zahllose Bergziele, die auf beliebige Weise miteinander kombiniert werden können, Touren unterschiedlichster Schwierigkeitsgrade, alle pfadlos, auch Gletscher (weniger Touren- als Übungsgletscher; hin und wieder findet sich ein kleines Zeltlager mit Gletscher-Eleven). Die Jotunheimen-„Entdecker" Keilhau und Boeck empfanden das Tal auf ihrer Wanderung im Sommer 1820 als „schauderhaftes Tal" (gyselig dal), eingeschlossen von „gräßlichen Abstürzen" (græsselige praecipicer).
Der Anmarsch erfolgt wie R 81 h. Nach dem Überschreiten der festen Holzbrücke über den Fluß Leirungsåi weitergehen auf dem T-markierten Pfad und die kuppige Semmelhøi, 1302 m, links = östlich umrunden. Danach einige Bachdurchquerungen und gleichzeitig gut 100 Höhenmeter Anstieg auf die Hochfläche Steinflyi hinauf, von der die Bäche herabfließen. Nach dem Anstieg auf gleichbleibender Höhe nach grob Süden und zur Svarthammarbui hinab, einer alten Almhütte am Fluß Leirungsåi. Hier, in rund 1200 m Höhe, beginnt das Tal Leirungsdalen (die geographischen Bezeichnungen sind etwas verwirrend, weil auch das Tal zwischen Knutshøi und Bukkehammaren Leirungsdalen heißt; es sind zwei völlig verschiedene Täler, die allerdings beide vom Gletscherfluß Leirungsåi durchflossen werden). Die Hütte ist Zeichen dafür, daß hier früher Vieh weidete. Wer dem T-Pfad nicht folgt, nimmt als markanten Orientierungspunkt für den Eingang zum Tag Leirungsdalen die „roten Hämmer" Raudhamrane (bis zu 1437 m). Allerdings ist der Abstieg von der Hochfläche Steinflyi (und damit auch von den Gipfeln dort oben) fast überall möglich. Die Gipfel, die von dieser Hochfläche aus gut zu erreichen sind, heißen Bukkehammaren, 1910 m (R 81 h), Høgdebrotet 2226 m (R 81 j) und Tjørnholstinden, 2330 m (R 81 k).
Der Pfad folgt nun immer dem rechten = Nord-Ufer des Flusses Leirungsåi aufwärts. Die gletscherfreien Gipfel des „Mönchs" Mun-

ken, 2159 m, der „Raschelzinne“ Rasletinden, 2105 m und der „Kalbhöhe“ Kalvehøgdi, 2208 m — alle jenseits des Flusses, eine sehr empfehlenswerte Grat- und Gipfeltour — sind am unproblematischsten von der Herberge Torfinnsbu (R 88) oder von der Jugendherberge Valdresflya Ungdomsherberge (R 89) aus zu begehen; Beschreibung dieser Route siehe R 88 e.
Spuren, die deutsche Krieger und Kameraleute vor über 50 Jahren im Tal hinterlassen haben, sind noch immer zu sehen (z. B. die runden Steinkreise im Talbereich gegenüber der Mündung des Gletscherbachs aus dem Tal Steindalen; hier gute Zeltmöglichkeit). Für einen antisowjetischen Propagandafilm ließen die Besatzer die Gjende-Alpen in den „Kaukasus“ verwandeln. Oben am Høgdebrotet waren MG-Nester aufgebaut.
Bei ca. 1400 Höhenmetern — nach der Mündung des aus dem Tjørnholstinden-Südkar austretenden Bachs Tjørnholsbekken — wird der Fluß Leirungsåi zahmer. In 1578 m Höhe fließt er aus dem See nedre Leirungstjørnet aus, in den der westliche Leirungs-Gletscher „kalbt“. Kalben ist zuviel gesagt: Die dünne Zunge schmilzt immer mehr dahin (doch ist der Gletscher weiterhin in Bewegung: Spalten). Im Bereich dieses Sees mit schöner Sicht zurück über das Tal läßt sich zelten. Das Massiv, zu dem die Gletscher und Gipfel auf dieser Talseite gehören, ist die im höchsten Punkt 2208 m hohe Kalvehøgdi (kalve = kalben). Gegenüber, auf der Nordseite des Tals, ragt der doppelgipflige Leirungstinden (Westgipfel, 2250 m: R 81 w; Ostgipfel 2288 m: R 81 n) aus den Gletschern, verbirgt jedoch den größten im Kartal Knutsholet.
Vom See nedre Leirungstjørnet nun noch ein Stück aufwärts und über die flache Wasserscheide zum See øvre Leirungstjørnet, 1678 m, der nach Westen in das „schwarze Tal“ Svartdalen entwässert. Südlich des Sees erhebt sich der steile Leirungskampen, 2079 m (für Nichtkletternde ist der See Ausgangspunkt für die Besteigung über den Nordwestgrat; von der Kalvehøgdi aus ist der Leirungskampen nur mit Kletterei einschließlich Sicherung zu erreichen).
Etwas steil geht es nun 200 Höhenmeter die Talstufe hinunter zum langgestreckten See, 1475 m, an dessen diesseitigem Ufer der Pfad Torfinnsbu-Gjendebu verläuft: nach rechts (= Norden) halten und

weiter wie R 83h das in der Schneezeit lawinengefährdete Tal Svartdalen abwärts. Auf der westlichen Talseite erhebt sich die Zweitausender-Gruppe Svartdalspiggane (R 83p), im Osten ragt die Zinne store Knutsholstinden, 2341 m (R 83q) auf, der höchste Gipfel der Gjende-Alpen.

● **81 m** **Gjendesheim — Torfinnsbu** (Herberge 1060 m) via Leirungsdalen
Mittel, 8—9 Std., Anstieg ca. 730 m.
Karte 1617 IV.

Wie R 81 l das Tal Leirungsdalen aufwärts und am oberen Ausgang über die Stufe hinab zum See, 1475 m, im „schwarzen Tal" Svartdalen. Hier nach links (= Süden) mäßig abwärts in das Tal Torfinnsdalen hinein, auf dem Steg über den Talfluß Torfinnsdøla und zwischen den Gipfeln der Torfinnstindane (2119 m, rechts) und der Westflanke der Kalvehøgdi, 2208 m, hinab zur privat bewirtschafteten Herberge Torfinnsbu (R 88) mit Schiffsanlegestelle am Stausee Bygdin.

● **81 n** **Østre Leirungstinden** (Zinne 2288 m)
Anspruchsvoll.
Karte 1617 IV.

Die Besteigung des østre Leirungstinden — von Südosten, steil — dauert aus dem oberen Bereich des Tals Leirungsdalen (R 81 l) eine knappe Stunde. Die Pyramide erhebt sich aus einem rund 3 km langen Grat, der sich vom Gipfel nach Nordosten zieht und geländemäßig wenig Probleme bietet. Vom Gipfel aus über den Grat hinüber zur Zinne Skarvflyløyfttinden (namenlos kotiert 2250 m oberhalb des Gletschers Skarvflyløyftbreen).
Auf dem 2250-m-Nordgrat absteigen (steil) in die Scharte und aus der Scharte heraus zu P. 2210 auf dessen Südgrat. P. 2210 ist der Südgipfel der Gruppe Skarvflytindane.
Von P. 2210 nach grob Südosten absteigen zum Gletscher, an dessen Rand gletscheraufwärts gehen und am oberen Gletscherende vor der Stufe nach links (= grob Osten) und auf dem schmalen Band zwischen den Gletschern hindurch. Das schmale Band fällt rechts zum Gletscher Skarvflyløyftbreen hinab und ist auch an der

flachen Stelle in der Mitte gletschereisfrei, zumindest zur Zeit. Nun unschwer hinauf zur Schulter Tjørnholsoksli (namenlos kotiert 2145 m). Von dort unschwerer Abstieg nach Belieben zurück ins Tal, bequem auf dem rückenbreiten Südgrat der Schulter.

● **81 o** **Gjendesheim — Besshøi** (Kuppe 2258 m)
Anspruchsvoll, 7 Std. Auf- und Abstieg, Anstieg ca. 1310 m.
Karten 1618 III und 1617 IV.

Superbe Aussicht. Besshøi ist die mächtige, im Westen steil abbrechende Kuppe zwischen den Seen Bessvatnet, 1373 m, und Russvatnet, 1175 m, nördlich des Sees Gjende. — Wie R 81 a zur Wegweiser-Pfadkreuzung. Hier geradeaus (= nach Norden) Richtung Glitterheim (steht auf dem Wegweiser), zunächst ansteigend und gelegentlich schmale Schneeflanken querend (Aussicht rechts hinunter in das Tal Sjodalen und hinüber auf die Sikkilsdalshøi), dann flach und mit prächtiger Aussicht auf den Zielgipfel, der hinter dem See Bessvatnet aufragt; auch die Aufstiegsroute ist genau einzusehen, Orientierungspunkt ist dabei der Grat zwischen dem Besshøi-Ostsüdost-Abbruch (Abbruch zum See Bessvatnet) und dem Gletscher Besshøbreen. Der Fluß Bessa, der aus dem See Bessvatnet austritt und nach 3 km in den Fluß Sjoa mündet, wird auf einem Steg überquert. Moderne Privathütte an der Nationalparkgrenze.
Bis zum Steg ist die Route T-markiert. Nach der Überschreitung des Stegs vom T-Pfad nach links abbiegen und dem Nordufer des Sees Bessvatnet etwa 4 km folgen (einige Steinmännchen). Der See ist rund 6 km lang und bis zu 1 km breit; Veslefjellet, Besseggen und Bandet trennen ihn von dem 389 Höhenmeter tiefer liegenden See Gjende; im Norden wird er durch die Kuppen des Bessfjellet mit der Kuppe Bukkehøi, 1787 m, vom 198 Höhenmeter tiefer liegenden See Russvatnet getrennt. Das Bessfjellet scheint sich beim Anmarsch zum Zielgipfelfuß als Alternative zur Seeuferroute anzubieten, das ist aber nicht zu empfehlen (schön, aber relativ langwierig; eher für den Rückmarsch geeignet). Schöne Zeltstellen im Bereich zwischen See und Bessfjellet.
Vor den Mündungsläufen des Flüßchens Grjotåi („grjot“ = Gestein; auf Cappelens Tourenkarte ist dieses Flüßchen namenlos; auch das

in den See Russvatnet fließende Flüßchen heißt auf der topographischen Karte Grjotåi) Schräganstieg zum breiten Besshøi-Ostgrat. Der Grat trägt auf der topographischen Karte den schönen Namen „Brui“ (= die Brücke); seine Südflanke fällt steil zum See Bessvatnet hinab, während sich der Gletscher Besshøbreen im Norden nur wenig eingefressen hat. Auf dem Grat zum Gipfelschrägplateau hinauflaufen. Erstbesteigung 1813 durch Christen Smith. Die Gipfelschräge bricht im Westen wandartig steil zum See Russvatnet ab. ***Abstiegsalternative:*** Auf dem breiten Nordgrat (1 kurze, steile Stufe) zum Nordkopf, 2033 m, hinab; von P. 2033 nach Sicht über die etwas steile Stufe in die große Scharte im Nordosten hinab (von der Scharte unschwere Begehung der Kuppe Kollhøi, 1925 m). Von der Scharte unschwer nach Osten zur Kuppe Bukkehøi, 1787 m, und weiter unschwer und aussichtsreich nach Osten mit der Kuppe Bessheim-Rundhøi, 1521 m, als Orientierungspunkt. Vor der Bessheim-Rundhøi nach Südosten halten und hinab zum Ausfluß des Flusses Bessa aus dem See Bessvatnet.

● 81 p **Gjendesheim — Glitterheim** (bewirtschaftete DNT-Hütte, 1384 m), via Hestlægerhøi
mittel, 7 Std., Anstieg ca. 380 + 510 = 890 m.
Karten 1617 IV und 1618 III.

Wie R 81o auf dem Steg über den Fluß Bessa. Nun auf dem Pfad weiter nach grob Norden, zunächst relativ eben östlich der Kuppe Bessheim-Rundhøi, 1521 m, dann auf dem Nordhang der Bessheim-Rundhøi schräg und etwas steiler hinab zum See Russvatnet, 1175 m, aus dem hier der Fluß Russa austritt. Der Fluß wird auf einer Hängebrücke überquert. Am anderen Ufer stehen Fischerhütten (der fischreiche See befindet sich in Privatbesitz; von den Hütten führt ein Weg – zahlreiche Zeltstellen – nach rechts hinunter in das Tal Russdalen R 64g und zur Reichsstraße 51).
Der Pfad knickt nun nach links und folgt gut 2 km dem Nordufer des gletschertrüben Sees Russvatnet bis zu der Stelle, wo der Fluß Tjørnholåi in einem weitverzweigten Delta mündet. Die vielen Wasserläufe, die bis hierhin meist zu überspringen, zu übergehen oder auf Steinen zu überqueren sind, fließen vom Russfjellet herab, einem „Vorberg“ des Nautgardstinden, 2258 m.

Die schwankende Hängebrücke über den Ausfluß des Sees Russvatnet. Jenseits die von den Veo-Gletschern ummantelten Veo-Gipfel.

Vor dem ersten Deltaarm des Flusses Tjørnholåi schräg hangaufwärts zur Hängebrücke über den schluchtartigen Graben, den der Fluß oberhalb des Deltas ausgetieft hat. Nach der Überschreitung der Hängebrücke verzweigt sich im Westuferbereich der Pfad: Die hier beschriebene und von den meisten gewählte Route führt weiter nach Westen; nach rechts (= Norden) zweigt die nicht wintersichere Route R 81 q Richtung Kartal Tjørnholet ab.
Von der Brücke aus den Hang westwärts queren. Vor dem Fluß Blåtjørnåi, der ebenfalls in einem Delta in den See Russvatnet mündet, schwingt der Pfad nach rechts (= Nordnordwesten), mündet

dort auf den Pfad Memurubu-Glitterheim und führt aufwärts zum Paß, 1685 m, zwischen den „Pferdlagerkuppen“ vestre Hestlægerhøi, 1758 m, und austre Hestlægerhøi, 1950 m. Hier ist der höchste Punkt der Tour erreicht; prächtige Aussicht frei nach Westen: Ryggehøi, Glittertind, Galdhøpiggen, Veotind, Veobreen, im Norden das Kvitingskjølen-Massiv usw. — Die „Pferdlagerkuppen“ heißen so, weil sich hier früher die Pferde im Sommer frei aufhielten (vgl. R 90 a unter dem Stichwort Hestvegen). Wer vom Paß aus die Kuppe austre Hestlægerhøi, 1950 m, begeht, steigt von ihr nach Nordosten zur Einsattelung, 1731 m, ab und folgt dann Pfad R 81 q nach Nordwesten.

Der Pfad läuft nun langwierig über Schutt-/Blockgelände nach Nordwesten hinab Richtung Tal Veodalen, zunächst ein gutes Stück am Nordostufer des „Pferdbachs“ Hestbekken entlang, dann vor dem Köpfchen, 1433 m, vom Bach weg nach Norden schwingend und hinab zur festen Brücke über den breiten Fluß Veo. Am anderen Ufer liegt die bewirtschaftete DNT-Hütte Glitterheim (R 90).

● 81 q **Gjendesheim — Glitterheim** (bewirtschaftete DNT-Hütte, 1384 m), via Tjørnholet
Mittel, lawinengefährdet, 7 Std., Anstieg 780 m.
Karten 1617 IV und 1618 III.

Attraktive Alternative zu R 81 p, aber keine Winterroute. — Wie R 81 p auf der Hängebrücke über den Fluß Tjørnholåi. Nun vom Hauptpfad nach rechts (= Norden) abbiegen und im Westen des ausgeprägten Flußgrabens hangaufwärts gehen. Bald flacht der Graben etwas ein und verzweigt sich: Eine Vertiefung zieht sich nach Osten und dann zum Nautgardstinden, 2258 m, hinauf, der Hauptbach hingegen kommt von Nordwesten, wo er durchschritten wird. Nun relativ eben im Ostuferbereich in das sich weit öffnende Kartal Tjørnholet hinein zum See Tjørnholtjørnet, 1603 m. Das Kar wird umgeben von der Ostwand der aus dieser Perspektive nicht wie eine Kuppe wirkenden austre Hestlægerhøi, 1950 m, und der Südflanke des Rückens, der zur Schulter Nautgardsoksli, 2089 m, hinaufführt. Vom See aufsteigen zur Scharte, 1731 m, etwas steil ca. 120 Höhenmeter über Schutt, Altschnee, Blöcke (von dieser Scharte aus ist nun unproblematisch der Aufstieg zum Nautgardstinden-

Hauptgipfel, 2258 m, möglich: nach Osten zur Schulter, 2089 m, und weiter zum Gipfel).
Von der Scharte, 1731 m, dem natürlichen Geländeverlauf folgend durch die Senke abwärts Richtung Nordnordwesten, bald im Westuferbereich des Flusses Søreåi. Wo dieser Bach-Fluß beginnt, sich einen tieferen Graben zu fressen, kommt eine mäßig steile Stufe. Wo sie ausflacht: nach links (= Westen) zur Brücke über den Fluß Veo. Am anderen Ufer liegt die bewirtschaftete DNT-Hütte Glitterheim (R 90).

• 81 r **Gjendesheim — Glitterheim** (bewirtschaftete DNT-Hütte 1384 m) via Nautgardstinden
Anspruchsvoll, 8—10 Std., Anstieg ca. 1270 m und mehr.
Karten 1617 IV und 1618 III.

Überaus aussichtsreich. — Diese Route führt durch eins der prächtigsten Gebiete im Ost-Jotunheimen, durch das bis zu 2258 m hohe Nautgardstinden-Massiv, das sich zwischen dem See Russvatnet im Süden, dem Tal Veodalen im Westen und Norden sowie dem Tal Sjodalen im Osten erhebt. An diesem mächtigen Gebirge haben viele Gletscher genagt (einer nagt noch immer). Das Gelände bereitet im Süden außer den Blockfeldern kaum Unannehmlichkeiten, ist aber im Gipfelbereich teilweise steil (geländemäßig am unproblematischsten ist der Aufstieg zum Hauptgipfel über die Schulter Nautgardsoksli, 2089 m, siehe R 81 q).
Im Süden ist dem Nautgardstinden das Russfjellet mit der Kuppe Semmelhøi, 1705 m, vorgelagert. Im Westen, wo die Routen R 81 p und R 81 q verlaufen, trennt ihn das Kartal Tjørnholet von den Kuppen austre Hestlægerhøi, 1950 m, und vestre Hestlægerhøi, 1758 m. Im Norden entwässern die Kargletscher Nautgardsbrean in das Tal Veodalen; der Fluß, zu dem sich das Gletscherwasser dort sammelt, heißt Nautgardselvi. Im Osten erhebt sich die Kuppe Russli-Rundhøi, 1831 m, die vom Nautgardstinden-Hauptgipfel durch die Russkvolven-Senke, 1743 m, getrennt wird. Nördlich dieser Senke öffnet sich das Kartal Hindholet. Im Norden dieses Kartals wiederum erhebt sich der etwas steilere Stornubben, 2174 m. Im Osten läuft das Massiv in die Hochfläche Hindflyi aus (hind = Hirschkuh, Hindin).

Wie R 81 p die Hängebrücke am Ausfluß des Sees Russvatnet überschreiten, dann vom Pfad ab und nach Norden, am Ostabbruch des Russfjellet. Nun letztmals Wasser schöpfen und frei weiter zum Nautgardstinden-Hauptgipfel (teilweise steil). Oder: Nach Nordnordosten auf die Russkvolven-Senke, 1743 m, hinauf; von hier nach Westen gehen bis zum Nautgardstinden-Ostgipfel, 2194 m. Von P. 2194 unschwer nach Südwesten in die Scharte und aus der Scharte heraus zum Hauptgipfel, 2258 m, steil.
Vom Hauptgipfel etwas steil nach Westen absteigen, dem Verlauf der zum Gletscher abbrechenden Wandstufe folgend, zur Nautgardsoksli, 2089 m, der Gratschulter zwischen den beiden Gletschern, die zusammen den Gletscher Nautgardsbreen bilden. Von der Schulter nach Westen absteigen zur Scharte oberhalb des Kartals Tjørnholet; dort wird der Pfad R 81 q erreicht. Auf diesem hinunter in das Tal Veodalen.

◖ 81 s **Gjendesheim — Hindseter** (Herberge, 950 m) via Nautgardstinden
Anspruchsvoll, 8—9 Std., Anstieg ca. 1270 + 180 = 1500 m.
Karten 1617 IV, 1618 III und 1618 II.

Überaus aussichtsreiche Tour durch das Nautgardstinden-Massiv, geländemäßig nicht sehr anspruchsvoll, wenn auf den Hauptgipfel, 2258 m, verzichtet wird (diesen besser von Westen begehen: R 81 q). — Aufstieg zum Hauptgipfel wie R 81 r via Ostgipfel, 2194 m. Vom Hauptgipfel wieder zurück zu 2194. Auf dem breiten Grat absteigen nach Nordnordosten in die Scharte und hinauf zum Stornubben, 2174 m. Auf dem Stornubben-Ostrücken absteigen zum flachen Boden mit Wasserpfützen. Wer nun nach Hindseter weitergeht: Abstieg nach Osten über die weite, ins Tal abfallende Hochfläche Hindflyi, und zwar im Nordbereich des Flüßchens Stor-Hindi.
Lohnenswert sind jedoch vom Stornubben Abstecher nach Nordosten: Vom Stornubben absteigen nach Sicht zu Köpfchen, 2055 m, im Nordosten; auf dem Ostgrat von P. 2055 absteigen zum Pfützensee; vom Pfützensee kurzer Aufstieg nach Nordosten auf den Osthang, 2049 m.

● 81 t **Gjendesheim — Sikkilsdalsseter** (Herberge mit DNT-Rabatt, 1000 m)
Unschwer, 5 Std., kaum Anstieg; empfehlenswert zur Sommersonnenwende (Pferdeauftrieb).
Karten 1617 IV und 1617 I.

Bei gutem Wetter ist die sehr aussichtsreiche Route R 81 u vorzuziehen. — Auf der Straße 2 km abwärts zur Straßenkreuzung. Dort auf der Reichsstraße 51 nach rechts und auf der Straßenbrücke den Fluß Sjoa überqueren. Hinter der Brücke zweigt links der Fahrweg zum Campingplatz Maurvangen ab. Diesem Weg durch den Campingplatz folgen, bis er vor der Schranke nach rechts (= Osten) knickt (gut markiert). Nach ca. 100 m zweigt der Pfad nach links (= Nordosten) ab. Leicht aufwärts durch Birkenwald. Nach etwa 400 m schwingt der Pfad nach Osten, führt unter der Stromleitung hindurch, 3 Bäche. Dann schwingt er oberhalb der Birkengrenze nach Nordosten und hält auf den Westhang des Köpfchens, 1176 m, zu. Das Köpfchen wird links umgangen. An seinem Nordhang zweigt Pfad R 81 u ab. Hier nach Osten hinab durch die Scharte Sikkilsdalsskardet zum See øvre Sikkilsdalsvatnet, 995 m. Nun immer am Nordufer entlang (teilweise blockig), kaum merklich abwärts zum See nedre Sikkilsdalsvatnet, 992 m, und an der kronprinzlichen Ferienhütte Prinsehytta vorbei zur staatlichen Pferdezuchtalm Sikkilsdalsseter mit privat bewirtschafteter Herberge (DNT-Rabatt) und Mautstraßenanschluß Richtung Osten sowie Möglichkeit zu Wanderungen im Gausdal Vestfjell.

● 81 u **Gjendesheim – Sikkilsdalshøi** (Kuppe 1778 m)
Mittel, 3 Std., Anstieg ca. 790 m.
Karten 1617 IV und 1618 II.

Sehr aussichtsreich. – Wie R 81 t zur Pfadkreuzung im Norden von Köpfchen, 1176 m. Nun kurz nach Norden, dann etwas steiler nach Nordosten zu Köpfchen, 1304 m. Der Pfad führt nun in mäßigem Anstieg die Sikkilsdalshøi-Westflanke hinauf auf den (Nord-)Rücken: Hier unschwer zum Gipfel mit Aussicht in alle Richtungen, nach Westen auf den Jotunheimen, nach Osten auf die Rondane und nach Nordosten bis zur Snøhetta im Dovrefjell. Vom Gipfel besteht die Möglichkeit, nach Süden abzusteigen zum Pfad R 81 t.

● **81 v** **Heimdalshøi** (Kuppe 1843 m)
Mittel, 4 Std., Anstieg ca. 890 m.
Karten 1617 IV und 1617 I.

Höchste Kuppe zwischen Jotunheimen und Rondane. – Wie R 81 e zu den Leirungsbuene-Hütten am See nedre Leirungen. Hier auf dem Weg zur Reichsstraße 51 hinaufmarschieren, diese überqueren und auf der anderen Straßenseite (den Drahtverhau links umgehen) auf den Pfad Richtung Herberge Haugseter (weiter wie R 34 i). Er führt in südöstlicher Richtung aufwärts zum „Brautschartensee“ Brurskardtjørnet, 1309 m, zwischen dem Brurskardknappen, 1464 m, und dem langgestreckten „Mottenfliegenhals“ Molflyhalsen, der der Nordwestrücken der Heimdalshøi ist. Mehrere Aufstiegsmöglichkeiten: Vom Brurskardtjørnet über den Mottenfliegenhals auf den Boden westlich der Heimdalshøi-Hauptkuppe hinauf. Dort unschwer zum Gipfel.

● **81 w** **vestre Leirungstinden** (Zinne 2250 m)
Anspruchsvoll.
Karte 1617 IV.

Phantastische Aussicht. – Aufsteigen vom See Leirungstjørnet, 1678 m, dem obersten See im Tal Leirungsdalen (R 81 l). Auf dem Südgrat bis dicht unter den Gipfel. Dort nach links und in die Scharte zwischen dem erstrebten Gipfel und dem kleinen Gipfel nördlich davon; von der Scharte aufsteigen. Der Leirungstinden steigt im Norden fast senkrecht aus dem Knutsholet-Gletscher auf. Auch diese Aufstiegsmöglichkeit wurde ausprobiert: 21 Std. einschließlich Übernachtung in der Wand.

● 82 Memurubu (Herberge mit DNT-Rabatt, 1008 m)
Ost-Jotunheimen am See Gjende; 6 Std. zu Fuß bzw. 35 Min. mit Schiff ab Reichsstraße 51.
Karte 1617 IV.

98-Betten-Herberge (Tel. 094-40621, N-2686 Lom) mit schönem Zeltgelände und Schiffsanlegestelle; geöffnet an Ostern sowie von ca. Mitte Juni bis ca. erstes September-Drittel.

Bootsverkehr: Auf dem See Gjende verkehrt von ca. Anfang Juli bis ca. Ende August das Motorboot „M / S Gjende“ täglich ein- bis dreimal zwischen der Hütte Gjendesheim (R 81), der Herberge Memurubu und der Hütte Gjendebu (R 83). Abfahrtszeiten Gjendesheim Richtung Memurubu siehe R 81; Abfahrtszeiten Memurubu Richtung Gjendesheim während der Hauptsaison: täglich 08.55, 10.35 und 14.40 Uhr sowie freitags und samstags auch 17.50 Uhr. Nach Gjendesheim dauert die Fahrt 40 Min. Abfahrtszeiten Memurubu Richtung Gjendebu während der Hauptsaison: täglich 07.35 und 12.05 Uhr sowie freitags und samstags auch 16.35 Uhr.

Die Herberge Memurubu liegt an der Mündung des Gletscherflusses Muru am Nordufer des Sees Gjende (R 81). Die Sand-, Stein-, Geröll- und Schlammassen, die der Fluß Muru durch das Tal Memurudalen transportiert, haben ein breites Delta entstehen lassen, das sich immer weiter in den See schiebt. Der Fluß Muru tritt aus den Gletschern vestre und austre Memurubreen aus und nimmt kurz vor der Mündung den Bach Hestbekken auf.
Die Gegend an der Ausmündung des Tals Memurudalen ist fruchtbar. Die Herberge wurde 1893 auf dem Gebiet einer Almsiedlung errichtet, bis heute wird Seterwirtschaft betrieben. Erste Bergtouristenunterkunft an dieser Stelle war die Steinhütte bei der Herberge: ein Raum mit Kamin und Pritsche. Der DNT kaufte sie 1870 und ließ sie 1893 umbauen. Sie gehört ihm noch immer. Wer darin nächtigen darf, entscheiden die Zuständigen auf Memurubu.
Memurubu ist bekannt als Lagerplatz der „Tre i Norge", jener drei Briten, die 1880 mit dem Kanu und zu Fuß durchs Gausdal Vestfjell und den Ost-Jotunheimen wanderten und darüber ein Buch veröffentlichten, das in Norwegen immer wieder aufgelegt wird. Es ist gut, sich bewußt zu machen, wie lang sich menschliche Spuren hier halten: Über 100 Jahre ist es her, doch der Backofen der drei steht noch immer, daneben liegen die Steine um den Feuerplatz.

Die Gletscher bei Memurubu: Der Zugang zu den Gletschern nordwestlich der Herberge Memurubu erfolgt aus dem oberen Teil des Tals Memurudalen. Die Moränen zeigen, wie weit das Eis im 18. Jahrhundert vorstieß.
Austre Memurubreen: Die Memurutindane, eine Gruppe von 13 Zinnen über 2000 m, umgeben hufeisenförmig den Kargletscher

austre Memurubreen und erreichen im store Memurutinden, 2364 m, ihre höchste Erhebung. Der Gletscher austre Memurubreen hat wenig Spalten, aber viele Wasserlöcher. Die Scharte Memuruskardet, 2130 m, die im Süden steil zum austre Memurubreen abfällt, bildet die Geh-Verbindung zum Gletscher Veobreen. Die Süd- und Westzinnen der Memurutindane wiederum trennen den Gletscher austre Memurubreen vom Gletscher vestre Memurubreen.

Vestre Memurubreen: Der Talgletscher vestre Memurubreen fließt vom eisüberfluteten Paß, ca. 1900 m, nach Süden ab zwischen den Gipfelgruppen Memrurutindane und Heillstugutindane (bis zu 2345 m). Im unteren Bereich wird er vom Berg Hinnotefjellet, 2114 m, nach Osten gelenkt. Er ist mit entsprechender Ausrüstung unschwer zu begehen, und zwar anfangs auf der Nord-, später Ostseite. Über diesen Gletscher und den nördlich daran anschließenden Gletscher Heillstugubreen verläuft die Gletscherroute zwischen den Herbergen Memurubu und Spiterstulen. Zugleich ist der Gletscher vestre Memurubreen Anmarschweg für einen der möglichen Aufstiege zu den Memurutindane.

Heillstugubreen: Die „Fortsetzung" des Gletschers vestre Memurubreen nördlich des eisüberfluteten Passes ist der Heillstugubreen (auf den Wegweisern „Hellstugubre" geschrieben), ebenfalls ein Talgletscher. Er fließt östlich der Kuppe Heillstuguhøi, 2072 m, und westlich der Memurutindane-Westzinnen nach Norden ab. Aus ihm tritt der Fluß Heillstuguåi aus, der im Tal Visdalen in den Fluß Visa mündet. Der Heillstugubreen ist mit entsprechender Ausrüstung unschwer zu begehen, und zwar auf seiner Ostseite, von wo aus auch der Aufstieg zu den Memurutinane-Westzinnen erfolgt (Ziel: Westzinne, 2280 m). Die Westzinnen können Richtung Gletscher austre Memurubreen überschritten werden. Die Gletscher vestre Memurubreen und Heillstugubreen decken ca. 12 qkm und bilden nach dem Smørstabbreen das zweitgrößte Gletscherareal im Jotunheimen.

Früher lief über die Gletscher vestre Memurubreen und Heillstugubreen einer der Anmarschwege für die Almbauern. Ende Mai 1871 z. B. zogen Erik Slaalien und seine hochschwangere Frau Anne, die ersten Hüttenwirte von Gjendebu, aus dem Tal Bøverdalen mit Kühen und Ziegen den Heillstugubreen hinauf, auf der anderen Seite den vestre Memurubreen ein Stück hinunter, bis beim Hinnotefjellet das Vieh nach Süden in das Tal Storådalen und von dort hinunter zur Hütte Gjendebu getrieben wurde. Folge war eineinhalb Monate später eine Frühgeburt: Gjendine Slaalien. Sie wurde 100 Jahre alt und wurde bekannt durch Lieder von Edvard Grieg. – Diese Geschichte ist selbstverständlich kein Einzelfall: Früher waren die Gletscher kein Brennpunkt sportlichen Ferien- und Freizeitvergnügens, sondern stellten natürliche Wege dar, zur Sonntagsmesse, zu Verwandten, zum Rendezvous.

Veobreen: Der Gletscher Veobreen – mit ca. 11 – 9 qkm der drittgrößte Gletscher im Jotunheimen – ummantelt die Zinne Veobretinden, 2183 m, und fließt nach Nordosten in das Tal Veodalen. Dort schäumt aus ihm der Fluß Veo heraus. Der Gletscher Veobreen wird weniger von der Herberge Memurubu aus begangen als von der Hütte Glitterheim bzw. der Herberge Spiterstulen (Routenbeschreibung siehe R 90 i); jedoch stellt die Scharte Memuruskardet, 2301 m, ein Tor zwischen den Gletschern Veobreen und austre Memurubreen dar. Im Osten trennt die Gipfelgruppe Veotindane (bis zu 2267 m) den Gletscher Veobreen vom Gletscher Styggehøbreen. Der Gletscher Veobreen ist bis auf zwei Aufschwünge relativ unschwer zu begehen, weist jedoch zahlreiche Wasserlöcher auf.

Styggehøbreen: Der Gletscher Styggehøbreen ist weithin erkennbar an der charakteristischen Scharte Styggehøbreskardet, aus der von der Herberge Memurubu aus der Einstieg in den Gletscher Styggehøbreen erfolgt. In der Mitte des Gletschers Styggehøbreen ragt die ganz von Eisströmen umgebene 2167-m-Zinne der Gruppe Styggehøbretindane (bis zu 2232 m) auf. Das Wasser der Gletscher Styggehø- und Blåbreen sammelt sich im Osten im Fluß Blåtjørnåi und fließt in den See Russvatnet ab. Der Gletscher Styggehøbreen ist voller Spalten, oft überwächtet (auf alten Karten heißt er Styggebreen; dieser Name ist jetzt reserviert für den Gletscher nordöstlich des Galdhøpiggen).

Blåbreen: Südlich des Gletschers Styggehøbreen fließt der Gletscher Blåbreen nach Osten, ein kleiner Gletscher, an dessen Zunge jahrzehntelang die Vorstöße und das Sichzurückziehen des Eises aufgezeichnet wurden. Der flache Boden östlich des Blåbreen wird häufig als Lagerplatz genutzt.

Sonstige: Darüber hinaus gibt es weitere (Teil-)Gletscher, die ebenfalls als Anmarschwege geeignet sind; hier müssen Erkundigungen über die aktuelle Begehbarkeit eingezogen werden (siehe z. B. den steilen Gletscherarm südöstlich des Gipfels Surtningssui). Natürlich müssen auch bei den oben skizzierten Gletschern Erkundigungen eingeholt werden.

Bergziele ab Herberge Memurubu (1008 m)

Zielname	Höhe m	Pfad	Grad	Beschreibung
Surtningssui	2368	ja	anspruchsvoll	R 82 fg
store Memurutinden	2364	nein	"	R 82 i
Surtningssui-Südost	2302	"	"	R 82 fg
Memurutinden-West a	2280	"	schwierig	R 82 i
Veotinden-Süd	2267	"	anspruchsvoll	R 82 hj
Memurutinden-West b	2243	"	schwierig	R 82 i
Veotinden-Hauptgipfel	2240	"	schwierig	R 82 h
Styggehøbretinden-Südost	2232	"	Klettern	R 82 h
Memurutinden-Süd a	2230	"	schwierig	R 82 i
Blåbrehøi-Süd	2196	"	anspruchsvoll	R 82 h
Blåbrehøi-Nord	2165	"	"	R 82 h
Blåbrehøi-Mittel	2154	"	"	R 82 h
Memurutinden-Süd b	2140	"	"	R 82 i
Reinstinden	1756	"	mittel	R 82 d
Gloptinden	1678	"	mittel	R 82 e
Besseggen	1510	ja	mittel	R 82 e
Sjugurdtinden	1300	ja	mittel	R 82 ab

Zu den aussichtsreichsten per Pfad erreichbaren Gipfeln zählt die Surtningssui (R 82 fg). Von ihr aus läßt sich die faszinierende Gratwanderung zur Gruppe Veotindane (R 82 h) durchführen. Anspruchsvoller und teilweise schwierig ist die Gruppe Memurutindane (R 82 i). Der Anmarsch durch das Tal Memurudalen läßt sich verkürzen, wenn das Zelt im oberen Talbereich abgespannt ist. Alternative für den Memurutindane-Zugang von Osten ist der Anmarsch über die Gletscher vestre Memurubreen und Heillstugubreen.

Zu den aussichtsreichsten Wandergebieten im Jotunheimen zählt die Bergzunge Memurutunga. Von ihr fällt der Blick nach links über den See Gjende (ganz unten) auf die Gjende-Alpen, deren höchste Erhebung der pyramidenförmige store Knutsholstinden ist (in der Mitte der linken Bildhälfte). Er sitzt auf dem Grat Knutseggi, zu dem – rechts vom Knutsholstinden – auch der namenlose Gipfel 2083 sowie – wiederum rechts – das sogenannte Nadelplateau gehören. Alle diese Gipfel und Nadeln sind zu ersteigen aus dem Tal Svartdalen, das jenseits des Knutsholstinden das Gebirge durchschneidet.

Die von den meisten unternommenen Wanderungen sind die über den Grat Besseggen zur Hütte Gjendesheim (R 82e) und die über die aussichtsreiche Memurutunga zur Hütte Gjendebu (R 82a). Die Memurutunga-Touren R 82abc können als Rundwanderung kombiniert werden. Gute Ausflugsziele sind auch die Zinnen Gloptinden (R 82e) und — in unmittelbarer Nähe des Gletschers vestre Memurubreen — Reinstinden (R 82d).

Hüttenziele auf Pfaden ab Herberge Memurubu (1008 m)

Zielname, Weg	höchste Höhe m	Stunden	Grad	Beschreibung
Gjendesheim				
via Besseggen	1743	5–6	mittel	R 82e
via Gjende-Ufer	1080	3½	unschwer	R 81b
Gjendebu				
via Bukkelægret	1470	5	mittel	R 82a
via Storådalen	1560	6	mittel	R 82b
via Memurudalen	1470	5–6	unschwer	R 82c
Spiterstulen				
via Heillstugubreen	1900	9	Gletscher	R 82d
Glitterheim				
via Russvatnet	1680	6–7	mittel	R 82e
via Styggehøbreen	2130	9	Gletscher	R 82j

● **82a** **Memurubu – Gjendebu** (bewirtschaftete DNT-Hütte, 990 m), via Memurutunga/Bukkelægret
Mittel, 4½–5 Std., Anstieg ca. 660 m; im Winter nicht begehbar.
Karte 1617 IV.

Diese Wanderung hat fast denselben Bekanntheitsgrad wie die über den Grat Besseggen und ist während der Hochsaison entsprechend überlaufen. Wegen der zentralen Lage gibt es allerdings kaum eine nicht anspruchsvolle Pfadtour, die so aussichtsreich ist wie diese. Nach dem Überschreiten des Flusses Muru (Brücke) direkt bei der Herberge etwas steiler Anstieg zur Zinne Sjugurdtinden, 1300 m, zwischen dem See Gjende und dem Tal Memurudalen. Schon hier prächtige Aussicht. Von der Zinne nach Westen in Auf- und Ab-Stufen hinauf auf die Lågtunga, eine Berg-„Zunge" mit kleinen Seen und Köpfchen. Der Pfad erreicht nach ca. 3 km ab Zinne (immer nach Westen) das Südufer des Sees Sjugurdtindtjørnet, 1443 m, und schwingt hier aus der bisherigen Westrichtung nach (West-) Südwesten hinab. Dort vereinigt er sich nach 2 km ab See mit dem aus dem Tal Memurudalen heraufführenden Pfad R 82c und führt nach Südwesten hinauf zum Steinmal.

Während hier Pfad R 82b nach Westen zum Tal Storådalen abzweigt (Wegweiser), beginnt nun der steile Abstieg zum See Gjende (ca. 450 Höhenmeter, Abstieg 1 Std., Aufstieg 2 Std.). Es handelt sich um einen der wenigen Pfade in norwegischen Nationalparks mit Gehhilfen an ausgesetzten Stellen; liegen viele Schnee-/Eisreste, ist der Abstieg via R 82b zu empfehlen.
Am Ufer des Sees Gjende dann noch eine halbe Stunde nach Westen durch Fjellbirkenwald mit üppiger Vegetation bis zur Hütte Gjendebu (R 83). Die Spuren der mächtigen Lawinen sind auch in der Nichtwinterzeit sichtbar.

● **82b** **Memurubu — Gjendebu** (bewirtschaftete DNT-Hütte, 990 m) via Storådalen
Mittel, 6 Std., Anstieg ca. 380 m.
Karten 1617 IV und 1517 I.

Bei dieser Wanderung wird der steile Abstieg zum See Gjende (R 82a) durch den 1 Std. längeren Weg (Pfad) durch das Tal Storådalen ersetzt, die Aussicht bleibt erhalten. — Wie R 82a aufsteigen zur Pfadkreuzung am Steinmal. Nun nicht zum See absteigen, sondern weiter nach Westen über die „Zunge" Memurutunga wandern. Nach etwa 3 km beginnt der Abstieg in das Tal Storådalen, das vom Fluß Storåi durchflossen wird. Im Tal mündet der Pfad auf den Pfad Gjendebu-Spiterstulen (R 83a). Hier Reste einer aufgegebenen Almhütte. Am diesseitigen = Ostuferbereich des Flusses Storåi geht es das fruchtbare Tal abwärts zur bewirtschafteten DNT-Hütte Gjendebu (R 83).

● **82c** **Memurubu — Gjendebu** (bewirtschaftete DNT-Hütte, 990 m) via Memurudalen/Memurutunga
Unschwer, je nach Abstieg 5—6 Std., Anstieg ca. 380 m.
Karte 1617 IV.

Oben sehr aussichtsreich. — Auf der Brücke den Fluß Muru überqueren und am linken (= Südufer) ca. 4 km talaufwärts, bis sich der Pfad vor der Mündung des Bachs Hinnotebekken nach Südwesten und bald Süden wendet und in mäßiger Steigung zur Berg-„Zunge" Memurutunga hinaufführt. Dort oben stößt er auf den Pfad R 82a. Weiter wie R 82a oder R 82b.

● 82 d **Memurubu — Spiterstulen** (Herberge, 1106 m) via vestre Memurubreen und Heillstugubreen (= Hellstugubre) 8—9 Std., Anstieg ca. 900 m; Gletscherausrüstung, Gletschererfahrung.
Karten 1617 IV, 1618 III und 1518 II.

Wie R 82c zum Mündungsgebiet des Bachs Hinnotebekken. Dort den Pfad verlassen und im diesseitigen Uferbereich dem von Westen herabfließenden Bach Hinnotebekken aufwärts folgen. Den Bach bei Gelegenheit durchschreiten, spätestens oberhalb des Sees Stangtjørnet, 1370 m. Nach der Durchschreitung nach Norden halten mit dem Westhang der steil nach Osten abbrechenden Zinne Reinstinden, 1756 m, als Orientierungspunkt. Aufsteigen zwischen Reinstinden und See Reinstindvatnet, 1541 m. Nun den Gletscher vestre Memurubreen aufwärts; rechts halten.
Der Gletscher vestre Memurubreen fließt durch das Tal zwischen den Gipfelgruppen der bis zu 2364 m hohen Memurutindane (rechts = Norden und später Osten) und der bis zu 2345 m hohen Heillstugutindane (links = Westen). Nördlich der Wasserscheide setzt er sich als Heillstugubreen fort (auch dort rechts = auf der Ostseite des Gletschers laufen). Nach dem Überschreiten der Wasserscheide Möglichkeit zum Aufstieg zu den Memurutindane-Westzinnen (Ziel: Westzinne, 2280 m; vgl. R 82i).
Aus der Zunge des Gletschers Heillstugubreen tritt der Fluß Heillstuguåi aus, der im Tal Visdalen in den Fluß Visa mündet. Rechts (= östlich) dieses Flusses führt ein schlechter Pfad hinab. Unten im Tal Visdalen mündet der Pfad auf den T-Pfad R 91 b zwischen den Herbergen Spiterstulen und Leirvassbu; mit Ziel Spiterstulen (R 91) rechts halten.

● 82 e **Memurubu — Glitterheim** (bewirtschaftete DNT-Hütte, 1384 m) via Russvatnet
Mittel, 6—7 Std., Anstieg ca. 390 + 510 = 900 m.
Karten 1617 IV und 1618 III.

Nördlich der Herberge auf dem T-markierten Pfad aufwärts, die ersten 100 Höhenmeter mäßig ansteigend, dann 200 Höhenmeter etwas steil, teils (Schmelzwasser-)Bachbett, aber nicht geröllig. In 1300 m Höhe flacht das Gelände ein, und der Pfad schwingt nach

Osten. Dort zweigt auf knapp 1400 Höhenmetern der Pfad zur Hütte Gjendesheim via Besseggen ab (Wegweiser; weiter wie R 81 a), während sich der Glitterheim-Pfad nach links (= Nordnordosten) zum in Privatbesitz befindlichen Forellensee Russvatnet, 1175 m, hinabschlängelt. Im Osten ragt der Westabbruch der mächtigen Kuppe Besshøi, 2258 m, auf, links vom See Russvatnet erhebt sich die Zinne Gloptinden, 1678 m.

Gloptinden ist ein empfehlenswertes, wenig anspruchsvolles Ausflugsziel: auf dem Südwest-Rücken zum Gipfel. Vom Gipfel Abstieg auf dem Nordost-Rücken und in dessen unterem Bereich (steil) nach Sicht Richtung Südosten.

Der Pfad folgt dem Westufer des Sees Russvatnet in zum Teil sehr feuchtem Gelände mit vielen Bächen. Hinter der modernen Privathütte an der ersten Bucht liegen die Reste der Bude Blackwellbui. Sie ist nach dem britischen General John Blackwell benannt, der vom ausgehenden 19. Jahrhundert bis zum Ersten Weltkrieg hier jagte und fischte, den See pachtete und schließlich sogar kaufte, aber vom Kauf zurücktrat, als er merkte, daß der ursprüngliche Besitzer den Verkauf bereute. Blackwell wollte kein Süßwasser kaufen, „das mit den Tränen der Reue gesalzen ist".

1½ km hinter der Blackwellbui springt eine Landzunge in den See, 1½ km weiter führt der Pfad vom Seeufer den Hang hinauf und schwingt nach Nordosten, wo der Gletscherfluß Blåtjørnåi auf einer Hängebrücke überquert wird. Ca. 1 km nördlich der Brücke trifft der Pfad auf den Pfad Gjendesheim – Glitterheim und führt mit diesem nach Norden zum Paß, 1685 m, zwischen den Kuppen vestre Hestlægerhøi, 1758 m, und austre Hestlægerhøi, 1950 m. Weiter wie R 81 p.

● **82 f** **Surtningssui** (Gipfel, 2368 m) via Raudhamrane
Anspruchsvoll, auf 4 Std., ab gut 2 Std., Anstieg ca. 1500 m.
Karten 1617 IV und 1618 III.

Surtningssui ist einer der schönsten per Pfad erreichbaren Aussichtsgipfel im Jotunheimen. Er wurde ums Jahr 1840 erstmals bestiegen von Johan Sverdrup, dem späteren Führer der radikalen Venstre-Bauern, Stortingspräsidenten (1871—1881) und ersten „lin-

ken“ Ministerpräsidenten (1884—1889). Es gibt mehrere gletscherfreie Aufstiegsmöglichkeiten, die alle am Fuß der Westflanke des Gipfelaufbaus ineinandermünden. Früher verlief der Pfad durch das Tal Memurudalen wie R 82g. Dann bildeten sich „wilde“, d.h. auf der topographischen Karte nicht eingezeichnete Routen heraus, darunter die weniger spannende durch das „Pferdetal“ Hestdalen nordöstlich der „Roten Hämmer“ Raudhamrane sowie die aussichtsreiche über die Roten Hämmer.
Auf der neuen Übersichtskarte Jotunheimen 1: 100 000 aus dem Jahr 1989 ist die Route über die Roten Hämmer eingezeichnet: Sie beginnt mit dem Aufstieg auf dem Pfad Richtung Besseggen, zweigt auf halber Hanghöhe nach links ab, durchquert auf Steinen den Bach Hestbekken und schwingt sich hinauf zu Höhe 1542. Bequemer und schneller – auch im Winter, zuletzt im Februar 1991 – fand ich stets den Anstieg aus dem Tal Memurudalen heraus, und zwar vom Pfad abzweigend vor = östlich des Hestbekken. Der Rest des Aufstiegs ist identisch mit der neu eingezeichneten Route: Von Höhe 1542 über dem See Hesttjørnet folgt der Pfad dem Kamm- bzw. Gratverlauf auf die Roten Hämmer hinauf und endet am Ansatz der Stufe, mit der der Westrücken des Zielgipfels abbricht. Nun ca. 150 Höhenmeter über die Stufe auf den breiten Rücken hinauf und auf diesem nicht mehr steil 200 Höhenmeter aufwärts, bis sich der Rücken schrägplateauartig weitet. Hier steht eine offene Steinhütte aus dem Jahr 1889, die als Nothütte gedacht und als Ausgangsbasis für weiterführende Touren nicht geeignet ist. Von der Steinhütte — starker Ausblick nach Westen — noch einmal knapp 140 Höhenmeter aufwärts.

● 82g **Surtningssui** (Gipfel 2368 m) via Memurudalen
Anspruchsvoll, auf 4—5 Std., ab 2—3 Std., Anstieg ca.1370 m.
Karten 1617 IV und 1618 III.

Alternative zu R 82f. Auf dem Norduferpfad des Flusses Muru ca. 8 km das Tal Memurudalen aufwärts bis zur Mündung des Surtningssubekken, des ersten Bachs mit ausgeprägtem Tal (nicht nur großer Graben). Diesem Bach diesseits aufwärts folgen. Kurz darauf mündet ein namenloser Bach in den Surtningssubekken; der Na-

menlose wird durchschritten, weiter geht es auf immer schlechter werdendem Pfad aufwärts, bis der Felsrücken rechter Hand ausflacht.
Hier — auf gut 1600 m, einen guten Kilometer ab Mündung des Bachs Surtingssubekken — knickt der Pfad nach Osten hinauf zum Westrücken des Zielgipfels Surtningssui. Auf dem Rücken zum Gipfel (siehe R 82 f).

● 82 h **Surtingssui — Veotindane** (Grattour)
Anspruchsvoll, Anstiege ca. 1370 + 80 + 120 + 100 + 140 (= 1900 m).
Karte 1618 III.

Traumtour bei schönem Wetter.
Wie R 82 f oder R 82 g zum Gipfel Surtningssui, 2368 m, aufsteigen. Nun immer nach Nordnordwesten gehen und dem durch mehrere Einsattelungen unterbrochenen, schrägpultartigen Gratverlauf folgen (ca. 4½ km Luftlinie bis zur Süd- = höchsten Zinne der Veotindane-Gruppe, 2267 m):
Vom schrägen Gipfelplateau der Surtningssui durch die Scharte zu Kopf, 2196 m (= Blåbrehøi). Weiter durch die nächste Scharte zu Kopf, 2154 m. Die ganze Zeit mit phantastischer Aussicht: im Osten zu Füßen der Gletscher Blåbreen, weiter drüben jenseits der weiten Hochfläche das Nautgardstinden-Massiv; die starke Westaussicht ist schon vom Aufstieg bekannt.
Weiter über Kopf, 2165 m, und zum nicht kotierten Kopf, ca. 2200 m, von dem aus sich ein Gratast nach Nordosten zwischen die Gletscher Blåbreen und Styggehøbreen schwingt und am Hauptgipfel, 2332 m, der Gruppe Styggehøbretindane endet. Dieser Gratast ist nicht ohne Kletterei zu bewältigen.
Vom nicht kotierten Kopf nach Nordwesten hinab in die Scharte Styggehøbreskardet, die einzige Scharte bisher mit Namen; sie ist von sehr vielen Stellen im Jotunheimen weithin zu sehen (aus ihr erfolgt der Einstieg in den Gletscher Styggehøbreen; siehe R 82 j). Aus der Scharte nach Nordwesten aufsteigen zur südlichen (= höchsten) Zinne, 2267 m, der Gruppe Veotindane zwischen den Gletschern Veobreen (links = westlich) und Styggehøbreen (rechts). Er wurde 1906 erstmals erstiegen. Von ihm spannt sich ein

Grat nach Norden zur Hauptzinne, 2240 m, der Veotindane-Gruppe. Rückmarsch von Veotinden-Süd: am Ostrand des Gletschers austre Memurubreen in das Tal Memurudalen zurück (wie R 82j in umgekehrter Richtung).

● 82i Memurutindane (Gipfelgruppe bis 2364 m)
Anspruchsvoll mit Schwierigkeiten/oder vom Gletscher aus.
Karten 1618 III und 1518 II.

Die Memurutindane, eine Gruppe von 13 Zinnen über 2000 m, umstehen hufeisenförmig den Kargletscher austre Memurubreen. Die Südzinnen erheben sich zwischen den Gletschern austre und vestre Memurubreen, nördlich der Nordzinnen fließt der Gletscher Veobreen. Die Scharte Memuruskardet zwischen der Hauptzinne, 2364 m, und der Nordostzinne, 2301 m, ist das Verbindungstor zwischen den Gletschern austre Memurubreen und Veobreen; die Scharte fällt nach Süden steil zum Gletscher austre Memurubreen ab.
Es gibt verschiedene Möglichkeiten zur Begehung der Memurutindane. Von der genannten Scharte Memuruskardet aus (nur mit Gletscherausrüstung und Gletschererfahrung) ist nur die Nordostzinne, 2301 m, ohne Kletterei zu erreichen. Viele steigen aus dem oberen Bereich des Gletschers Heillstugubreen (vgl. R 82d wiederum nur mit Gletscherausrüstung und Gletschererfahrung) zur Westzinne 2280 m auf; auch von hier aus ist die Hauptzinne, 2364 m, nur schwierig über einen ganz schmalen Grat zu erreichen. Die Hauptzinne ist am unproblematischsten von der Scharte Veoskardet (R 90i) aus zu ersteigen.
Die im folgenden beschriebene Überschreitung der Südzinnen bis zur Westzinne, 2280 m, ist ab Südostzinne, 2140 m, schwierig, obwohl keine Kletterei mit Seil nötig ist; erforderlich sind jedoch wegen der ausgesetzten Stellen Klettererfahrung und -sicherheit sowie absolute Schwindelfreiheit. Die Südostzinne, 2140 m, hingegen ist nur als anspruchsvoll einzustufen und bildet ein phantastisches Ausflugsziel. Ausgangspunkt ist der obere Teil des Tals Memurudalen: wie R 82g auf dem Nord- (= später Ost-)uferpfad des Flusses Muru ca. 8 km aufwärts zum Bach Surtningssubekken. Nun diesen durch-

schreiten und weiter muruaufwärts, bis der Fluß zahmer wird und sich in mehrere Bäche verzweigt. Weiter nordwärts gehen — die letzten Wasserschöpfmöglichkeiten ausnutzend — und erst vor dem Gletscher austre Memurubreen nach links (= Westen) aufsteigen (also zunächst an den Südzinnen „vorbeigehen“, fast bis zum See, 1686 m).

Vom Süduferbereich des (Gletscher-)Sees, 1686 m, nach Westen aufsteigen und von Norden her zur Zinne, 2140 m, aufsteigen (nördlich der ersten Zinne, 2049 m, liegt ein Firnfeld, das auf der topographischen Karte nicht eingezeichnet ist). Bis hier ist die Wanderung nicht mit Schwierigkeiten verbunden und sehr aussichtsreich.

Von P. 2140 nach Westen in die Senke absteigen (am Rand des Gletschers austre Memurubreen); aus der Senke heraus steil hinauf auf P. 2230.

Auf dem breiten 2230-m-Nordwestgrat absteigen in die Senke und etwas schmaler hinauf auf P. 2243.

Zwischen P. 2243 und dem nordwestlichen Nachbarn P. 2238 sperrt ein Felsvorsprung die Passage. Er ist zu umgehen, wenn von P. 2243 ein Stück zurückgegangen und dann ein Stück zum Gletscher vestre Memurubreen hinabgestiegen wird. Auch die Umgehung ist ausgesetzt und schwierig. P. 2238 also umgehen und in die (altschneegefüllte) Scharte nördlich von P. 2238 aufsteigen. Aus der Scharte aufsteigen zu P. 2280 mit phantastischer Aussicht.

Von P. 2280 in steilem Gelände nach Norden und dann breit nach Osten zum store Memurutinden, 2364 m, der höchsten Zinne der Memurutindane.

● **82 j** **Memurubu — Glitterheim** (bewirtschaftete DNT-Hütte, 1384 m), via Styggehøbreen

9 Std., Anstieg ca. 1300 m; Gletscherausrüstung, Gletschererfahrung.

Karten 1617 IV und 1618 III.

Auf dem Nord- (= später Ost-)ufer das Tal Memurudalen hinaufgehen, nach ca. 8 km den Bach Surtningssubekken durchschreiten und weiter nach Norden, mit der Talseite allmählich nach Nordosten schwingend. Dort den Nordostteil des Gletschers austre Memurubreen auf der Ostseite umgehen und hinauf zum Styggehøbreskar-

det, der Scharte im Kamm zwischen dem namenlosen und nicht kotierten Südwestgipfel (ca. 2220 m) der Styggehøbretindane-Gruppe und dem südlichen und höchsten Veotinden, 2267 m.
Von der Scharte Styggehøbreskardet aus nach Nordosten über den Gletscher Styggehøbreen hinabgehen; sobald links (= nördlich) die kleine Scharte vor dem Flußtal in Sicht ist, diese als Orientierungspunkt nehmen; über die Blockfelder steil nach Norden zum Fluß Veo hinab und ihn durchwaten. Am Nordufer noch ein Stück weiter nach Norden bis zum markierten Pfad Spiterstulen – Glitterheim; auf diesem nach rechts (= Osten) halten.
Langwierige Alternative für Nichtwater und Skiläufer: An der unteren Scharte nicht nach Norden zum Fluß hinunter, sondern nach Osten über die Blockfelder, ca. 5 km Luftlinie, bis östlich der vestre Hestlægerhøi, 1758 m, der T-markierte Pfad erreicht wird; auf diesem nach links (= Norden bzw. Nordosten) und zum Fluß hinab mit breiter, fester Brücke.

● 83 **Gjendebu** (bewirtschaftete DNT-Hütte, 990 m)

Ost-Jotunheimen an der Westbucht des Sees Gjende; 70 Min. mit Boot ab Reichsstraße 51 in Gjendesheim (R 81). 5 Std. zur nächsten Straße in Eidsbugarden (R 84).
Karte 1617 IV.

115-Betten-Herberge (Tel. 061-37769, N-2686 Lom) mit Zeltmöglichkeit und Schiffsanlegestelle; geöffnet an Ostern sowie ca. letztes Juni-Drittel bis ca. erstes September-Drittel; außerhalb der regulärer Öffnungszeit 34-Kojen-Selbstbedienungsquartier in neu errichteter Hütte.
Bootsverkehr: Von ca. Anfang Juli bis ca. Ende August verkehrt auf dem See Gjende das Motorboot „M/S Gjende" täglich ein- bis dreimal zwischen der Hütte Gjendesheim (R 81), der Herberge Memurubu (R 82) und der Hütte Gjendebu. Abfahrtszeiten Gjendesheim bzw. Memurubu siehe R 81 und R 82; Abfahrtszeiten Gjendebu Richtung Memurubu/Gjendesheim während der Hauptsaison: täglich 08.20 und 14.05 Uhr sowie freitags und samstags auch 17.15 Uhr. Nach Memurubu dauert die Fahrt 35 Min., nach Gjendesheim 1¼ Std.

Gjendebu liegt an der Westbucht des Sees Gjende an einer fruchtbaren Stelle, an der drei Täler münden: von Nordwesten das Tal Storådalen, das vom „großen Fluß“ Storåi durchflossen wird; von Südwesten das Tal Vesleådalen, aus dem der „kleine Fluß“ Vesleåi herausfließt; von Süden das steile Tal Svartdalen, aus dem sich ein namenloser Bach in den See ergießt. Storåi und Vesleåi schieben ein breites Delta in den See, das von der aussichtsreichen Bergzunge Gjendestunga überragt wird. Brücken und Stege machen den Mündungsbereich der Flüsse gangbar. Das „schwarze Tal“ Svartdalen bildet oft eine Wetterscheide: Westlich davon ist es feuchter.
Wie die Herberge Memurubu hat sich die Hütte Gjendebu aus einem Almhof entwickelt, doch wird keine Seterwirtschaft mehr betrieben. 1871 wurde die erste DNT-Hütte eingeweiht, schon 1892 mußte angebaut werden. In den 60er Jahren entstanden die heute genutzten Gebäude, Ende der 80er Jahre wurde renoviert.
Neben den neuen Gebäuden ist die 1871 in Gebrauch genommene Steinhütte zu sehen. Am 14. Juli 1871 wurde darin die Tochter der ersten Hüttenwirte, Erik und Anne Slaalien, geboren. Das Mädchen, das mit Wasser aus dem See Gjende auf den Namen Gjendine getauft wurde, kam als Magd in der DNT-Hütte mit vielen Leuten in Kontakt. Im Sommer 1886 begeisterte sich der Komponist Edvard Grieg — damals 43 — so für die 17jährige oder für ihren Gesang, daß er auch in den zehn darauffolgenden Jahren nach Gjendebu kam und sich Gjendines Almlieder notierte. Frucht dieser Begegnungen sind Griegs „Norwegische Volksweisen“ op. 66. Ein anderer Tourist auf Gjendebu war der aus Leipzig stammende niederländische Dirigent und Komponist Julius Röntgen, ein entfernter Verwandter des Entdeckers der X-Strahlen. Diesen heiratete Gjendine. Sie überlebte sowohl Grieg († 1907) als auch ihren Mann († 1932): 1972 starb sie im Alter von 100 Jahren.

Zu den aussichtsreichsten per Pfad erreichbaren Ausflugszielen zählen die Bergzungen Memurutunga (R 82a, vgl. R 83a) und Gjendestunga (R 83k) sowie der Gipfel Svartdalspiggen-Nord (R 83p). Keine Pfad führen zu den Zinnen store Knutsholstinden (R 83q) und vestre Leirungstinden (R 81w); diese beiden und das ebenfalls nur pfadlos erreichbare Nadel-Plateau der Knutseggi (R 83r) sind über-

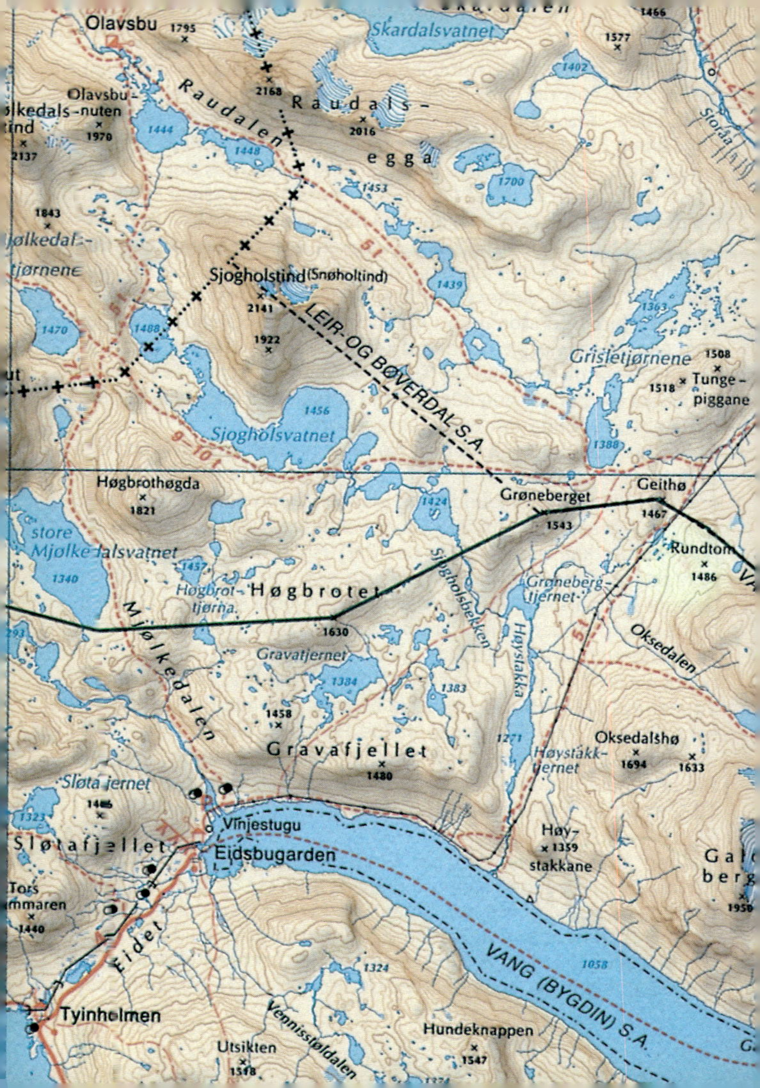

Olavsbu
1795
2168
Skardalsvatnet
1466
1577
1402
Olavsbu-
Mjølkedals-nuten
1970
2137
1444
1448
Raudalen
Raudals-
2016
egga
1700
Storåa
1453
1843
Mjølkedal-
tjørnene
51
Sjogholstind (Snøholtind)
2141
1922
1439
1363
1470
1488
LEIR- OG BØVERDAL S.A.
Grisletjørnene
1508
1518
Tunge-
piggane
1456
Sjogholsvatnet
9-101
1388
Høgbrothøgda
1821
Grøneberget
1543
Geithø
1467
store
Mjølkedalsvatnet
1340
1457
1424
Rundtom
1486
Høgbrot-
tjørna
Høgbrotet
1630
Sjogholsbekken
Grøneberg-
tjernet
Høystakka
Oksedalen
Mjølkedalen
Gravatjernet
1384
1383
1458
Gravafjellet
1480
1271
Høystakk-
tjernet
Oksedalshø
1694
1633
Sløta jernet
1323
Vinjestugu
Sløtafjellet
Eidsbugarden
Høy-
1359
stakkane
Tors
mmaren
1440
Eidet
1324
1058
VANG (BYGDIN) S.A.
Tyinholmen
Vennisstøldalen
Hundeknappen
1547
Utsikten
1518

Høgtunga
1651
1676
Langtjørna
984
Bukkelægret
LANGMORKI S.A.
Gjendebu
Svartdalsoksla
1625
Langedalen
2185
2073
Skarvfly-
Skarvfly-breen
2154
tindane
2210
2250
store Knutsholstind
2341
Knutsholet
Skarvfly-løyftbreen
2288
østre
Leirungstind
2250
vestre
2137
Svartdalen
Svartdals-
piggane
1490
Svartdals-
tjørnene
1475
Langedals-
breen
2086
2190
2163
Slettmark-
piggen
Mesmog-
tind
2264
2206
Langedals-
tind
Kvitskar-
tind
2193
Leirungstjørnene
1678
1578
Leirungs-
kampen
2079
2208
VÅGÅ
VANG
Kalve
1673
1936
Torfinns-
egga
1507
1513
Galdeberg-
tjerna
Langedals-
tjernet
Torfinns-
tindane
2119
Torfinnsdalen
nordre Kalve-
holotind
2019
Langedalen
Torfinnsbu
Nybua

aus zu empfehlen. Weniger anspruchsvoll sind Slettmarkkampen (R 83 m) sowie Hinnotefjellet (R 83 b) und Semmeltinden (R 83 l); Route R 83 b ist bis zum Gletscher auch als sehr aussichtsreicher Ausflug zu empfehlen. Es besteht die Möglichkeit, sich nach Absprache mit der Wirtschaft an das Südufer des Sees Gjende übersetzen zu lassen. Von dort sind die Gipfel nördlich des Tals Leirungsdalen (R 81 l) von Norden aus zu begehen. Im Winter – etwa bis Ostern – ist der See Gjende eine Tiefkühltruhe, in die so gut wie nie die Sonne scheint.

Hüttenziele auf Pfaden ab Hütte Gjendebu (990 m)

Zielname, Weg	höchste Höhe m	Stunden	Grad	Beschreibung
Gjendesheim				
via Leirungsdalen	1680	8	mittel	R 83 h
Memurubu				
via Bukkelægret	1470	5	mittel	R 82 a
via Storådalen	1540	6	mittel	R 83 a
Spiterstulen				
via Uradalen	1663	7—8	mittel	R 83 a
via Heillstugubreen	1900	9—10	Gletscher	R 83 b
Leirvassbu				
via Langvatnet	1518	6	mittel	R 83 c
Olavsbu				
via Raudalen	1460	5	unschwer	R 83 d
via Langvatnet	1518	5—6	mittel	R 83 t
via Sjogholet	1600	5—6	unschwer	R 83 s
Skogadalsbøen				
via Sjogholet	1600	10	mittel	R 83 e
Eidsbugarden				
via Høystakka	1372	4—5	unschwer	R 83 f
via Gravafjellet	1410	5	mittel	R 83 g
Torfinnsbu				
via Svartdalen	1500	5	mittel	R 83 h
via Langedalen	1750	6	anspruchsvoll	R 83 i
via Oksedalen	1690	5—6	mittel	R 83 j

Bergziele ab Hütte Gjendebu (990 m)

Zielname	Höhe m	Pfad	Grad	Beschreibung
store Knutsholstinden	2341	nein	anspruchsvoll	R 83 q
Semmeltinden	2236	"	"	R 83 l
Langedalsbrehøi	2190	"	"	R 83 o
Knutsholdstinden-Nord	2185	"	"	R 83 r
Slettmarkpiggen	2163	"	"	R 83 n
Svartdalspiggen-Nord	2137	ja	"	R 83 p
Hinnotefjellet	2114	nein	"	R 83 b
Slettmarkkampen	2032	nein	"	R 83 m
Tungepiggane	1518	nein	unschwer	R 83 k
Gjendestunga	1516	ja	unschwer	R 83 k
Memurutunga	1514	ja	mittel	R 82 abc
Sjugurdtinden	1300	ja	mittel	R 82 ab

• **83 a** **Gjendebu — Spiterstulen** (Herberge, 1106 m), via Uradalen
Mittel, 7—8 Std., Anstieg ca. 680 m.
Karten 1617 IV, 1517 I und 1518 II.

Beeindruckende Talwanderung, wild. Im Norduferbereich des Flusses Storåi das Tal Storådalen aufwärts gehen, anfangs in fruchtbarer Vegetation. Der Pfad entfernt sich allmählich ein Stück vom Uferbereich und bietet bald prächtige Aussicht zurück auf die Gruppe Svartdalspiggane (bis zu ca. 2170 m). Nach gut 5 km ab Hütte Gjendebu zweigt nach rechts der Pfad zur Herberge Memurubu ab (weiter wie R 82 b); im Bereich der Pfadabzweigung liegen links die Reste einer aufgegebenen Almhütte. Weiter talaufwärts gehen zum Wasserfall Hellerfossen. Der unterhalb des Falls einmündende Gletscherfluß Semmelåi (meist nur ein Bach) wird durchschritten. Vor ihm zweigt nach rechts der Pfad R 83 b zur Herberge Spiterstulen über den Gletscher Heillstugubreen ab.
Rechts neben dem Wasserfall kurzer Aufstieg zum See Hellertjørnet, 1275 m. Das markante Scharten-Zinnen-Gebilde direkt im Westen ist die Skardalseggi (bis zu 2159 m).

Knapp 1 km nordwestlich des Sees Hellertjørnet verzweigt sich der Pfad erneut: Zur Herberge Leirvassbu geht es am Ufer des großen Sees Langvatnet, 1368 m, entlang (weiter wie R 83c); der Spiterstulen-Pfad hingegen knickt nach Norden und führt über den Westfuß der Doppelzinne Semmeltinden in das „Gerölltal" Uradalen hinauf: über Blockfelder vorbei am Ostufer der beiden Seen Uradalstjørnin, 1593 m und 1594 m (vom 1594-m-See Aufstieg zur Zinne Semmeltinden wie R 83l), dann am Westufer des dritten Sees, 1618 m, zum Band Uradalsbandet, 1663 m. Hier ist der höchste Punkt der Tour erreicht. Im Osten wachsen aus den Blöcken die Flanken und Wände der Gruppe Heillstugutindane, im Westen die der Gruppe Uradalstindane mit der Zinne store Uradalstinden, 2116 m, als höchster Erhebung. Vom Band Uradalsbandet aus ist die Besteigung der Zinne store Heillstugutinden, 2345 m, möglich (R 91f; dieser Hauptgipfel ist auf der topographischen Karte nicht kotiert, der Name ist jedoch eingetragen).
Vom Band Uradalsbandet Abstieg nach Norden durch das Tal. Am rechten (= Ost-)Ufer des Bachs Uradalsbekken führt der Pfad hinunter in das breite Tal Visdalen, wo er auf den markierten Pfad Leirvassbu – Spiterstulen trifft; hier nach rechts und immer talabwärts (vgl. R 91b).

● 83b **Gjendebu — Spiterstulen** (Herberge, 1106 m), via vestre Memurubreen und Heillstugubreen
9—10 Std., Anstieg ca. 800 m; Gletscherausrüstung, Gletschererfahrung.
Karten 1617 IV, 1517 I und 1518 II.

Wie R 83a zur Mündung des Gletscherflusses Semmelåi am Fuß des Wasserfalls Hellerfossen. Den Fluß Semmelåi nicht durchschreiten, sondern ihm im diesseitigen Uferbereich aufwärts folgen auf den relativ flachen Boden südöstlich des Gletschersees Semmelbretjørnet, 1680 m, der vom Gletscher Semmelbreen gespeist wird. Hier auf die Senke am Westfuß des Hinnotefjellet, 2114 m, zuhalten; dort in den Gletscher vestre Memurubreen einsteigen und auf dessen anderer (= Nord- und später Ost-)Seite aufwärts. Weiter wie R 82d. Die Pyramide des Hinnotefjellet stellt ein sehr lohnenswertes Ausflugsziel dar.

● 83c Gjendebu — Leirvassbu (Herberge, 1405 m) via Langvatnet
Mittel, 6 Std., Anstieg ca. 530 m.
Karten 1617 IV, 1517 I und 1518 II.

Beeindruckende Talwanderung; geröllig. Wie R 83a zur Pfadkreuzung (Wegweiser) nordwestlich des Sees Hellertjørnet. Nun kurz nach Westen aufsteigen und dann hinab zum großen See Langvatnet, 1368 m, mit dem markanten Scharten-Zinnen-Grat-Gebilde Skardalseggi (2159 m) am Südufer. Der Pfad folgt dem Nordufer dieses großen Sees, in den mehrere Bäche münden, darunter der aus dem Tal Uradalen herausfließende Talfluß Uradøla; keine Stege.

Am Südfuß der Kuppe Langvasshøi, 2030 m, verläßt der Pfad den Seeuferbereich (er bleibt im folgenden immer im Fußbereich des Bergzugs rechts) und führt ein wenig aufwärts (Blockfelder) zur Pfadkreuzung vor dem See nedre Høgvagltjørnet, 1400 m (hier zweigt nach links = Süden der Pfad R 83t zur Hütte Olavsbu ab). Im Nordostuferbereich am See entlang und hinauf zum See øvre Høgvagltjørnet, 1445 m. Nun ein letztes Stück aufwärts über das Blockgelände Høgvaglurdi zum Paß Høgvaglen („die hohe Hühnerstange“, 1518 m), über den die Nationalparkgrenze verläuft. Von der Hühnerstange aus ist unten der See Leirvatnet mit der Herberge Leirvassbu (R 93) zu sehen. Unschwer den Markierungen hinab folgen, unten auf Weg nach rechts.

● 83d Gjendebu — Olavsbu (DNT-Selbstbedienungshütte, 1440 m) via Raudalen
Unschwer, 5 Std. (Olavsbu – Gjendebu: 4 Std.), Anstieg ca. 480 m.
Karten 1617 IV und 1517 I.

Beeindruckende Talwanderung mit Ausnahme des ersten Tals (stattdessen empfehlenswerter Anmarsch via R 83k). — Durch das Delta an der Westbucht des Sees Gjende über Brücken / Steg nach Süden und am diesseitigen Ufer des Flusses Vesleåi nach Südwesten in das Tal Vesleådalen hinauf, zunächst durch Fjellbirkenwald mit fruchtbarer Vegetation. Als störend empfunden werden kann die Telegrafenlinie Gjendebu – Eidsbugarden, die einzige im

Nationalpark Jotunheimen; im Winter ist sie eine gute Skiroutenmarkierung.
Gut 3 km ab Hütte Gjendebu mündet der vom Gletscher Slettmarkbreen herausfließende Bach in den Fluß Vesleåi, der nun auf einem Steg überschritten wird. Knapp 2 km weiter zweigt der Pfad nach rechts = Westen zur Hütte Olavsbu ab (Wegweiser), während der Pfad zur Herberge Eidsbugarden die Telegrafenlinie entlang talaufwärts führt.
Der Fluß Vesleåi wird mit Ziel Olavsbu an der Pfadkreuzung erneut überquert. Der Pfad führt hinauf zur Senke zwischen der Kuppe Geithøi, 1467 m, und den Höckern Tungepiggane und erreicht vor der Südbucht des Sees Grisletjørnet, 1388 m, erneut eine Pfadverzweigung: zur Hütte Skogadalsbøen nach Westen, zur Herberge Eidsbugarden nach Süden. Mit Ziel Richtung Olavsbu wird die Südbucht des Sees umrundet, dann ein Stück am Westufer entlang, ehe der Pfad nach Nordwesten in das „rote Tal" Raudalen schwingt, das kaum Gefälle aufweist. Das Tal wird im Norden flankiert von dem langgezogenen Zinnen-Grat-Gebilde Raudalseggi (bis zu 2168 m), im Süden erheben sich die Zinnen Snøholtinden (= Sjogholstinden), 2141 m, und weiter hinten Mjølkedalstinden, 2137 m. Der Pfad führt an mehreren kleinen Seen mit Rastmöglichkeiten zur Wasserscheide ca. 1460 m, hinauf. Von dort oben sind es noch gut 3 km bis zur Hütte Olavsbu (R 94), dem natürlichen Talgeländeverlauf folgend; der Pfad führt wieder an mehreren Seen vorbei, allerdings ist das Gelände nun grobblockiger.
Das Tal Raudalen ist an der Wasserscheide nicht zu Ende; hier beginnt der lange Haupttrakt dieses Tals, das im Westen in das Tal Storutledalen ausmündet.

• 83 e Gjendebu — Skogadalsbøen (bewirtschaftete DNT-Hütte, 831 m) via Sjogholet
Mittel, 9—10 Std., Anstieg ca. 630 m.
Karten 1617 IV, 1517 I und 1517 IV.

Mit Ausnahme des Anfangs (besser via R 83k) teilweise sehr aussichtsreich, teilweise wild, aber insgesamt sehr lang (angenehmer mit Zwischenübernachtung in der Hütte Olavsbu, von der aus sich auch sehr schöne Touren durchführen lassen). — Wie R 83d zur

Pfadverzweigung vor der Südbucht des Sees Grisletjørnet. Nun nach Westen in die Senke hinein und weiter aufwärts in dieser Richtung zum See Sjogholsvatnet (= Snøholvatnet), 1486 m, dessen Ausfluß durchschritten wird (der Ausfluß bildet mehrere kleine Seen; die ersten beiden werden am Nordufer umgangen, dann erfolgt die Durchwatung des Ausflusses). Der Pfad folgt am Fuß des Bergs Høgbrothøgdi (1821 m) dem Südufer des Sees Sjogholsvatnet; am anderen Ufer erhebt sich der Sjogholstinden (= Snøholtinden), 2141 m. Nun steiler hinauf zur Wasserscheide, ca. 1600 m.
Hier kreuzt der Pfad Eidsbugarden – Olavsbu: Nach rechts (= Norden) sind es knapp 5 km bis zur Hütte Olavsbu (weiter wie R 83s), während es zur Hütte Skogadalsbøen noch dreimal so weit ist. Aussicht auf die Zinne Mjølkedalstinden, 2137 m, und ihren steil nach Osten abbrechenden Nebengipfel Olavsbunuten, 1970 m (auf der topographischen Karte namenlos), unweit der Hütte Olavsbu.
Der Pfad zur Hütte Skogadalsbøen führt nun nach Nordwesten hinab in das Tal øvre Mjølkedalen: am rechten (= Nordost-)Ufer des Sees øvre Mjølkedalstjørnet, 1470 m, vorbei, dann den Wasserlauf durchqueren und am linken (= Süd-)Ufer des unteren Sees, 1423 m, weiter abwärts; rechts erhebt sich die bis zu wandartig steile Zinne Mjølkedalstinden, 2137 m. Hinter dem unteren See schwingt der Pfad mit dem Wasserlauf nach Westen in das hier oben noch nicht bewaldete „Waldtal“ Skogadalen; hier besteht zum letzten Mal die Möglichkeit, zur Hütte Olavsbu abzuzweigen (Pfad, Durchquerung des Wasserlaufs, dann steil).
Der Pfad folgt fast bis zur Zielhütte immer dem Südufer des seeartige Ausbuchtungen bildenden Talflusses Skogadøla, wie der Wasserlauf nun heißt; die erste Bucht wird durchschritten. 3 km weiter erreicht der Pfad die Nationalparkgrenze. Im Weidengürtel ist der Pfad leicht zu verlieren. In einer Höhe von etwas über 1000 m beginnt der Wald. Auf der Nordostseite klettern die Birken bis zu 1200 m hoch, und auch Kiefern wachsen noch in 1000 m Höhe (Ende des 19. Jahrhunderts sollen sie fast die 1200-m-Linie erreicht haben). Ansonsten ist die Pflanzenwelt im Tal Skogadalen nicht so üppig. Aussicht nach Westen auf die Hurrungane-Spitze. Am Talausgang, wo die DNT-Hütte Skogadalsbøen (R 99) steht (Brücke), mündet der Fluß Skogadøla in den Fluß Utla.

● 83 f **Gjendebu – Eidsbugarden** (Herberge, 1062 m) via Høystakka
Unschwer, 4—5 Std., Anstieg ca. 380 m.
Karten 1617 IV und 1517 I.

Kürzeste Verbindung zwischen Gjendebu und Eidsbugarden. Schöner wird diese Tal- und Hochflächenwanderung, wenn der Anweg über die Bergzunge Gjendestunga (R 83 k) gewählt wird (plus ca. 2 Std.). Anzuraten ist außerdem die Kombination R 83 k + g (Gjendestunga + Gravafjellet). – Wie R 83 d zur ersten Pfadkreuzung. Nun immer der Telegrafenlinie folgen (bis Eidsbugarden): Zwischen der Pfadabzweigung zur Hütte Olavsbu (Wegweiser) und der Kuppe Rundtom, 1486 m, ist das Fluß Vesleåi zu durchschreiten; die Kuppe nordwestlich des Pfads ist die Geithøi, 1467 m. Kurz darauf sind die Nationalparkgrenze und die Wasserscheide P. 1372 erreicht. Nun weiter nach Südwesten, auf dem Steg über den Talfluß Oksedøla; einige hundert Meter weiter zweigt der empfehlenswerte Pfad R 83 j zur Herberge Torfinnsbu nach Osten ab. Weiter die Telegrafenlinie entlang zum See Høystakktjørnet, 1271 m, hinab, dessen Ausfluß, die Høystakka, ebenfalls auf einem Steg überschritten wird, bevor der Pfad etwas steil zum Stausee Bygdin hinunterführt. Der Pfad folgt dem Seeufer nach Westen bis zur Herberge Eidsbugarden (R 84), die Straßenanschluß hat.

● 83 g **Gjendebu – Eidsbugarden** (Herberge 1062 m) via Gravafjellet
Mittel, 5 Std., Anstieg 530 m.
Karten 1617 IV und 1517 I.

Länger, aber wesentlich abwechslungsreicher als die Telegrafenlinienroute R 83 f. Am empfehlenswertesten ist die Kombination mit dem Anmarsch über die Bergzunge Gjendestunga (R 83 k). – Wie R 83 d zur Pfadverzweigung vor der Südbucht des Sees Grisletjørnet. Nun leicht abwärts nach Südwesten, dem Südostabbruch des Bergs Grøneberget, 1543 m, folgend, aber zunächst links (= östlich) des Bachs, der jedoch vor dem nächsten See, dem Grønebergtjørnet, 1285 m, durchquert wird. Diesen See westlich umgehen, aber mit Abstand. Am Hang den breiten Zuflußbach durchqueren (nicht durch Fußspuren verwirren lassen: am Hang durchqueren, nicht an der Mündung). Nun weiter nach Südwesten, ansteigend auf das Gravafjellet hinauf, das kein „Berg" ist, sondern ein „Fjell" mit zahlreichen Köpfchen, Seen und Pfützen, Bächen und Bächlein, viel Grün, keinen Bäumen und weiter Aussicht. Vorbei am Südostufer des größten Sees, des Gravatjørnet, 1384 m, dessen Ausfluß möglichst weit oben durchwatet wird. Dann steil die Südflanke des Gravafjellet hinab zum See Bygdin und am Ufer noch gut 1 km nach rechts (= Westen) zur Herberge Eidsbugarden (R 84).

● 83 h **Gjendebu – Torfinnsbu** (Herberge, 1060 m), via Svartdalen
Mittel, 5 Std., Anstieg ca. 500 m, Lawinengefahr im Tal Svartdalen (Winterroute: R 83 i).
Karte 1617 IV.

Talwanderung, mit Abstechern sehr empfehlenswert. – Über Brücken / Stege durch das Delta nach Süden (Wegweiser), am jenseitigen = Südufer des Flusses Vesleåi ein kurzes Stück flußabwärts durch fruchtbaren Fjellbirkenwald. Vor den Mündungsarmen des aus dem Tal Svartdalen herausfließenden Bachs schwingt der Pfad nach rechts (= Süden) und führt fast 400 Höhenmeter hangaufwärts, teilweise steil, ehe das Gelände einflacht. Die aussichtsreiche Schulter hier oben heißt Svartdalsoksli. Das den ganzen Winter über lawinengefährdete „schwarze Tal" Svartdalen ist ein Hängetal zwischen dem Grat der Zinne store Knutsholstinden (2341 m, höchster Gipfel der Gjende-Alpen) im Osten und der Gipfelgruppe Svartdalspiggane (ca. 2170 m) im Westen. Es ist recht dunkel in diesem engen Tal, in dem der Sommer spät Einzug hält und nur kurz verweilt. Auf der Schulter zweigt nach rechts der markierte Pfad zum Nordgipfel der Svartdalspiggane-Gruppe ab (weiter wie R 83 p). Ein kurzes Stück weiter wird der Talbach durchschritten. Hier besteht die Möglichkeit, zum Knutsholstinden-Nordplateau aufzusteigen (weiter wie R 83 r). Der Pfad folgt nun dem Ostufer des Talbachs aufwärts und erreicht vor dem ersten größeren (= am höchsten gelegenen) See, 1490 m, die Wasserscheide.
Am langgestreckten See, 1475 m, jenseits der Wasserscheide zweigt nach links hinauf der Pfad zur DNT-Hütte Gjendesheim durch das Tal Leirungsdalen ab (weiter wie R 81 l).

Das Tal verbreitert sich nun allmählich. Unter dem Namen Torfinnsdalen führt es zwischen den Zinnen Torfinnstindane (2119 m, westlich) und nordre Kalveholotinden, 2019 m, hinab zur privat bewirtschafteten Herberge Torfinnsbu (R 88) am Stausee Bygdin, wo während der Hauptsaison das Motorschiff anlegt.

● 83 i **Gjendebu – Torfinnsbu** (Herberge, 1060 m) via Langedalen
Anspruchsvoll, 6 Std., Anstieg ca. 760 m; Winterroute; im Sommer schwierig (Sommerroute: R 83 h).
Karte 1617 IV.

Wie R 83 h den Fluß Vesleåi überschreiten. Dann ein kurzes Stück flußaufwärts bis zur Mündung des ersten Bachs, des Langedalsbekken. Diesseits des Bachs in das Tal Langedalen aufsteigen. Der Gletscher Langedalsbreen, aus dem der Bach ausfließt, hat sich in den letzten Jahren erheblich zurückgezogen; übriggeblieben ist glatter, steiler Fels, der vor allem bei Nässe gefährlich ist.
Der Gletscher hat im steilen oberen Bereich Spalten. Etwa in seiner Mitte (also weit vor dem Aufschwung) aussteigen und nach Süden aufsteigen zum Band ca. 1750 m. Absteigen über die Südflanke zum See, 1673 m, ihn westlich umsteigen, den Ausfluß durchschreiten und ihm hangab folgen, am Ostufer des Sees Langedalstjernet, 1513 m, vorbei, und immer talabwärts, bis der Pfad kurz vor der Mündung des Bachs in den See Bygdin nach Osten schwingt und an der aufgegebenen Viehhütte Nybui das Ufer erreicht. Diese Hütte diente bis 1905 auch Bergtouristen als Unterkunft. Von dort ist es noch ein guter Kilometer zur Herberge Torfinnsbu (R 88).

● 83 j **Gjendebu – Torfinnsbu** (Herberge, 1060 m) via Oksedalen
Mittel, 5—6 Std., Anstieg ca. 380 + 360 = 740 m.
Karten 1617 IV und 1517 I.

Außer am Anfang aussichtsreich und wild, teils Tal, teils Hochfläche. Wie R 83 f längs der Telegrafenlinie bis zur Abzweigung des Pfads in das Tal Oksedalen. Nun dem Talverlauf folgend nach grob Osten aufsteigen zum See Oksedalstjernet, 1561 m, zwischen den Bergen Galdeberget, 2075 m (südlich), und Slettmarkpiggen,

2163 m (nördlich); der aussichtsreiche Berg Galdeberget ist vom Bereich des Seeausflusses aus ohne Probleme zu ersteigen: Aufgestiegen wird auf dem Nordwestrücken, der wiederum vom Sattel zwischen Galdeberget und der westlich vorgelagerten kleinen Kuppe Oksedalshøi angegangen wird. Am Südufer des Sees Oksedalstjernet weiter nach Osten und teilweise steil zum Band (ca. 1690 m) hinauf, das sich zwischen den beiden Gipfeln spannt. Das Band überschreiten und nicht mehr steil schräg nach rechts hinab zum See Galdebergtjernet, 1507 m, dessen Ausfluß auf Steinen durchschritten wird (grobblockiges Gelände im gesamten Bereich des Bands). Kaum ansteigend nach Osten, am Südufer des Sees Langedalstjernet, 1513 m, vorbei und den Ausfluß durchschreiten/durchwaten. Am anderen (= Ost-)Ufer des Ausflusses talabwärts, bis der Pfad kurz vor der Mündung des Bachs in den See Bygdin nach Osten schwingt und an der aufgegebenen Viehhütte Nybui das Ufer erreicht; nun noch einen guten Kilometer am Ufer nach Osten zur Herberge Torfinnsbu (R 88).

● **83k** **Gjendestunga** (Bergzunge, 1516 m)
Unschwer, 1½ Std., Anstieg ca. 530 m.
Karten 1617 IV und 1517 I.

Sehr aussichtsreich. – Das Delta an der Westbucht des Sees Gjende wird überragt von der steil nach Osten und Süden sowie weniger steil nach Norden abfallenden Bergzunge Gjendestunga, die an der höchsten Stelle 1516 m erreicht und auf die von Norden ein Pfad führt. Der etwas steile und ohne Stab vielleicht auch etwas glatte Aufstieg durch fruchtbare Vegetation wird belohnt mit prächtiger Aussicht. Die Tour auf die Gjendestunga kann auch verbunden werden mit den Wanderungen zur Hütte Olavsbu (R 83d) und zu den Herbergen Eidsbugarden (R 83fg) und Torfinnsbu (R 83j). Dies ist zu empfehlen, da die Wanderung durch das von der Telegrafenlinie geprägte Tal Vesleådalen nicht sehr aufregend ist. Allerdings ist ein Umweg von mindestens 2 Std. einzuplanen.
Von der Hütte aus die beiden großen Mündungsarme des Flusses Storåi auf Steg/Brücken überschreiten, bis die Abzweigung zur Gjendestunga mit Wegweiser angezeigt ist. Nun dem Fluß am Südufer ein kurzes Stück aufwärts folgen, bis der Pfad den Nordhang

der Gjendestunga hinaufführt. Er endet oberhalb des bis zu wandartig steilen Ostabbruchs. Abstieg wie Aufstieg oder weiter über die Hochfläche nach Südwesten zu den „Zungenstacheln" Tungepiggane, die bis zu 1518 m aus der Zunge buckeln. Im Süden der Tungepiggane wird am Südostufer des Grisletjørnet-Sees, 1388 m, die Pfadverzweigung erreicht, siehe R 83d.

• 83 l **Semmeltinden** (Zinne, 2236 m)
Anspruchsvoll, Anstieg ca. 1250 m.
Karten 1617 IV, 1517 I und 1518 II.

Phantastische Aussicht, aber weiter Anmarsch (ca. 9 Std. auf und ab von Hütte Gjendebu aus). Wie R 83a durch das Tal Uradalen aufsteigen bis zum See Uradalstjørnet, 1594 m. Von dort dem Rücken nach Süden zum Gipfel folgen.

• 83 m **Slettmarkkampen** (Berg, 2032 m)
Anspruchsvoll. Karte 1517 I.

Wo aus dem Tal Vesleådalen der Pfad zur Hütte Olavsbu abzweigt (R 83d), in nur wenig ansteigendem Gelände nach Südsüdosten aufsteigen zwischen dem Bach und dem Kopf Rundtom, 1486 m. Nun recht steil auf dem Rücken ca. 300 Höhenmeter aufwärts, bis das Gelände einflacht. Nun nach links und von Nordwesten zum Gipfel, der auf Cappelens Tourenkarte nicht Slettmarkkampen, sondern Slettmarkhø heißt. Er ist Ausgangspunkt für die Besteigung des Slettmarkpiggen (R 83n), stellt aber auch für sich ein lohnendes Ziel dar.

• 83 n **Slettmarkpiggen** (Gratkopf, 2163 m)
Anspruchsvoll. Karte 1517 I.

Höchste Erhebung in dem schmalen Grat, der sich mit einer Einsattelung vom Slettmarkkampen (R 83 m, dort Ausgangspunkt) nach Osten spannt und in einer Wand mit Überhang abbricht.

• 83 o **Langedalsbrehøi** (Kuppe mit Eiskappe, 2190 m)
Anspruchsvoll. Karten 1617 IV und 1517 I.

Etwas umständlich zu erreichender, von einer Eiskappe bedeckter, sehr aussichtsreicher Plateaugipfel oberhalb des Gletschers Langedalsbreen; auf allen Karten namenlos. – Wo aus dem Tal Vesleådalen der Pfad zur Hütte Olavsbu abzweigt (R 83d), nach Osten aufsteigen, durch zwei Bäche, dann etwas steiler nach Osten auf den Rücken hinauf, der nach Süden zum Gipfel schwingt.

● **83p** **Svartdalspiggane** (Gipfelgruppe, Nordgipfel 2137 m)
Anspruchsvoll, ab Gjendebu 6 Std. auf und ab, Anstieg ca. 1150 m. Karte 1617 IV.

Die aussichtsreiche Nordspitze, 2137 m, der Svartdalspiggane ist der einzige kotierte Gipfel dieser Gruppe, die weiter südlich eine Höhe von ca. 2170 m erreicht. Auf den Nordgipfel führt ein markierter Pfad, der geländemäßig kaum Probleme birgt. Beim Abstieg Abfahrt auf Schneefeldern. – Wie R 83h zur aussichtsreichen Schulter Svartdalsoksli. Nun rechts hinauf auf dem breiten Rücken zwischen den Tälern Svartdalen und Langedalen zum Gipfel.

● **83q** **store Knutsholstinden** (Zinne, 2341 m)
Anspruchsvoll/schwierig, 2 Std. Aufstieg vom Tal Svartdalen aus.
Karte 1617 IV.

Majestätischer Pyramidengipfel, der zu den schönsten und einsamsten im Jotunheimen zählt, der höchste in den Gjende-Alpen ist, noch Mitte des 19. Jahrhunderts von vielen als der höchste Gipfel Norwegens angesehen wurde und lang als unersteigbar galt. 1875 erstiegen ihn Johannes Heftye und Knut Lykken via Südgrat. Der Name soll sinngemäß „Gipfel über dem Kartal von Knut“ bedeuten. Mit dem Kartal ist das Knutsholet auf der Ostseite gemeint. Knut war den Erzählungen zufolge ein Renjäger, der hier oben erfror. Vom Gletscher im Knutsholet aus ist der Eindruck, daß dieser Gipfel der höchste sei, leicht nachzuvollziehen. Der Ostwand-Aufstieg vom Knutsholet aus ist nur mit Ausrüstung zu bewältigen, viele sind hier gescheitert.
Anmarsch wie R 83h das Tal Svartdalen aufwärts zum nördlichsten See, ca. 1470 m, wo die nicht durchgehend steinmännchenmarkierte Route beginnt.
Store Knutsholstinden ist Teil des etwa 4 km langen Grats Knutseggi, aus dem weitere Zinnen aufragen. Siehe R 83r.

● 83 r **Nadelplateau der Knutseggi** (bis zu 2185 m)
Anspruchsvoll/schwierig (je nach Route).
Karte 1617 IV.

Phantastische Aussicht. Der Grat Knutseggi, aus dem der store Knutsholstinden aufragt, endet im Norden in einem Plateau, das mit Felsnadeln besetzt ist, den sog. Trollweibern (trollkjerringene). Die südlichste und höchste, ca. 2075 m, ist „das Weib mit dem Stab" (Kjerringa med staven). Sie ist die einzige Nadel, deren Besteigung Kletterei erfordert. Die Aussicht vom Plateau ist unvergleichlich. Die höchste Erhebung des Plateaus ist im Osten die Knutsholstinden-Nordzinne, 2185 m. Vom Plateau spannt sich nach Süden der Grat zum store Knutsholstinden.
Anmarsch wie R 83h bis einschließlich der Durchschreitung des Bachs im Tal Svartdalen. Am anderen Ufer schräg nach grob Norden hinauf zu See, 1590 m. Weiter Aufstieg nach grob Osten, den Gletscher links umgehend, und auf dem 2185-m-Nordgrat (anfangs breit, dann steil) aufwärts.

● 83 s **Gjendebu – Olavsbu** (DNT-Selbstbedienungshütte, 1440 m) via Sjogholet
Mittel, 5 – 6 Std., Anstieg ca. 400 + 210 + 100 = 710 m; keine Winterroute. Karten 1617 IV und 1517 I.

Wilde Talwanderung. – Wie R 83e zur Pfadkreuzung am Band ca. 1600 m. Hier nach Norden absteigen zum Westuferbereich des Sees øvre Snøholvatnet = øvre Sjogholsvatnet, 1488 m, hinter dem die mächtige Zinne Snøholtinden (= Sjogholstinden) 2141 aufragt. Vom Seeuferbereich sacht aufwärts nach Norden zur Wasserscheide, diese überschreiten und in derselben Richtung abwärts, grobblockig, zwischen dem Steilhang des Olavsbunuten (namenlos, kotiert 1970 m) und dem Westufer des Sees, 1444 m, zur Hütte.

● 83 t **Gjendebu – Olavsbu** (DNT-Selbstbedienungshütte, 1440 m) via Langvatnet
Mittel, 5 – 6 Std., Anstieg ca. 380 + 200 = 580 m.
Karten 1617 IV, 1518 III und 1517 I.

Wilde Talwanderung. – Wie R 83c zur Pfadkreuzung vor dem See nedre Høgvagltjørnet, 1400 m. Hier nach Süden aufwärts gehen (links = östlich erstreckt sich der See Langvatnet vor der Skardalseggi, rechts erheben sich die Zinnen Høgvagltindane). Der Pfad führt leicht ansteigend und nur im letzten Stück ein wenig steiler zum Band Raudalsbandet, ca. 1570 m, hinauf. Das Band überschreiten und unschwer nach Süden hinab zur Hütte Olavsbu (R 94).

● 84 **Eidsbugarden** (Feriensiedlung, 1062 m)

Süd-Jotunheimen am See Bygdin; Straße 23 km ab E 68 Tyinkrysset/Hugostua (R 72); mit Schiff 105 Min. ab Reichsstraße 51 Bygdin (R 86).
Karte 1517 I.

2 Hotels, Kafeteria, Camping, Hütten, Alpinanlage, Schiffsanlegestelle, Fjellmuseum; Hotel Eidsbugarden (Tel. 063-67714, N-2993 Eidsbugarden), Hotel Den Glade Vandrer (Tel. 061-37767, N-2993 Eidsbugarden); geöffnet ca. Mitte Februar bis Ende April sowie ca. Ende Juni bis ca. letztes September-Drittel.
Straßenanschluß: Auf der E 68 am Wintersportzentrum Hugostua (75 km nordwestlich von Fagernes) auf die Reichsstraße 53 nach Norden und weiter wie R 72d (im Winter gesperrt).
Bootsverkehr: Das Motorboot „M/S Bitihorn“ läuft in der Zeit von ca. Ende Juni bis ca. Anfang September zweimal täglich Eidsbugarden, Torfinnsbu und Bygdin an. Abfahrtszeiten Eidsbugarden: 12.30 und 16.45 Uhr. Die Fahrt Eidsbugarden-Torfinnsbu dauert 1 Std., die Weiterfahrt nach Bygdin noch einmal eine gute halbe Stunde.
Busverkehr: In denselben Monaten wie Schiffsverkehr zweimal täglich von Eidsbugarden zum Tyinkrysset (= Hugostua an der E 68). Abfahrt Eidsbugarden: 12.30 und 16.45 Uhr nach der Ankunft des Schiffs in Eidsbugarden. Die Fahrt dauert eine ¾ Stunde und führt über Tyinholmen (R 85). Abfahrt am Tyinkrysset: 11.45 und 16.30 Uhr mit Schiffsanschluß in Eidsbugarden.

Eidsbugarden liegt an der Westbucht des großen Stausees Bygdin an der Mündung des Tals Mjølkedalen. Aus diesem Tal fließt der „Milchtalfluß“ Mjølkedøla aus, dem kaum zuzutrauen ist, daß er einmal die mächtigen Felsblöcke bewegt haben könnte, die auf dem nacktgespülten Uferbereich liegen. Dieses Milchwasser tritt aus

dem Gletscher Mjølkedalsbreen im Nordwesten aus. Der Gletscher staute bis zum Jahr 1937 den See øvre Mjølkedalsvatnet, 1417 m, auf. 1937 hatte er sich so weit zurückgezogen, daß sich das aufgestaute Wasser in einer riesigen Flut einen Weg brach und talabwärts ergoß. Aus dieser Zeit stammen im Tal die Spuren, die auf einen weit größeren Fluß schließen lassen als die Mjølkedøla.
Der als Männerkopf ausgehauene Felsblock neben der Schiffsanlegestelle signalisiert, wem die Herberge Eidsbugarden ihren Ursprung verdankt: dem Dichter Aasmund Olafsson Vinje (1818–1870), der sich auch den Namen „Jotunheimen" – „das Heim der Riesen" – ausdachte. Der Häuslersohn aus Vinje in Telemark gründete 1858 die Zeitschrift „Dølen" (Der Talbewohner), die er fast ganz allein schrieb, nicht in der dänisch-norwegischen Hochsprache Riksmål, sondern im Landsmål-Dialekt.
Im Jahr 1860 wanderte Vinje zu Fuß über 500 km zur Krönung König Karls XV. nach Trondheim: von Eidsvoll, wo die Vertreter des norwegischen Volkes 1814 den Eid auf die bis heute gültige Verfassung geschworen hatten, nordwärts über die Rondane. An Zeitschriftenmachen war dabei kaum zu denken. Als Entschädigung schickte Vinje im darauffolgenden Jahr den etwa 600 Abonnenten je ein Exemplar seiner „Reiseerinnerungen aus dem Sommer 1860". Diese enthalten u.a. das Gedicht „Ved Rondarne".
1861 wanderte er vom Ort Lom durch das Tal Bøverdalen Richtung Galdhøpiggen und dann über den Grat/Rücken Lomseggi nach Skjåk. Ergebnis dieser Wanderung war das Buch „Fjøllstaven min" (1861), in dem er den Namen „Jotunheimen" prägte, der allgemein akzeptiert wurde. Auf diese Wanderung folgte eine Jotunheimen-Tour nach der anderen. 1868 kaufte er sich mit drei Freunden eine Hütte an der Westbucht des Sees Bygdin. Die 20 Taler für seinen Anteil an der „Eidsbu" genannten Hütte mußte er sich von Thomas Heftye leihen, einem der Gründungsväter und dem ersten Vorsitzenden des im selben Jahr ins Leben gerufenen Norwegischen Bergwandervereins DNT. Nach Vinjes Tod kaufte Heftye die Hütte Eidsbu. Freunde Vinjes nannten sie Eidsbugarden. Diesen Namen führt heute die Herberge, während die ursprüngliche Eidsbu als Vinjestua (= Vinjestugu) ein Stück weiter neu aufgebaut und als Museum hergerichtet wurde.

Der aus dem Fels gehauene Kopf des Dichters Vinje an der Anlegestelle des Schiffs „M/S Bitihorn" in Eidsbugarden am See Bygdin.

Bergziele ab Eidsbugarden (1062 m)

Zielname	*Höhe m*	*Pfad*	*Grad*	*Beschreibung*
Galdeberget	*2075*	*nein*	*anspruchsvoll*	*R 84 a*
Langeskavlstinden	*2014*	*nein*	*anspruchsvoll*	*R 84 g*
Skinnegga/Utsikten	*1518*	*ja*	*unschwer*	*R 84 f*

Das begehrteste Kurzausflugsziel in der Nähe von Eidsbugarden ist der Grat/Rücken Skinnegga mit dem Aussichtspunkt Utsikten (R 84 f). Eidsbugarden liegt nur 4 km von der Herberge Tyinholmen (R 85) entfernt; die dort vorgeschlagenen Touren gelten daher auch für Eidsbugarden.

Hüttenziele auf Pfaden ab Eidsbugarden (1062 m)

Zielname, Weg	höchste Höhe m	Stunden	Grad	Beschreibung
Torfinnsbu via Oksedalen	1690	5–6	mittel	R 84a
Olavsbu via Mjølkedalen	1600	4–5	mittel	R 84b
Skogadalsbøen				
via Mjølkedalen	1600	7–8	mittel	R 84c
via Uradalen	1438	7–8	mittel	R 84d
Vettismorki via Fleskedalen	1400	8	mittel	R 84e
Gjendebu via Høystakka	1372	4–5	unschwer	R 84a
via Gravafjellet	1410	5	mittel	R 84a

84a Eidsbugarden – Torfinnsbu (Herberge, 1060 m) via Oksedalen

Mittel, 5–6 Std., Anstieg ca. 650 m.

Karten 1517 I und 1617 IV.

Aussichtsreiche Hochflächen- und Talwanderung, teilweise wild. Am Nordufer des Stausees Bygdin ostwärts gehen, der Telegrafenlinie folgend. Nach knapp 1 km – kurz vor der Mündung des ersten großen Bachs – zweigt der Pfad zur Hütte Gjendebu-via-Gravafjellet nach links ab und führt steil die Südflanke des Gravafjellet hinauf (weiter wie R 83g). Der Pfad Richtung Herberge Torfinnsbu, der noch ein Stück identisch ist mit dem Pfad zur Hütte Gjendebu-via-Høystakka, folgt noch gut 2 km dem Seeuferbereich, ehe er – früher als die Telegrafenlinie – schräg und etwas steil den Hang hinaufführt zum Fluß Høystakka, der auf einem Steg überschritten wird. Am anderen = Ostufer folgt der Pfad zur Hütte Gjendebu nun immer der Telegrafenlinie (weiter wie R 83f), während der Pfad zur Herberge Torfinnsbu gut 2 km nach der Überschreitung des Flusses Høystakka nach rechts in das „Ochsental“ Oksedalen hinauf abzweigt (weiter wie R 83j). Der mächtige Berg Galdeberget, 2075 m, der während der ganzen Wanderung in Sicht war, wird erstiegen mit dem Ausflußbereich des Sees Oksedalstjørnet (1561 m) als Ausgangspunkt.

Zur Slettmarkpiggen-Besteigung siehe R 83n.

● 84b Eidsbugarden – Olavsbu (DNT-Selbstbedienungshütte, 1440 m), via Mjølkedalen

Mittel, 4 – 5 Std., Anstieg ca. 340 + 260 + 110 = 710 m; im letzten Teil nicht wintersicher. Karte 1517 I.

Wilde Talwanderung. – Auf dem Fahrweg nordwärts über den Fluß Mjølkedøla und am rechten Ufer flußaufwärts an den Hütten vorbei, bis der markierte Pfad abzweigt. Hinter den Hütten etwa 1 km aufwärts am Fluß entlang über den nacktgespülten Uferbereich bis zum kleinen Wasserfall. Hier verläßt der Pfad den Fluß Mjølkedøla, der von Westen kommt, und führt nach der Durchschreitung eines kleinen Bachs etwas mehr ansteigend nach Norden hinauf auf das Band, ca. 1400 m, auf dem sich die Aussicht auf das nächste Etappenziel eröffnet: den See store Mjølkedalsvatnet, 1340 m. Der Pfad führt zum rechten (= Ost-)Ufer hinunter mit beeindruckender Aussicht auf den Gletscher Mjølkedalsbreen zwischen den Gipfeln Langeskavlstinden, 2014 m (südlich), und Mjølkedalspiggen, 2040 m, sowie der dahinter aufragenden „Säge" Sagi, 2040 m. Ein Abstecher in die bizarre, gletscher- und flutgeformte Gegend auf der anderen Seite des Sees ist zu empfehlen.
Der Pfad bleibt eine Zeitlang im Uferbereich des Sees store Mjølkedalsvatnet (= Fußbereich des Bergs Høgbrothøgdi, 1821 m) knickt dann vor dem kleinen Zuflußbach nach Norden in die kartalartige Senke hinauf und führt dort zum kleinen See, 1436 m, aus dem der Zuflußbach austritt. Vom See noch ein kurzes Stück aufwärts nach Nordosten zum Band ca. 1600 m mit Pfadkreuzung (Wegweiser): Während der Pfad zur bewirtschafteten DNT-Hütte Skogadalsbøen nach links (= Westen) in den oberen Teil des Tals Mjølkedalen hinabführt (weiter wie R 83e), führt der ab hier nicht mehr wintersichere Pfad zur Hütte Olavsbu nach ca. 5 km nach Norden (weiter wie R 83s).

● 84c Eidsbugarden – Skogadalsbøen (bewirtschaftete DNT-Hütte, 831 m) via Mjølke-/Skogadalen

Mittel, 7 – 8 Std. (26 km), Anstieg ca. 340 + 260 = 600 m. Karten 1517 I und 1517 IV.

Wilde und später aussichtsreiche Talwanderung, aber langwierig (Zwischenstopp in der Hütte Olavsbu möglich). – Wie R 84b zur

Pfadkreuzung (Wegweiser) auf dem Band ca. 1600 m. Dann weiter wie R 83e.

● **84d** **Eidsbugarden – Skogadalsbøen** (bewirtschaftete DNT-Hütte, 831 m) via Uradalen
Mittel, 7 – 8 Std. (21 km), Anstieg ca. 350 + 70 + 130 = 550 m.
Karten 1517 I und 1517 IV.

Aussichtsreiche, wilde Talwanderung (in wasserreichen Zeiten ist es besser, die Herberge Tyinholmen, R 85, als Ausgangspunkt zu nehmen, wie R 85b zum See Koldedalsvatnet zu gehen und dann zum See Uradalsvatnet aufzusteigen).

Knapp 1 km auf dem Fahrweg nach Südwesten Richtung Herberge Tyinholmen, bis der markierte Pfad nach rechts (= Westen/Nordwesten) zum Sløtafjellet abzweigt, anfangs in Hüttengelände. Orientierungspunkt ist oben die Senke zwischen den Köpfen Torshammaren 1440 und 1406 m. Der Pfad führt im Süduferbereich des Bachs Sløtabekken zur Senke hinauf und weiter zum See Sløtatjørnet, 1323 m. Weiter aufwärts nach Westen über den Nordfuß der höchsten Sløtafjellet-Erhebung, 1474 m, und hinab zum Südufer des Sees Rusteggvatnet, 1372 m, der in einer karartigen Hohlform liegt und hinter dessen Westufer der „Rostgrat" Rusteggi aufragt. Vom See Rusteggvatnet ein kurzes Stück nach Westen zur Wasserscheide hinaufgehen, wo sich der Pfad mit dem von der Herberge Tyinholmen heraufführenden Pfad R 85a vereinigt. Zusammen führen sie nun kurz westwärts hinab zum See nedre Kvitevatnet, 1388 m, schwingen hier nach Nordwesten hinauf und folgen dem linken (= Südwest-)Ufer des „weißen Sees" Kvitevatnet, 1396 m, dessen Ausfluß auf einer Stegbrücke überschritten wird. Hinter der Brücke erreicht der Pfad den vorerst höchsten Punkt der Tour; im Westen fast geradeaus die Zinne Falketind, 2067 m.

Nun hinab zum Ausfluß des Sees Uradalsvatnet, 1316 m, und den Ausfluß durchschreiten. Dann dem Seeufer folgen – vorbei an der Pfadabzweigung zur Hütte Vettismorki – bis zur leicht sumpfigen Nordbucht. Dort nach Norden hinauf zum aussichtsreichen Band Uradalsbandet, 1438 m, in der Einsattelung unterhalb der gewaltigen Zinne Uranostinden, 2157 m. Das Band überschreiten und absteigen in das „Gerölltal" Uradalen. Der Pfad wechselt nach dem Abstieg vor der ersten Sumpfstelle auf die rechte (= Nord-)Seite des Wasserlaufs. Nach ca. 5 km talabwärts – immer prächtigere Aussicht auf die Hurrungane-Zinnen – verschwindet der Wasserlauf hinter dem See Hurrungbrestvatnet, 1052 m, in dem riesigen Geröllhaufen Storuri, der auf einen Bergrutsch zurückzuführen sein könnte. Der Pfad führt in Talabwärtsrichtung über das Geröll. Hinter der Geröllhalde fließt das Wasser wieder frei, der Pfad tritt übergangslos in die Fjellbirkenzone ein, schwingt nach rechts (= Norden) und endet nach 1 km an der DNT-Hütte (vorher Brücke über den Talfluß Skogadøla, der aus dem Tal Skogadalen herausfließt) Skogadalsbøen (R 99).

● 84 e **Eidsbugarden – Vettismorki** (unverproviantierte Hütte, 683 m) via Fleskedalen
Mittel, 8 Std. (24 km), Anstieg ca. 340 + 90 = 430 m.
Karten 1517 I und 1517 IV.

Zielpunkt dieser aussichtsreichen (Tal-)Wanderung ist entweder die unbewirtschaftete (= nicht verproviantierte) Hütte Vettismorki (R 103) oberhalb oder die Pension Vetti unterhalb des Wasserfalls Vettisfossen (R 103 a). Die Hälfte der Strecke geht es bergab.
Wie R 84 d zur Pfadabzweigung am Westufer des Sees Uradalsvatnet. Nun vom Ufer teilweise steil knapp 90 Höhenmeter über Geröll nach Westen hinauf zum Paß zwischen den Nasen Fleskedalsnosi, 1780 m, (nördlich) und Snøggeknosi, 1739 m; „Smoget" heißt diese enge, felsige Stelle mit dem kleinen See: Durchschlupf. Dem Ausfluß des Durchschlupf-Sees, 1352 m, am rechten (= Nord-)Ufer talwärts folgen, teilweise grobblockig, aber mit nach und nach prächtiger Aussicht auf die Hurrungane. Das kleine Flüßchen ist die Fleskedøla, das Tal heißt Fleskedalen. Trotz dieses Namens (flesk = fett wie ein Schwein) kaum Vegetation. Links (= im Süden) erhebt sich aus dem Gletscher die Zinne Stølsnostinden, 2074 m. Nach etwa 5 km ab Durchschlupf schwingt das Tal nach links (= Südwesten), 2 km weiter vereinigt sich der Pfad mit dem Pfad Skogadalsbøen – Vetti. Weiter abwärts zur Baumgrenze (Kiefern), auf der Stegbrücke über die Fleskedøla und noch ein Stück über die hier stark versumpfte Hochfläche zu den Hütten von Vettismorki.

● **84f** **Skinnegga/Utsikten** (Aussichtsberg, 1518 m bzw. bis zu 1607 m)
Unschwer, 1½ Std. Aufstieg, Anstieg ca. 460 m.
Karte 1517 I.

Skinnegga – „der Grat zwischen den beiden Seen“ Bygdin und Tyin – zählt zu den bekanntesten Aussichtsstellen am Rand des Jotunheimen. Das Nordwestende des Grats, Utsikten („Aussicht“, 1518 m), ist die einzige Aussichtsstelle, die so unschwer zu erreichen ist (Pfade von den Herbergen Eidsbugarden und Tyinholmen): Im Westen bilden die Zinnen Hjelledalstinden, 1989 m, und Falketind, 2067 m, das „Tor“ zum Tal Morka-Koldedalen, dahinter ragen ein Stückchen weiter nördlich die Hurrungane-Zinnen auf; nach Norden reicht die Sicht bis zum Galdhøpiggen, 2469 m, dem höchsten Gipfel Nordeuropas, im Nordosten erheben sich die Gipfel der Gjende-Alpen, dahinter liegt in der Ferne riesig und schwer das Hautgardstinden-Massiv. Die Berühmtheit dieser Aussicht rührt freilich aus Zeiten, in denen es hier weder Straßen noch Telegrafenlinien gab.
Die Aussicht inspirierte Edvard Grieg zu dem Prolog „Auf dem Skinneggen“ in seinen „Reiseerinnerungen von Fjell und Fjord“ op. 44. Für Vinje war die Skinnegga-Aussicht Vorlage für das Gedicht „Jøtunheim“, in dem er auch den Namen „Falketind“ = Falkenzinne erfand (der Name hat also nichts mit Falkenjagd zu tun, sondern ist ein reiner Touristenname).
Der Pfad (anfangs Weg) beginnt in Eidsbugarden südwestlich der Schiffsanlegestelle.

● **84g** **Langeskavlstinden** (Zinne, 2014 m)
Anspruchsvoll, Anstieg ca. 750 + 270 = 1020 m.
Karte 1517 I.

Aussichtsreiche, ruhige Wanderung auf dem breiten Grat/Rücken Langeskavlen („lange Wächte“). – Wie R 84d zum „Rostgrat“ Rusteggi. Dem Grat etwa 2 km nach Norden folgen, bis der Aufstieg nach rechts (= Nordosten) Richtung Kopf, 1804 m, möglich ist. Dann immer nach Nordwesten, dem natürlichen Geländeverlauf folgend; allmählich hoch zwischen den Gletschern Uranosbreen (links) und Mjølkedalsbreen.

● 85 Tyinholmen Høyfjellshotell (Hotel, 1080 m)

Süd-Jotunheimen am See Tyin; Straße 19 km ab E 68 Tyinkrysset/Hugostua. Karte 1517 I.

220-Betten-Hotel (Tel. 061-37722, N-2990 Tyin), Hütten, Kafeteria; geöffnet ca. Ostern sowie 1. Mai bis 1. Oktober; Ca. Ende Juni bis ca. Anfang September Bedarfshaltestelle an der Buslinie Eidsbugarden – Tyinkrysset mit Schiffsanschluß in Eidsbugarden (Abfahrtszeiten siehe R 84).

Tyinholmen liegt am Südende der Landenge Eidet zwischen den Stauseen Tyin und Bygdin. Über das Eidet führt ein Fahrweg (Paßhöhe 1330 m) 4 km nach Nordwesten zur Feriensiedlung Eidsbugarden (R 84; siehe auch dort die Tourenvorschläge).
Ausflugsziele: Die begehrtesten und einfachsten Ausflugsziele sind die Skinnegga mit dem Aussichtspunkt Utsikten (R 84f) sowie der See Koldedalsvatnet mit Blick auf das von den Zinnen Falketind und Hjelledalstinden gebildete „Tor“ (R 85b).
Bergziele: Über Gletscher erreichbar sind Falketind und Stølsnostinden; zum Falketind siehe jedoch auch R 103f. – Unter den Hüttenziel-Routen nicht aufgeführt ist die durch das Tal Morka-Koldedalen wegen des schwierigen Übergangs zwischen Falketind und Hjelledalstinden (vgl. die allgemeine Bemerkung unter R 103).

Hüttenziele auf Pfaden ab Hotel Tyinholmen (1080 m)

Zielname, Weg	höchste Höhe m	Stunden	Grad	Beschreibung
Skogadalsbøen via Uradalen	1438	7	mittel	R 85a
Vettismorki via Fleskedalen	1400	8	mittel	R 85c

● 85a Tyinholmen – Skogadalsbøen (bewirtschaftete DNT-Hütte, 831 m) via Uradalen

Mittel, 7 Std. (21 km), Anstieg ca. 320 + 90 = 410 m.
Karten 1517 I und 1517 IV.

Beeindruckende, aussichtsreiche Talwanderung. – Auf dem Kraftwerksweg 500 m nach Westen zur Abzweigung des markierten

Pfads. Dieser führt schräg nach Nordwesten den Hang hinauf und vereinigt sich nach gut 3 km vor dem See nedre Kvitevatnet, 1388 m, mit dem Pfad, der von der Herberge Eidsbugarden heraufführt. Weiter wie R 84d. – Eine einfachere und in wasserreicher Zeit vorzuziehende Anmarschmöglichkeit ist R 85b.

● **85b** **Koldedalsvatnet** (See, 1177 m)
Leicht, ca. 10 km Fahrweg, Anstieg ca. 100 m; Fahrrad optimal. Karte 1517 I.

Starke Aussicht. – Auf dem nur saisonal befahrbaren Kraftwerksweg nach Westen aufwärts (immer der Telegrafenlinie folgend) zum See Koldedalsvatnet. Aussicht auf das „Tor“, das von den Zinnen Falketind (2067, nördlich) und Hjelledalstinden 1989 gebildet wird. ***Zum See Uradalsvatnet:*** Nach (= nordwestlich) der Fahrwegbrücke am Ostufer des Sees Koldedalsvatnet dem Wasserlauf, der hier einmündet, rund 2 km aufwärts folgen zum See Uradalsvatnet, 1316 m (dort Pfad zur Hütte Skogadalsbøen weiter wie R 84d oder Pfad zur unbewirtschafteten Hütte Vettismorki weiter wie R 84e). Rundwandermöglichkeit: Den Ausfluß dieses Sees durchschreiten und auf dem markierten Pfad R 85a nach Osten zurück.

● **85c** **Tyinholmen – Vettismorki** (unverproviantierte Hütte, 683 m), via Fleskedalen
Mittel, 8 Std. (23 km), Anstieg ca. 320 + 90 = 410 m.
Karten 1517 I und 1517 IV.

Zielpunkt dieser aussichtsreichen Wanderung ist entweder die unbewirtschaftete (= nicht verproviantierte) Hütte Vettismorki (DNT-Schloß) oberhalb oder die Herberge Vetti unterhalb des Wasserfalls Vettisfossen (vgl. R 103). Die Hälfte der Strecke geht es bergab. Anmarsch zum See Uradalsvatnet wie R 85b, dann weiter wie R 84e.

● **85d** **Falketind und Stølsnostinden** (Zinnen, 2067 und 2074 m)
Gletscherausrüstung, Gletschererfahrung.
Karten 1517 I und 1517 IV.

Die beiden Zinnen flankieren den Gletscher Stølsnosbreen (Anmarsch wie R 85b), von dem aus beide während einer Tagestour

Im Südwesten und Westen des Jotunheimen – wie hier am See Tyin – hält sich die weiße Pracht bis in den Sommer. Unsichere Schneebrücken und randvolle Schmelzwasserbäche können Wanderungen in dieser Gegend auch auf markierten Pfaden zum Scheitern bringen.

begangen werden können. Während in anderen Gebieten Gipfelnamen mit Falk- oder Falke- auf die Falkenjagd verweisen, ist der Name Falketind ein reiner Touristenname; vergl. R 84f.

● 86 **Bygdin Høyfjellshotell** (Hotel mit DNT-Rabatten, 1065 m)
Südost-Jotunheimen / Valdresflya am See Bygdin; an der Reichsstraße 51 „Valdresflyvegen" (Wintersperrung). Karte 1617 IV.

100-Betten-Hotel (Tel. 061-4 12 13, N-2954 Bygdin), Einkehrmöglichkeit, Alpinanlage, Schiffsanlegestelle; geöffnet Februarschulferien bis nach Ostern sowie Ende Juni bis ca. 10. September.
Straßenanschluß: Gelegen an der im Winter gesperrten Reichsstraße 51 (bei Wintersperrung Transfer mit Schneescooter ab Beitostølen: R 73 bc) unweit der Mündung des Mautwegs Jotunheimvegen (R 34 e).
Busverkehr: Haltestelle an der Linie Otta – Gol, die ab ca. erstem Juni-Drittel bis Anfang September täglich einmal in beiden Richtungen befahren wird; Fahrzeit bis Fagernes (Bahnhof): 1 Std.; Fahrzeit bis Gjendesheim: ½ Std.; Fahrzeit bis Otta (Bahnhof): 3 Std.
Schiffsverkehr: Das Motorboot „M / S Bitihorn" läuft in der Zeit von ca. Ende Juni bis ca. Anfang September zweimal täglich Eidsbugarden, Torfinnsbu und Bygdin an (höchstgelegene Schiffsroute Nordeuropas). Abfahrtszeiten Bygdin: 9.30 und 14.30 Uhr. Die Fahrt Bygdin – Torfinnsbu dauert 45 Min., die Weiterfahrt nach Eidsbugarden noch einmal 1 Std.

Das Hotel Bygdin liegt auf der „Landenge" zwischen dem Stausee Bygdin bzw. dessen buchtartigem Fortsatz Kjelda („die Quelle") und den ebenfalls regulierten Vinstri-Seen auf der Hochfläche Valdresflya, in die der Jotunheimen im Südosten ausläuft. Die Hotelgebäude stehen am Ufer des Sunds Hålissundet, einem der östlichen Arme des Sees Bygdin. Der Name dieses Sees ist uralt, ebenso wie der von Gjende und Tyin. Gedeutet werden sie als „der Gebuchtete" (Bygdin), „der Gerade" (Gjende) und „der Gespaltene" (Tyin): Bygdin zu Nynorsk „bug" (= Bucht); Gjende zu „gand" (= gerader Stock, Prügel); Tyin zu „to" (= zwei).
Nach der Schneeschmelze bieten die Strände des Bygdin ein häßliches Bild: Da auch im Winter die Elektrizitätsgewinnung weitergeht, d. h. Wasser verbraucht wird, aber nicht nachfließt, sinkt der Wasserspiegel unter der Eisdecke bis zu mehrere Meter; nach dem Ab-

schmelzen des Eises liegen die nackten Ufer bloß. – Der Name Vinstra ist aus dieser Perspektive widersinnig, weil die Vinstri-Seen ja rechts und nicht links (venstre) liegen (der Name kommt daher, weil der Fluß Vinstra von links = venstre in den Fluß Lågen mündet; gesehen in der Talaufwärtsrichtung).

Bergziele: Das naturschöne Gelände in der näheren und weiteren Umgebung des Hotels kommt Leuten ohne große Bergambitionen sowie Ausruhewilligen entgegen. Empfehlenswerte, unschwere Ausflugsziele sind Bitihorn (R 86c) und Synshorn (R 86d). Außer ihnen und dem Wanderspaziergang nach Torfinnsbu (R 86a) sind Ausflüge auf die Valdresflya zu empfehlen (vgl. R 34e-i).

Eine phantastische Wanderung ist die Begehung der Kalvehøgdi (R 88e) mit Ziel Herberge Torfinnsbu; da dazu jedoch erst das Sumpfgebiet im Mittellauf des Flüßchens Breidløypa durchschritten werden muß, ist für diese Gipfel- und Gratwanderung die Jugendherberge auf der Valdresflya (R 89) als Ausgangspunkt eher zu empfehlen. Im Winter dagegen ist die Kalvehøgdi vom Bygdin Høyfjellshotell aus ein prächtiges Skiziel. Nicht auf den Stauseen Bygdin und Vinstri Ski laufen (das gilt für alle Stauseen).

Hüttenziele auf Pfaden ab Hotel Bygdin (1065 m)

Zielname, Weg	höchste Höhe m	Stunden	Grad	Beschreibung
Torfinnsbu via Bygdin-Ufer	1118	3	unschwer	R 86a
Valdresflya Ungdomsherberge	1386	3½	unschwer	R 86b

● 86a **Bygdin – Torfinnsbu** (Herberge, 1060 m), via Bygdin-Ufer
Unschwer, 3 Std., Anstieg ca. 60 m.
Karte 1617 IV.

Aussichtsreicher Uferspaziergang mit der Möglichkeit, in der Herberge Torfinnsbu zu übernachten oder am selben Tag das Motor-

Svartdals-
piggane
Langedals-
breen
Slettmark-
breen
Slettmark-
piggen
Mesmog-
tind
Langedals-
tind
Kvitskar-
tind
Svartdals-
tjørnene
Leirungstind
vestre
Leirungstjørnene
Leirungs-
kampen
VÅGÅ
VANG
Kalve
Torfinns
egga
Torfinns-
tindane
Torfinnsdalen
nordre Kalve-
holotind
Langedals-
tjernet
Galdeberg-
tjerna
Langedalen
Langedalslåna
Nybua
Torfinnsbu
BYGDIN
Vølodalshytta
Grøneberget
Dyrdalstjernet
Vølohornet
Skjeldrane
Systerbott-
tjernet
Skjeldre-
hornet
Vareggene
Skamdalen
Stølskar-
knappen
Yksendalsbua
Yksendalen
Buarberget
Yksnin
Skjetnin
Yksennosa
Sendehøgda

51
Steindalen
Raslebekken
Munken
2105
Rasletind
2088
Raslet
1798
Steindalen
Fisketjerna
1377
Fisketjernnuten
1527
Valdresflya Vandrerhjem
1461
Rasletjernet
ØYSTRE SLIDRE
VANG
søre Kalve-
1867
holotind
austre Repefonnbekken
1393
Raue-
steinen
1329
austre
1504
Fagerdalshø
V A L D R
Hestvollåna
vestre
Repefonnbekken
austre
Fagerdalstjernet
F L Y A
1302
1210
Breiløypa
Rjupetjernet
Hestevollen
heimre
1510
Fagerdalshø
Synsbekk-
1297
knuppane
Dyrnes-
odden
heimre
Fagerdalstjernet
Synshorn
1475
Mefjellet
Kongsli-
knuppen
1386
Fagerstrand
Bygdisheim
Bygdin
Seksishornet
1278
Kjelda
1058
Marabott-
1378
hornet
1282
Stavtjerna
1055
Rautfjorden
ØYSTRE SLIDRE S.A.
1063
Seksin
Ole
Oleåna
Skjervebott-
tjernet
1165
Bitihorn
1607
Båtskar-
berga
Svarteknippa

schiff zurück zu nehmen (Abfahrt dort: 13.30 und 17.45 Uhr). – Dem für den öffentlichen Verkehr gesperrten Fahrweg (Fahrrad gut) am Nordufer westwärts folgen, bis er nach einer halben Stunde an der Pension Bygdisheim endet. Dort öffnet sich der Blick auf den See Bygdin und die umliegenden Gipfel. Ab Bygdisheim Pfad statt Fahrweg, immer dem Nordufer folgend; Stegbrücke über das Flüßchen Breidløypa; später einige Bäche.

● **86 b** **Bygdin – Valdresflya UH** (Jugendherberge, 1386 m) via Fagerdalen
Unschwer, 3½ Std., Anstieg ca. 320 m.
Karte 1617 IV.

Tal- und aussichtsreiche Hochflächenwanderung. – Wie R 86a zur Pension Bygdisheim. Hinter Bygdisheim, kurz vor dem Ende des befahrbaren Wegs, zweigt der Pfad rechts ab und führt über den Westfuß des Mefjellet, 1386 m, in das kleine Tal heimre Fagerdalen hinein (hier teilweise sumpfig). Kurzes Stück nach Westen, dann wieder nach Norden, die Kuppe øystre Fagerdalshøi, 1504 m, westlich umrunden – immer mit Blick auf den Höhenzug Kalvehøgdi – und dann nach Nordwesten zur Jugendherberge.

● **86 c** **Bitihorn** (Aussichts-Horn, 1607 m)
Unschwer, 2 Std. Aufstieg, Anstieg ca. 90 + 540 = 630 m.
Karte 1617 IV.

Bitihorn ist die höchste Erhebung des markanten, im Osten steil abfallenden, im Westen jedoch schrägen und gut begehbaren Felsrückens südlich vom Hotel. – Vom Hotel am Ufer nach Süden laufen und der kleinen Seeausbuchtung ein Stück nach Südwesten folgen; der Pfad führt auf das namenlose Köpfchen, 1154 m. Von dort nach Süden hinuntergehen mit dem kleinen Stichweg als Orientierungspunkt. An seinem Ende beginnt ein neuer Pfad. Anfangs sumpfig, hält er auf die Bitihorn-Westschräge zu; diese queren bis zum Gipfel. Er ist der höchste in dieser Gegend und daher entsprechend aussichtsreich. Nach Osten hin bricht das Bitihorn zur Scharte Bätskardet ab, durch die die Reichsstraße 51 führt. Dahinter erstreckt sich das Bergland Gausdal Vestfjell.

• 86 d **Synshorn** (Aussichts-Horn, 1475 m)
Unschwer, 1 Std., Anstieg ca. 410 m.
Karte 1617 IV.

Der im Süden, Osten und Norden steil abfallende Berg direkt nördlich des Hotels ist von Westen aus unschwer zu begehen: Vom Hotel auf dem Weg am Seeufer nach Nordwesten laufen bis zum Fahrweg nach Bygdisheim; diesen überqueren und auf dem Pfad, der auf der anderen Straßenseite beginnt, hinauflaufen (egal ob links oder rechts des Baches, er muß in jedem Fall später durchquert werden). Synshorn ist eine der höchsten Erhebungen in dieser Gegend; Aussicht vor allem nach Osten über die Hochfläche Valdresflya.
Der kleine Ausflug kann mit der Begehung der heimre Fagerdalshøi, 1510 m, direkt im Nordwesten abgerundet werden: hinunter zum kleinen See und von dort nach Westen Richtung Gipfel. Abstieg weiter nach Westen, bis der markierte Pfad Bygdin-Valdresflya Ungdomsherberge erreicht wird; auf diesem (R 86 b) zum Hotel zurück.

• 88 Torfinnsbu (Herberge, 1060 m)

Südost-Jotunheimen am See Bygdin.
45 Min. Schiff oder 3 Std. zu Fuß ab Reichsstraße 51 Bygdin (R 86). Karte 1617 IV.

40-Betten-Herberge (N-2956); geöffnet Anfang Juli bis Ende August. Das Motorboot „M / S Bitihorn“ läuft in der Zeit von ca. Ende Juni bis ca. Anfang September zweimal täglich Eidsbugarden (R 84, dort Straßenanschluß), Torfinnsbu und Bygdin (R 86, an der Reichsstraße 51) an. Abfahrtszeiten Torfinnsbu – Eidsbugarden: 10.15 und 15.15 Uhr; Abfahrtszeiten Torfinnsbu – Bygdin: 13.30 und 17.45 Uhr. Die Fahrt Torfinnsbu – Bygdin dauert eine gute halbe Stunde, die Fahrt Torfinnsbu – Eidsbugarden 1 Std.

Abbildung folgende Doppelseite: Neuschnee überzuckert Ende September die Ostabbrüche von Bitihorn (l.) und Synshorn. Am Bitihorn-Fuß hatten 1990 erstmals im Jotunheimen Samen einen „Lappenzirkus“ aufgeschlagen, verkauften Renfelle und ließen sich in malerischer Tracht ablichten. Rendecken sind – zurechtgeschnitten – hervorragende Liegematten. Zum Transport wird das sperrige Fell in den Biwaksack gerollt und auf den Rucksack geschnallt.

Torfinnsbu liegt am Nordufer des Stausees Bygdin an der Mündung des Talflusses Torfinnsdøla. Die Torfinnsdøla fließt aus dem breiten, von der Gruppe Torfinnstindane und dem Höhenzug Kalvehøgdi flankierten Tal Torfinnsdalen aus, das an der Wasserscheide in das Tal Svartdalen übergeht. Die erste Hütte an dieser Stelle wurde 1905 vom DNT errichtet, seit 1913 ist sie in Privatbesitz. Bis 1905 mußten Bergtouristen in dem Viehverschlag Nybui gut 1 km westlich von Torfinnsbu übernachten.
Der Name Torfinnsdalen ist nicht zu erklären; vielleicht verweist „finn“ (= Borstengras) auf die Vegetation; wenn Tor = Eigenname: „Tors Borstengras-Tal“.

Bergziele ab Herberge Torfinnsbu (1060 m)

Zielname	Höhe m	Pfad	Grad	Beschreibung
store Knutsholstinden	2341	nein	anspruchsvoll	R 83 q
østre Leirungstinden	2288	"	"	R 81 n
Mesmogtinden	2264	"	"	R 88 b
vestre Leirungstinden	2250	"	"	R 81 w
Kalvehøgdi („vestre“)	2208	"	"	R 88 e
Langedalstinden	2206	"	"	R 88 b
Kvitskardtinden	2193	"	"	R 88 c
Kalvehøgdi („østre“)	2178	"	"	R 88 e
Munken	2159	"	"	R 88 e
østre Torfinnstinden	2119	ja	"	R 88 d
Rasletinden	2105	nein	"	R 88 e
Galdeberget	2075	"	"	R 88 b
søre Svartdalspiggen	ca. 2060	"	"	R 88 b
nordre Kalveholotinden	2019	"	"	R 88 f

Torfinnsbu ist diejenige Unterkunft im Südost-Jotunheimen, die am häufigsten von Kletterern aufgesucht wird. In der Liste der Bergziele finden sich fast ausschließlich „tind“-Gipfel. Die meisten sind ohne Ausrüstung zu ersteigen, wenn auch nicht einfach (Mesmog-, Kvitskard- und østre Torfinnstinden). Weniger anspruchsvoll, aber überaus aussichtsreich ist die Gipfel- und Gratwanderung über den Kalvehøgdi-Höhenzug.

Überaus lohnend sind auch Gipfel in der weiteren Umgebung: Der Anmarsch erfolgt auf dem markierten Pfad R 88 g das Tal Torfinnsdalen aufwärts. Oben an der Wasserscheide zweigt nach Osten das wunderbare Tal Leirungsdalen ab, während nach Norden das „schwarze Tal" Svartdalen zum See Gjende hinabführt. Von diesem schwarzen Tal aus ist die Zinne store Knutsholstinden zu erreichen.

Hüttenziele auf Pfaden ab Herberge Torfinnsbu (1060 m)

Zielname, Weg	höchste Höhe m	Std.	Grad	Beschreibung
Gjendesheim				
via Leirungsdalen	1680	8–9	mittel	R 88 g
Gjendebu via Svartdalen	1500	5	mittel	R 88 g
via Langedalen	1750	6	anspruchsvoll	R 88 b
via Oksedalen	1690	5–6	mittel	R 88 b
Eidsbugarden				
via Oksedalen	1690	5–6	mittel	R 88 b
Bygdin				
via Bygdin-Nordufer	1118	3	unschwer	R 88 a
Valdresflya				
Ungdomsherberge	1389	4	unschwer	R 88 a

● **88 a** **Torfinnsbu – Valdresflya Ungdomsherberge** (Jugendherberge, 1386 m)
Unschwer, 4 Std., Anstieg ca. 330 m
Karte 1617 IV.

Aussichtsreiche Hochflächenwanderung. – Auf dem markierten Pfad im Uferbereich des Stausees Bygdin, dem Fußbereich des Höhenzugs Kalvehøgdi (bis zu 2208 m), nach Osten gehen zur Pfadverzweigung nach ca. 5 km (viele Bäche bis dorthin): Geradeaus, also weiter am Ufer entlang, geht es zur Herberge Bygdin Høyfjellshotell (weiter wie R 86 a); der Pfad zur Jugendherberge hingegen verläßt das Ufer und führt schräg den Hang hinauf nach Nordosten; diese Richtung wird nun immer beibehalten, wobei die Westflanke der Kuppe øystre Fagerdalshøi, 1504 m, Orientierungspunkt ist. Bis dahin sind Bäche zu durchschreiten, darunter die

Breidløypa (dort recht sumpfig). Der Name Breidløypa – „die breit läuft" – ist ein Hinweis auf die Gewalt, die dieses Flüßchen nicht nur während der Schneeschmelze entwickeln kann. Am Fuß der Westflanke der Kuppe øystre Fagerdalshøi weiter nach Nordosten zur Jugendherberge an der Reichsstraße 51.
Eine überaus lohnenswerte Alternative zu diesem Pfad ist der pfadlose Anmarsch zur Jugendherberge über die Kalvehøgdi (R 88 e), die die ganze Zeit links zu sehen war.

● **88 b** **Mesmogtinden** (Zinne, 2264 m), via Langedalstinden, 2206 m
Anspruchsvoll mit Schwierigkeiten.
Karte 1617 IV.

Mesmogtinden ist die höchste Zinne in der Berg- und Gletscherregion zwischen den Tälern Vesleådalen und Torfinns-/Svartdalen. – Auf dem markierten Pfad im Uferbereich des Stausees Bygdin nach Westen, vorbei an der (Vieh-)Hütte Nybui und dann schräg den Hang hinauf und in das Tal Langedalen hinein. Der markierte Pfad folgt dem diesseitigen (= östlichen) Uferbereich des Talflusses Langedalsåni aufwärts zum See Langedalstjernet, 1513 m. Wer Richtung Herberge Eidsbugarden bzw. Hütte Gjendebu-via-Oksedalen bzw. Berg Galdeberget geht (alle weiter wie R 83 j), muß den Talfluß spätestens an seinem Ausfluß aus dem See Langedalstjernet durchschreiten (vielleicht gibt es aber inzwischen einen Steg; seit die Wirtsleute in der Herberge Torfinnsbu vor einigen Jahren gewechselt haben, sind in der Umgebung einige Routen neu markiert worden, die vorher – ohne Markierung – recht schwierig waren).
Mit Ziel Richtung Zinne Mesmogtinden geht es vom See Langedalstjernet weiter aufwärts: zunächst am Ostufer entlang, dann dem Zufluß des Sees hinauffolgen, jedoch nicht ganz hinauf zum (Kar-)See, 1673 m, sondern den Wasserlauf vorher durchschreiten. Den (Kar-) See westlich umrunden (wer weiter zur Hütte Gjendebu-via-Langedalen will, überschreitet nun das Band, ca. 1750 m, im Norden und geht weiter wie R 83 i).
Nördlich des (Kar-)Sees und östlich des Bands erhebt sich der nicht kotierte Südgipfel, ca. 2060 m, der Gruppe Svartdalspiggane; von

diesem Gipfel schwingt sich ein Grat nach Ostsüdosten zur Zinne Langedalstinden, 2206 m; steiler Aufstieg zur Scharte in diesem Grat. Ab der Scharte phantastische Aussicht. Aus der Scharte heraus aufsteigen zum Langedalstinden. Auf dem Langedalstinden-Ostgrat Abstieg in die Scharte und dann steil zum Mesmogtinden hinauf. Nun je nach Wetter und Schneeverhältnissen folgenden Abstieg ins Auge fassen: Auf dem Mesmogtinden-Südostgrat in die Scharte absteigen; aus dieser Scharte ist der Aufstieg zum Kvitskardtinden, 2193 m, oder der Abstieg zurück in das Tal Langedalen möglich (der auf der topographischen Karte eingezeichnete Restgletscher westlich des Kvitskardtinden ist so weit abgeschmolzen, daß die Karte so nicht mehr stimmt und dem Abstieg ins Tal insofern nichts im Weg steht; siehe R 88c).

● **88c** **Kvitskardtinden** (Zinne, 2193 m)
Anspruchsvoll. Karte 1617 IV.

Phantastische Aussicht. – Wie R 88b zum See Langedalstjernet, 1513 m. Hier nach Nordosten zu Kopf, 1812 m, im namenlosen Kar und von diesem aufwärts zur Scharte zwischen den Zinnen Mesmogtinden, 2264 m, (links) und Kvitskardtinden aufsteigen. Der auf den Karten eingezeichnete Gletscher ist so weit abgeschmolzen, daß der Aufstieg ohne Berührung mit Gletschereis möglich ist (von diesem Eis hat der Gipfel seinen Namen: Weißschartenzinne). Aus der Scharte auf dem Grat zum Gipfel hinauf.

● **88d** **Østre Torfinnstinden** (Zinne, 2119 m)
Anspruchsvoll. Karte 1617 IV.

Einzigartige Gipfelaussicht an der Grenze zwischen dem Gipfelmeer im Norden und der nur von kleineren Bergen durchbrochenen Hochfläche im Süden, Südosten und Südwesten. Østre Torfinnstinden ist der östliche und höchste Gipfel der Gruppe Torfinnstindane, die sich direkt hinter der Herberge erhebt. Erstbesteigung 1876 durch William Cecil Slingsby, Emanuel Mohn und Knut Lykken. Die Route ist neuerdings markiert.

Orientierungspunkt ist der Abbruch des großen, stufenartigen Absatzes des Bergfußes auf der Ostseite. Hier über die Blöcke aufwärts und in die Rinne, die sich oberhalb anschließt (von weiter unten sind in der Südflanke drei Rinnen erkennbar: die mittlere mit ihrer ausgeprägten V-Form führt zum Gipfel, ist jedoch im unteren Bereich schwierig; also zuerst in die östliche Rinne hinein und aufwärts). Die Rinne aufwärts, bis es zu steil wird; hier nach Westen steigen und in die mittlere Rinne wechseln. Der oberste Teil der Mitterinne ist steil.

● **88 e** **Kalvehøgdi** (Höhenzug bis zu 2208 m)
Anspruchsvoll. Karte 1617 IV.

Sehr aussichtsreicher Gipfel- und Gratspaziergang. Einzige Widrigkeit ist der etwas steile Anstieg. Die Tour kann auch Anmarschweg zur Jugendherberge Valdresflya Ungdomsherberge (R 89) sein.
Dem markierten Pfad knapp 3 km nach Norden das Tal Torfinnsdalen hinauf folgen und den Talfluß Torfinnsdøla auf der Stegbrücke überschreiten (wenn es geht, ihn schon vorher durchschreiten, ans Wasserschöpfen denken). Nach der Überschreitung der Brücke Aufstieg auf der Kalvehøgdi-Westflanke: Grob halbrechts halten, wobei das rechte Ende der Stufe oben Orientierungspunkt ist; die steile Stufe geht rechts in eine links (= nordwärts) gerichtete Rinne über; durch diese aufsteigen. Oben unschwer zum Gipfel (2208 m, nach Kompaß „vestre" Kalvehøgdi, traditionell jedoch „nordre" Kalvehøgdi, weil näher am Tal gelegen), der im Norden in einer enormen Wand zum zweigeteilten Gletscher Leirungsbreen im Tal Leirungsdalen (R 81 l) abbricht. Die mit 2208 m höchste Erhebung der Kalvehøgdi (kalve = kalben) ist Teil eines ca. 6 km langen Grat-Kopf-Schrägplateau-Systems, auf dem es sich schön und überaus aussichtsreich nach Osten gehen läßt, meist am Rand des Abbruchs zum Gletscher. Zum Berg Leirungskampen, 2079 m, im Nordwesten hingegen ist Kletterausrüstung notwendig.
Der nächste Kopf östlich von P. 2208 ist P. 2178 (sog. „østre" Kalvehøgdi) auf der Ostseite des Gletschers Leirungsbreen. Von hier aus zwischen dem Abbruch und dem großen Firnfeld rechts nach Nordosten zu Kopf, 2159 m, der höchsten Erhebung des „Mönchs" Munken = Nordostausläufer der Kalvehøgdi.
Von P. 2159 nach Südosten zu P. 2088 und von dort weiter zur „Raschelzinne" Rasletinden, 2105 m. Der Abstieg vom Rasletinden nach Osten zum Boden Raslet (mit „rasle" ist das „Rascheln" des

Gerölls bei Steinschlag gemeint) führt über eine steile Stufe, ist aber auf der Südwestseite des kleinen Firnfelds zu schaffen (Alternative 1: Vom Rasletinden grob Richtung Südwesten absteigen; Alternative 2 = Skiroute: Vom Rasletinden nach grob Nordosten). Der Karsee, 1798 m, südwestlich davon ist nach dieser wasserlosen Wanderung eine willkommene Erfrischungsstelle (nicht unabgekocht). Nun Abstieg zur Valdresflya Ungdomsherberge nach Sicht (unschwer Richtung Nordosten und dann von Nordwesten zur Jugendherberge).

● **88f** **Nordre Kalveholotinden** (Zinne, 2019 m)
Anspruchsvoll. Karte 1617 IV.

Sehr weite Aussicht. Nordre Kalveholotinden ist der westliche der beiden Gipfel, 2019 m und 1867 m, die dem Kalvehøgdi-Höhenzug südlich vorgelagert sind, aber in ihn nahtlos übergehen. Sie flankieren eine gletschergeformte Senke mit zwei Restgletschern, den Kalveholobreane.

Wie R 88e die Kalvehøgdi-Westflanke hinauf. Oben auf der schrägen Hochfläche weiter aufwärts nach Südosten zum Gipfel mit wandartigem Abbruch im Osten und mit Spuren der deutschen Besatzer. Sehr weite Aussicht. Absteigen über den Südwestrücken, teilweise steil (über den Südwestrücken ist auch der Aufstieg möglich).

Die Bezeichnungen „nordre“ und „søre“ Kalveholotinden sind ein Beispiel für die traditionelle Namensgebung, die nichts mit dem Kompaß zu tun hat: Nach dem Kompaß müßte die Nordzinne Westzinne heißen und die Südzinne Ostzinne; würde nach Süd und Nord unterschieden, müßte die Nordzinne Südzinne heißen und die Südzinne Nordzinne. Nach der Tradition werden diejenigen Gipfel als „nordre“ (= nördlich) bezeichnet, die näher am Tal liegen – unabhängig vom Kompaß.

● **88g** **Torfinnsbu – Gjendesheim** (bewirtschaftete DNT-Hütte, 995 m) via Leirungsdalen
Mittel, 8–9 Std., Anstieg ca. 630 m. Karte 1617 IV.

Beeindruckende Talwanderung (Zelt angenehm) mit Möglichkeit zu zahlreichen Abstechern. – Auf dem markierten Pfad das Tal Tor

finnsdalen aufwärts gehen zwischen der Ostflanke der Gipfelgruppe Torfinnstindane bzw. des Grats Torfinnseggi und der weniger steilen Westflanke des Höhenzugs Kalvehøgdi. Nach knapp 3 km wird der Talfluß Torfinnsdøla auf einer Stegbrücke überschritten. Wenig später wird der langgestreckte See, 1475 m, erreicht, an dessen Ostufer der Pfad verläuft. Das Tal wird nun enger, rechts (= östlich) ragt der Berg Leirungskampen, 2079 m, auf, einer der Pfosten des Tors zum Tal Leirungsdalen.
Etwa in der Mitte des langgestreckten Sees, 1475 m, zweigt der Pfad zur Hütte Gjendesheim nach rechts (= Osten) ab, während der Pfad zur Hütte Gjendebu am Ufer bleibt (weiter wie R 83 h, im Winter lawinengefährdet). Der Gjendesheim-Pfad führt ein wenig steil hinauf zur Einsattelung zwischen dem Berg Leirungskampen und der Zinne vestre Leirungstinden. Oben ist das ganze Tal Leirungsdalen überschaubar, durch das der Pfad nun immer abwärts führt (weiter wie R 81 l, wo dieses Tal einschließlich der Gipfelziele beschrieben ist).

● 89 Valdresflya Ungdomsherberge (Jugendherberge, 1386 m)

Südost-Jotunheimen auf der Hochfläche Valdresflya; an der Reichsstraße 51 (Wintersperrung).
Karte 1617 IV.

50-Betten-Jugendherberge und Kafeteria (Tel. 061-41215, N-2955 Valdresflyi); geöffnet 15. Juni bis 1. September.
Bushaltestelle an der Linie Otta – Gol, die ab ca. erstem Juni-Drittel bis Anfang September täglich einmal in beiden Richtungen befahren wird; Fahrzeit bis Fagernes (Bahnhof): 1¼ Std.; Fahrzeit bis Gjendesheim: 10 Min.; Fahrzeit bis Otta (Bahnhof): 2¾ Std.; Abfahrt Richtung Fagernes: 15.50 Uhr; Abfahrt Richtung Gjendesheim (= Otta): 14.35 Uhr.

Die höchstgelegene Jugendherberge Norwegens ist nicht für Jugendliche reserviert, sondern nimmt auch Ältere und Familien auf. Während der Hauptsaison beträgt das Zeitlimit für einen Aufenthalt drei Tage. Lakensack nicht vergessen. Wer nicht mit Pkw, sondern mit dem Fahrrad unterwegs ist, findet in der Valdresflya UH einen optimalen Ausgangspunkt (Zug Oslo – Fagernes, dann Bus Fagernes – Valdresflya UH), da diese Jugendherberge an der Paßstelle der Reichsstraße 51 liegt: freie Abfahrt nach Nord und Süd auf der Reichsstraße sowie ab Bygdin (R 86) unschwere Fahrt nach Ost auf dem Mautweg Jotunheimvegen (R 34e).

Bergziele: Die interessanteste und jedem zu empfehlende Wanderung ist die über den Höhenzug Kalvehøgdi (R 88e), der auch im Winter ein prächtiges Skiziel darstellt. Unschwere Ausflugsziele finden sich im Osten auf der Hochfläche Valdresflya (vgl. R 34e), aber das Gelände dort drüben kann ohne Ski auch als langweilig empfunden werden. Die Touren zur Kalvehøgdi oder zur „Raschelzinne" Rasletinden, 2105 m, sind geländemäßig relativ unschwer, aber bis weit in den Juli hinein ist das flache Gelände vor Kalvehøgdi und Rasletinden von Schnee bedeckt, unter dem Schmelzwasserflüsse und Bäche dahinschießen. Mit Bergstiefeln heißt das beständig: Schuhwerk aus, Schuhwerk an, was auf die Dauer ziemlich nervend ist. Gummistiefel aber sind für die Kalvehøgdi nicht zu empfehlen. Außerdem sind die Schmelzwasserseen auch im Juli häufig noch ganz oder teilweise schneebedeckt, aber die Schneedecke trägt nicht immer. Von der Karte her scheint es einfach zu sein, in das faszinierende Tal Leirungsdalen (R 81 l) zu gelangen; dazu muß jedoch der Fluß Leirungsåi durchwatet werden, der nicht nur breit ist, sondern auch sehr reißend sein kann.

Skirundtour: Bis ca. Ende Mai erfolgt der Aufstieg zur Hochfläche Valdresflya durch Muskelkraft, danach wird die Reichsstraße 51 wieder geräumt. Folgende herrliche Skirundtour ist bis weit in den Juni hinein möglich: Nach Südwesten 5 km zum østre Repefonnbekken, wo das Gelände rechts flacher wird; nun knapp 400 Höhenmeter Aufstieg zur Hochfläche Raslet; hier entweder auf die Zinne Rasletinden (2105 m) hinauf oder Abfahrt vom Plateau nach Nordosten durch das Steindalen und zurück zur Zeltstelle oder Jugendherberge, wenn diese geöffnet ist.

Hüttenziele (beide unschwer): Torfinnsbu, 4 Std. (wie R 88a); Bygdin Høyfjellshotell, 3½ Std. (wie R 86b). Darüber hinaus führt ein Pfad zur bewirtschafteten DNT-Hütte Gjendesheim (R 81) ca. 13 km weiter nördlich. Er folgt allerdings der Reichsstraße 51, zunächst auf der Ostseite, und ist nicht zu empfehlen.

• 90 Glitterheim (bewirtschaftete DNT-Hütte, 1384 m)
Nord-Jotunheimen im Tal Veodalen; kürzester Fußanmarsch 1½ Std. oder ½ Std. mit Rad (R 90a).
Karte 1618 III.

130-Betten-Herberge (Mobiltel. 097-56029 oder 0100 Kanal Otta 56029, N-2680 Vågåmo), provisorischer Zeltplatz, 8 Kojen Selbstbedienungsquartier; geöffnet ca. 3 Wochen bis Ostern sowie ca. 20. Juni bis ca. 10. September.
Straßenverbindung: Abzweigung von der Reichsstraße 51 in Randsverk (R 64a); dort auf Mautweg 24 km bis zur Nationalparkgrenze und weiter 1½ Std. zu Fuß oder 30 Min. mit Rad auf dem für den öffentlichen Verkehr gesperrten Transportweg wie R 90a.

Die Hütte Glitterheim liegt zwischen den Zinnen Glittertind und Nautgarstinden im breiten Tal Veodalen am Fluß Veo. Dieser tritt wenige Kilometer südwestlich aus dem Gletscher Veobreen aus und fließt durch das verhältnismäßig flache, offene Tal Veodalen nach Osten in den Fluß Sjoa ab. Dort kommt jedoch nur ein Teil des Gletscherwassers an: Die Hauptwassermenge wird – außerhalb des Nationalparks – durch Röhren in das nördlich gelegene Tal Smådalen geleitet und so dem See Tesse zugeführt.
Glitterheim war die erste DNT-Hütte, die – im Jahr 1901 – speziell für Wintertouristen hergerichtet wurde. Heute ist sie mit knapp 100 Übernachtungen pro Wintertag die meistbesuchte DNT-Skihütte im Jotunheimen. Das Gelände ist winters wie sommers ideal für Touren aller Schwierigkeitsgrade.

Die von den meisten unternommene Wanderung ist die auf die aussichtsreiche „Glitzerzinne“ Glittertind (R 90c). Sehr feine Ausflüge aller Schwierigkeitsgrade bietet der Norden des Glittertind; wer dabei das Zelt auf dem Trollsteinkvolven (R 90k) aufstellt, spart sich den Anmarsch.
Empfehlenswert ist auch das bis auf grobblockiges Gelände nicht anspruchsvolle Nautgardstinden-Massiv (R 90q).
Über den spaltenreichen Gletscher Veobreen ist die Zinne store Memurutinden zu erreichen (R 90i). Die Wirte von Glitterheim veranstalten auch Gletscherführungen.

Bergziele ab Hütte Glitterheim (1384 m)

Zielname	Höhe m	Pfad	Grad	Beschreibung
Glittertind	ca. 2464	ja	anspruchsvoll	R 90 c
store Memurutinden	2364	nein	Gletscher	R 90 i
Leirhøi	2330	"	Gletscher	R 90 i
Trollsteinseggi	2300	"	anspruchsvoll	R 90 m
Gråsuranden	2260	"	mittel	R 90 o
Nautgardstinden	2258	"	mittel	R 90 q
Trollhøi	2201	"	mittel	R 90 n
Veobretinden	2183	"	Gletscher	R 90 j
Trollstein-Rundhøi	2170	"	mittel	R 90 fm
Steinhøi	2161	"	"	R 90 n
Gråhøi	2154	"	"	R 90 n
Ryggehøi	2142	"	"	R 90 de
Glitter-Rundhøi	2089	"	"	R 90 de
Svartholshøi	2067	"	"	R 90 fm
Grjotbrehesten	2018	"	"	R 90 l

Hüttenziele auf Pfaden ab Hütte Glitterheim (1384 m)

Zielname, Weg	höchste Höhe m	Std.	Grad	Beschreibung
Gjendesheim				
via Hestlægerhøi	1950	7	mittel	R 90 q
via Tjørnholet	1731	7	mittel	R 90 q
via Nautgardstinden	2258	8 – 10	anspruchsvoll	R 90 q
Memurubu				
via Russvatnet	1680	6 – 7	mittel	R 90 q
via Styggehøbreen	2130	9	Gletscher	R 82 j
Spiterstulen				
via Glittertind	2464	6 – 7	anspruchsvoll	R 90 g
via Skautflyi	1662	5	mittel	R 90 h
via Veobreen	ca. 2160	7	Gletscher	R 90 i
Juvasshytta via Skautflyi	1841	8	anspruchsvoll	R 90 p

Bergenuss-
1496
haugen
Bergenuss-
øyene
Storkroken
Vesle-
tjernet
1688
Gråsubekken
Vesle-
kjølen
Nautgardselv
Stornautgarden
Båsåa
Veslenautgard
1737
Svartnubben
1619
Veslenaut-
garden
Hindnubbane
1879
1898
Båsen
1798
Nordreåa
Veodalen
2049
Båsen
1773
Søreåa
Stor-
2174
nubben
Hindflyen
DNT
Glitterheim
JOTUNHEIMEN N.P.
1725
Hindtjørnene
LOM
VÅGÅ
Hindholet
Nautgardsbreane
2089
Nautgardsoksla
Nautgards-
2258
tind
Hestbekken
austre
1950
Hestlægerhø
1603
Tjørnholtjørna
Tjørnholet
vestre
1758
Hestlægerhø
Russli-
1825
Rundhø
Steinhø
1458
Semmelhø

Russhelleren
1426
Tjørnhol-
odden
Russdalen
Blåtjørn-
odden
Russvassbua
1180
Russa
1665
Grjotodden
Russvatnet
Grjotåa
Besstrond-
tjørnene
1224
Russbakkane
1869
Mosbess
Sundodden
Kollhøene
Bessfjellet
Besstrondfjellet
2078
1421
1175
1925
Bessheim-
1521
Rundhø
Besstrond-
Rundhø
1787
Bukkehø
Bess-
tjørnene
1357
Meneset
Besshø-
breen
Bessa
1678
Gloptind
Bessvatnet
953
Hosk-
odden
2258
Besshø
Bessheim
nedre Russgløpet
1373
Veslefjellet
Bamfordnauste
Bjørnbøltjørna
1743
Veslløyfti
1475
Bandet
Besseggen
Hoskli
1140
Gjendehalsen
Bjørnbølet
Hammbammaren
Memurubu
Gjendesheim
GJENDE
Leirungsbua
Gjendeshø
Maurvangen
Leirungs-
holet
1257
Sjoa
Mola
Vesleløyftind

● 90 a **Transportweg-Anmarsch nach Glitterheim** (bewirtschaftete DNT-Hütte, 1384 m)
Leicht, 1½ Std., Anstieg ca. 115 m; Fahrrad 30 Min.
Karte 1618 III.

Auf fast allen Karten ist der Schlagbaum auf dem Transportweg nach Glitterheim falsch eingezeichnet hinter der Hütte Stallhytta, 1270 m, einer noch Anfang dieses Jahrhunderts bei schlechtem Wetter benutzten Unterkunftshütte für Vieh und Mensch. Tatsächlich ist der im Winter nicht geräumte Transportweg bis zur Nationalparkgrenze befahrbar, wo ein wilder Parkplatz besteht. Von hier sind es auf dem Transportweg entlang des Gletscherflusses Veo etwa 8 km bis Glitterheim. Während der Fahrt auf dem Transportweg mit dem prächtigen Veobreen-Gletscher-und-Zinnen-Panorama im Hintergrund sind häufig Rens zu sehen. Der Weg ist in der Hauptsaison überlaufen und kann bald als langweilig empfunden werden, trotz Rens und Hintergrundpanorama. Die Hütte Glitterheim kommt erst ganz zuletzt in Sicht. Das Rad ist zu empfehlen.

Bergenusshaugan: Die merkwürdigen Hügel rechts im Tal, die sozusagen das erste markante Etappenziel auf dem Transportweg darstellen, sind die Bergenusshaugan, 1410 m und 1496 m. Hinter ihnen fließt der Fluß Bergenussa von der Hochfläche Trollsteinkvolven (R 90 k) durch eine Schlucht herab und mündet in einem Delta in den Talfluß Veo. Der Transportweg überquert die Deltaarme auf festen Holzbrücken. Nach der zweiten Holzbrücke sind rechts zwei grasbewachsene Erd-Stein-Buden zu erkennen, die Bergenussbuene; es handelt sich um primitive Notunterkünfte, die mit allem Notwendigen ausgestattet sind (Pritschen, Tisch, Feuerstelle, Kamin) und die irgendjemand öfter mit Brennholz versorgt.

Aufstieg zum Trollsteinkvolven: An den beiden Buden beginnt der Aufstieg zur Hochfläche Trollsteinkvolven (R 90 k). Trotz mehrmaligen Aufstiegs habe ich hier keinen Pfad entdeckt, und es war in Bergstiefeln jedes Mal ein etwas mühsames Unterfangen, durch die vermoorte Weidenzone zu stiefeln. In der Fels- und Blockzone oben hingegen ist das Vorwärtskommen einfach. Moorlose Alternative zu dieser Aufstiegsroute: Gleich vom Parkplatz an der Nationalparkgrenze nach Nordnordwesten aufsteigen (rund 400 Höhenmeter) und oben nach Westen gehen, ebenfalls pfadlos.

Saubui: 1 km östlich der oben erwähnten Stallhytta liegt die „Schafbude“ Saubui, ein von Steinmauern umgebener Verschlag, in dem bis in die 20er Jahre dieses Jahrhunderts nachts die Schafe aufgestallt wurden, um sie vor den damals in der Gegend noch häufigen Raubtieren Bär und Wolf zu schützen. Heute spannen sich in dieser Gegend riesige Zäune, hinter denen sich Zahmrenherden bewegen.
Hestvegen: Etwa 1½ km westlich der Stallhytta liegt die „Grünbude“ Grønbui am kleinen See Grøntjørnet, 1287 m. Hier beginnt der „Pferdweg“ Hestvegen, ein Pfad, der nach Norden in das Tal Smådalen führt (dort keine Brücke über den Talfluß Smådøla). Die Pferde durchschwammen die Smådøla und wurden in das Gebiet der Hestlægerhøi-„Pferdlagerkuppen“ (westlich des Nautgardstinden-Massivs) getrieben, wo sie sich den Sommer über frei bewegen konnten.
Grønflyi: Das Gebiet nördlich von Saubui, Stallhytta und Grønbui ist die Grønflyi, eine kleine „grüne Hochfläche“ zwischen den Tälern Veodalen und Smådalen. Im Bereich des Hügels, 1540 m, wurden Funde aus der Zeit von vor rund 5000 Jahren gemacht; am kleinen See beim Hütel liegt ein Grab, das in die Wikingerzeit datiert wird. Der Talfluß Smådøla unten im Tal Smådalen fließt zum See Tesse (R 105), an dem menschliche Siedlungen seit der Steinzeit nachgewiesen sind.

● **90 b** **Veolii – Glitterheim** (bewirtschaftete DNT-Hütte, 1384 m)
Unschwer, 4 Std., Anstieg ca. 400 m; im Winter markiert.
Karten 1618 II und 1618 III.

Sehr schöne Hochflächen-Spazierwanderung. – Rund 5 km südlich der Abzweigung zur „Rittersprung“-Klamm Ridderspranget (R 64 c) zweigt von der Reichsstraße 51 ein schlechter Fahrweg in den Wald hinauf ab, und zwar kurz vor (= nördlich) der Reichsstraßenbrücke über den Fluß Veo oberhalb von dessen Mündung in den Fluß Sjoa. Der Weg endet nach 2 km an der Alm Veolii („Veo-Hang“) oberhalb der Baumgrenze. Hier beginnt der Pfad, der das Tal Veodalen in zuletzt stark vermoortem Gelände aufwärts führt. Links Blick auf das Nautgardstinden-Massiv. Während der Wanderung ist die Begegnung mit Rens nichts Seltenes. Dementsprechend häufig

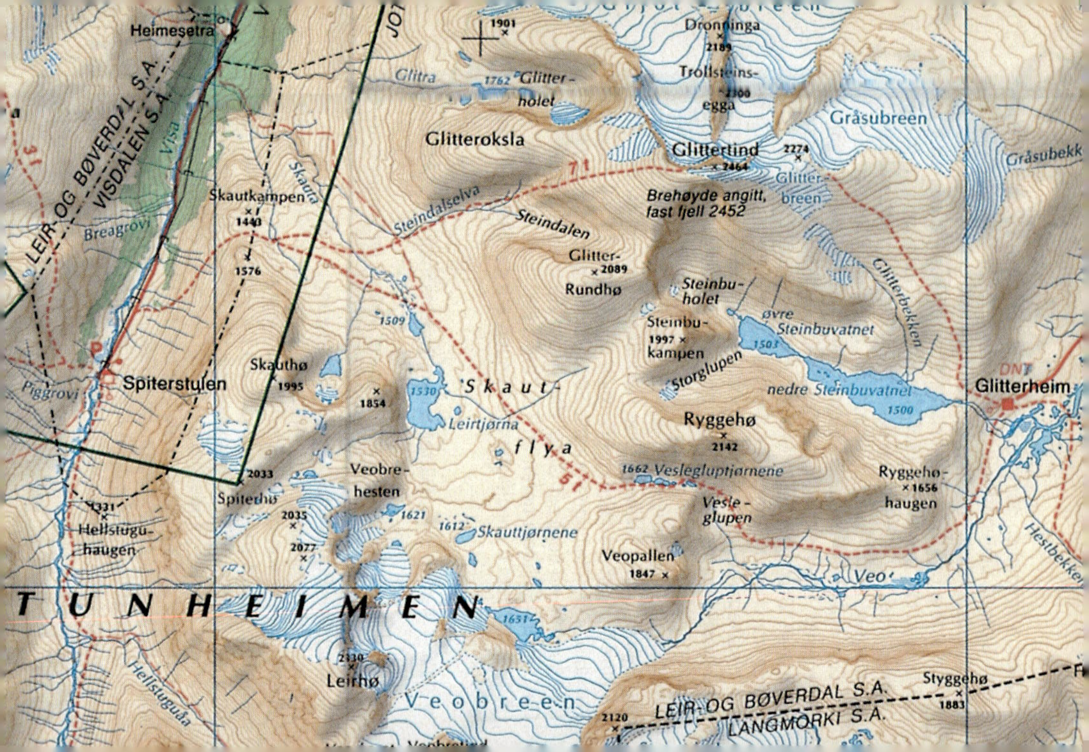
Heimesetra
LEIR- OG BØVERDAL S.A.
VISDALEN S.A.
Visa
Breagrovi
Piggrovi
Spiterstulen
Skautkampen
1440
1576
Skauta
Skauthø
1995
1854
2033
Spiterhø
2035
2077
1331
Hellstugu-
haugen
Hellstuguåa
1901
Glitra
1762
Glitter-
holet
Glitteroksla
Dronningá
2189
Trollsteins-
2300
egga
Gråsubreen
Gråsubekk
Glittertind
2464
2274
Glitter-
breen
Brehøyde angitt,
fast fjell 2452
Steindalselva
Steindalen
Glitter-
2089
Rundhø
Steinbu-
holet
Steinbu-
1997
kampen
øvre
Steinbuvatnet
1503
Storglupen
nedre Steinbuvatnet
1500
Glitterbekken
DNT
Glitterheim
1509
1530
Skaut-
flya
Leirtjørna
Ryggehø
2142
1662 Vesleglupțjørnene
Ryggehø-
1656
haugen
Veobre-
hesten
1621
1612
Skauttjørnene
Vesle-
glupen
Veopallen
1847
Veo
Hestbekken
TUNHEIMEN
1651
2330
Leirhø
Veobreen
2120
Styggehø
1883
LEIR- OG BØVERDAL S.A.
LANGMORKI S.A.
71
51
31

Memurutind
2364
2130
2301
Memuruskaret
Styggebreskaret
tindane
2232
2142
1556
2218
Hellstugubreen
2176
vestre
2280
Hellstugutindane
Blåbreen
Surtningsuoksla
Uradalen
Uradalsbekken
2339
austre Memurubreen
2243
Uradalstjørnene
1540
2345
store Hellstugutind
2230
Memurutindane
1686
2196
2122
2222
2060
2017
2255
2140
2049
2078
Uradalsbandet
1663
1746
Surtningssua
2230
2368
Blackwellbua
vestre Memurubre
1618
2189
Surtningsubekken
2033
2302
2251
Semmelholet
Hinnotefjellet
1672
1855
1936
1678
Gloptind
øvre Russglopet
1593
1680
2114
Reinstind
1756
VÅGÅ
LOM
Semmelbreen
2236
Semmelbretjørna
Rauhamrane
1617
1833
Glopåa
nedre Russglopet
Russbakkan
Semmeltind
2178
1541
Reinstindvatnet
Hesttjørna
1473
1655
Muru
1542
1540
Hinnotetjørna
Memurudalen
Hestbekken
Memurubu
Semmelåa
Storådalshø
1888
Hinnotebekken
Sjugurdtindtjørna
Sjugurdtind
1300
Hellertjørna
1265
1356
Lågtunge-
Grunnevatnet

sind Spuren, die Jäger vergangener Jahrhunderte hinterlassen haben: steinerne Leitzäune, die die Tiere zu Fallgruben leiten sollten. Diese Gruben („dyregravene") waren mit Zweigen und Moos bedeckt. – Wo das Gelände allzu sumpfig wird, führt der Pfad hinüber zum Transportweg Randsverk-Glitterheim und ist dann identisch mit der Veodalen-Tal-Route R 90 a.

● 90 c **Glittertind** (Zinne, ca. 2464 m)
Anspruchsvoll, auf 3 Std., ab 1½—2 Std., Anstieg ca. 1100 m.
Karte 1618 III.

Sehr aussichtsreiche, vielbegangene, geländemäßig nicht anspruchsvolle Gipfeltour, bis zum Rand des Gletschers (Eisbuckels) Glitterbreen markiert; bei schlechter Sicht oder unsicherem Wetter sowie bei Sturm nicht zu empfehlen. Keine Gletscherausrüstung notwendig, bei Blankeis jedoch Steigeisen.
Die „Glitzerzinne" Glittertind mit ihrer unverwechselbaren Wächtenkappe galt bis vor wenigen Jahren als höchste Erhebung Nordeuropas, da das Gletschereis mitgerechnet wurde. Die Messung von 1931 kotierte den Gipfel 2481,2 m; fünfzig Jahre später verzeichnet die topographische Karte 2472 m (Messung 1978), das Statistische Jahrbuch gibt die Höhe nur noch mit 2465 m (Messung 1984) an, neuere Messungen sprechen von 2464 m. Der im Sommer zeitweise eis- und schneefreie Galdhøpiggen hingegen erreicht 2469 m und ist somit der tatsächlich höchste Gipfel Nordeuropas, ob die Wächtenkappe des Glittertind mitgerechnet wird oder nicht. Unter dem Eis erreicht der Glittertind eine absolute Höhe von 2452 m.
Die Wächtenkappe fällt ostwärts zum Gletscher Glitterbreen ab, über den die Aufstiegsroute läuft. Im Westnordwesten liegt das Kartal Glitterholet, aus dem die Glitra austritt. Von diesem „glitzernden" Gletscherbach hat der Glittertind seinen Namen.
Der markierte Pfad führt von der Hütte Glitterheim (Wegweiser) den Hang nach Westen hinauf und schwingt oben, wenn der Hang einflacht, nach halbrechts (= Nordnordwesten; links unten die Seen Steinbuvannet, 1503 m und 1500 m, vor der Ryggehøi, 2142 m; außerdem vielleicht etwas frustrierende Aussicht zum Zielgipfel: ein winziges Schneeköpfchen in weiter Ferne). Nun langwierig weiter,

immer in grob derselben Richtung, über grobblockiges Gelände und durch Schneefelder bis zum Trümmerfeld zwischen den Gletschern Glitterbreen und Gråsubreen.
Hier beginnt der faszinierende Teil der Tour mit der nicht kotierten Glittertind-Ostzinne, ca. 2400 m, im Vordergrund, die wie eine Pyramide aus der Schnee- und Eiswüste aufsteigt. Es empfiehlt sich, der abkürzenden Allerweltsroute über den Gletscher Glitterbreen nicht zu folgen, sondern zunächst so weit wie möglich rechts zu gehen (hier sind auch die roten Ts, die jedoch meist schneebedeckt sind), um auch den Grat Trollsteinseggi, 2300 m, und den Gletscher Grjotbreen zu sehen; dieser Gletscher (im Blick nur die Osthälfte, hinter dem Grat fließt die andere Hälfte) fließt hinab zur Hochfläche Trollsteinkvolven (R 90 k). Der Aufstieg ab Trümmerfeld über den Gletscher zur Glittertind-Hauptzinne dauert eine gute halbe Stunde. Am Gipfel hängen Eis und Schnee über dem bis zu wandartig steilen Nordabbruch. Sehr schöner Rundblick über die Zinnen und Gletscher im Süden und Südwesten. Im Westen ist außerdem der große Rivale Galdhøpiggen zu sehen (erkennbar an der „Tor"-artigen Scharte Porten).
Glittertind wurde erstmals bestiegen 1841 von Hans Sletten aus Lom und Harald Nicolai Storm Wergeland, einem Vetter des bekannten Dichters Henrik Wergeland. 1842 verfolgte angeblich der Jäger Jo Gjende (R 81) einen Bock bis zum Gipfel und dachte, er sei der Erstbezwinger des Glittertind. Die erste Frau auf dem Gipfel war 1875 Edith Slingsby, die Schwester des britischen Bergsteigers William Cecil Slingsby. 1905 wurde auf dem Gipfeleis die erste Nothütte erreicht. Sieben Jahre später rasierte sie der Sturm. Eine 1930 errichtete Hütte trotzte bis 1978. Ohne das Abschmelzen des Eises stünde sie vielleicht heute noch.

• 90 d Glittertind-Rundtour via Ryggehøi
Anspruchsvoll, 8 Std., Anstieg ca. 1100 + 450 = 1550 m.
Karte 1618 III.

Sehr aussichtsreiche Gipfel- und Grattour; abzuraten bei Blankeis und/oder starkem Wind. Wie R 90 c zum Glittertind. Nun Gipfel überschreiten Richtung Westen bis zum Gletscherrand; dann etwas steiler hinab nach Südsüdwesten auf die Kuppe Glitter-Rundhøi,

2089 m. Von dort nach Südsüdosten zu P. 1841 m am oberen Ausgang der Schlucht Storglupen (hier ist der Abstieg durch die Schlucht Storglupen in das Tal Steinbudalen möglich: weiter wie R 90e). Nun auf dem breiten, unsteilen Ryggehøi-Rücken aufsteigen bis Kopf 2142, der höchsten und schmalsten Stelle („Ryggehøi" = Kuppe, die sich aus einem Rücken erhebt). Abstieg auf dem sich rasch verbreiternden 2142-m-Ostrücken. Er endet in einer etwas steilen Stufe. Von dort absteigen mit dem Ausfluß des Sees nedre Steinbuvatnet als Orientierungspunkt. Dem Ausfluß kurz abwärts folgen zum Pfad.

● 90e Glittertind-Rundtour via Storglupen / Steinbudalen
Anspruchsvoll, 6 Std., Anstieg ca. 1120 m.
Karte 1618 III.

Wie 90d (abzuraten bei Blankeis und / oder starkem Wind) den Glittertind überschreiten und hinab zu P. 1841 m. Nun nach Osten absteigen durch die „große Schlucht" Storglupen (Pendant zur „kleinen Schlucht" Veslglupen südlich des Ryggehøi-Rückens), die hinabführt — Blöcke, Schnee — zum See øvre Steinbuvatnet, 1503 m, im Tal Steinbudalen zwischen Glittertind und Ryggehøi. Talabwärts gehen zur Landenge zwischen den beiden Seen; dort den Ausfluß vom oberen zum unteren See durchqueren und am Nordufer weiter abwärts nach Glitterheim; das letzte Stück markierter Pfad.

● 90f Glittertind rundt via Svartholsglupen
Anspruchsvoll, 9 Std., Anstieg ca. 440 + 150 + 220 + 110.
Karte 1618 III (eventuell auch 1518 II).

Phantastische Tour rund um den Glittertind. — Wie R 90c von der Hütte den Hang nach Westen hinauf auf dem T-Pfad Richtung Glittertind und oben, wenn der Hang einflacht, mit dem Pfad nach halbrechts schwingen und ihm noch 1 km (= 200 Höhenmeter) folgen,

Aufstieg zum Glittertind über den spaltenlosen Eisbuckel Glitterbreen, der bei Blankeis gefährlich glatt ist. Der zweithöchste Gipfel Nordeuropas ist eine Doppelzinne aus angeblasenem Schnee, zu Firn und Eis verfestigt und teilweise in Überhängen abbrechend.

als sei der Glittertind das Ziel. Dann vom Pfad nach rechts (= Nordnordosten) abzweigen und das wenig einladend aussehende Moränen-Blockgelände hinauflaufen, nun immer in dieser Richtung: am Ostrand des Gletschers Gråsubreen vorbei, den aus dem Gletscher ausfließenden Bach Gråsubekken durchschreiten, dann nach halblinks (= Nordwesten) über die Hochfläche Bukkeflyi und hinab zum See Trollsteintjørnet, 1711 m (nicht verwechseln mit P. 1755), der von einem Arm des Gletschers Grjotbreen gespeist wird und am Westende des Bodens Trollsteinkvolven (R 90 k) liegt. Geteilt wird dieser Gletscher vom Grat Trollsteinseggi, der sich bis dicht unter den Glittertind hinaufzieht.
Vom See Trollsteintjørnet, 1711 m, nach Westen über meist schneebedeckte Blöcke durch die Schlucht Svartholsglupen zwischen den Kuppen Gråhøi (2154 m, rechts = nördlich) und Svartholshøi (namenlos, kotiert 2067 m) hinauf zum Band, 1854 m. Hier kurz nach links (= Süden) gehen und dann von Westen aufsteigen über die Blöcke zur Kuppe Svartholshøi, 2067 m, kaum steil; die Kuppe bricht im Südosten bis zu wandartig steil zum Ostteil des Gletschers Grjotbreen ab.
Von der Kuppe Svartholshøi, 2067 m, leicht hinab nach Südwesten in die Senke und aus dieser heraus aufsteigen zur Kuppe Trollstein-Rundhøi, 2170 m. Gewaltige Aussicht. Von hier besteht die Möglichkeit, über den Grat Trollsteinseggi weiter aufzusteigen (weiter wie R 90 m).
Auf dem Westrücken der Kuppe Trollstein-Rundhøi absteigen und nach ca. 2 km nach links (= Südwesten) zur Schulter Smiugjels-Oksli hinabsteigen. Weiter grob südwärts und den Ausfluß vom Westteil des Gletschers Grjotbreen durchschreiten (was unter Umständen nicht möglich ist); weiter nach Südwesten zum Ausgang des Kartals Glitterholet; dort die Glitra — nach diesem „glitzernden" Gewässer ist der Glittertind benannt — durchschreiten und über den Fuß des Glitteroksli-Westhangs nach Süden zum markierten Pfad. Dieser führt nach Südosten über die steinige Hochfläche Skautflyi zur Hütte Glitterheim zurück (Beschreibung dieses Wegstücks siehe R 90 h; dabei beachten, daß sich hier die Pfadkreuzung befindet: es sind nur knapp 5 km zur Herberge Spiterstulen, meist bergab).

• 90g Glitterheim — Spiterstulen (Herberge, 1106 m), via Glittertind
Anspruchsvoll, 6—7 Std., Anstieg ca. 1100 m.
Karten 1618 III und 1518 II.

Abzuraten bei Blankeis und/oder starkem Wind. Aufstieg zum Glittertind wie R 90c. Den Gipfel überschreiten (in westlicher Richtung) bis zum Rand des Gletschers; dann auf dem markierten Pfad abwärts nach Westsüdwesten, allmählich steil. Während dieses Abstiegs ist nach und nach fast die ganze folgende Route zu überblicken. Nach dem steilen Abstieg führt der Pfad im Süduferbereich des Talflusses/Bachs Steindalselvi weiter hinab zur Kreuzung mit dem Pfad von der Hütte Glitterheim zur Herberge Juvasshytta (weiter wie R 90p). An der Pfadkreuzung (Wegweiser) nach Südwesten und den Fluß/Bach Skauta durchschreiten. Wenig später wird die Grenze des Nationalparks passiert. Schräg nach Südwesten den Hang hinunter in das Tal Visdalen zum Mautweg, der nach links zur Herberge Spiterstulen (R 91) führt.

• 90h Glitterheim — Spiterstulen (Herberge, 1106 m) via Skautflyi
Unschwer, 5 Std. (16 km), Anstieg ca. 280 m.
Karten 1618 III und 1518 II.

Beeindruckende Hochflächenwanderung. Auf dem markierten Pfad im diesseitigen Uferbereich des Flusses Veo flußaufwärts gehen in einer bizarren, von der Eiszeit geprägten Landschaft. 2 km bevor der Fluß Veo aus dem Gletscher Veobreen austritt (vorn sichtbar), schwingt der Pfad nach rechts (= Nordwesten) in die kalte, windige und im Winter lawinengefährdete „kleine Schlucht" Veslglupen an der Südflanke des Rückens Ryggehøi hinauf und folgt dem Flankenfuß zu den winzigen, meist vereisten Seen Veslgluptjørnin, 1662 m. Am rechten (= Nord-)Ufer des ersten vorbei, dann auf der linken (= Süd-)Seite der anderen weiter auf die steinige und eisige Hochfläche Skautflyi. Es lohnt sich, den Pfad nun zu verlassen, und auf eigene Faust herumzustöbern. Der markierte Pfad durchquert die Hochfläche in Nordwestrichtung, wobei es leicht abwärts geht. An der Pfadkreuzung weiter wie R 90g.
Skiroute: Anstatt zu der lawinengefährdeten Schlucht Veslglupen

hinaufzulaufen, folgen Skifahrer weiter dem Fluß Veo Richtung Gletscher Veobreen und steigen zwischen dem Gletscher und den Moränen-„Stapeln" Veopallan (1847 m und 1824 m) zur Hochfläche Skautflyi hinauf.

● **90 i** **Glitterheim — Spiterstulen** (Herberge, 1106 m), via Veobreen
7 Std., Anstieg ca. 760 m; Gletscherausrüstung; Führung.
Karten 1618 III und 1518 II.

Wie R 90 h dem Fluß Veo aufwärts folgen, aber bis zum Gletscher Veobreen. Den Gletscher (Wasserlöcher) aufwärts zur Scharte Veoskardet, ca. 2140 m (=die Scharte rechts hinter der ganz von Eis umschlossenen Zinne Veobretinden, 2183 m). Von der Scharte Aufstiegsmöglichkeit zu zwei lohnenswerten Gipfeln: 1. zur Zinne store Memurutinden, 2364 m (südlich); 2. zur Kuppe Leirhøi, 2330 m (nördlich).
Steil und grobblockig ist der Abstieg von der Scharte Veoskardet nach Westen in das Tal; dort dem aus dem Gletscher Heillstugubreen herausfließenden Gletscherfluß Heillstuguåi talabwärts folgen in das Tal Visdalen. Dort noch ca. 5 km talabwärts zur Herberge Spiterstulen (R 91).

● **90 j** **Veobretinden** (Zinne im Gletscher, 2183 m)
Karte 1618 III.

Wie R 90 i den Gletscher Veobreen aufwärts mit der Scharte Veoskardet als Orientierungspunkt. Kurz vor der Scharte nach links zuhalten auf die vom Eis überflutete Scharte zwischen dem von Gletscherströmen umflossenen Nunatak Veobretinden und dem Gratkopf, 2264 m. Aufstieg auf dem Veobretinden-Westsüdwestgrat.

● **90 k** **Trollsteinkvolven** (Boden bis zu 1615 m)
Karte 1618 III.

Trollsteinkvolven ist der kleine, meist völlig einsame Boden knapp 5 km nordöstlich der Zinne Glittertind. Er ist im Norden, Westen und Süden von Hängen, Moränenrücken, Gletschern und bis zu wandartig steilen Abbrüchen umgeben, ist aber so weit, daß die Sonne Zu-

gang hat. Mit Zelt ist er Ausgangspunkt für lohnenswerte Touren (R 90 lmno) im Norden des Glittertind; auch der Glittertind selbst kann von hier aus bestiegen werden, wobei die beiden Hauptrouten der Gletscher Grjobreen (Ostteil der Osthälfte) und die Gråsuranden-Moräne (R 90 o) sind. Es gibt auf dem Trollsteinkvolven kleine Pfützen und Rinnsale, und an der Stelle, wo auf der Karte ein schmaler See eingezeichnet ist, läßt sich das Zelt aufschlagen. Das Gelände ist steinig, aber nicht grobblockig, und zwischen den Steinen schaut im Sommer ein wenig Grün hervor.
Der Anmarsch erfolgt entweder wie R 90 f über die Hochfläche Bukkeflyi oder vom Transportweg aus bei den beiden Erd-Stein-Buden (siehe R 90 a) oder vom Parkplatz an der Nationalparkgrenze aus (siehe R 90 a). Wer vom Parkplatz aufsteigt, kommt an einem Überhang vorbei, unter dem sich biwakieren läßt.

Der Fluß Visa frißt sich bei Reinstråe unweit der Glitra-Mündung tief ins Gestein, ist jedoch zum Wasserholen leicht erreichbar und rauscht abends das Schlaflied – Etappe auf der Wanderung von Glitterheim über den Glittertind Richtung Galdhøpiggen.

• 90 l **Grjotbrehesten** (ehemaliger Nunatak, namenlos, kotiert 2018 m)
Karte 1618 III.

Kaum anspruchsvoll ab Trollsteinkvolven (R 90 k). Der namenlose Gipfel direkt im Süden des Karsees Trollsteintjørnet, 1711 m, war früher ein Nunatak, d. h. ganz vom Gletscher Grjotbreen umgeben. Am Farbunterschied ist deutlich zu sehen, ab wo der Fels aus dem Eis ragte. Heute ist der Zugang vom Trollsteinkvolven aus frei (riesige Moräne): ansteigen von Nordosten und auf dem Rücken von Süden aus zum Gipfel. Überraschung oben: Gletscher-Hahnenfuß. Auf die aus den Eisströmen ragenden Nunatakker haben sich oft Pflanzen aus der Zeit vor dem Glazial gerettet. Hier überlebten sie.

• 90 m **Trollsteinseggi** (Grat, 2300 m)
Im letzten Teil anspruchsvoll.
Karte 1618 III.

Phantastische Grattour. Der „Trollstein-Grat" Trollsteinseggi zieht sich von Norden nach Süden fast bis zur Zinne Glittertind hinauf und teilt dabei den Gletscher Grjotbreen.
Anmarsch wie R 90 f zur Kuppe Trollstein-Rundhøi, 2170 m. Von der Trollstein-Rundhøi unschwer nach Süden hinunter (der auf der topographischen Karte eingezeichnete Gletscher ist so weit abgeschmolzen, daß er problemlos umgangen werden kann) und dann die „Königin" Dronningi, 2189 m, besteigen. Nun weiter auf dem Grat, der kurz vor dem Gipfelzeichen etwas steil und ausgesetzt wird.
Abstieg wie Aufstieg oder: Auf dem Westrücken der Trollstein-Rundhøi absteigen und durch das Kartal Smiugjelholet zur Schlucht Svartholsglupen zurückkehren.

• 90 n **Trollhøi** (Kuppe, 2201 m)
Karte 1618 III.

Phantastisch und einsam. Trollhøi, 2201 m, ist die höchste jener Kuppen, die die topographische Karte als Trollhøin („die Troll-Höhen") bezeichnet. Aufstieg vom schmalen See im Trollsteinkvolven (R 90 k) nach Norden, kaum steil. Sobald das Gelände einflacht, nach Westen zum Gipfel.

Ab- wie Aufstieg oder: über das Plateau nach Süden zur „Steinkuppe" Steinhøi, 2161 m, mit Abbrüchen im Süden und Osten. Am Rand des Abbruchs weiter nach Westen zur „grauen Kuppe" Gråhøi, 2154 m, meist durch Schnee. Von hier über Blöcke nach Südwesten zur „Schwarzlochschlucht" Svartholsglupen absteigen und durch diese abwärts zum Trollsteinkvolven zurück.

● **90 o** **Gråsuranden** (namenlos, 2260 m kotierter Moränengipfel)
Karte 1618 III.

Gråsuranden ist der namenlos direkt nordöstlich vom Glittertind mit 2260 m kotierte Gipfel. Nach Osten flacht er sanft zum Gletscher Gråsubreen ab, im Westen bricht er bis zu wandartig steil zum Gletscher Grjotbreen ab; angeblich handelt es sich um die größte Moräne Norwegens. Aufstieg vom Trollsteinkvolven (R 90 k).

● **90 p** **Glitterheim — Juvasshytta** (Herberge, 1841 m) via Skautfluyi
Anspruchsvoll, 8 Std., Anstieg ca. 280 + 940 = 1220 m
Karten 1618 III und 1518 II.

Wie R 90 h zur Pfadkreuzung am Schluß. An der Pfadkreuzung geradeaus weiter in nordwestlicher Richtung, das Flüßchen Steindalselvi durchschreiten und schräg hangabwärts, in etwa dem Flüßchen folgend. Das Flüßchen Steindalselvi mündet bald in das Flüßchen Skauta, das sich einen schluchtartigen Graben gefressen hat, was zeigt, daß das Flüßchen oft ein Fluß ist. Oberhalb dieses Grabens hangabwärts gehen bis zum Mautweg im Tal Visdalen.
Auf dem Mautweg sind es talaufwärts 4½ km zur Herberge Spiterstulen. Also auf dem Mautweg ca. 500 m talabwärts gehen (vorher Zeltstelle am Fluß) zur festen Brücke über den Fluß Visa unterhalb der Alm Heimeseter. Den Fluß auf der Brücke überschreiten und am anderen Ufer auf dem Weg ein paar Schritte flußaufwärts gehen, bis am Ende der Rodung der Pfad rechts abzweigt (keine Markierungen, Suchen erforderlich) und den Hang hinaufführt, stellenweise etwas steil, aber bald aussichtsreich (Glittertind!). Der Pfad behält immer grob die Westrichtung bei, die Herberge Juvasshytta (R 92) ist nicht zu verfehlen.

• 90 q **Nautgardstinden** (Massiv, bis zu 2258 m)
Anspruchsvoll
Karte 1618 III.

Überaus aussichtsreich; genaue Beschreibung mit Routenvorschlägen siehe R 81 r und R 81 s. Nach Osten zum Fluß Veo hinab und die Brücke überschreiten. Am anderen (=Ost-)Ufer Pfadverzweigung und Orientierung: Geradeaus im Osten erhebt sich das gewaltige Nautgardstinden-Massiv mit der breiten Schulter Nautgardsoksli, 2089 m, vor der höchsten Zinne, 2258 m. Diese Schulter ist das Ziel des Anmarschwegs. Aber erst weiter orientieren: Im Süden bzw. Südsüdosten steigt das Gelände zu den beiden „Pferdlagerkuppen" vestre Hestlægerhøi, 1758 m, und austre Hestlægerhøi, 1950 m, an. Die Einsattelung zwischen diesen beiden Kuppen ist das erste Etappenziel auf dem markierten Pfad zur Herberge Gjendesheim-via-Hestlægerhøi; dieser Pfad führt vom Orientierungsstandpunkt (nach der Brückenüberschreitung) aus nach Süden und dann im diesseitigen Uferbereich des „Pferdbachs" Hestbekken nach Südosten aufwärts zur Einsattelung (weiter wie R 81 p); von diesem Pfad zweigt jenseits der Einsattelung der Pfad zur Herberge Memurubu-via-Russvatnet ab (dann weiter wie R 82 e).
Die Einsattelung zwischen der Kuppe austre Hestlægerhøi und der Schulter Nautgardsoksli wiederum ist das Ziel der nicht wintersicherer Route zur Herberge Gjendesheim-via-Tjørnholet: Also auf dem Pfad gehen, der sich nach der Brückenüberschreitung grob in Flußabwärtsrichtung wendet (weiter wie R 81 q).

• 91 Spiterstulen (Herberge mit DNT-Rabatt, 1106 m)

Nordwest-Jotunheimen im Tal Visdalen; wintersicherer Mautweg 17 km ab Reichsstraße 55 Røysheim (R 66).
Karte 1518 II.

140-Betten-Herberge (Tel. 062-1 14 80, N-2686 Lom), provisorischer Zeltplatz, Fjellschule (Varden Fjell-skole), Gletscherführungen; geöffnet 10. Februar bis Ende April sowie 20. Mai bis 20. Oktober.

Spiterstulen liegt im Tal Visdalen in unmittelbarer Nähe des Galdhøpiggen, des höchsten Gipfels von Nordeuropa, und ist entsprechend gut besucht, nicht nur von Schulklassen und anderen

Bergziele ab Herberge Spiterstulen (1106 m)

Zielname	Höhe m	Pfad	Grad	Beschreibung
Galdhøpiggen	2469	ja	anspruchsvoll	R 91 c
Glittertind	ca. 2464	ja	"	R 91 g
Skardstinden	2373	nein	Gletscher	R 91 l
store Memurutinden	2364	nein	anspruchsvoll	R 91 k
Keilhaus Topp	2355	ja	"	R 91 c
store Heillstugutinden	2345	nein	"	R 91 f
Storjuvtinden	2344	nein	Gletscher	R 91 l
Leirhøi	2330	nein	anspruchsvoll	R 91 hk
store Tverråtinden	2309	nein	anspruchsvoll	R 91 j
Ymelstind	2304	nein	Gletscher	R 91 l
Svellnosi	2272	ja	anspruchsvoll	R 91 c
nordre Heillstugutinden	2218	nein	"	R 91 e
Styggehøi	2213	nein	"	R 91 i
Svellnosbrehesten	2181	nein	Gletscher	R 91 d
Lindbergtinden	2120	nein	anspruchsvoll	R 91 j
Heillstuguhøi	2072	nein	anspruchsvoll	R 91 e
Spiterhøi	2033	nein	mittel	R 91 g
Skauthøi	1993	nein	mittel	R 91 g

Gruppen, auch von Rekordjägern: Vom Spiterstulen aus lassen sich fast alle Gipfel Norwegens ersteigen, die höher als 2300 m liegen. In den letzten Jahren wurde die Tradition des 1934 erstmals veranstalteten Galdhøpiggrennet wiederaufgenommen, eines an Ostern stattfindenden Abfahrtsrennens, bei dem nur nordische Ski zugelassen sind. Aufgestiegen wird ohne Steighilfen in ca. 3 Std. zum Gipfel Keilhaus Topp, 2355 m; dort beginnt die höllische Abfahrt in das Tal Visdalen.

Das Hüttenensemble bietet eine Mischung aus modernen und alten Gebäuden, von denen einige älter als 200 Jahre sind. Die Herberge entwickelte sich aus einem Almhof, 1836 wurde die erste speziell für Bergtouristen errichtete Unterkunft in Gebrauch genommen. Der Name bezieht sich auf den „spritzenden" Bach Spitra, der die Westflanke der Kuppe Spiterhøi herunterspringt; stul = støl = Melkschuppen, Sennhütte, Alm.

Die von den meisten unternommene Wanderung ist die auf den Galdhøpiggen (R 91 c). Kaum eins der anderen aufgeführten Bergziele kann es mit dem Galdhøpiggen aufnehmen, was die Weite der Aussicht betrifft. Dafür kann es der Galdhøpiggen in der Hauptsaison mit kaum einem anderen Bergziel aufnehmen, was Ruhe und ungestörten Genuß betrifft. Für Schwindelfreie eine Traumtour ist die Begehung der Gipfelgruppe Heillstugutindane (R 91 ef). Weniger Ansprüche an die Schwindelfreiheit als an die Kondition stellt die aussichtsreichen Touren auf die Zinne store Memurutinden (R 91 k) und auf die Kuppe Leirhøi (R 91 h).
Wer noch nie gletschergewandert ist, sollte die Führung über und durch den abenteuerlichen Gletscher Svellnosbreen (R 91 d) mitmachen: weniger eine Gletscher-„Wanderung" als ein faszinierender Rundgang durch ein „Museum" aus lebendigem Eis.

Hüttenziele auf Pfaden ab Herberge Spiterstulen (1106 m)

Zielname, Weg	höchste Höhe m	Stunden	Grad	Beschreibung
Juvasshytta via Juvflyi	1870	3	mittel	R 91 a
via Galdhøpiggen	2469	6	Gletscher	R 91 c
Leirvassbu via Visdalen	1490	5	unschwer	R 91 b
Glitterheim via Glittertind	2464	6 – 7	anspruchsvoll	R 91 g
via Skautflyi	1662	5	unschwer / mittel	R 91 g
via Veobreen	2160	7	Gletscher	R 91 k
Memurubu via Heillstugubreen	1900	9	Gletscher	R 91 k
Gjendebu via Uradalen	1663	7 – 8	mittel	R 91 b
via Heillstugubreen	1900	9 – 10	Gletscher	R 91 k

● **91 a** **Spiterstulen — Juvasshytta** (Herberge, 1841 m) via Juvflyi
Mittel, 3 Std., Anstieg ca. 750 m.
Karte 1518 II.

Talhang- und aussichtsreiche Hochflächenwanderung (kraftsparender in umgekehrter Richtung).

Auf der Brücke über den Fluß Visa und dahinter den Talhang hinauf, bis nach gut 100 Höhenmetern die Pfadverzweigung erreicht wird: Während es zum Gipfel Galdhøpiggen in westlicher Richtung geradeaus weitergeht, zweigt der Pfad zur Herberge Juvasshytta nach rechts (= Nordwesten) ab. Er führt schräg hangaufwärts, teilweise steil, und schwingt nach 300 Höhenmetern ab Pfadverzweigung nach Norden mit Kopf, 1636 m, als Orientierungspunkt. Der Kopf wird rechts (= östlich) umgangen. Dahinter geht es hinab in das breite Bett, das der „grausige Gletscher" Styggebreen ausgeschürft hat, aus dem er sich aber wieder stark zurückgezogen hat und weiter zurückzieht. Der aus dem Gletscher ausfließende Bach Breagrovi wird durchschritten, was unter Umständen nicht möglich ist (in diesem Fall dem Bach aufwärts folgen und die Gletscherzunge als Brücke benutzen). Nördlich des bis auf den Bach leeren Gletscherbetts erstreckt sich die weite, sehr aussichtsreiche Hochfläche Gjuvfluyi = Juvflya. Über sie nach Nordnordwesten gehen.

● 91 b **Spiterstulen — Leirvassbu** (Herberge, 1405 m) via Visdalen
Unschwer, 5 Std., Anstieg ca. 350 m.
Karte 1518 II.

Talwanderung mit beeindruckender Aussicht. Auf dem markierten Pfad im diesseitigen (= Ost-)Uferbereich des Flusses Visa aufwärts gehen.

Kurz vor der Mündung des Gletscherflusses Heillstuguåi in den Fluß Visa verzeichnet die topographische Karte zwei Ortsnamen, obwohl weder Hütte noch Haus zu sehen sind: Gammalsætri („Altalm") am anderen (= West-)Ufer und Heillstugu („Heilstube") am diesseitigen Ufer. Gammalsætri wurde beim Gletschervorstoß während der kleinen Eiszeit Mitte des 18. Jahrhunderts zerstört; einige Planken liegen noch. Heillstugu war eine während der Christianisierung im Mittelalter, ca. 12. Jahrhundert, errichete Steinhütte als Unterkunft für Christen und solche, die es werden sollten; Reste der Steinfundamente sind erhalten. Von dieser „Heilhütte" haben der Gletscher Heillstugubreen, der sich oben ins Tal schiebt, und die Gipfelgruppe Heillstugutindane zwischen diesem Tal sowie den Tälern Visdalen und Uradalen ihren Namen.

Vom Galdhøpiggen fällt der Blick auf die Smørstabbtindane, hinter

denen sich Hurrungane (l.) und Fannaråken (r.) erheben.

Der Pfad führt im Mündungsbereich des Gletscherflusses Heillstuguåi (ein typischer åi-Fluß: in ein enges Felsbett gezwängt, dafür mit gewaltiger Kraft dahinschießend) ein wenig den Hang hinauf, dann wird das Gletscherwasser auf einer kurzen Stegbrücke überschritten. Vor dieser Brücke zweigen Richtung gletscherflußaufwärts die schönen, anspruchsvollen Routen R 91 k ab.
Der Pfad führt nach der Überschreitung der Brücke wieder hinunter und folgt im Uferbereich dem Fluß Visa aufwärts. Einige Bachdurchschreitungen, die meisten im Bereich des größeren Bachs Uradalsbekken, der aus dem „Geröllltal" Uradalen herausfließt (hier zweigt der Pfad durch das Tal Uradalen zur bewirtschafteten DNT-Hütte Gjendebu ab: weiter wie R 83 a).
Das Tal Visdalen verbreitert sich nun und schwingt sacht nach Südwesten. Die markantesten Gipfel vorn sind Tverrbytthornet, 2102 m, und die „Kirche" Kyrkja, 2032 m. Der nächste größere Bach, der durchschritten wird, ist der aus dem Kartal Semmelholet herausfließende. Der unschwere Abstecher zum Karsee Semmelholstjørnet, 1582 m, ist außer im Winter (Lawinengefahr) empfehlenswert; eine unbeschreibliche Atmosphäre zwischen den auf drei Seiten steil mehrere hundert Höhenmeter ansteigenden Karwänden.
Der Pfad durchquert nun den zahmen Oberlauf des Flusses Visa und führt zur Wasserscheide in knapp 1500 m hinauf. Von dort nach Westen hinab in die „Kirchenschlucht" Kyrkjeglupen zwischen Kyrkja (links) und Tverrbytthornet. Nun immer abwärts, auf der rechten (= Nord-)Seite der kleinen Seen, aus dem Nationalpark hinaus und zur Herberge Leirvassbu (R 93), die am Westufer des letzten Sees liegt, des Leirvatnet.

• 91 c **Galdhøpiggen** (Gipfel, 2469 m)
Anspruchsvoll, 4 Std. auf, 2 Std. ab, Anstieg ca. 1400 m.
Karte 1518 II.

Als höchster Gipfel Nordeuropas ist der Galdhøpiggen für viele ein Wallfahrtsort. Daß in einer recht futuristisch aussehenden Hütte Erfrischungen angeboten werden, unterstreicht das Außergewöhnliche dieses Gipfels. Auch ungewöhnliche Wanderausrüstungen sind überdurchschnittlich oft zu sichten: Durchnäßte Turnschuhe im tiefen Schnee, schlecht sitzendes Schuhwerk trotz 2800-Höhenmeter-

Auf-und-Abstieg, keine Sonnencreme, keine Trinkflasche, keine Karte. Wer ohne Karte geht, wird übrigens mehrmals frustriert, weil der Galdhøpiggen zumindest eins mit vielen Fjellgipfeln gemeinsam hat: Er versteckt sich und kommt erst zuletzt in Sicht. Bis dahin halten Kartenlose immer „den nächsten höchsten Gipfel" für das Ziel; haben sie es erreicht, taucht der nächste „höchste Gipfel" auf. Einer dieser Zwischengipfel heißt Keilhaus Top; er ist benannt nach dem Jotunheimen-„Entdecker" und Geologen Balthasar Mathias Keilhau, der 1844 mit zwei Begleitern wegen schlechten Wetters hier umkehren mußte. Der Name dieses Zwischengipfels ist also zugleich Warnung: Auf jede Art von Wetter eingerichtet sein (nicht nur kurze Hose!).

Auf der Brücke über den Fluß Visa und dahinter den Talhang hinauf, teilweise etwas steil, teilweise in Serpentinen, langwierig, immer in grob Westrichtung. Nach den ersten 700 Höhenmetern flacht das Gelände ein. Flacher geht es nun nach Nordwesten zur „Schwellnase" Svellnosi, 2272 m, hinauf, im letzten Stück steiler und grobblockig. Südlich dieser Nase liegt der zerklüftete Gletscher Svellnosbreen (R 91 d). Weiter, dem natürlichen Geländeverlauf grob nach Westen folgend, zum nächsten Zwischengipfel: Keilhaus Topp, 2355 m.

Nun noch einmal ein langes Stück über Schnee und Eis zum Galdhøpiggen hinauf, oben mit Ausblick über eine Fläche, die der von ganz Baden-Württemberg, von ganz Nordrhein-Westfalen oder von halb Bayern entspricht (ca. 35 000 qkm; Orientierungsplatte mit Gipfelzeiger). Anders als vom Glittertind oder vom Fannaråken sind ausschließlich Bergspitzen, Grate und Gletscher zu sehen. — Die Öffnungszeiten der Gipfelhütte sind nicht genau anzugeben. Auf jeden Fall ist sie immer geöffnet, wenn die Gletscherführung von der Herberge Juvasshytta eintrifft. Der Gletscherführer fungiert als Wirt und versperrt danach die Hütte wieder. Anfang Juli 1989 stand die Hütte morgens um 7 offen und war als Selbstbedienungshütte benutzbar; außerdem lagen Matratzen und Decken bereit.

Die erste bekannte Besteigung des Galdhøpiggen erfolgte 1850 durch Steinar Sulheim, J. Flaaten und J. Arnesen.

Der Name Galdhøpiggen ist vom Hof Galde im Tal Bøverdalen abgeleitet (jetzt Galdbygda/Galdesand, R 66, an der Abzweigung des

Fahrwegs zu den Herbergen Raubergstulen und Juvasshytta). „Gald“ bedeutet sinngemäß „steiler und schwieriger Weg im Gebirge“.

Abstieg wie Aufstieg oder — mit Gletscherausrüstung und -erfahrung — zur Juvasshytta absteigen wie R 92a bzw. sich der Führung dorthin anschließen (auf Spiterstulen die Zeiten abchecken).

● 91 d **Svellnosbreen** (Gletscher)
Gletscherausrüstung, Gletschererfahrung; Führung.
Karte 1518 II.

Der „Schwellnasengletscher“ Svellnosbreen zwischen den Gipfeln Galdhøpiggen/Keilhaus Topp/Svellnosi und der Gipfelgruppe Tverråtindane ist für seine bizarren Eisformationen bekannt: riesige Spalten, scharfe Rücken, Brücken über blauen Schluchten, Labyrinthe, Grotten, Gänge und Hallen, Skulpturen — alles in Eis. Oben im Westen reitet das Gletscherpferd Svellnosbrehesten, 2181 m. Auf der Brücke über den Fluß Visa und im Westuferbereich flußaufwärts gehen, bis der Pfad in das (nächste) Tal zwischen der Gipfelgruppe Tverråtindane und der Kuppe Styggehøi hinaufschwingt. Nun durch Moränengelände, einige Steinmännchen als Markierung, Stegbrücke über den Mittellauf des Gletscherbachs, dann auf dem vorn sichtbaren Minirücken zum Gletscher hinauf.

● 91 e **Heillstuguh**øi (Kuppe, 2072 m)
Anspruchsvoll, 3 Std. Aufstieg, Anstieg ca. 970 m.
Karte 1518 II.

Sehr aussichtsreich. Wie R 91 b auf der kurzen Stegbrücke den Gletscherfluß Heillstuguåi überschreiten. Nun auf dem Nordrücken zur „Heilstubenkuppe“ Heillstuguhøi aufsteigen, im letzten Abschnitt steil. Das aussichtsreiche Gipfelplateau stellt für sich ein lohnenswertes Ziel dar und ist zugleich Ausgangspunkt für die Besteigung der Gipfelgruppe Heillstugutindane (R 91 f); diese Traverse ist jedoch nicht ohne Kletterei zu bewältigen.
Ohne Kletterei erreichbar ist die Zinne nordre Heillstugutinden, 2218 m: Auf dem breiten Heillstuguhøi-Südgrat hinüber, dann achtgeben auf dem unter Umständen sehr glatten Firnfeld, dieses queren und nach der Querung zu P. 2218 hinauf.

P. 2218 ist die erste und letzte Zinne der Heillstugutindane, die von Norden her ohne Kletterei zu erreichen ist. An der ausgesetzten Stelle unter der Zinne, 2339 m, ist ohne Sicherungen Schluß. Vergleiche jedoch R 91 f.

• 91 f **Store Heillstugutinden** (Zinne, 2345 m)
Anspruchsvoll mit Schwierigkeiten.
Karte 1518 II.

Sehr aussichtsreich. Store Heillstugutinden (auf der topographischen Karte so genannt, aber nicht kotiert) ist die höchst Zinne der Gruppe Heillstugutindane, die sich zwischen dem Gletscher Heillstugubreen und dem Tal Uradalen erhebt. Die Gesamttraverse der Gruppe ist ohne Kletterei mit Sicherung nicht zu schaffen (vgl. R 91 e).
Viel Zeit einplanen, da sich in der näheren Umgebung schlecht zelten läßt, der Anmarsch (R 91 b und abzweigen Richtung Gjendebu) relativ lang ist und konditionsmäßig viel gefordert wird. Ausgangspunkt ist der See bei P. 1693 m am Band Uradalsbandet im „Geröll-tal" Uradalen auf der Route Gjendebu – Spiterstulen (R 83 a): Zur mit 2141 m kotierten Scharte zwischen den Zinnen store und søre Heillstugutinden, 2255 m, aufsteigen. Dann langer Aufstieg über Blöcke.

• 91 g **Spiterhøi** (Kuppe, 2033 m)
Mittel, Anstieg ca. 930 m.
Karte 1518 II.

Sehr aussichtsreich. Den Mautweg knapp 1 km in Talabwärtsrichtung gehen, bis der markierte Pfad Richtung Hütte Glitterheim bzw. Zinne Glittertind rechts abzweigt. Auf diesem Pfad schräg den Hang hinauf nach grob Nordosten, bis er zur Einsattelung zwischen dem Kopf Skautkampen, 1443 m, und dem namenlosen Kopf, 1576 m, schwingt. Hier noch ein kurzes Stück auf dem Pfad bleiben (weiter zum Glittertind wie R 90 g, weiter zur Hütte Glitterheim ohne Glittertind-Überschreitung wie R 90 h), aber nicht bis zum Bach, sondern vorher nach rechts abzweigen und nach Süden zur Kuppe Skauthøi, 1993 m, hinauf auf deren Nordrücken. Von der Skauthøi nach Südosten absteigen in die Senke und aus der Senke heraus aufsteigen

nach Südwesten zur Kuppe Spiterhøi. Der Abstieg nach zuerst Südwesten und dann Westen in das Tal Visdalen zurück ist möglich, aber sehr steil.
Empfehlenswerte Fortsetzung: R 91 h.

● 91 h Leirhøi (Kuppe, 2330 m)
Anspruchsvoll, 8½ Std., Anstieg ca. 890 + 50 + 630 = 1600 m. Karte 1518 II.

Sehr aussichtsreich. Wie R 91 g zur Kuppe Spiterhøi. Abstieg nach grob Südwesten. Nun nach Süden und dabei den Gletscher umgehen, aufpassen wegen Wasser. Nach der Umgehung des Eises auf dem breiten Leirhøi-Westgrat zum Gipfel.
Von der Leirhøi Abstieg nach Südosten in die Scharte Veoskardet (von dort kann auch der Aufstieg erfolgen; vgl. R 91 k). Von dort steiler Abstieg nach Westen in das Tal zum Fluß Heillstuguåi, der aus dem Gletscher Heillstugubreen austritt. Im diesseitigen Uferbereich talabwärts gehen. Unten vor der Einmündung in das Tal Visdalen markierter Pfad zur Herberge Spiterstulen zurück (das Tal Visdalen abwärts).

● 91 i Styggehøi (Kuppe, 2213 m)
Karte 1518 II.

Eine der wenigen kaum begangenen Touren in diesem vielbesuchten Gebiet; teilweise sehr aussichtsreich, aber durchaus „unheimlich" (stygg).
Styggehøi ist die durch einen jetzt weitgehend abgeschmolzenen Gletscher östlich des Gipfels „gespaltene" Kuppe südwestlich der Herberge Spiterstulen: Auf der Brücke über den Fluß Visa und am Westufer dem Pfad flußaufwärts folgen; dem Pfad weiter folgen, wenn er in das nächste Tal schwingt (er führt zum Gletscher Svellnosbreen hinauf), aber vor dem Moränengebiet nach Sicht vom Pfad Richtung Süden abzweigen und die beiden Gletscherflußarme durchwaten, was unter Umständen unmöglich ist. Nach der Durchschreitung weiter nach Süden, gern oben am Hang, bis zum ersten größeren Bach, dem Bach, der vom Gletscher im Berg herausfließt. Im Bereich dieses Bachs aufwärts; dann links (= südlich = oberhalb) des Gletschers.

• 91 j Store Tverråtinden (Zinne, 2309 m)
Karte 1518 II.

Wie R 91 d dem Pfad Richtung „Schwellnasengletscher“ Svellnosbreen folgen; mit dem Pfad die aus dem Svellnosbreen herausfließenden Gletscherbäche durchschreiten (1 Steg) und mit dem Pfad den Mini-Rücken dahinter erklimmen. Nun vom Pfad abzweigen und nach Südwesten zum Gletscher Tverråbreen gehen. (Die Zinnengruppe rechts heißt Tverråtindane, sie erhebt sich zwischen den Gletschern Tverrå- und Svellnosbreen; der Anmarsch über den kleinen = östlichen Tverråtinden, 2302 m, ist für Nichtkletternde zu steil und ausgesetzt.) Im Bereich des rechten (= nördlichen) Gletscherrands (bzw. mit Ausrüstung — vgl. R 91 l — über den Gletscher, auf der Nordseite) am Fuß der Tverråtindane aufwärts zum Band nedre Tverråbandet zwischen den Gletschern Tverrå- und nordre Illåbreen. Von diesem Band aus auf dem Rücken nach Nordosten aufsteigen und steil zu 2309 m, dem Zielgipfel. Das ganze Gelände ist wegen der Moränen recht unangenehm.
Vom Band nedre Tverråbandet zu begehen ist die Zinne Lindbergtinden, 2120 m. Von dieser zieht sich ein eisüberflutetes Band nach Westen zur Kuppe Bukkehøi, 2314 m, die hier steil abbricht.

• 91 k Store Memurutinden (Zinne, 2364 m)
Karten 1518 II und 1618 III.

Phantastische Aussicht. Wie R 91 b zur Stegbrücke über den Gletscherfluß Heillstuguåi. Die Brücke nicht überschreiten, sondern im diesseitigen Uferbereich aufwärts Richtung Gletscher Heillstugubreen gehen. Kurz vor der Zunge trennen sich folgende Routen: den Gletscher aufwärts (nur mit Ausrüstung und Erfahrung) geht es zur bewirtschafteten DNT-Hütte Gjendebu und zur Herberge Memurubu mit der Möglichkeit zu Abstechern auf die Westzinnen der Gruppe Memurutindane (weiter wie R 82 d). Zur Zinne store Memurutinden und zur bewirtschafteten DNT-Hütte Glitterheim hingegen geht es nach links den Talhang hinauf (steil) zur Scharte Veoskardet zwischen der Kuppe Leirhøi, 2330 m, (links = nördlich) und dem store Memurutinden (rechts). Aufstieg auf dem Nordgrat/-rücken des store Memurutinden. Zur Hütte Glitterheim absteigen über den Gletscher Veobreen wie R 90 i.

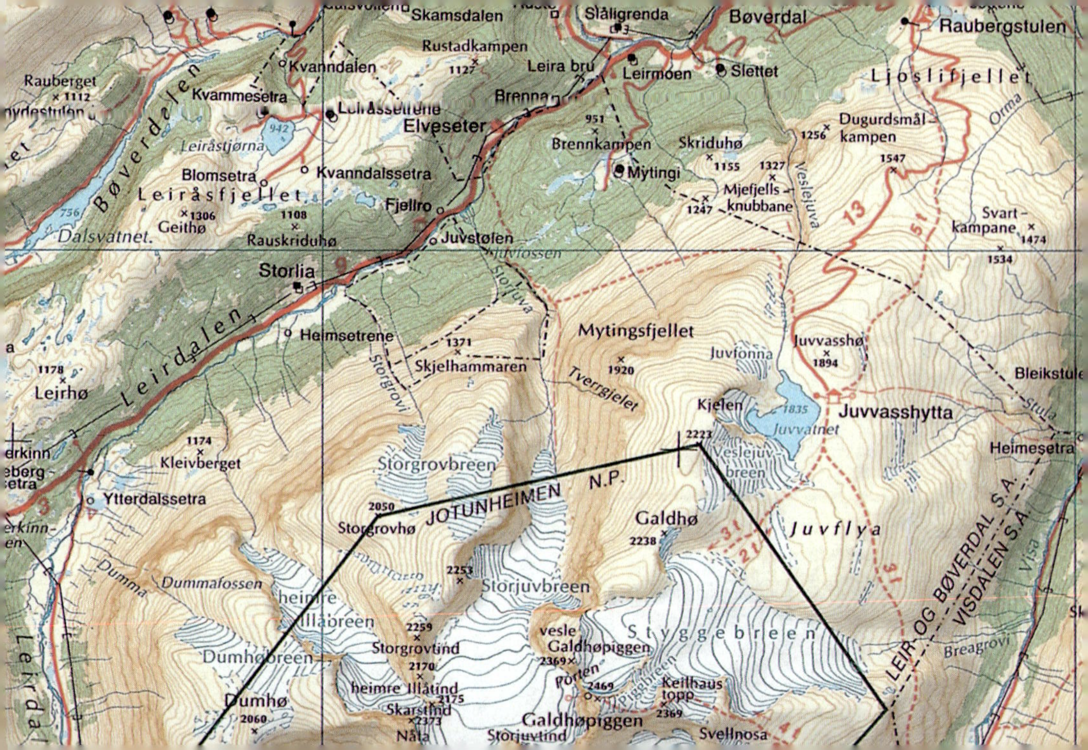

Skamsdalen
Slåligrenda
Bøverdal
Raubergstulen
Rustadkampen
1127
Leira bru
Leirmoen
Slettet
Ljoslifjellet
Kvanndalen
Rauberget
1112
Kvammesetra
Brenna
Elveseter
951
Brennkampen
Skriduhø
1155
1327
Dugurdsmål-
kampen
1256
1547
Orma
Leiråstjørna
942
Mytingi
Blomsetra
Kvanndalssetra
Mjefjells-
knubbane
1247
Veslejuva
13
51
Svart-
kampane
1474
1534
Bøverdalen
Leiråsfjellet
1306
Geithø
1108
Rauskriduhø
Fjellro
Juvstølen
756
Dalsvatnet.
Storlia
Storjuva
Heimsetrene
1371
Skjelhammaren
Mytingsfjellet
1920
Tverrgjelet
Juvfonna
Juvvasshø
1894
Kjelen
1835
Juvvatnet
Juvvasshytta
Bleikstule
Stula
Heimesetra
1178
Leirhø
Leirdalen
Storgrovi
1174
Kleivberget
Storgrovbreen
2223
Veslejuvbreen
Ytterdalssetra
2050
Storgrovhø
JOTUNHEIMEN N.P.
Galdhø
2238
Juvflya
Dumma
Dummafossen
heimre
Illåbreen
2253
Storjuvbreen
LEIR OG BØVERDAL S.A.
VISDALEN S.A.
Visa
Breagrovi
2259
Storgrovtind
vesle
Galdhøpiggen
2369
Styggebreen
Dumhøbreen
2170
heimre Illåtind
2175
Skarstind
2373
Nåla
Porten
2469
Piggbreen
Keilhaus
topp
2369
Dumhø
2060
Galdhøpiggen
Storjuvtind
Svellnosa
Leirdal

JOTUNH
Illåbreen
Tverråtindane
fjellet
Tunga
Bukkehø
Tverråbanda
Sauhø
Illåskaret
Hellstugu-
haugen
Tverråa
Tverråbreen
Vakkerbandet
Styggehø
Bukke-
holsbandet
søre
Illåbreen
Bukkeholsbreen
Bukkehols-
tindane
Bukkeholet
Bukkeholshø
Hellstuguåa
Slettharnns-
setra
Leira
Slettharnn
Leirøyfta
Tverrbotn-
tindane
Rundhø
Leir-
holet
Tverrbytnet
Tverrbytna
Grønbakken
Visdalen
Hellstuguhø
Tverrbyttbekken
Presten
Steet
Bandet
Visa
Uradalsbekken
Uradalen
Tverrbyttnet
Stetind
Tverrbytt-
hornet
store
Uradals-
tindane
Hellstind
Leirvassbu
Kyrkjeglupen
Leirvatnet
Troget
Panna
Uradals-
tjørnene
Stehø
Kyrkja
Kyrkjetjørna
Semmelhols-
tjørna
store Hellst
Nøgla
Surtnings-
breen
Gravdals-
fonna
Høgvaglen
Visbreen
Semmelhols-
tind
Semmel-
holet
Uradals-
bandet
ytre Illåa
søre Illåa
storebregrovi
15
51
1936
2078
2100
2309
2302
2314
1331
1827
1773
1770
2166
2200
2166
2149
2213
2166
2135
2213
1865
2058
1822
2151
1540
2072
2016
2084
1511
2218
1946
1971
2035
2102
2176
1517
2116
2339
1401
1446
1499
2020
1885
2032
1465
1582
2060
1540
2345
2017
1395
1848
2147
2234
1663
2255

● 91 l Gletscherwanderung rund um den Galdhøpiggen
Gletscherausrüstung, Gletschererfahrung; 6—8 Std.
Karte 1518 II.

Klassische Tour, anspruchsvoll. Wie R 91 a zum Bach Breagrovi, der aus dem Gletscher Styggebreen ausfließt. Diesseits des Bachs zum Gletscher hinaufgehen. Auf diesem aufwärts in grob westlicher Richtung und dabei auf der rechten Hälfte des Gletschers halten. Wenn oben links das „Tor“ Porten in Sicht kommt, die Einsattelung zwischen den aus dem Eis ragenden Gipfeln Galdhøpiggen, 2469 m, und vesle Galdhøpiggen, 2369 m, nach Südwesten schwingen und auf das „Tor“ zuhalten. Durch das „Tor“ steil die Rinne zum Gletscher Storgjuvbreen = Storjuvbreen hinab (hier im Fels verankerte Steighilfen).
Nach dem „Tor“-Abstieg nach Südwesten gehen quer über den Gletscher (am Fuß der Zinne Storjuvtinden, 2344 m, vorbei) zum Band Illåbandet, 2088 m, das den Gletscher im Süden begrenzt und das steil nach Süden zum Gletscher nordre Illåbreen hinabfällt. Rechts (= westlich) ragt die steil abbrechende Zinne Skardstinden, 2373 m, auf, links die Zinne Ymelstind, 2304 m.
Vom Band Illåbandet also steil nach Süden absteigen zum Gletscher nordre Illåbreen und auf diesem nach Südsüdwesten aufsteigen zum Band nedre Tverråbandet,1970 m. Von hier nach Westen zum Gletscher Tverråbreen und auf dessen Nordseite abwärts. Weiter zur Herberge Spiterstulen wie R 91 j bzw. R 91 d.

● 92 Juvasshytta (Herberge, 1841 m)
Nordwest-Jotunheimen am Galdhøpiggen.
Mautweg 13 km ab Reichsstraße 55 Galdbygda (R 66).
Karte 1518 II.

75-Betten-Herberge (Mobiltel. 094-90945 oder 0100 Kanal 8 Lom 68445), Alpinanlage (Sommerskizentrum), Gletscherführungen; geöffnet Winter und Sommer; Anmeldung für Führungen am Abend vorher.

Die Herberge Juvasshytta liegt am Karsee Juvvatnet, dem höchsten See Nordeuropas, in unmittelbarer Nähe des Galdhøpiggen, des höchsten Gipfels von Nordeuropa, und ist die höchstgelegene mit

Fahrzeug erreichbare Herberge. Wenn der Boden hier auftaut, dann nur wenig an der Oberfläche im Sommer. Die Hochfläche Juvfluyi südlich der Herberge ist übersät mit vom Frost gesprengten Felsstücken. Der kleine Gletscher im Kar-„Kessel“ Kjelen westlich des Sees nagt sich immer tiefer in das Gestein.
Die erste Steinhütte an dieser Stelle wurde 1884 von dem Fjellführer Knud O. Vole errichtet (Denkmal am See), der noch als 76jähriger täglich Touristen über den Gletscher Styggebreen zum Galdhøpiggen führte. Mehrere Gebäude kamen hinzu, darunter das von 1975, dessen Fundament 2 m in den Permafrost hinunterreicht und auf Fels gründet. Für den Namen der Hütte finden sich die Schreibweisen Juvasshytta, Juvvasshytta und Gjuvvasshytten. Die Herberge selbst bezeichnet sich als Juvasshytta. Die topographische Karte hat den Namen Juvvasshytta, bezeichnet jedoch die umliegenden Geländepunkte als Gjuvvass- oder Gjuv-. Die Aussprache ist dieselbe: jüv. Die Bedeutung ebenfalls: gjuv = juv = Abgrund, Schlucht. Juvvass = Wasser/See am Abgrund.
Sommerskizentrum Vesljuvbreen: Saison von ca. Juni bis ca. Oktober. Auch für Telemarkski interessant: Sich mit dem Lift auf dem Gletscher Vesljuvbreen (= Piste) hochschleppen lassen und oben über die Kuppen Galdhøi 2 km nach Süden laufen (auf Ski); dann hinunter zum Gletscher Styggebreen und diesen queren mit Ziel Galdhøpiggen-Nordsporn; dort zum Galdhøpiggen hinauf wie R 92a; Voraussetzung ist selbstverständlich die Befahrbarkeit des Styggebreen.

Bergziele ab Herberge Juvasshytta (1841 m)

Zielname	Höhe m	Pfad	Grad	Beschreibung
Galdhøpiggen	2469	nein	Gletscher	R 92 a
vesle Galdhøpiggen	2369	nein	Gletscher	R 92 d
Storjuvtinden	2344	nein	Gletscher	R 92 c
Galdhøi	2238	nein	unschwer	R 92 b

Das meistgewählte Ausflugsziel ist der Galdhøpiggen (R 92a). Empfehlenswert ist ein Streifzug über die Höhen im Südwesten. Sie bereiten geländemäßig kaum Probleme, bieten aber hervorragende Aussicht. Eine anspruchsvolle Gletscherwanderung ist die durch das „Tor“ Porten zwischen Galdhøpiggen und vesle Galdhøpiggen (R 92c).

Hüttenziele ab Herberge Juvasshytta (1841 m)

Zielname, Weg	höchste Höhe m	Stunden	Grad	Beschreibung
Spiterstulen via Juvflyi	1870	3	mittel	R 91a
via Galdhøpiggen	2464	6	Gletscher	R 92a
via Porten	2100	9	4 Gletscher	R 92c
Elveseter via Porten	2100	6	2 Gletscher	R 92c
Glitterheim via Juvflyi	1841	7–8	mittel/lang	R 90p

• 92a Galdhøpiggen (Gipfel, 2469 m)

2—3 Std. auf, 1—2 Std. ab, Anstieg ca. 630 m.
Gletschererfahrung, Gletscherausrüstung; Führung.
Karte 1518 II.

Zum Galdhøpiggen, dem höchsten Gipfel Nordeuropas, siehe R 91c. Beginn des Anmarschs an der Lifttalstation des Sommerskizentrums Vesljuvbreen (bis zur Liftstation Fahrweg). Dort nach Süden aufsteigen über den Ostzipfel des spaltenlosen Pistengletschers Vesljuvbreen. Weiter nach Südwesten ansteigen über die Hochfläche Juvflyi, gut erkennbarer Pfad bei Schneefreiheit, bis zum Rand des „grausigen Gletschers“ Styggebreen, dessen Spalten bis weit in den Sommer von Schneebrücken bedeckt sind. Bis in den Frühsommer bei entsprechender Schneemächtigkeit und Schneefestigkeit (Telemark-)Ski ideal.
Vor dem Einstieg in den hier relativ ebenen Gletscher anseilen, falls nicht Ski gut ist. Zunächst geradeaus mit dem Gipfel vesle Galdhøpiggen, 2369 m, als Orientierungspunkt; zwischen ihm und dem Zielgipfel Galdhøpiggen öffnet sich das „Tor“ Porten.

Morgens um sieben an einem Nicht-Wochenend-Tag liegt die Gipfelhütte des Galdhøpiggen menschenleer. Blick Richtung Spiterstulen.

Dann den im Eis fußenden Nordsporn (links) des Galdhøpiggen als Orientierungspunkt nehmen (Ski hier deponieren) und auf ihm etwas langwierig hinauf, teilweise vielleicht auch steil, worauf das Drahtseil hinweisen könnte, das als Hilfe für nicht Schwindelfreie gespannt zu sein scheint, aber von Schwindelfreien auch als Stolperdraht interpretiert werden könnte. Schluß des Aufstiegs auf dem flankenartig steilen Gletscher Piggbreen, auf dem Steigeisen und Pickel durchaus empfehlenswert sind.
Der in einer Wand abbrechende Gipfel, der während des Aufstiegs die ganze Zeit links in unserem Blickfeld ist, heißt Keilhaus Topp, 2355 m.
Die Besteigung des Galdhøpiggen kann als Ausgangspunkt genommen werden für den Abstieg zur Herberge Spiterstulen, noch einmal 2 Std. (weiter wie R 91 c).

● **92 b** **Galdhøi** (Kuppe, 2238 m und 2283 m)
Unschwer, Anstieg ca. 400 m.
Karte 1518 II.

Aussichtsreicher Spaziergang. Wie R 92 a über den Ost-Ausläufer des Gletschers Vesljuvbreen. Dann nach Westen aufsteigen zur Kuppe, 2238 m, mit Abbruch im Osten. Spaziergang verlängern nach Südwesten zu P. 2283 westlich des „grausigen Gletschers" Styggebreen.

● **92 c** **Storjuvtinden = Storgjuvtinden** (Zinne, 2344 m) via Porten
Gletscherausrüstung, Gletschererfahrung.
Karte 1518 II.

Wie R 92 a auf dem Gletscher Styggebreen nach Südwesten; Etappenziel ist das „Tor" Porten, das steil nach Südwesten (im Fels verankerte Steighilfen) zum Gletscher Storjuvbreen (= Storgjuvbreen) hinabfällt.
Den Gletscher quer überschreiten und auf dem Nordwestgrat zum Storjuvtinden aufsteigen.
Alternative 1: siehe R 91 l (Ziel: Herberge Spiterstulen).
Alternative 2: Dem Gletscher Storjuvbreen ins Tal folgen. Dort Herberge Elveseter (R 66).

● 92d vesle Galdhøpiggen (Gipfel, 2369 m)
Gletscherausrüstung, Gletschererfahrung.
Karte 1518 II.

Der „kleine" Galdhøpiggen ist 100 Höhenmeter niedriger als der große jenseits des „Tors" Porten. Die Besteigung des kleinen kann von der Herberge Juvasshytta aus mit der Besteigung des großen verbunden werden: Wie R 92a auf den großen, nach dem Abstieg über den Nord-Sporn quer über den Gletscher Styggebreen nach Westen und auf den kleinen hinauf.

● 93 Leirvassbu (Herberge, 1405 m)

Nordwest-Jotunheimen im Tal Leirdalen; Mautweg 15 km ab Reichsstraße 55 (R 66).
Karte 1518 II.

140-Betten-Herberge (Tel. 062-1 29 32), Gletscherführungen; geöffnet Winter und Sommer.
Zelte dürfen nicht in der näheren Umgebung von Leirvassbu aufgestellt werden, doch finden sich genug Stellen mit höchstem Luxus, was die Aussicht betrifft, z. B. mit der vergletscherten Zinnengruppe Smørstabbtindane im Hintergrund oder im Tal Gravdalen.

Die Herberge Leirvassbu liegt in imposanter Berg- und Gletscherumgebung am See Leirvatnet an der Mündung mehrerer Täler, die zu den schönsten im Jotunheimen zählen (obwohl nicht alle eigene Namen tragen). Der Mautweg führt von Nordwesten herauf durch das Tal Leirdalen, neben dem die vergletscherten Zweitausender aufragen, darunter als einer der markantesten der „Schnabel" Skagsnebb, 2003 m, rechts gleich am Anfang nach dem „Dachboden" Loftet (R 66).
1875 ließ der DNT am See eine Steinbude als Unterkunft errichten. Bis dahin war die nächste Übernachtungsstätte die Alm Ytterdalssetra am unteren Ausgang des Tals, wo jetzt die feste Brücke über den Fluß Leira führt. Ende der 1880er Jahre wurde als neue Unterkunft die Alm Sletthamnssetra in Betrieb genommen, die Steinbude oben am See vergammelte. 1903 rasierte eine Lawine Sletthamnssetra. Daraufhin wurde 1906 oben am See Leirvassbu errichtet. Die alte Steinbude wurde 1975 restauriert.

Tverrbyttbekken
Leir-
holet
2133
2077
2002
Ceita
2016
2084
Saksa
2189
1511
Presten
tindane
Steet
1517
1946
1971
Vesleb ørn
2150
Bjørnebreen
Bandet
Tverrbytnet
Stetind
Leirvassbu
1401
Leirvatnet
1446
Troget
Sterebjørn
2222
1350
2020
Stehø
1885
Kyrkja
2032
1564
Sandelv-
breen
Surtnings-
breen
Nøgla
2030
Gravdals-
fonna
1848
Surtningstind
1997
Høgvaglen
1611
1631
Høgvaglura
OPP AND
SOGN OG
FJORDANE
1395
Gravdals-
tjørnene
1380
1465
øvre
Gravdalen
Storutla
Høgvaglhø
1774
Høgvagltjørnet
2113
Sandelva
Gravdals-
dammen
1203
1400
nedre
vestre
1967
Høgvagl-
austre
1916
Høgvagl-
tindane
breen
Sandelv-
keiva
Simledøla
Kristen-
breen
2059
2066
midtre
2015
Raudals-
Simledals-
bandet
Alvbreen
2157
1965
1456
Raudals-
bandet
tindane
1743
2068
austre
Raudalstind
Raudalen
1313
Raudalsvatnet
1703
DNT
Olavsbu
1795
nosa
1784
1617
1651
1298
Olavsbu-
nuten
1970
Mjølkedals-
tind
2137
1444
UTLADALEN L.V.
JOTUNHEIMEN N.P.
1730
1423
1705
1843
øvre Mjølkedalen
Mjølkedals-
tjørnene
Uranosa
900
Saga
2040
2040
Skogadals-
øvre

Visa
Uradalen
Uradalsbekken
Memurutind
2364
2130
Memuruskare
2218
Hellstugu-
breen
2176
vestre
2280
Hellstugu-
tindane
2339
2243
austre Memurub
store
2116
Uradals-
tindane
Uradals-
tjørnene
2345
store Hellstugutind
2230
Memuru-
tindane
Semmelhols-
tjørna
1582
2060
2017
1540
2140
2049
Semmelhols-
tind
Semmel-
holet
Uradals-
1663
2255
Vis-
breen
2147
bandet
2234
Visbretind
2061
1678
2189
vestre Memurubre
Uradals-
tjørnene
Semmel-
holet
sshø
1593
Hinnotefjellet
1672
Reinstind
1680
2114
1756
Semmel-
breen
2236
Semmelbre-
tjørna
Semmeltind
2178
1541
Reinstind
vatnet
Uradøla
1368
1655
Semmelåa
1540
Hinnotetjørna
Storådalshø
1888
Skardalsegga
2159
Hellertjørna
1393
1265
Trondsholtjørna
Hellerkampen
Hellerfossen
1491
Skardalen
1466
Høgtunge-
tjørna
Høgtunga
1651
Skardalsvatnet
1577
1676
1402
udals-
2016
Storåa
Storådalen
egga
1700
1453
DNT
Gjendebu
1516
Gjendestunga
1439
øholtind)

Bergziele ab Herberge Leirvassbu (1405 m)

Zielname	Höhe m	Pfad	Grad	Beschreibung
Bukkehøi	2314	nein	anspruchsvoll	R 93 m
Visbretinden	2234	“	“	R 93 g
Tverrbotntinden	2161	“	“	R 93 l
Tverrbotntinden	2151	“	“	R 93 l
Gravdalstinden	2113	“	“	R 93 k
Tverrbotntinden	2106	“	“	R 93 l
Tverrbotntinden	2084	“	“	R 93 l
midtre Høgvagltinden	2066	“	“	R 93 h
Kyrkja	2032	“	“	R 93 d
Langvasshøi	2030	“	mittel	R 93 f
Stetinden	2020	“	anspruchsvoll	R 93 j
Surtningstinden	1997	“	mittel	R 93 c
vestre Høgvagltinden	1967	“	“	R 93 h
austre Høgvagltinden	1916	“	“	R 93 h
Kyrkjeoksli	1929	“	“	R 93 e
Stehøi	1885	“	“	R 93 j
Høgvaglhøi	1774	“	“	R 93 h

Die Faszination der Kyrkja (R 93 d) erschließt sich nicht nur auf ihrem Gipfel, sondern auch von unten oder von anderen Gipfeln aus, z. B. vom Visbretinden (R 93 g).

Es ist schwer, für die Umgebung von Leirvassbu weitere Empfehlungen zu geben, weil hier alle Bergziele im Grunde gleich empfehlenswert sind, auch die Wanderung über den Gletscher Smørstabbreen (R 93 c).

Es lohnt sich auch, einfach nur durch den Kyrkjeglupen, die Schlucht zwischen Kyrkja und Tverrbytthornet, aufwärts zu laufen und durch die Kare und Kartäler zu streifen: Semmelholet, Tverrbytnet usw. Die faszinierende Landschaft in der Umgebung von Leirvassbu ist außerdem ausgesprochen „rundwanderfreundlich“: z. B. auf dem Pfad nach Nordosten zum Tal Uradalen, dann auf dem nächsten Pfad das Tal Uradalen aufwärts (dort Besteigung der Heillstugutindane möglich, vgl. R 91 f) und auf dem Pfad, der am langen See Langvatnet vorbeiführt, zur Herberge zurück.

Hüttenziele ab Herberge Leirvassbu (1405 m)

Zielname	höchste Höhe m	Stunden	Grad	Beschreibung
Olavsbu via Høgvaglurdi	1518	4	unschwer	R 93a
Skogadalsbøen via Gravdalen	1460	6	unschwer	R 93b
Krossbu/Sognefjellhytta	1800	6	Gletscher	R 93c
Spiterstulen via Visdalen	1490	5	unschwer	R 91b
Gjendebu via Langvatnet	1518	6	mittel	R 93a

● **93a Leirvassbu – Olavsbu** (DNT-Selbstbedienungshütte, 1440 m)
Unschwer, 4 Std. (10 km), Anstieg ca. 120 + 160 = 280 m.
Karten 1518 II und 1517 I.

Kurze, wilde, beeindruckende Paß- und Talwanderung. – Auf dem Fahrweg gut 5 Min. bergaufwärts (= südostwärts) bis zur großen, meist schneebedeckten Rechtskurve, mit der der Weg vom See Leirvatnet weg nach Südwesten schwingt. Nun entweder in der Kurve (nicht markierter Pfad) oder erst nach der Kurve (T-markiert, aber kein Wegweiser) den Fahrweg verlassen und nach links (= Südosten) auf dem T-markierten Pfad aufwärtssteigen, etwas blockig. Der Pfad führt zum aussichtsreichen, oft ganzjährig verschneiten Paß Høgvaglen, 1518 m, hinauf (wörtlich „die hohe Hühnerstange"); kurz vor dem Paß zweigt die Route R 93h zum Gletscher Høgvaglbreen bzw. zur Gruppe Høgvagltindane nach rechts ab (Wegweiser); schöner Blick zur Kyrkja hinüber.
Vom Paß nach Südosten zu den Seen im Geröll-/Blockgebiet Høgvaglurdi hinabsteigen. Der Pfad verläuft am linken Ufer der beiden Seen Høgvagltjørnin und verzweigt sich hinter dem zweiten (= tiefer gelegenen) See nedre Høgvagltjørnet, 1400 m: Weiter in derselben Richtung verläuft nun der Pfad zur bewirtschafteten Hütte Gjendebu (weiter wie R 83c); der Pfad zur Selbstbedienungshütte Olavsbu hingegen knickt nach rechts (= Süden) hinauf (weiter wie R 83t).

93b **Leirvassbu – Skogadalsbøen** (bewirtschaftete DNT-Hütte, 831 m) via Gravdalen
Unschwer, 6 Std. (19 km), Anstieg ca. 40 m; teilweise Rad möglich.
Karten 1518 II und 1517 IV.

Sehr aussichtsreiche Talwanderung. – Die ersten knapp 9 km verlaufen auf dem für den öffentlichen Verkehr gesperrten, aber auch sonst so gut wie nie befahrenen Kraftwerksweg zum Stausee Gravdalsdammen, 1203 m. Der erst spät im Jahr ausapernde Weg ist mit dem Rad befahrbar, wenn in Kauf genommen wird, daß das Rad hin und wieder (anfangs öfter) über je nach Witterung ganzjährige Schneefelder geschoben werden muß: Mit dem Rad einige 100 m bis zur großen, meist schneebedeckten Rechtskurve fahren und hinter der Kurve Ausschau halten, wie die Schneeverhältnisse sind. Der Blick folgt dem Weg rechts der Seenkette Gravdalstjørnene zum steil abbrechenden Firnfeld Gravdalsfonni, in dessen Flanke für den Radtransport (auf der Schulter) Stufen geschlagen werden müssen, falls das Firnfeld nicht vor kurzem weggesprengt worden ist (wenn die Kraftwerksleute zum See müssen). Hinter dem Firnfeld ist der Weg dann weitgehend schneefrei; hier beginnt auch der aussichtsreiche Teil der Strecke mit faszinierender Sicht auf die Zinnengruppen Hurrungane, Raudalstindane usw. Die schönsten, fruchtbarsten (und sauberen) Stellen finden sich erst hinter dem Firnfeld. Falls das Firnfeld weggesprengt ist, ist die Stelle dennoch gut zu erkennen: die einzige Stelle, an der der Weg kurz ansteigt; er führt hier über die Südostzehe der Kuppe Stehøi. Hinter dem Firnfeld zweigt – noch auf der Zehe – der Pfad zum Gletscher Smørstabbreen ab (R 93c). Parallel zum Fahrweg verläuft ein T-markierter Pfad, der den Weg immer wieder kreuzt. Endgültig zweigt der Pfad vom Weg gut 1 km hinter der löchrigen Holzbrücke ab, also etwa auf der Höhe des von links einmündenden „Rentiertals" Simledalen (dieses Tal liegt zwischen den Gipfelgruppen Høgvagl- und Raudalstindane). Nun geht es parallel zum Fahrweg hinab zum Stausee Gravdalsdammen, 1203 m. Am rechten Ufer des Stausees werden einige Bäche durchschritten; über dem größten Wasserlauf, den aus dem Gletscher Sandelvbreen austretenden Fluß Sandelvi, liegt ein Steg. Der hinter dem Gletscher aufragende Berg ist der „große Bär"

Die „kirchen"-artig abgesetzte Kyrkja ist auf dem Südrücken (r.) in 2 Stunden zu ersteigen und bietet eine der schönsten Aussichten im Jotunheimen. Hinten Heillstugutindane, links Tverrbytthornet.

Storebjørn, 2222 m, der höchste Gipfel der Gruppe Smørstabbtindane; guter Abstecher: dem Gletscherfluß Sandelvi aufwärts folgen (vgl. und R 93k).
Nun an der Staumauer vorbei und rechts (= nordwestlich) des Flusses Storutla die Anhöhe Sandelvkleiva abwärts in das Tal Storutledalen hinein, nach und nach mit immer mehr Vegetation. Der Fluß Storutla wird auf einer Brücke überschritten. Am anderen (= Süd-) Ufer Pfadkreuzung Skogadalsbøen – Olavsbu (der Wegweiser zeigt Gjendebu statt Olavsbu an, muß also vor der Errichtung der Olavsbu – 1952 – geschnitzt worden sein).
Von der Pfadkreuzung aus weiter flußabwärts, bis sich der Fluß Storutla mit dem Fluß vesle Utla vereinigt und als Utla durch das Tal Utladalen (R 71) nach Süden fließt. Der steile Bereich vor dem Zusam-

menfluß ist die einzige Stelle, wo der Pfad vielleicht etwas Mühe bereitet.
Ab dem Zusammenfluß noch 20 Minuten durch Fjellbirkenwald in Flußabwärtsrichtung (vorbei an der großen Hängebrücke Storebrui über den Fluß Utla), dann allmählich ansteigend zur Hütte.

● **93 c** **Leirvassbu – Krossbu / Sognefjellhytta** (Herbergen) via Smørstabbreen
Gletscherausrüstung, Gletschererfahrung, 6 Std.; Führung. Karten 1518 II und 1518 III.

Phantastische Tour über den Smørstabbreen, den größten Gletscher im Jotunheimen (ca. 15 qkm zusammen mit den Gletschern Bøver- und Leirbreen); Anmeldung für die Führung am Abend vorher.
Wie R 93b zur Abzweigung auf der Stehøi-Südostzehe. Nun nach Westen mit der Einsattelung zwischen den Zinnen Surtningstinden, 1997 m (links = Westen), und Stetinden, 2020 m, als Orientierungspunkt. Den Surtningstinden-Nordrücken auf dem Eis nördlich umrunden und dann hinunter zum Gletscher Sandelvbreen, einem Ausläufer des Smørstabbreen. Der riesige Berg vorn, der schon die ganze Zeit in Sicht ist, ist der Storebjørn, 2222 m, der höchste Gipfel der Gruppe Smørstabbtindane. Nun den Gletscher Sandelvbreen aufwärts, anfangs wenig ansteigend, mit dem linken (= West-)Fuß des Storebjørn als Orientierungspunkt. Von dort weiter aufwärts Richtung Nordwesten mit dem Kalven, 2034 m, als Orientierungspunkt (Abstand halten von ihm); der gesamte Gletscheraufstieg ab Sandelvbreen liegt bei etwas mehr als 300 Höhenmetern. Die Aussicht ist von Anfang an einzigartig und bleibt es auch beim Abstieg. *Abstieg* nach Westen über den Gletscher Bøverbreen. An der Gletscherzunge Pfadverzweigung: nach rechts zur Herberge Krossbu; nach links zur Herberge Sognefjellhytta (beide R 95).

● **93 d** **Kyrkja** (Gipfel, 2032 m)
Mittel / anspruchsvoll, 4 Std. auf und ab, Anstieg ca. 630 m. Karte 1518 II.

Phantastischer Aussichtsgipfel. Der Name Kyrkja (= Kirche) ist darauf zurückzuführen, daß dieser spitze Gipfel abgesetzt von den an-

deren Bergen aus den hier zusammenlaufenden Tälern aufragt – wie ein Kirchturm. Die Kyrkja galt noch im ausgehenden 19. Jahrhundert als unbesteigbar, eine Vorstellung, die aus der Nordperspektive leicht nachzuvollziehen ist.
Auf dem Fahrweg bergwärts; wo er nach rechts in das Tal Gravdalen schwingt, nach Südosten zum Seeufer hinabgehen und dem Uferbereich folgen. Dann Aufstieg zur Einsattelung zwischen Kyrkja und Kyrkjeoksli. Auf dem Kyrkja-Südrücken zum Gipfel, grobblockig und im letzten Stück steil.

● **93 e** **Kyrkjeoksli** (Rücken, bis zu 1929 m)
Karte 1518 II.

Aussichtsreiche Rückenwanderung. – Wie R 93 a zum Høgvaglen, 1518 m, und nach Osten auf die breite „Kirchenschulter" Kyrkjeoksli hinauf. Aussichtsreich nach Osten bis 1929 m. Von P. 1929 weiter wie R 93 f oder ein kurzes Stück zurück und nach Norden absteigen zum Ostufer des Sees Kyrkjetjørnet, 1465 m; im Uferbereich nach Norden gehen zum Pfad Spiterstulen – Leirvassbu.

● **93 f** **Langvasshøi** (Kuppe, 2030 m)
Karte 1518 II.

Langvasshøi ist die im Norden des langen Sees Langvatnet aufragende, aussichtsreiche Kuppe mit Abbruch nach Osten. Sie ist ohne Schwierigkeiten zu erreichen über die Schulter Kyrkjeoksli.
Wie R 93 e zu P. 1929. Dann nach Osten absteigen in die Senke und aus ihr auf den Gipfel. Abstieg wie R 93 e (der Abstieg zwischen Langvasshøi und P. 1929 ist wegen der steilen Firnfelder – nicht eingezeichnet auf der topographischen Karte – nicht zu empfehlen). Die Zinne nordöstlich der Langvasshøi ist der Visbretinden (R 93 g).

● **93 g** **Visbretinden** (Zinne, 2234 m)
Anstieg ca. 120 + 330 + 160 + 160 + 280 = 1100 m.
Karte 1518 II.

Sehr aussichtsreich. – Wie R 93 f auf die Kuppe Langvasshøi. Kurz absteigen nach Nordosten und steil auf den Visbretinden hinauf, der nach Norden wandartig zum Gletscher Visbreen abbricht.

● 93h **Høgvagltindane** (Zinnengruppe, bis zu 2066 m)
Anstieg ca. 480 + 280 = 760 m. Karte 1518 II.

Sehr aussichtsreiche Gipfeltour. Wie R 93a Richtung „Hühnerstange", aber nicht ganz auf diese hinauf, sondern vorher abzweigen (Wegweiser). Ziel ist die Zinne vestre Høgvagltinden, 1967 m, die am mühelosesten auf dem Westrücken erstiegen wird. – Die Gruppe Høgvagltindane streckt einen langen Westrücken Richtung Tal Gravdalen.
Vom vestre Høgvagltinden etwa 150 Höhenmeter nach Südosten in die Scharte absteigen und dann zum midtre Høgvagltinden, 2066 m, hinauf mit phantastischer Aussicht. Abstieg auf dem Nordostgrat, der den Gletscher Høgvaglbreen in voller Länge teilt. Hinab zur Zinne austre Høgvagltinden, 1916 m, die steil nach Norden, Osten und Süden abbricht. Auf dem 1916-m-Nordgrat (Nordnordwestgrat) zum See øvre Høgvagltjørnet, 1445 m, hinab und dessen Ausfluß durchschreiten. Auf dem Pfad nach links zur Hühnerstange hinauf und dann hinab zur Herberge Leirvassbu.

● 93j **Stetinden** (Zinne, 2020 m)
Anstieg ca. 620 m. Karte 1518 II.

Ihre Amboßform (ste = Amboß) zeigt die „Amboßzinne" Stetinden, ein Doppelgipfel, am wirkungsvollsten während der Auffahrt durch das Tal Leirdalen.
Wie R 93b zum Firnfeld Gravdalsfonni und dahinter vom Fahrweg abzweigen; nun dem Stehøi-Südfuß kurz nach Westen folgen, dann aufsteigen zur Einsattelung zwischen der Kuppe Stehøi, 1885 m, und dem Zielgipfel Stetinden. Während die „Amboßkuppe" Stehøi kaum anspruchsvoll zu begehen ist und recht gute Aussicht bietet, ist die Amboßzinne Stetinden steil und bietet phantastische Aussicht.

● 93k **Gravdalstinden** (Zinne, 2113 m)
Anspruchsvoll, Anstieg ca. 900 m ohne Rückweg.
Karte 1518 II.

Gipfel mit einer der gewaltigsten Aussichten, aber von allen Hütten und Herbergen etwas weit entfernt. – Wie R 93b den Gletscherfluß Sandelvi auf der Stegbrücke überschreiten. Nun flußaufwärts gehen mit Blick auf den Berg Storebjørn, 2222 m. Dem Gletscherfluß so weit folgen, bis die Aufstiegsroute links gut einsehbar ist. Aufsteigen, teilweise steil, nach Westen und von Südwesten zum Gipfel.

● 93 l **Tverrbotntindane** (Zinnengruppe, bis zu 2161 m)
Anspruchsvoll mit Schwierigkeiten / anfangs unschwer.
Karte 1518 II.

Die Gipfelgruppe direkt nördlich der Herberge Leirvassbu heißt Tverrbotntindane; tverr = schroff, jäh, quer. Diese durch Grate miteinander verbundenen Zinnen trennen das Tal Leirdalen und den Gletscher søre Illåbreen und laufen im Osten in das ebenfalls mehrgipflige Tverrbytthornet aus. Der erste, unschwere Teil des Aufstiegs ist ganz allgemein wegen der Aussicht zu empfehlen.
Von Leirvassbu nach Nordwesten unschwer zum „Priester" Presten, 1511 m. Nun nach Norden halten, den aus dem Kar Leirholet ausfließenden Bach durchschreiten und weiter nach Norden bis zum Bach Leirløyftgrovi, über diesen hinweg (er ist in der Regel kaum als Bach zu erkennen, so wenig Wasser fließt) und 200 m weiter nördlich nach Osten aufsteigen: steil über Blöcke zur Rinne Leirløyfti hinauf in knapp 2000 m Höhe. Dort ist der Grat erreicht, der die Tverrbotn-Zinnen verbindet: nach Osten 2161 m, 2151 m, 2106 m und 2084 m. Von P. 2084 steiler Abstieg über den Westgrat.

● 93 m **Bukkehøi** (Kuppe, 2314 m)
Karte 1518 II.

Auszuprobieren wäre folgende Tour: Auf dem Fahrweg talabwärts zur aufgegebenen Alm Hammarstulen. Hier nach Osten aufsteigen zum breiten Nordwestrücken der „Schafkuppe" Sauhøi, 1770 m. Dem Rücken ein Stück Richtung Gipfel folgen, aber eher auf dem Osthang des Rückens bleiben, also am Gletscherfluß søre Illåi. Im Süduferbereich der søre Illåi aufwärts gehen zur Scharte Illåskardet. Hier den Gletscherausfluß durchschreiten, wenn das möglich ist, oder über die Zunge gehen, wenn das möglich ist. Dann etwas steil oder auch steil nach Nordosten zu dem auf der topographischen Karte namenlosen Gletscher aufsteigen, der ebenfalls in die søre Illåi entwässert. Diesen Gletscher rechts umgehen und dann unschwer zur Bukkehøi hinauf, die gewaltige Aussicht bieten muß.

• 94 Olavsbu (DNT-Selbstbedienungshütte, 1440 m)
Jotunheimen-Südwest / Zentrum im Tal Raudalen; 4 Gehstunden zum nächsten Fahrweg in Leirvassbu (R 93). Karte 1517 I.

Verproviantierte 40-Kojen-Selbstbedienungshütte mit Hüttenwacht während der Hauptsaison.

Die an der Kreuzung mehrerer Pfade im „roten Tal“ Raudalen gelegene Hütte Olavsbu ist sommers wie winters die meistbesuchte Selbstbedienungshütte des DNT im Jotunheimen. Sie ist eine Schenkung des Reeders Olav Ringdal, der sie 1952 zur Erinnerung an seinen während des Zweiten Weltkriegs gefallenen gleichnamigen Sohn errichten ließ.

Bergziele ab Hütte Olavsbu (1440 m)

Zielname	Höhe m	Pfad	Grad	Beschreibung
Raudalseggi	2168	nein	anspruchsvoll	R 94 f
Skardalseggi	2159	nein	anspruchsvoll	R 94 l
Raudalstindane	2157	nein	anspruchsvoll	R 94 e
Snøholtinden	2141	nein	anspruchsvoll	R 94 i
Mjølkedalstinden	2137	nein	anspruchsvoll	R 94 d
Skardalstinden	2100	nein	mittel	R 94 k
Olavsbunuten	1970	nein	mittel	R 94 c
Storegut	1968	nein	mittel	R 94 g
Høgbrothøgdi	1821	nein	unschwer	R 94 h

Olavsbu ist – ähnlich wie Leirvassbu, doch ohne Reisebusrummel und „Autowanderer“ – ein sehr guter Ausgangspunkt für Touren in einer reizvollen, herben Gebirgslandschaft, die weniger anfängerfreundlich scheint, als sie ist. Da viele Gipfel in unmittelbarer Hüttennähe liegen, entfallen lange Anmarschwege. Andererseits sind auch zahlreiche Rundwanderungen möglich, von denen hier einige über Gipfel bzw. Grate aufgeführt sind. Nicht beschrieben sind Talrundwanderungen, die sich mit Karte jeder selbst zusammenstellen kann, z. B. auf Pfaden um die Zinne Snøholtinden = Sjogholstinden herum oder auf Pfaden um die Zinne Mjølkedalstinden herum.

Hüttenziele auf Pfaden ab Hütte Olavsbu (1440 m)

Zielname, Weg	höchste Höhe m	Stunden	Grad	Beschreibung
Skogadalsbøen				
via Raudalen	1440	5	unschwer	R 94 a
via Skogadalen	1617	$5^1/_2$	unschwer	R 94 b
Leirvassbu via Høgvaglurdi	1518	4	unschwer	R 94 j
Gjendebu				
via Raudalen	1460	4	unschwer	R 83 d
via Langvatnet				R 94 h
Eidsbugarden				
via Mjølkedalen	1600	4 – 5	unschwer	R 94 h

● **94 a** **Olavsbu – Skogadalsbøen** (bewirtschaftete DNT-Hütte, 831 m), via Raudalen / Storutledalen
Unschwer, 5 Std. (19 km), so gut wie kein Anstieg.
Karten 1517 I und 1517 IV.

Talwanderung, insgesamt aussichtsreich. – An der Hütte über den Steg und südlich des kleine Seen bildenden Wasserlaufs nach Westen zum See Raudalsvatnet, 1313 m, hinab. Etwa in der Mitte des Südufers zweigt Pfad R 94 b nach links (= Süden) hinauf ab. Die vergletscherten Zinnen auf der rechten (= Nord-)Seite des „roten Tals" Raudalen sind die Raudalstindane (R 94 e). Weiter das Tal Raudalen abwärts, bis es in das Tal Storutledalen mündet. Hier schwingt der Pfad in weitem Bogen zum Fluß Storutla hinab und vereinigt sich dort mit dem von der Herberge Leirvassbu herabführenden Pfad (weiter wie R 99 i, talabwärts).

● **94 b** **Olavsbu – Skogadalsbøen** (bewirtschaftete DNT-Hütte, 831 m) via Skogadalen
Unschwer, $5^1/_2$ Std., Anstieg ca. 300 m.
Karten 1517 I und 1517 IV.

Aussichtsreiche Talwanderung (das Tal liegt hoch), nicht ganz so bequem wie R 94 a. – Wie R 94 a zur Pfadabzweigung am Südufer des Sees Raudalsvatnet. Dort nach links (= Süden) auf die aussichtsreiche Anhöhe, 1617 m (Teil des Rückens zwischen den Tä-

JOTUNHEIMEN N.P.
UTLADALEN L.O.
Utladalen
Gravdals-dammen
Sandelv-kleiva
Simle-Jøla
Høgvagl-breen
vestre 1967
austre
midtre 2015
Høgvagl-tindane
2066
Kristen-breen
2059
Raudals-tindane
Alvbreen
2157
1965
1743
Simledals-bandet
2068 austre Raudalstind
Vetleutla
Hillerhø
1622
1306
Storutladalen
Murane
Storutla
LUSTER AUSTRE S.A.
Raudalen
Raudalsvatnet
1313
1774
usahaugane
brua
1566
1597
1810
1871
1776
1703
Skogadalsnosa
1784
1617
1651
DNT
Olavsbu
Skogadøla
gadalsbøen
Skogadalen
1298
61
Olavsbu-nuten
1970
Mjølkedals-tind
2137
1444
1423
1427
1485
Uranosa
1730
øvre Mjølkedalen
1705
1843
Mjølkedals-tjørnene
1678
Uranosa
1900
Saga
2040
2040
Skogadals-breen
øvre Mjølkedals-vatnet
1417
1470
1488
storura
Uradalen
Steinsengene
Uraknatten
1958
Mjølkedals
Langeskavl
LUSTER
Storegut
1380
71

Fleskedalen
Fleskedøla
Fleskedalsnosa
1780
Skarbottnosa
1352
Smoget
Snøggeknosa
1739
Raunibba
1553
Stølsnostind
2074
Stølsnos-
breen
Stølsnosa
1930
Snøggeken
Falkebreen
Falketind
2067
Fyrstevatnet
1160
Andrevatnet
1227
1291
a-Koldedalen
Hjelledals-
tind
1989
1873
1927
Koldedalstind
Koldedals
breen
1822
Hjelledalsvatnet
1114
Hjelledals-
holane
Rauenibba
1661
ÅRDAL AUSTRE S.A.
1435
Uradals-
vatnet
1316
PPLAND
GN OG
RDANE
VANG
ÅRDAL
breen
Lange-
1878
skavlen
Kvitevatnet
1396
1632
Rust-
egga
1746
Rustegg-
vatnet
1372
1493
Koldedals-
vatnet
1177
Koldedalen
1591
Koldedals-
nosa
1567
nedre
Kvitevatnet
1388
Ørneberget
1540
Koldedøla
Breikvams-
nosa
1712
1096
Trollsjøen
Mjølkedøla
store
Mjølkedalsvatnet
1340
1293
Høgbroth
1821
Sløtatjernet
1406
1323
1474
Sløtafjellet
1340
Tors
hammaren
1440
Tyinholmen
Eidet
Skogs
155

lern Rau- und Skogadalen), der einzige Anstieg. Abstieg nach Süden in das Tal Skogadalen und den Talfluß Skogadøla durchschreiten. Nun nach rechts und aussichtsreich talabwärts wie R 83e.
Auf der Anhöhe besteht die Möglichkeit, dem Rücken nach Westen zu folgen, überaus aussichtsreich, und dann erst am Schluß des Rückens ins Tal abzusteigen (siehe R 99d).

• 94c **Olavsbunuten** (Nebengipfel, 1970 m)
Mittel, Anstieg ca. 530 m.
Karte 1517 I.

Olavsbunuten ist der Gipfel direkt südlich der Hütte; auf der topographischen Karte ist er namenlos (Nebengipfel der Zinne Mjølkedalstinden), auf der Tourenkarte heißt er Olavsbunuten. – An der Hütte über den Steg und dem Wasserlauf auf dem Pfad einige hundert Meter abwärts folgen, bis das Gelände linker Hand flacher wird. Hier nach Südwesten aufsteigen, bis der breite Rücken erreicht wird, der zum Gipfel hinaufführt.

• 94d **Mjølkedalstinden** (Zinne, 2137 m)
Anspruchsvoll mit Schwierigkeiten, Anstieg ca. 700 m.
Karte 1517 I.

Anstieg wie R 94c, aber auf den Ansatz des Mjølkedalstinden-Westgrats zuhalten (anfangs noch rückenbreit). Die Stelle, wo sich der Rücken zum Kamm verengt, ist steil und wird am besten auf der linken (= Nord-)Seite erstiegen. Der Grat ist stellenweise recht schmal. Schwierigkeiten stellen sich jedoch erst wieder dicht unter dem Gipfel ein, der dem Namen „Zinne“ voll gerecht wird: wenig Platz, sehr guter Rundblick.

• 94e **Raudalstindane** (Zinnengruppe, bis zu 2157 m)
Anspruchsvoll. Karte 1517 I.

Sehr aussichtsreiche Grat- und Gipfelwanderung. – Dem Wasserlauf im diesseitigen (= Nord-)Uferbereich talabwärts folgen zum See Raudalsvatnet, 1313 m. Von der Nordostbucht aufsteigen zur Scharte zwischen den Zinnen, 1965 m und 1743 m (sieht auf der Karte steiler aus, als es ist). Von der Scharte nach links (= Westen) aufsteigen, teils über Schnee/Firn, eventuell P. 1965 begehen, ansonsten südlich von P. 1965 weiter nach Westen zum Fuß von P. 2157. Von Osten zum Gipfelplateau hinauf, zuletzt steil (sieht auf der Karte weniger steil aus, als es ist). Das Plateau bricht im Norden/Nordosten zu den Gletschern Kristenbreen und Alvbreen ab. *Abstieg* wie Aufstieg oder: nicht zum See Raudalsvatnet zurücksteigen, sondern ohne Probleme nach Osten bis zum Raudalstinden, 2086 m, direkt bei der Hütte Olavsbu. Von dort Abstieg über den steilen Nordostrücken zum Band Raudalsbandet. Nun auf dem Pfad nach Süden zurück zur Hütte.

● **94 f** **Raudalseggi** (Grat, bis zu 2168 m)
Anspruchsvoll. Karte 1517 I.

Da der Grat direkt hinter der Hütte beginnt, ist er auch für Anfänger interessant; diese werden zwar 2168 m nicht schaffen, doch bis unterhalb dieser höchsten Erhebung ist die Gratwanderung relativ unschwer und aussichtsreich.
Auf dem Pfad kurz nach Norden, bis der Grat (an dieser Stelle noch ein breiter Rücken) beginnt. Er zieht sich nach Südosten, fällt im Süden steil, im Norden jedoch kaum steil ab. Ab der kleinen Nase westlich von P. 2168 wird das Gelände ausgesetzt und steil.

● **94 g** **Storegut** (Gipfel, 1968 m)
Mittel, Anstieg ca. 310 + 610 = 920 m. Karte 1517 I.

Aussichtsreiche Rundwanderung. – Wie R 94 b über die Anhöhe, 1617 m, in das Tal Skogadalen. Von hier dem breiten Rücken nach Südosten zum „großen Jungen" Storegut hinauffolgen. Sehr weite Aussicht. Abstieg vom Gipfel ein kurzes Stück nach Südosten, dann über kleine Firnfelder nordostwärts zur Pfadkreuzung hinab. Von dort auf dem Pfad R 83 s nach Norden zur Hütte zurück.

● **94 h** **Høgbrothøgdi** (Anhöhe, 1821 m)
Unschwer, Anstieg ca. 340 m. Karte 1517 I.

Storegut (R 94 g) ist aussichtsreicher, doch gibt es auch südlich der Høgbrothøgdi keinen höheren Gipfel. – Auf dem Pfad nach Südosten zwischen dem Ostabbruch des Gipfels Olavsbunuten, 1970 m, und dem Westufer des Sees, 1414 m, ansteigen zur Was-

serscheide, ca. 1600 m, die nach ca. 2 km ab Hütte erreicht wird. Hier Orientierung: Links beginnt der Nordwestgrat der Zinne Snøholtinden = Sjogholstinden, 2141 m (weiter wie R 94i), rechts erhebt sich die Zinne Mjølkedalstinden, 2137 m. Die Wasserscheide überschreiten und dem Pfad folgend nach grob Süden hinab zum (Nord-)Westufer des Sees øvre Snøholvatnet, 1488 m. Vom Westufer kurzer Aufstieg zur Wasserscheide, ca. 1600 m, mit Pfadkreuzung: Nach Nordwesten geht es wie R 83e in das Tal øvre Mjølkedalen hinab Richtung Hütte Skogadalsbøen; nach Südosten geht es hinab zur Hütte Gjendebu (weiter wie R 83e), nach Süden geht es hinab zur Herberge Eidsbugarden (weiter wie R 84b).
Der Berg südöstlich der Pfadkreuzung ist der Zielberg Høgbrothøgdi: Auf dem Nord(-west)rücken zum Gipfel hinauf. Abstieg nach Sicht zum See Snøholvatnet = Sjogholsvatnet, 1486 m, am Nordostfuß des Bergs; von dort im Uferbereich auf dem Pfad nach links (= Westen) zur Pfadkreuzung zurück.

● 94i **Snøholtinden = Sjogholstinden** (Zinne, 2141 m)
Anspruchsvoll.
Karte 1517 I.

Phantastische Aussicht. – Wie R 94h zur ersten Wasserscheide, ca. 1600 m. Nun nicht den Snøholtinden-Nordwestgrat als Aufstiegsroute benutzen, sondern im Bergfußbereich nach Südosten gehen und allmählich schräg aufsteigen zum Südgipfel, 1922 m. Bis hier keine Probleme. Ab hier sehr steil, aber kurz, zum Gipfelplateau; mehrere Anstiege möglich, alle steil.

● 94j **Olavsbu – Leirvassbu** (Herberge, 1405 m), via Høgvaglurdi
Unschwer, 4 Std. (10 km), Anstieg ca. 170 + 140 = 310 m.
Karten 1517 I und 1518 II.

Kurze, wilde, beeindruckende Talwanderung. – Auf dem markierten Pfad nach Norden, am Ansatz des Raudalseggi-Westgrats vorbei und weiter nach Nordnordosten, den Wasserlauf durchschreiten und zum Band Raudalsbandet, ca. 1570 m, hinauf. Hier kurz Orientierung: Rechts (= im Westen) ragen die Zinne Skardalstinden,

2100 m, und dahinter das Grat-Scharten-Zinnen-Gebilde Skardalseggi auf; links führt der Nordostgrat zur Raudalstindane-Ostzinne, 2086 m, hinauf. Abstieg vom Band Raudalsbandet nach Nordnordosten zum Ostufer des karseeartigen Sees, 1456 m. Die Scharte westlich dieses Sees führt zum Paß Simlebandet hinauf, hinter dem sich das „Rentiertal" Simledalen öffnet; dieses Tal trennt die Zinnengruppen Raudalstindane und Høgvagltindane. Vom See führt der Pfad abwärts zum Ostufer des Sees (1420 m) auf dem Semmeldalsmunnen am Ostfuß der vergletscherten Høgvagltindane. Wer auf die Skardalseggi steigen will, zweigt hier vom Pfad nach rechts ab und geht weiter wie R 94 l. Mit Ziel Herberge Leirvassbu weiter absteigen nach Norden (rechts erstreckt sich der lange See Langvatnet, 1368 m) zur Pfadkreuzung im Tal zwischen den Seen Langvatnet und nedre Høgvagltjørnet, 1400 m. An der Pfadkreuzung nach links (= Nordwesten) hinauf gehen zum See øvre Høgvagltjørnet, 1445 m. Der Pfad verläuft zwischen den Seen und dem Fuß der Schulter Kyrkjeoksli. Blockgelände Høgvaglurdi. Aufwärts zum Paß Høgvaglen, 1518 m, mit Blick auf die Kyrkja, 2032 m, und die Zielherberge Leirvassbu am See Leirvatnet. Dem markierten Pfad abwärts folgen zum Weg und auf diesem weiter nach rechts zur Herberge.

● **94 k** **Skardalstinden** (Zinne, 2100 m)
Mittel, Anstieg ca. 660 m.
Karte 1517 I.

Wie R 94 j nach Norden, dann Nordnordosten. Nun nicht mit dem Pfad den Wasserlauf durchschreiten, sondern vorher nach Nordosten abzweigen, auf die pyramidenförmige Westseite des Skardalstinden zuhalten und auf dem Südwestrücken zum Gipfel.

● **94 l** **Skardalseggi** (Grat, bis zu 2159 m)
Anspruchsvoll.
Karte 1517 I.

Wie R 94 j zur angegebenen Abzweigung. Dann im Bereich des Südufers des langen Sees Langvatnet, 1368 m, nach Osten marschieren. Allmählich kommt der breite Nordgrat in Sicht, der in Gipfelnähe führt. Aufstieg von knapp 800 Höhenmetern, steil.

● 95 Krossbu/Sognefjellhytta (Herbergen, 1267/1410 m)

West-Jotunheimen; an der Reichsstraße 55 „Sognefjellvegen" (Wintersperrung). Karte 1518 III.

Die 75-Betten-Herberge Krossbu (Tel. 062-12922, N-2686 Lom) wurde im Jahr 1900 errichtet und wird vom Bergwanderverein DNT als Ausgangsbasis für Gletscherkurse genutzt. Die 2 km entfernte 60-Betten-Herberge Sognefjellhytta (Tel. 062-12934, N-2686 Lom) wurde 1948/49 errichtet und dient im Sommer oft Profiskisportlern als Unterkunft. Beide sind winters und sommers (ca. 1. Juni bis 10. September) voll bewirtschaftet; in der Hochsaison Gletscherführungen, Gletscherkurse; Anmeldung für Führungen am Abend vorher.

Sognefjellvegen (Reichsstraße 55): Die Herberge Krossbu liegt am Beginn des aussichtsreichen Sognefjellvegen, jenes Streckenabschnitts der Reichsstraße 55, der über das Gebirge Sognefjell = Sygnefjell = Dølafjell führt und zwischen den Herbergen Krossbu und Sognefjellhytta eine Paßhöhe von 1440 m erreicht. Er zählt zu den beeindruckendsten Hochgebirgsstrecken Skandinaviens und ist entsprechend überlaufen. Der Blick fällt auf die Gletscher Smørstab- und Fannaråkbreen, auf das in kühler Distanz verharrende Massiv Fannaråken, 2068 m, hinter dem die Spitzen der Hurrungane aufragen, und – wenn das Auto verlassen wird – im Norden auf eine weite Hochfläche, aus der sich der vergletscherte Liabrekulen erhebt. Daß das Sognefjell nicht im Nationalpark Jotunheimen liegt, zeigen die Straße und die Staudämme – fast jeder größere See ist reguliert.

Sognefjell ist seit Jahrhunderten der Fjellübergang zwischen den Siedlungen am inneren Sognefjord und den Talschaften Ottadalen und Nord-Gudbrandsdalen. Die Talbewohner brachten Butter und Käse, Felle und Wolle sowie Teer, Pech und Pottasche über das Sognefjell an den Lustrafjord, wo die Waren zur (Hanse-)Stadt Bergen verschifft wurden. Während die Talbewohner dieses Gebirge Sognefjell = Sygnefjell nannten, weil es zum inneren Sognefjord führte, nannten es die Bewohner vom Fjord Dølafjell (so auch der Name auf der topographischen Karte), weil es zu den „dølene" führte, zu den Bewohnern der Täler. Die Leute vom Fjord schleppten vor allem Salz, Eisen und Schmucksachen sowie in Notjahren Saatgut über das Fjell in die Täler. Als in der großen Notzeit während der Napoleonischen Kriege sechs Døler im März 1813 Richtung Fjord gingen, um Korn zu holen, erfroren sie hier oben. Sechs Steinmale markieren die Stelle. Seit 1938 gibt es die Autostraße.

Der Name Krossbu (= „Kreuzhütte") erinnert an die gefahrvollen Zeiten, als die Reisenden hier oben zum Christophorus beteten, bevor sie den Fjellübergang antraten. Daß sie um mehr als gutes Wetter beteten, zeigt der Name des großen Steins Fantestein am See Fantesteinsvatnet, 1411 m, bei der Sognefjellhytta: Nicht nur Bauern oder unbekannte und bekannte Touristen wie der schwedisch-norwegische Kronprinz Carl (Carl XV.) im Jahr 1856 oder sein jüngerer Bruder Oscar Frederik (Oscar II.) im Jahr 1860, die Dichter Holberg, Ibsen, Wergeland, der Märchensammler Asbjørnson und andere ritten über den Sognefjellvegen auf kleinen, trittsicheren Pferden, sondern hier trieben sich auch „fanter" herum: Landstreicher, Vagabunden, Strolche, Gauner. Zwei Fanter sollen westlich des Sees Hervavatnet gehängt worden sein, an den Eisenhaken, die im Berg zu sehen sind. Der Berg heißt Galgeberget („Galgenberg"), was allerdings eine Verballhornung von „Galdeberget" ist („Berg am steilen, schwierigen Weg"). An der anderen Seite des Sees Hervavatnet, ebenfalls an der Straße, liegt die restaurierte Steinhütte Hervabua, die an die Gefahren des Wetters erinnert: In ihr saß der 34jährige Ibsen mit dem Fjellführer Sølfest Saue im Jahr 1862 drei Tage lang fest.

Die höchste Erhebung im Sognefjell ist die Prestesteinshøgdi, 1532 m, nördlich des Stausees Hervavatnet. Im Grunde ist jedoch fast jede Stelle aussichtsreich; gerühmt wird der Blick vom Rauskjølen, 1448 m, unmittelbar westlich der Herberge Sognefjellhytta, ebenfalls direkt neben der Straße. Als der schwedische Kronprinz Oscar Fredrik, der als König Oscar II. von Schweden und Norwegen später den Nordkaptourismus initiierte, 1860 als 31jähriger über das Sognefjell ritt, war er auf dem Hügel, 1171 m, oberhalb der Herberge Turtagrø so begeistert, daß diese Aussichtsstelle seither Oscarshaug heißt. Nur knapp 3 km von der Straße entfernt ist auch die sehr aussichtsreiche Kuppe Krosshø, 1627 m, unmittelbar nordwestlich der Herberge Krossbu.

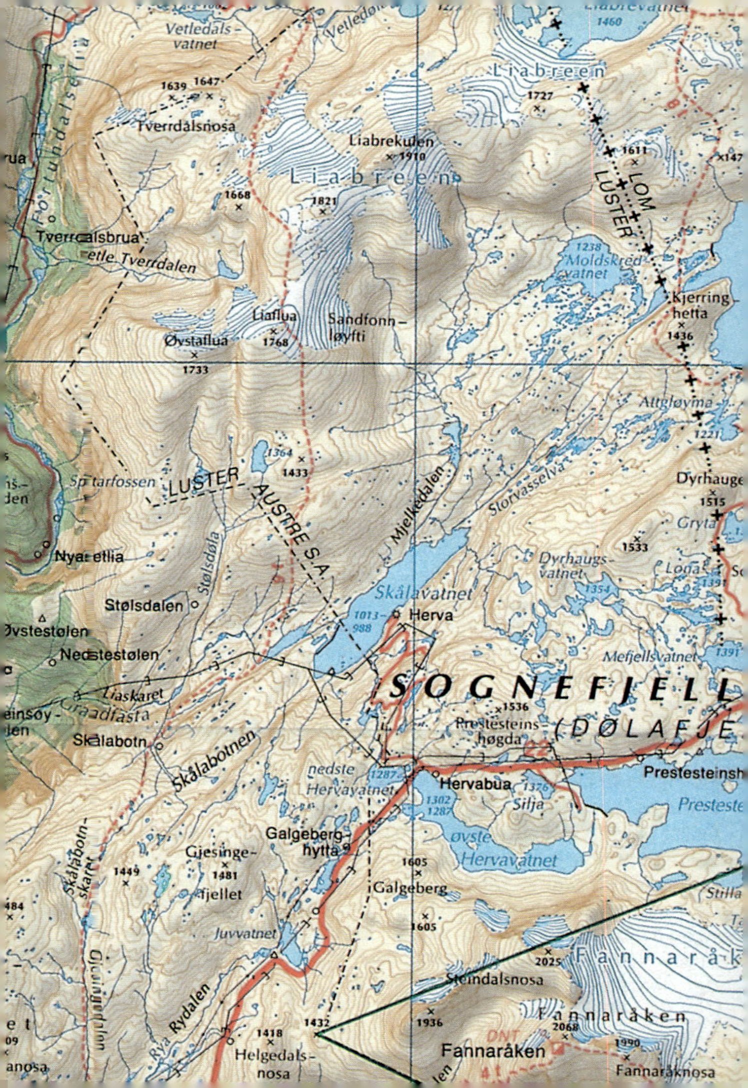
Vetledalsvatnet
Vetledøla
Liabrevatnet
1460
1639
1647
Tverrdalsnosa
Liabreen
1727
Liabrekulen
1910
Liabreen
1611
LOM
LUSTER
1668
1821
Fortundalselva
Tverrdalsbrua
Vetle Tverrdalen
1238
Moldskredvatnet
Kjerringhetta
1436
Liaflua
1768
Sandfonnløyfti
Øystaflua
1733
Attgløyma
1221
1364
1433
LUSTER
AUSTRE S.A.
Spitarfossen
Mjelkedalen
Storvasselva
Dyrhauge
1515
Gryta
1533
Nyastetlia
Stølsdøla
Dyrhaugsvatnet
1354
Lona
1391
Skålavatnet
Stølsdalen
1013
988
Herva
Øvstestølen
Nedstestølen
Mefjellsvatnet
1391
Liaskaret
SOGNEFJELL
Graadfasta
1536
Presteinshøgda
(DØLAFJE
Skålabotn
Skålabotnen
nedste Hervavatnet
1287
Hervabua
1376
Silja
1302
1287
Prestesteinsh
Preste
øvste Hervavatnet
Galgeberghytta
Gjesingefjellet
1481
1449
1605
Galgeberg
Skålabotnskaret
484
1605
Stilla
Juvvatnet
2025
Fannaråk
Steindalsnosa
Rydalen
1936
Fannaråken
Rya
1432
1418
2068
DNT
Fannaråken
1990
Helgedalsnosa
Fannaråknosa

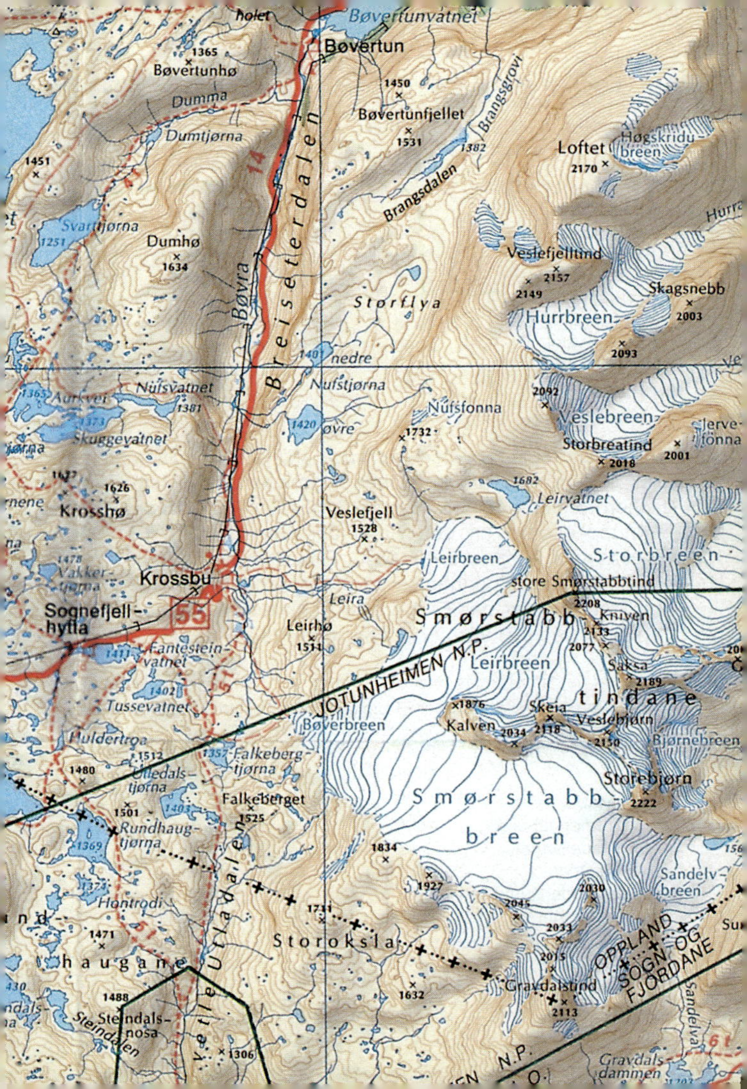

Bøvertunvatnet
Bøvertun
Bøvertunhø
1365
Dumma
Dumtjørna
1451
Bøvertunfjellet
1450
1531
Brangsgrovi
1382
Brangsdalen
Loftet
2170
Høgskridubreen
Svarttjørna
1251
Dumhø
1634
14
Bøvra
Breisetdalen
Storflya
Veslefjelltind
2157
2149
Hurrbreen
Skagsnebb
2003
2093
1401
nedre
Nufsvatnet
1381
Nufstjørna
Nufsfonna
2092
Veslebreen
Storbreatind
2018
2001
Skuggevatnet
1420
øvre
1732
1626
Krosshø
1682
Leirvatnet
Veslefjell
1528
Leirbreen
Storbreen
1478
Vakkertjørna
Krossbu
store Smørstabbtind
2208
Leira
Sognefjellhytta
55
Smørstabb-
Kniven
2133
2077
Leirhø
1511
Fantesteinvatnet
1411
JOTUNHEIMEN N.P.
Leirbreen
Saksa
2189
tindane
1402
Tussevatnet
1876
Skeia
2118
Kalven
2034
Veslebjørn
2150
Bøverbreen
Bjørnebreen
Huldertroa
1512
1357
Falkebergtjørna
1480
Uledalstjørna
Storebjørn
2222
Smørstabbbreen
1501
1403
Falkeberget
1525
Rundhaugtjørna
1369
1834
1373
Utladalen
1927
Sandelvbreen
Hontrodi
1731
2030
2045
1471
Storoksla
2033
haugane
2015
OPPLAND
SOGN OG FJORDANE
1632
Gravdalstind
2113
1488
Steindalsnosa
Steindalen
Vetle
1306
Sandelva
Gravdalsdammen
N.P.

Bergziele ab Herbergen Krossbu / Sognefjellhytta (1267 / 1410 m)

Zielname	Höhe m	Pfad	Grad	Beschreibung
Storebjørn	2222	nein	Gletscher	R 95 a
store Smørstabbtinden	2208	nein	anspruchsvoll	R 95 h
Veslfjelltinden	2157	nein	mittel	R 95 g
Veslebjørn	2150	nein	Gletscher	R 95 a
Skeii	2118	nein	Gletscher	R 95 a
Fannaråken	2068	nein	Gletscher	R 95 e
Kalven	2034	nein	Gletscher	R 95 a
Storbreatinden	2018	nein	mittel	R 95 g
Fannaråknosi	1990	nein	Gletscher	R 95 e
Dumhø	1634	nein	unschwer	R 95 c
Krosshø	1627	ja	unschwer	R 95 bc

Das Gelände hat für jeden Anspruch und jede Kondition so gut wie alles zu bieten: Unschwere, aber ungeheuer aussichtsreiche Hochflächenwanderungen im Bereich nördlich des Sognefjells (R 95 bc), Schnuppertouren an den Rand der Gletscherwelt (R 95 g), anspruchsvolle Bergtouren (R 95 h), Gletscherwanderungen mit und ohne Gipfelbesteigungen (R 95 a), Talwanderungen (R 95 f) usw. Ein Traumziel ist der Fannaråken: entweder über den Gletscher Fannaråkbreen (R 95 e) oder über den Pfad R 97 a.

Hüttenziele ab Herbergen Krossbu / Sognefjellhytta (1267 / 1410 m)

Zielname, Weg	höchste Höhe m	Stunden	Grad	Beschreibung
Leirvassbu via Smørstabbreen	1800	6	Gletscher	R 95 a
Nørdstedalseter / Breheimen	1627	8	mittel	R 95 b
Bøvertun via Dumdalen	1627	4	unschwer	R 95 c
Fannaråkhytta	2069	4 – 5	Gletscher	R 95 e
Skogadalsbøen via Utladalen	1440	5	unschwer	R 95 f

● **95a** **Krossbu – Leirvassbu** (Herberge, 1405 m) via Smørstabbreen
6 Std., Anstieg ca. 540 m; Gletscherausrüstung, Gletschererfahrung; Führung.
Karten 1518 III und 1518 II.

Von vielen unternommene, phantastische Tour. – Smørstabbreen deckt ca. 15 qkm und bildet das größte Gletscherareal im Jotunheimen. Er zerfällt in mehrere Teilgletscher mit eigenen Namen: Der eigentliche Smørstabbreen (relativ eben) fließt nach Westen ab und endet im Gletscher Bøverbreen, in dessen gewaltigem Aufschwung die Gletschergrundkurse veranstaltet werden und aus dem der Fluß Bøvra ausfließt, nach dem das Tal Bøverdalen (R 66) benannt ist. Das Eis überflutet den Paß zwischen dem Berg Storebjørn, 2222 m, und dem südlich davon gelegenen P. 2030 und fließt unter dem Namen Sandelvbreen nach Osten ab. Nördlich des „eigentlichen" Smørstabbreen fließt der Gletscher Leirbreen nach Westen; das Eis von Smørstab- und Leirbreen vereinigt sich westlich der Zinne Kalven-West, 1876 m. Der Einstieg der geführten Gletscherwanderung erfolgt in der Regel an der Zunge des Bøverbreen. Beim Aufstieg folgendes Panorama: zuerst das „Kalb" Kalven, 2034 m, dann verbreitert sich der Gletscher, und etwas zurückversetzt erscheint der „Löffel" Skeii, 2118 m; sodann der „kleine Bär" Veslebjørn, 2150 m, und als krönender Abschluß der „große Bär" Storebjørn, 2222 m, der „große Bär" mit den zwei Ohren. Alle Gipfel können vom Gletscher aus erstiegen werden, am lohnenswertesten und anspruchsvollsten ist die Besteigung des Storebjørn: zur Scharte zwischen Vesle- und Storebjørn. Der konditionsmäßig stark fordernde Aufstieg erfolgt durch die Firn/Schneerinne, die auch auf der topographischen Karte eingezeichnet ist; Vorsicht vor Spalten am Rand der Rinne. – Jenseits des Passes Abstieg wie R 93c.

● **95b** **Krossbu – Nørdstedalseter** (DNT-Selbstbedienungshütte, 937 m)
Mittel, 8 Std., Anstieg ca. 360 + 350 + 110 = 820 m.
Karte 1518 III.

Sehr aussichtsreiche Hochflächenwanderung, leider mit Staumauern (nicht mit Ski über die Stauseen laufen). – Die Zielhütte liegt am

Der Smørstabbreen ist der größte Gletscher im Jotunheimen. Huf-

Ostrand des Gletscher- und Wandergebiets Breheimen und ist während der Saison bewacht; ab Fortun (R 67) besteht Fahrweganschluß. – Von der Herberge Krossbu auf dem hinter der Haarnadelkurve beginnenden Pfad nach Westen aufwärts. Nach ca. 200 Höhenmetern (= 1 km), wenn das Gelände einflacht, schwingt der Pfad nach Nordwesten zur doppelkuppigen Krosshø hinauf, eine der besten Aussichtsstellen in Straßennähe; Ziel ist die linke, höhere Kuppe, 1627 m.

Von der Kuppe nach Westnordwesten absteigen, wo sich dieser Pfad mit dem von der Herberge Sognefjellhytta heraufführenden Pfad vereinigt. Nun ca. 500 m nordwärts hinab zur Pfadverzweigung: Weiter nach Norden geht es zur Herberge Bøvertun (weiter wie R 95 c). Der Pfad zur Hütte Nørdstedalseter hingegen führt nach

eisenförmig umstehen ihn die Smørstabbtindane-Riesen.

Nordwesten zum Staudamm des großen Sees Storevatnet, 1244 m – 1270 m. Am Fuß der Staumauer vorbei nach Westen auf die „Weiberkapuze" Kjerringhetta, 1436 m, hinauf. Der Pfad führt nicht ganz hinauf, sondern überschreitet den Südwestrücken und führt dann auf dem Nordwesthang schräg hinab zur Landenge zwischen dem großen Stausee Storevatnet und dem langgestreckten Seechen am steil abbrechenden Fuß der Kjerringhetta. Nach der Durchschreitung dieser Landenge Aufstieg nach Norden auf den aussichtsreichen Höhenzug westlich des großen Stausees Storevatnet. Der Aussichtspunkt par excellence in diesem Gebiet ist links der restvergletscherte Liabrekulen, 1910 m (vgl. R 97 e): Wenn es die Wetter- und Eisverhältnisse erlauben – Abstecher machen (also nach We-

sten auf Kopf, 1808 m, zuhalten und nach der Begehung des Gipfels P. 1910 m mit einem Westschlenker nach grob Norden, wo vor dem Stausee øvre Grønevatnet der alte Pfad wieder erreicht wird). Der Pfad überquert den Höhenzug westlich des großen Stausees Storevatnet in grob nördlicher Richtung. Wenn der große Stausee rechts zu Ende ist, liegt links unten der Gletschersee Liabrevatnet, 1460 m, der von einem der übriggebliebenen Flecken des Gletschers Liabreen gespeist wird.
Nun nach Norden abwärts zur Kreuzung mit dem Pfad Bøvertun-Nørdstedalseter. An der Pfadkreuzung nach links (= Westen) und zur Nordbucht des Sees Liabrevatnet, 1460 m, hinab. Den Ausfluß durchschreiten und nach Westen auf die Höhe P. 1571 hinauf. Von dort abwärts nach Westen, zwischen den Stauseen øvre Grønevatnet, 1313 m – 1333 m, und nedre Grønevatnet, 1277 m – 1297 m, hindurch und dahinter nach Südwesten in das Tal Vetledalen hinunter, die letzten 2 km auf Weg.

● **95c** **Krossbu – Bøvertun** (Herberge, 950 m) via Dumdalen
Unschwer, 4 Std., Anstieg ca. 360 m.
Karte 1518 III.

Empfehlenswerte Hochflächen- und Talspazierwanderung, bei der eine Führung durchaus empfehlenswert ist (in der Herberge Bøvertun R 66 Führer, der sich mit den Kalksteingrotten auskennt). Wie R 95b die Aussichtskuppe Krosshø, 1627 m, überschreiten und zur Pfadkreuzung absteigen. Von der Pfadkreuzung nach Norden hinab zum Westufer des Sees Aurkvei, 1365 m, und dessen Ausfluß durchschreiten. Dem Seeuferbereich nach Norden folgen und den Zufluß an der Nordwestbucht durchschreiten. Nun nach grob Nordnordosten kurz aufwärts, wo wieder Pfadverzweigung: aussichtsreicher geht es nach links (= Nordwesten) über Kopf P.1451 (auch auf dieser Route ist die Herberge Bøvertun zu erreichen, so daß sich eine Rundwandermöglichkeit ergibt), während der Pfad zum Tal Dumdalen nach Nordnordosten hält und allmählich hinabführt zum Ostufer des Sees Svarttjørnet, 1251 m; rechts erhebt sich der Berg Dumhø, 1634 m. Den Ausfluß dieses Sees durchschreiten und am Westufer des Flusses Dumma das Tal Dumdalen abwärts („dum" zu gemeingermanisch „stumm, dumm, tumb = taub", gemeint ist der

„wenig Laute von sich gebende" Fluß). Interessant ist dieses Tal wegen der Kalksteingrotten, die das Wasser ausgehöhlt hat. Der Fluß windet sich durch Gestein, das wie der Faltenwurf einer Statue modelliert ist. Das Tal mündet unweit der Herberge Bøvertun in das Tal Bøverdalen, wo Reichsstraße 55.

● 95 d **Krossbu – Sognefjellhytta** (Herberge, 1410 m)
Unschwer, ½ Std., Anstieg ca. 170 m.

Spaziergang. – Der Pfad folgt der Straße. Abstecher zum Stein Fantestein, zum See Fantesteinsvatnet und weiter zum großen Stausee Prestesteinsvatnet.

● 95 e **Krossbu – Fannaråkhytta** (DNT-Selbstbedienungshütte, 2069 m)
Gletscherausrüstung, Gletschererfahrung; Führung; 4 – 5 Std., Anstieg ca. 170 + 720 = 890 m.
Karte 1518 III.

Kurz und anstrengend, dafür Traumziel (Alternative ohne Gletscher: Pfad R 97 a). In der Hochsaison täglich geführte Gletscherwanderung. – Wie R 95 d Richtung Sognefjellhytta, am Stein Fantestein den Markierungen nach Südwesten zum See Fantesteinsvatnet, 1411 m, folgen und weiter zur Südostbucht des großen Stausees Prestesteinsvatnet, 1333 – 1356 m. Dem Seeufer nach Westen folgen, bis der Pfad zum Gletscher Fannaråkbreen bzw. zur Moräne davor schwingt und den Gletscherausfluß auf einem Steg überquert. Hier wartet der Führer. Aufstieg anfangs steil, nach ca. 1 Std. flacher, Spalten, Wasser, Wasserlöcher. Orientierungspunkt ist der Fannaråken-Nordostgrat. Dort steil hinauf auf den schmalen Rücken. Diesem aufwärts zur Hütte folgen.

● 95 f **Krossbu – Skogadalsbøen** (bewirtschaftete DNT-Hütte, 831 m) via Utladalen.
Unschwer, 5 Std. (14 km), Anstieg ca. 170 + 40 = 210 m, Gummistiefel angenehm.
Karten 1518 III und 1517 IV.

Talwanderung. – Auf dem kurzen Weg nach Süden; ab Wegende Pfad. Diesseits des Gletscherbachs Bøvra aufwärts (die Bøvra fließt

aus dem Gletscher Bøverbreen aus, der wiederum einen Teil des Gletschers Smørstabbreen bildet). Nach etwa 1 km entfernt sich der Skogadalsbøen-Pfad vom Bach, während der Pfad zum Gletscher Bøverbreen noch ein Stück dem Bach folgt und ihn dann überquert. Orientierungspunkt ist nun der Fuß des steil nach Westen abbrechenden Bergs Falkeberget, 1525 m, der sich 2 km weiter vorn im Süden erhebt. Westlich dieses Bergs wird mit knapp 1440 m die höchste Stelle dieser Tour passiert. Nun nach Südsüdwesten in das enge, im oberen Teil lawinengefährdete Tal vesle Utledalen hinuntergehen und dem rechten (= West-)Ufer des Flusses vesle Utla bis zur großen Brücke Storebrui folgen. Auf dieser Brücke ans Ostufer und in Talabwärtsrichtung auf dem Hang durch Birkenwald zur Hütte hinauf. (Im Bereich vor der Brücke, gegenüber des Zusammenflusses der Flüsse vesle Utla und Storutla, schöne Rastmöglichkeit an den alten Almhütten von Guridalen.)
Skiroute: Wer die Strecke auf Ski geht, hält ab Falkeberget genau nach Süden; Orientierungspunkt ist die Senke zwischen den namenlosen Höhen P. 1306 und P. 1438 (ca. 3 km weiter südlich); von hier nach Südwesten ins Tal und talabwärts zur Hütte.

● **95 g** **Veslfjelltinden** (Zinne, 2157 m)
Mittel. Karten 1518 III und 1518 II.

Aussichtsreich und geländemäßig kaum anspruchsvoll, aber viel Geröll. – Startpunkt ist die Herberge Krossbu, wobei die genaue Aufstiegsroute beliebig ist, z. B. den aus dem Gletscher Bøverbreen austretenden Bach Bøvra auf der Reichsstraßenbrücke überschreiten und dann nach Nordosten hinauf ins Fjell, zunächst mit der namenlosen Zinne, 2092 m, als Orientierungspunkt. Die Zinnen sind höchste Punkte einer Hochfläche, die im Osten steil zu den Gletschern Veslbreen, Hurrbreen und Storbreen abfällt. Diese fließen in das Tal Leirdalen ab.

● **95 h** **store Smørstabbtinden** (Zinne, 2208 m)
Anspruchsvoll.
Karten 1518 III und 1518 II.

Höchster gletscherlos erreichbarer Gipfel der Gruppe Smørstabbtindane, sehr aussichtsreich. – Anmarsch grob wie R 95 g oder: Den

Aufstieg zum Gletscher Leirbreen mit dem store Smørstabbtinden im Hintergrund. Moränen verhindern weiter oben zügiges Vorwärtskommen.

aus dem Gletscher Bøverbreen austretenden Bach Bøvra nicht auf der Reichsstraßenbrücke überschreiten, sondern auf der Wegbrücke hinter der Herberge Krossbu. Ab Wegende Pfad flußaufwärts (dieser Bach / Fluß ist nun die aus dem Gletscher Leirbreen austretende Leira, die südlich der Wegbrücke in die Bøvra mündet) zum Gletscher Leirbreen. Diesen links (= nördlich) umgehen bis zum See Leirvatnet, 1682 m. Orientierungspunkt ist die Scharte östlich des Sees. Von der Scharte aus aufsteigen auf dem Geröllrücken, teilweise steil.
Die Gipfelgruppe Smørstabbtindane umgibt hufeisenförmig den Gletscher Leirbreen, der ein Teil des Gletschers Smørstabbreen ist. Der markanteste Gipfel dieser Gruppe ist drüben im Süden der „große Bär“ Storebjørn, 2222 m, mit weißem Fell und zwei Ohren.

● 97 **Turtagrø** (Herberge, 884 m)

West-Jotunheimen / Hurrungane; an der Reichsstraße 55 „Sognefjellvegen" (Wintersperrung).
Karte 1518 III.

100-Betten-Herberge mit Berghotelstandard, klassicher Ausgangspunkt für Klettertouren in den Hurrungane.

Die Hurrungane (Skagastølstindane) sind eine der wildesten Fjellpartien Norwegens. Im Storen, dem Hauptgipfel der Gruppe Skagastølstindane, erreichen sie mit 2403 m die höchste Erhebung (dritthöchster Gipfel Nordeuropas). Der Storen („der Große") wurde 1876 erstmals erklettert von dem Briten William Cecil Slingsby (dessen Aufstiegsroute siehe R 98c). Der Name Hurrungane kommt vom Wort „hurr" = surrender, krachender Laut. Gemeint sind die Gletscher, die sich in den harten Gabbro gefressen haben und weiterhin einfressen und von diesem Gestein ab einer gewissen Höhe wenig mehr übriggelassen haben als spitze Gipfel und scharfe Grate. Aber auch die Steinlawinen machen „hurr".
Der Mautweg (R 67) zwischen der Herberge Turtagrø und dem Aluminiumort Øvre Årdal umrundet die Nord- und Westpartie der Hurrungane. Von ihm zweigen kurz hinter Turtagrø die Pfade in die Täler Skagastølsdalen und Riingsdalen = Ringsdalen ab.
In fast allen Tälern, die in die Hurrungane führen, läßt sich gut zelten (Riingsdalen, Stølsmaradalen, Gravdalen, Midtmaradalen usw.); außer dem Riingsdalen sind sie nicht mit Fahrzeug zu erreichen (Zelten im Tal Skagastølsdalen ist nicht zu empfehlen).
Die Südwestgrenze der Hurrungane bilden der untere Bereich des Tals Gravdalen, das Band Gravdalsbandet und das riesige Kar Austabotn. Der Zugang zu den von Osten in die Hurrungane führenden Tälern erfolgt vom Tal Utladalen (R 71) aus: Das pfadlose Tal Stølsmaradalen (am Anfang Hütte R 98) führt zum Gletscher Stølsmaradalsbreen, das Tal Midtmaradalen (Pfad R 98c) zum Gletscher Midtmaradalsbreen, das pfadlose Tal Maradalen zum Gletscher Maradalsbreen (alle diese Täler haben als Namens-Grundwort „mara" = Mahr, Nachtmahr = weiblicher Nachtgeist, der sich Schlafenden auf die Brust hockt und Alpträume verursacht). Die aufeinander zulaufenden Täler Midtmaradalen und

Skagastølsdalen sind oben nur durch ein schmales Felsband getrennt, auf dem die Hütte Skagastølsbu (R 101) steht. Sie ist Ausgangspunkt für die Erkletterung des Storen. Zu erreichen ist sie über die Pfade R 97d und R 98c.
Zwischen diesen wilden, aber teilweise sehr fruchtbaren Tälern – in einigen wurde früher Almwirtschaft betrieben – erheben sich steile Rücken, auf denen sich Wanderungen mit phantastischer Aussicht machen lassen, z.B. Stølsmaradalsryggen (R 98f), Midtmaradalsryggen (R 98g) und Maradalsryggen (R 98e).
Im Norden trennen die Täler Gjertvassdalen (=Jervvassdalen) und Styggedalen (R 97bc) die Hurrungane vom Fannaråken (R 97a).

Bergziele ab Herberge Turtagrø (884 m)

Zielname	Höhe m	Pfad	Grad	Beschreibung
Storen	2403	nein	Klettern	R 97d
Fannaråken	2068	ja	anspruchsvoll	R 97a
Soleibotntinden	2083	nein	mittel	R 97e
Steindalsnosi	2025	nein	anspruchsvoll	R 97a
Keisarpasset	1452	ja	mittel	R 97bc

In dieser Liste finden sich mit Ausnahme des Storen nur Bergziele, die ohne Klettern in Fels und Eis und ohne Gletscherwanderung zu erreichen sind. Traumtour bei guter Sicht ist die Wanderung zum Fannaråken (R 97a): oben übernachten; am nächsten Tag auf dem Pfad R 100a zum Paß Keisarpasset hinab und auf dem Pfad R 97c durch das Tal Styggedalen zurück zur Herberge Turtagrø. – Auch unabhängig vom Fannaråken ist die Wanderung zum Kaiserpaß zu empfehlen: Anmarsch wie R 97b, Rückmarsch wie R 97c (ca. 6 Std.).
Lohnenswert sind ferner Spazierwanderungen in die Täler Skagastølsdalen (R 97d) und – parallel westlich – Riingsdalen. Beide Täler sind vom Fahr-/Mautweg nach Øvre Årdal zu erreichen und führen ins Herz der Hurrungane.

Turtagrø
Ekrehytta
Helgedalen
Helgedalselva
Skagastølen
(Skarstølen)
Ringane
Skagastølsdalen
Ringsdalen
Illvatnet
Skautehaugane
Skautevatnet
Skauta
Keisarpasset
Keisaren
Fannaråkfossen
breen
Kongsdalsnosa
Kongsdøla
Vetleutla
Guridalsnosa
Simlenosa
Gjertvatnet
Styggedalen
Kolnosa
Tindeklubbhytta
Styggedalsbreen
Ommane
Guridalen
Lusahaugane
Storebrua
Gjertvassdalen
Gjertvassbøen
Dyrhaugsryggen
fremste
Skagastølsvatnet
nordre
midtre
Skagastøls
Gjertvassbreen
Styggedalstindane
Gjertvasstind
veslE
Sentralen
Storen
Slingsby
Dyrhaugstind
Skagastølsbreen
tindane
søre
Skagastølsbu
Kalvedøla
Skogadalsbøen
Botolvsnosa
Maradalstindane
Maradalsbreen
HURRUNGANE
Kjerringa
Mannen
Soleibotntindane
Ringsbotn
Ringsbreen
austre
midtre
store
Ringstindane
Midtmaradalsbreen
Midtmaradalstindane
Maradalen
Uradøla
Storura
Vormeli
Rolandsnosa
Maradalsryggen
Stølsmaradalsbreen
Austabotntindane
Stølmaradalstindane
Midtmaradalsryggen
Midtmaradalen
Skoddedalen
Rolandkora
Utla
Bjørneskora
Friken
Bekke

Gravdals-
bandet
Gravdalen
Kyrevatnet
1160
Åsetnosa
1314
1162
Åsetvatnet
Botna
nosa
Botnadalen
1387
1339
1247
1567
1564
1558
1480
Isvatnet
1406
1310
Stølsmara-
dalsryggen
1591
1664
Stølsnosa
Stølsmaradalen
Snøre-
stødet
1220
Styggegjelet
Utladale
Kollhaug
1366
Slufsedalen
1245
Storebekken
Brende-
teigen
Fleskedøla
Fleskedalen
Raunibba
1553
Vettismorki
Vettisfossen
Vettismorki
Storebekken
Morka-Koldedøla
Morka-Kold
Fyrsteya
Vetti
Fuglenosa
1096
Utla
Gravdalen
seter
Årdal Turlag
Vårstølen
Avdalen
Avdalsfossen
Vettisgjelet
Ulshanosa
1232
Morkaskaret
Øytjørnnosa
1353
950
Øytjørn
Fremre
Hjelledalen
Hjelledalen
Hjelledals-
holane
heimre
Hjelledalen
Hjelledøla
Hjelle
UTLADALEN L.O.
Øygard
Timresletta
Skredhaug
1510
ÅRDAL AUS

Hüttenziele ab Herberge Turtagrø (884 m)

Zielname, Weg	höchste Höhe m	Stunden	Grad	Beschreibung
Fannaråkhytta	2069	4	anspruchsvoll	R 97 a
Skogadalsbøen via Keisarpasset	1440	6	mittel	R 97 b
via Styggedalen	1520	6	mittel	R 97 c
Skagastølsbu	1756	2	mittel	R 97 d
Vormeli via Keisarpasset	1440	6	mittel	R 97 b

● **97 a** **Turtagrø – Fannaråkhytta** (DNT-Selbstbedienungshütte, 2069 m)
Anspruchsvoll, 4 Std. auf, 3 Std. ab, Anstieg ca. 1190 m. Karte 1518 III.

Anstrengend, kurz, überaus lohnend; Wintersachen nicht vergessen, Wetter wechselt sehr schnell, oben Neuschnee auch im August keine Seltenheit.
Die Reichsstraße aufwärts, bis nach rechts (= Osten) der Fahrweg (später Karrenweg) in das Tal Helgedalen abzweigt (Fahrrad angenehm). Diesem ca. 3 km folgen im Norduferbereich des Talflusses Helgedalselvi, bis die Markierungen im Bereich des Talendes nach der Brücke über den Zufluß Steindøla nach Nordosten den Hang hinaufführen. Auf ca. 1200 m, an der Hütte Ekrehytta, zweigt nach rechts (= Osten) der Pfad zur bewirtschafteten DNT-Hütte Skogadalsbøen ab (weiter wie R 97b). Nördlich dieser Hütte öffnet sich das kurze Tal Steindalen. An dessen Ausmündung führt der markierte Pfad steil den Fannaråken-Südwestrücken hinauf.

● **97 b** **Turtagrø – Skogadalsbøen** (bewirtschaftete DNT-Hütte, 831 m), via Keisarpasset
Mittel, 5 Std., retour 6 (14 km), Anstieg ca. 320 + 240 = 560 m. Karten 1518 III und 1517 IV.

Talwanderung; lohnt sich auch, wenn nur bis zum Paß Keisarpasset gegangen wird; dann Rundwanderung und Rückmarsch wie R 97c.
Wie R 97a zur Pfadverzweigung an der Hütte Ekrehytta. Hier nach

rechts = (Osten/Südosten) aufwärts durch das Hügelgebiet Skautehaugane. Dieses erstreckt sich zwischen der Fannaråken-Südflanke und dem Nordhang der langgezogenen „Rentiernase“ Simlenosi, 1766 m. Orientierungspunkt ist vorn im Ostsüdosten die Nordausbuchtung dieser Nase; dort liegt der „Kaiserpaß“ Keisarpasset. Allerdings ist es empfehlenswert, hier nicht unbedingt dem Pfad zu folgen: Gut 1 km ab Hütte Ekrehytta wird der Ausfluß des „üblen Wassers“ Illvatnet, 1366 m, durchschritten; dieser See wird unter anderem gespeist von einem Wasserlauf, der Fannaråkfossen heißt, obwohl von einem Wasserfall (foss) meist nicht viel zu sehen ist; diesem Wasserlauf also aufwärts folgen, den vom Fannaråken herabführenden Pfad überqueren und weitergehen bis zum Rand mit Blick dann auf den See-im-Gletscher. Von hier zurück zum Pfad, der vom Fannaråken herabführt, und auf diesem Pfad nach Süden zum Kaiserpaß, wo der alte Pfad wieder erreicht wird.
Vom Kaiserpaß nach Süden absteigen zum Westufer des karseeähnlichen Sees Jervvatnet = Gjertvatnet, 1395 m, dessen Ausfluß durchschritten wird; hier Viehhütte und gute Aussicht. Am Ausfluß des Sees vereinigt sich der Pfad mit dem von der Herberge Turtagrø durch das Tal Styggedalen (R 97c) herführenden Pfad.
Nun Abstieg in das Tal Jervvassdalen (= Gjertvassdalen) und abwärts gehen im diesseitigen Uferbereich des Flusses Jervvasselvi, der aus dem Gletscher Jervvassbreen = Gjertvassbreen austritt. Daß das fruchtbare Tal außerhalb des Nationalparks (aber im Landschaftsschutzgebiet Utladalen) liegt, zeigen u. a. die Schafe. Die aufgegebenen Hütten nördlich der Mündung des Flusses Jervvasselvi in den Fluß Utla zeugen davon, daß hier früher Almwirtschaft betrieben wurde. Bevor der Pfad im Mündungsbereich des Flusses Jervvasselvi nach Nordosten hinunter zur großen Brücke Storebrui über den Fluß Utla führt, zweigt ein Pfad nach rechts (= Süden) über den Fluß Jervvasselvi ab; er führt ca. 4 km zur restaurierten Alm Vormeli (weiter wie R 99 k). Nun auf der großen Brücke Storebrui über den Fluß Utla und in Talabwärtsrichtung durch fruchtbaren Fjellbirkenwald zur DNT-Hütte etwas weiter oben am Hang.

Abbildung folgende Doppelseite: Steinerne Gipfelmännchen am Oscarshaug mit Blick auf die Hurrungane.

● 97c **Turtagrø – Skogadalsbøen** (bewirtschaftete DNT-Hütte, 831 m), via Styggedalen
Mittel, 6 Std., Anstieg ca. 640 m.
Karten 1518 III und 1517 IV.

Beeindruckende Talwanderung, wild. Von der Herberge aus auf dem Fahrweg Richtung Aluminiumort Øvre Årdal gehen und auf der Brücke den Fluß Helgedalselvi überqueren. Kurz darauf zweigt der Pfad nach links hinauf ab in ein Treppenkar (mit nur 1 Stufe), das am Gletscher Skardstølsbreen (= Skagastølsbreen) endet; das Kar/Tal unterhalb der Stufe heißt auf Cappelens Tourenkarte Skagastølsdalen („-tal") und auf der topographischen Karte Skardstølsbotn („-kar").

Nach etwa 1 km im unteren Tal/Kar zweigt der Pfad, der dem Nordufer des Wasserlaufs gefolgt ist, nach links ab und führt schräg den Hang hinauf auf die Hochfläche nordwestlich der „Nase" Kolnosi, 1694 m. Hier leicht ansteigend nach Nordosten zum See, 1269 m, und diesen nördlich umgehen. Nun den Kolnosi-Nordfuß überschreiten und hinab zum kleinen namenlosen Stausee, der vom Wasser des Gletschers Stygedalsbreen gespeist wird. Hier ist das Reich der Kraftwerkindustrie zu Ende, der Nationalpark beginnt.

Östlich des Stausees führt der Pfad über die mächtigen Endmoränen des Gletschers Styggedalsbreen und über eine kleine Stufe hinauf in das „grausige Tal" Styggedalen, Blockgelände. Drei kleine Seen im Tal, das begrenzt wird vom allmählich steiler werdenden Südhang der „Rentiernase" Simlenosi, 1766 m, und der Nordflanke von Moränen, hinter denen der Gletscher Jervvassbreen (= Gertvassbreen) knackt. Auf der Anhöhe östlich des dritten Sees wird mit knapp 1520 m die höchste Stelle der Tour erreicht. Abstieg nach Osten zur Viehhütte am Ausfluß des Sees Jervvatnet = Gjertvatnet. Weiter wie R 97b.

● 97d **Turtagrø – Skagastølsbu** (unverproviantierte DNT-Hütte, 1756 m)
Mittel, 3 Std. auf, 2 Std. ab, Anstieg ca. 880 m.
Karten 1518 III udn 1517 IV.

Nicht vergessen, Wasser mitzunehmen. Wie R 97c in das Tal/Kar Skagastølsdalen (= Skardstølsbotn). Dieses ganz durchgehen und über die Stufe zum oberen Kar aufsteigen. Hier zuerst kleiner See heimste Skardstølsvatnet, 1344 m, mit der Hütte des Klettervereins Norsk Tindeklubb („Norwegischer Zinnenklub") an der Grenze des Nationalparks. Weiter in das Kar hinein, am linken (= Ost-)Ufer des großen Karsees fremste Skardstølsvatnet (= Skagastølsvatnet), 1370 m, entlang. Etwa in der Mitte des Ufers abzweigen und grobblockig zum hier gewöhnlich spaltenfreien Gletscher Skagastølsbreen (= Skardstølsbreen) hinauf. Diesen aufwärts mit der Scharte zwischen den beiden Gipfeln als Orientierungspunkt (links Storen = store Skagastølstinden, rechts søre Dyrhaugstinden). Oben auf die Kluft achtgeben.

• 97e **Soleibotntinden** (Zinne, 2083 m)

Mittel.
Karte 1517 IV.

Auf dem Fahrweg von der Herberge Turtagrø Richtung Aluminiumort Øvre Årdal; das Berdalsfjellet, 1443 m, umrunden und anhalten, bevor der Fahrweg steiler in das Tal Berdalen hinabführt. Auf dem Berdalsfjellet ein wenig Überblick gewinnen (Zeltgelände). Dann nach Süden gehen und auf dem Soleibotntinden-Westgrat aufsteigen (Soleibotntinden = Gletscherhahnenfuß-Kar-Zinne).

• 98 Stølsmaradalen (unverproviantierte DNT-Hütte, 849 m)

West-Jotunheimen/Hurrungane im Tal Stølsmaradalen; 5 Std. zum nächsten Fahrweg (Hjelle, R 71).
Karte 1517 IV.

Die 4-Kojen-Hütte, ursprünglich Alm, 1975 restauriert, liegt auf der Stufe, mit der das fruchtbare U-Tal Stølsmaradalen steil nach Osten in das Tal Utladalen hinabfällt (Anmarsch aus dem Tal Utladalen wie R 98a oder R 98b); DNT-Schloß. Der Proviant muß mitgebracht werden. Wer weiter zur Hütte Skagastølsbu (R 98c) geht, muß auch für diese Hütte den Proviant mitbringen.

Bergziele: Das Gelände im Nordwesten – Hurrungane (R 97) – ist ausgesprochenes Klettergebiet, doch ist von dieser Seite aus außerdem kaum einer der Gipfel ohne Gletscherwanderung (mit Ausrüstung) zu erreichen.

Hervorragende Ausflugsziele ohne Gletscherwanderung und ohne Kletterei sind die breiten Rücken neben dem Tal: im Süden Stølsmaradalsryggen (R 98f), im Norden Midtmaradalsryggen (R 98g) und nördlich davon Maradalsryggen (R 98e); mara = Mahr (Nachtmahr, vgl. R 97).
Spaziergang: ein Stück auf dem Pfad Richtung Vetti bis zur Talstufe; dort Blick auf den Wasserfall Vettisfossen.

Hüttenziele auf Pfaden ab Hütte Stølsmaradalen (849 m)

Zielname	höchste Höhe m	Stunden	Grad	Beschreibung
Hjelle	1000	5	mittel	R 98a
Vetti	900	3	mittel	R 98b
Skagastølsbu	1756	6	anspruchsvoll	R 98c
Vormeli (kaum Pfad)	1980		anspruchsvoll	R 98de
Skogadalsbøen (kaum Pfad)	1980		anspruchsvoll	R 98de

● 98a Hjelle – Stølsmaradalen

mittel, 5 Std., Anstieg ca. 740 m.
Karte 1517 IV.

Aussichtsreiche Talhangwanderung. Wie R 103a zur Pfadabzweigung auf ca. 120 m. Nun etwas steil in das fruchtbare Tal Avdalen hinauf, vorbei an den aufgegebenen Almen Hagaberg und Avdalen (380 m). Kurz hinter Avdalen verzweigen sich zuerst der Fluß, dann der Pfad: Durch den Wasserlauf führt nach Westen ein Pfad zur unbewirtschafteten Hütte Gravdalen, die dem Wanderverein Årdal Turlag gehört und mit DNT-Schloß versperrt ist; der Pfad zur Hütte Stølsmaradalen hingegen führt nach rechts hinauf (an der Alm Vårstølen ca. 600 vorbei) auf den Absatz unterhalb der steil abbrechenden „Vogelnase“ Fuglenosi, 1096 m. Auf der Fuglenosi-Ostseite schräg aufwärts gehen bis in den Baumgrenzenbereich und nun immer grob Richtung Nordosten; einige Bachdurchquerungen. Die Strecke ist sehr aussichtsreich, allerdings versperrt die Südostflanke des Rückens Stølsmaradalsryggen den Blick auf die

Hurrungane. Beim Aufstieg zur Baumgrenze östlich der Fuglenosi besteht die Möglichkeit, den Pfad zu verlassen und nach grob Norden auf den Rücken Stølsmaradalsryggen hinaufzusteigen; vom Gelände her ist dies kein Problem, aber der zu bewältigende Höhenunterschied ab Ausgangspunkt Hjelle liegt bei 1600 m; Zeltmöglichkeiten (in Sonnenaufgangsrichtung) gibt es auf dem Rücken.
Aber weiter auf dem Pfad: Immer nach Nordosten, mal ab-, mal ansteigend, aber stets ca. im Bereich der Baumgrenze; auf der gegenüberliegenden Seite des Tals Utladalen donnert der Wasserfall Vettisfossen (R 103) hinab; bald ist er genau gegenüber zu sehen, und vorn ist nun auch das Zieltal Stølsmaradalen zu sehen. Der Pfad schwingt in das Tal hinein und vereinigt sich nach der Durchschreitung des Bachs Kollhaugsbekken mit dem Pfad, der von der Pension Vetti heraufführt (R 98b). Gemeinsam führen sie schräg nach Norden hinab in das Tal Stølsmaradalen. Der Talfluß Stølsmaradøla wird auf einem Steg überquert.

● 98b Vetti – Stølsmaradalen
Mittel/anspruchsvoll, 3 Std., Anstieg ca. 590 m
Karte 1517 IV.

Nur bei sichtbarem Wetter gehen. Von Vetti (R 103a) nach Norden zum Fluß Utla hinab und auf der Hängebrücke ans Westufer. Dort auf dem Pfad teilweise steil (nicht einfach) den Hang hinauf, schräg nach rechts = Norden, ohne daß im Wald außer den Pfadmarkierungen markante Orientierungspunkte vorhanden wären; wenn das Gelände nach ca. 400 Höhenmetern einflacht, vorn rechts den Taleingang als Orientierungspunkt nehmen, und zwar auf der Höhe der Baumgrenze. Dort wird nach der Durchschreitung des Bachs Kollhaugsbekken der Pfad R 98a erreicht; weiter wie dort.

● 98c Stølsmaradalen – Skagastølsbu (unverproviantierte DNT-Hütte, 1756 m)
Anspruchsvoll, 6 Std., Anstieg ca. 350 + 780 = 1130 m.
Karte 1517 IV.

Aussichtsreiche Rücken- und Talwanderung, gelände- und konditionsmäßig anspruchsvoll; teilweise markiert. Ziel- und Ausgangshütte sind nicht verproviantiert, Zielhütte hat kein Wasser.

Von der Hütte auf dem Pfad nach links (= Osten/Nordosten) hinauf auf den Rücken Midtmaradalsryggen; der Aufstieg ist durch die rinnenhafte Kerbe klar vorgegeben und erfolgt auf dem kleinen Rücken rechts = östlich der Rinne. Oben: Vorn erhebt sich ein Köpfchen, dessen linke (= westliche) Seite Orientierungspunkt ist; hier in der Senke liegt ein kleiner See, schöner Rastplatz.
Nun steil nordostwärts in das Tal Midtmaradalen absteigen. Wenn das Gelände im Bereich der Baumgrenze ausflacht, nach links (= Nordwesten) schwingen und zum Talfluß Midtmaradøla hinunter, der aus dem Gletscher Midtmaradalsbreen austritt. Fluß durchwaten und am Nordufer talaufwärts. Es ist schön grün im Tal und geht sich gut, was sich ändert, je näher der Talschluß rückt: Eine Wüste aus Blöcken und Altschnee, doch ist das Gelände gut zu überblicken. Auch die Route zur Erstbesteigung des Storen, 2403 m, des höchsten Hurrungane-Gipfels, ist fast ganz einzusehen: 1876 stiegen William Cecil Slingsby, Emanuel Mohn und Knud Lykken auf dem jetzt Slingsbybreen genannten Gletscher zur Scharte nordöstlich des Storen; den Restanstieg zum Gipfel bewältigte Slingsby allein (Slingsby führte im Jotunheimen zahlreiche Erstbesteigungen durch).
Am Talschluß die Geröllhalde aufwärts zur Moränenwalze, die sich von Storen und Slingsbybreen aus quer über den Talschluß zieht. Sie sieht von weitem nicht sehr steil aus, bildet jedoch die schwierigste Stelle. Der Pfad führt über die Blöcke zu ihr hinauf (rote Ts vorhanden, aber schlecht zu entdecken), und zwar Richtung Storen-Südfuß. Vor der Steinwalze nach links (= Westen), bis der Pfad durch eine kleine Einsattelung über sie hinwegführt. An dieser Stelle finden sich Steighilfen, eventuell unter Schnee.
Hinter der Steinwalze hinauf zur Hütte auf dem Band zwischen den Zinnen Storen und søre Dyrhaugstinden.

● 98 d **Stølsmaradalen – Vormeli** (unverproviantierte Hütte, 612 m) via Midtmaradalen
Anspruchvoll, 6 Std., Anstieg ca. 350 m.
Karte 1517 IV.

Für die Zielhütte müssen Proviant und Schlafsack mitgenommen werden; es ist allerdings möglich, vor der Zielhütte von der hier ge-

schilderten Route abzuzweigen und auf einem schlechten Pfad zur bewirtschafteten DNT-Hütte Skogadalsbøen zu gehen. Der Pfad zur Zielhütte Vormeli ist schwer zu finden und teilweise völlig überwuchert.
Wie R 98c den Talfluß Midtmaradøla durchwaten. Nun am Nordufer talabwärts gehen mit dem kleinen baumlosen Mini-Köpfchen vorn neben dem Fluß als Orientierungspunkt. Das Mini-Köpfchen links (= nördlich) umgehen und dann absteigen in das Tal Utladalen, teilweise steil. Unten dem Fluß Utla aufwärts folgen, naß und wilde Vegetation. Kurz hinter der Sesselbrücke über den Fluß Utla (Abzweigung zur DNT-Hütte Skogadalsbøen) überspannt ein Steg den Talfluß Maradøla, der aus dem Gletscher Maradalsbreen austritt, dann ist das Ziel erreicht. DNT-Schloß. Die schöne Alternative zu dieser Route ist R 98e.

● **98e** **Stølsmaradalen – Vormeli** (unverproviantierte Hütte, 612 m) via Maradalsryggen
Anspruchsvoll, Anstieg ca. 350 + 390 + 320 = 1060 m.
Karte 1517 IV.

Sehr aussichtsreiche und beeindruckende Rücken-, Berg- und Talwanderung. Für die Zielhütte müssen Proviant und Schlafsack mitgebracht werden; es ist möglich, vor der Zielhütte von der hier geschilderten Route abzuzweigen und auf einem schlechten Pfad zur DNT-Hütte Skogadalsbøen zu gehen. Eine Zeitangabe kann nicht gemacht werden (ca. 6 Std.), da die Route viele schöne Abstecher zuläßt. Bei diesen Abstechern für die Zeitplanung beachen: Vom Gletscher Maradalsbreen talabwärts bis zur Mündung des Gletscherflusses Maradøla vergeht viel Zeit, und es ist im Mündungsbereich des Tals nicht einfach zu gehen, weil in der dichten Vegetation kein Pfad vorhanden ist (da Vormeli neuerdings viel von Gruppen angesteuert wird, könnte sich dieses geändert haben).
Wie R 98c den Talfluß Midtmaradøla durchwaten (in diesem Tal Zeltmöglichkeit ebenso wie in den folgenden Tälern). Standpunkt jetzt zwischen Fluß und Südflanke des Rückens Maradalsryggen. Nun in Flußabwärtsrichtung der Flanke so lang in etwa gleichbleibender Höhe folgen, bis der Rücken von Osten her gut erstiegen werden kann. Jetzt auf dem Rücken aufwärts gehen mit gewaltiger

Aussicht auf die Hurrungane. Schluß ist bei Kopf, 1658 m, vor „Weib“ und „Mann“ (Kjerringi, 1938 m, und Mannen, 1950 m), die beide nur zu erklettern sind. Von Kopf, 1658 m, nach Sicht und Schneeverhältnissen den großen Firnflecken umgehen und hinunter zu Kopf, 1586 m, im Osten. Zwischenorientierung: Links (= nordwestlich) wühlt der Gletscher Maradalsbreen, aus dem der Talfluß Maradøla austritt, der durch das Tal Maradalen abfließt. Etappenzielpunkt wäre nun auf der gegenüberliegenden Seite dieses Tals die aussichtsreiche Nase Botolvsnosi (im Nordosten). Die Durchwatung des Talflusses kann jedoch unmöglich sein. Da es nicht anzuraten ist, über die Zunge zu laufen, bleibt nur eine Alternative: talabwärts gehen bis zur Mündung des Talflusses Maradøla in den Fluß Utla: im Mündungsbereich überbrückt ein Steg die Maradøla. Vor dieser Stegbücke erneut Zwischenorientierung: Ein paar Steinwürfe flußabwärts überspannt eine Sesselbrücke den Fluß Utla; wer von der bisherigen Tour geschlaucht ist, soll sich nicht dem von der topographischen Karte suggerierten Gedanken hingeben, über diese luftige Brücke seien die bewirtschaftete DNT-Hüttte Skogadalsbøen und damit das gemachte Essen, die Dusche und das weiche Bett rasch zu erreichen: Der Pfad auf der anderen Seite des Flusses ist sehr schlecht.

● 98f **Stølsmaradalsryggen** (Rücken, bis zu 1700 m)
Mittel, Anstieg ca. 820 m und mehr.
Karte 1517 IV.

Sehr aussichtsreiche Rückenwanderung. Auf dem Baumstamm über den Fluß und auf dem Pfad ein Stück nach Süden hinauf zum Bach Kollhaugsbekken. Diesseits des Bachs aufwärts, steil, aber Pfad. Der Pfad führt markiert über den Rücken zum Gletscher (Zelten möglich im Bereich des kleinen Sees, 1425 m, Sonnenaufgangsrichtung).
Aussichtsreicher Abstecher Richtung Austabottindane-Zinnen (bis zu 2204 m): Über den Stølsmaradalsryggen zum „Eissee“ Isvatnet, 1406 m, hinab, den Ausfluß durchschreiten und nun auf dem Rücken westlich des Sees aufwärts nach Norden zur Höhe P. 1700. Weiter Richtung Zinne Stølsmaradalstinden, 2026 m, nach Sicht und Schneeverhältnissen.

● **98 g** **Midtmaradalsryggen** (Rücken, bis zu 1958 m)
Mittel bis anspruchsvoll, Anstieg ca. 1200 m.
Karte 1517 IV.

Sehr aussichtsreiche Rückenwanderung. Wie R 98c auf den Rücken hinauf. Nun vom Pfad nach links (= Nordwesten) abzweigen und zum „Großbachsee“ Storebekkvatnet, 1243 m, gehen. Den Ausfluß durchschreiten und auf die Nase Stølsnosi, 1542 m, hinauf. Nun gemächlich neben dem langen Firnfeld nach Nordwesten zu P. 1740.
Bis hierher ist die aussichtsreiche Wanderung mit Ausnahme des zu bewältigenden Anstiegs relativ unschwer. Etwas anspruchsvoller ist die Begehung von P. 1958 gleich nordwestlich von P. 1740.

● 99 Skogadalsbøen (bewirtschaftete DNT-Hütte, 831 m)

Südwest-Jotunheimen / Utladalen
5 Std. zur Reichsstraße 55 „Sognefjellvegen“ (R 95, R 97).
Karte 1517 IV.

59-Betten-Herberge, geöffnet Winter und Sommer; 14 Betten Selbstbedienungsquartier. Zum Teil werden Führungen angeboten. Skogadalsbøen liegt am Kreuzpunkt zahlreicher Pfade an der Ausmündung des Tals Skogadalen in das Tal Utladalen (R 71) und wird seit 1888 als DNT-Hütte geführt. Die jetzigen Gebäude wurden 1935 errichtet und Anfang der 70er Jahre erweitert.

Bergziele ab Hütte Skogadalsbøen (831 m)

Zielname	Höhe m	Pfad	Grad	Beschreibung
Gjertvass- = Jervvasstind	2351	nein	anspruchsvoll	R 99 f
Uranostinden	2157	nein	anspruchsvoll	R 99 e
Fannaråken	2068	ja	anspruchsvoll	R 99 b
Uranosi	1900	nein	anspruchsvoll	R 99 e
Skogadalsnosi	1871	nein	anspruchsvoll	R 99 d
Friken	1503	jein	mittel	R 99 a
Botolvsnosi	1374	nein	mittel	R 99 k

Bei den Nasen östlich der Hütte (Skogadalsnosi, Uradalsnosi) handelt es sich um die Endpunkte gut gangbarer, aussichtsreicher „Nasenrücken“ zwischen Tälern. Während Skogadalsnosi (R 99 d) auch als Alternative zum Pfad zur Hütte Olavsbu zu empfehlen ist, ist der Gang über die Uradalsnosi (R 99 e) eine Top-Tour, die über die 2000-m-Grenze zur Zinne Uranostinden (gigantische Aussicht) verlängert werden kann. Sehr reizvoll ist der Aufstieg zur Zinne Gjertvasstind (R 99 f). Der Fannaråken (R 99 b) zählt zu den Traumzielen im Jotunheimen.

Hüttenziele auf Pfaden ab Hütte Skogadalsbøen (831 m)

Zielname, Weg	höchste Höhe m	Stunden	Grad	Beschreibung
Vettismorki via Utladalen	1280	6	unschwer	R 99 a
Fannaråken via Keisarpasset	2069	4	anspruchsvoll	R 99 b
Vormeli via Uradøla	900	2	mittel	R 99 c
via Botolvsnosi	1374	4 – 6	mittel	R 99 k
Gjendebu via Skogadalen	1600	10	mittel	R 99 h
Eidsbugarden via Skogadalen	1600	7 – 8	mittel	R 99 g
via Uradalen	1438	7 – 8	mittel	R 99 j
Tyinholmen via Uradalen	1438	7	mittel	R 99 j
Leirvassbu via Gravdalen	1460	6	mittel	R 99 i
Olavsbu via Raudalen	1440	5	mittel	R 99 i
via Skogadalen	1617	5½	mittel	R 99 g
Turtagrø via Keisarpasset	1440	6	mittel	R 99 b
via Styggedalen	1520	6	mittel	R 99 b
Sognefjellhytta / Krossbu	1440	6—7	mittel	R 99 b

● **99 a** **Skogadalsbøen – Vettismorki** (unverproviantierte Hütte, 683 m)
Unschwer, 6 Std., Anstieg ca. 60 + 400 = 460 m.
Karte 1517 IV.

Sehr aussichtsreiche Wanderung hoch über dem Tal Utladalen. Zielpunkt ist entweder die unbewirtschaftete (= nicht verproviantierte) Hütte Vettismorki oberhalb oder die Pension Vetti (DNT-Rabatte) unterhalb des Wasserfalls Vettisfossen (R 103).

Auf der Brücke über den Talfluß Skogadøla, der gleich südlich der Hütte aus dem „Waldtal“ Skogadalen herausfließt. Am anderen Ufer zweigt flußaufwärts der Pfad zur DNT-Selbstbedienungshütte Olavsbu bzw. zur Herberge Eidsbugarden-via-Skogadalen ab (beide weiter wie R 99 g), während der Vettismorki-Pfad nach grob Süden durch Fjellbirkenwald zu der kleinen Senke zwischen den Köpfchen, 909 m und ca. 900 m, hinaufführt; diese Köpfchen erheben sich vor dem Ostabfall der Nase Uradalsnosi. Wo es aus der kleinen Senke wieder hinabgeht, zweigt etwas versteckt der Pfad zur Herberge Tyinholmen-via-Uradalen bzw. zur Herberge Eidsbugarden-via-Uradalen nach links in das „Gerölltal“ Uradalen hinauf ab (weiter wie R 99 j), während der Vettismorki-Pfad zum Talfluß Uradøla führt, der aus dem Tal Uradalen herausfließt bzw. aus dem Geröllhaufen am Talausgang (vgl. R 84 d).
Hinter dem Steg über den Fluß Uradøla zweigt der schlechte Pfad zur unbewirtschafteten Hütte Vormeli ab (weiter wie R 99 c), während der Vettismorki-Pfad nach Süden hin ansteigt Richtung Friken, 1503 m. *Friken* ist der Kopf, der sich auf dem Westabfall des Rükkens zwischen den Tälern Uradalen und Fleskedalen erhebt. Der Pfad bleibt gut 300 Höhenmeter unterhalb des Gipfels; bei guter Sicht ist der Abstecher hinauf zu empfehlen. Es gibt kaum einen Aussichtspunkt mit so phantastischem Blick auf die Hurrungane-Zinnen und die Wasserfälle, die aus den Tälern Maradalen, Skoddedalen, Midtmaradalen und Stølsmaradalen herausschießen.
Weiter Richtung Süden, bald auf einem Rücken abwärts zum Talfluß Fleskedøla, der aus dem „Fett-Tal“ Fleskedalen herausfließt. Dort vereinigt sich der Pfad mit dem von der Herbergen Tyinholmen bzw. Eidsbugarden herabführenden Pfad. Nun folgt der Pfad grob dem Fluß Fleskedøla abwärts zur Stegbrücke. Auf dieser den Fluß überschreiten, dann 1½ km etwas sumpfig nach Südosten zu den Hütten von Vettismorki. Der Pfad führt hier durch den einzigen Kiefernwald des Jotunheimen. Der Wald ist nicht sehr groß, zeigt aber deutlich Züge eines Urwalds; viel wird auch durch die Abgase vom Aluminiumkraftwerk in Øvre Årdal zerstört. Der Wald stockt im unteren Bereich des Tals Morka-Koldedalen, das hier als Hängetal mit einer lotrechten Stufe in das Tal Utladalen ausmündet. Über diese Stufe ergießt sich der Wasserfall Vettisfossen (R 103).

99 b **Skogadalsbøen – Fannaråkhytta** (DNT-Selbstbedienungshütte, 2069 m)
Anspruchsvoll, 4 Std. (3 Std. retour), Anstieg ca. 1240 m. Karten 1517 IV und 1518 III.

Bei guter Sicht eine der aussichtsreichsten und beeindruckendsten Wanderungen.
Auf dem markierten Pfad durch Fjellbirkenwald nach Norden, bis nach ca. 2 km die große Hängebrücke Storebrui über den Fluß Utla erreicht wird. Hier Pfadverzweigung: Geradeaus weiter führen die Pfade zur Herberge Leirvassbu bzw. zur DNT-Selbstbedienungshütte Olavsbu-via-Raudalen (beide weiter wie R 99 i), während die Pfade zur Hütte Fannaråkhytta und zu den Herbergen Turtagrø bzw. Krossbu und Sognefjellhytta den Fluß auf der großen Brücke überqueren. Am anderen (= West-)Ufer erneut Pfadverzweigung: Nach Norden führt der Pfad zu den Herbergen Sognefjellhytta bzw. Kross-

Das ausdauernde Wollgras mit seinem dichten Schopf kümmert sich

bu weiter das Tal Utladalen aufwärts (weiter wie R 95 f); der Pfad zur Hütte Fannaråkhytta bzw. zur Herberge Turtagrø hingegen führt nach Westen das fruchtbare Tal Jervvassdalen = Gjertvassdalen aufwärts, und zwar im diesseitigen (= Nord-)Uferbereich des Flusses Jervvasselvi, der aus dem Gletscher Jervvassbreen (= Gjertvassbreen) austritt und wenig südlich der großen Brücke Storebrui in den Fluß Utla mündet.
Wenn der Pfad ½ km ab Brücke Storebrui den Uferbereich des Flusses Jervvasselvi erreicht hat, besteht die Möglichkeit, zur unbewirtschafteten Hütte Vormeli bzw. zur aussichtsreichen Nase Botolvsnosi, 1374 m, oder zur gewaltigen Zinne Jervvasstind = Gjertvasstind, 2351 m, (beide in Sicht) abzuzweigen; dazu muß der Fluß Jervvasselvi durchschritten werden (vgl. R 99 f und R 99 k).
Auf dem Hauptpfad hingegen geht es weiter talaufwärts, wobei es empfehlenswert ist, allmählich etwas weiter oben am Hang zu ge-

auch auf 1270 m nicht um Schnee und Eis, die der Herbst bringt.

hen wegen der vielen Bäche. Das nächste Etappenziel ist die karartige Nische, die sich bald rechts im Talhang öffnet. Zu ihr und dem darin liegenden See Jervvatnet (= Gjertvatnet), 1395 m, aufsteigen. Den Ausfluß des Sees (dort Viehhütte) durchschreiten. Am anderen (= West-)Ufer Pfadverzweigung: Nach Westen in das „grausige Tal" Styggedalen hinauf führt ein Pfad zur Herberge Turtagrø (weiter wie R 97c), während der andere Pfad zur Herberge Turtagrø und der Pfad zur Hütte Fannaråkhytta den hinteren nördlichen Karhang erklimmen. Dort oben liegt der „Kaiserpaß" Keisarpasset mit der letzten Pfadverzweigung: Nach Westen führt der Pfad zur Herberge Turtagrø (weiter wie R 97b), während der Pfad zur Hütte Fannaråkhytta nach Norden hält und dann steil, aber gut T-markiert zur Nase Fannaråknosi, 1990 m, hinaufführt (zum Kaiserpaß siehe R 97b). Von der Fannaråknosi den langen Rücken hinauf zur Hütte Fannaråkhytta.

● **99c** **Skogadalsbøen – Vormeli** (unproviantierte Hütte, 612 m) via Uradøla
2 Std., Anstieg ca. 60 m.
Karte 1517 IV.

Unangenehm (empfehlenswerte Alternative: R 99k). Wie R 99a zur Pfadverzweigung hinter der Brücke über den Talfluß Uradøla. Nun auf einem oft kaum erkennbaren Pfad durch dichte Vegetation schräg hinunter zum Fluß Utla, teilweise steil. Dem Ufer (am anderen Ufer Vormeli sichtbar) ein kurzes Stück flußabwärts folgen zur Sesselbrücke. Auf dieser über den Fluß fahren (eine etwas luftige Angelegenheit) und am Westufer flußaufwärts gehen; Steg über den aus dem Tal Maradalen herausfließenden Gletscherfluß Maradøla. Kurz dahinter ist die nicht verproviantierte Hütte erreicht (DNT-Schloß), für die auch der Schlafsack mitgebracht werden muß.

● **99d** **Skogadalsnosi** (Nasenrücken, bis zu 1871 m)
Anstiege bis Hütte Olavsbu ca. 1500 m.
Karten 1517 IV und 1517 I.

Skogadalsnosi ist der aussichtsreiche „Nasenrücken", der sich hinter der Hütte zwischen den Tälern Skogadalen und Storutledalen erhebt. Der Westkopf, 1566 m, ist ein lohnenswertes Ziel, auch wenn

der Aufstieg ein wenig steil ist: Nach Nordosten den Hang hinauf, bis es zu steil wird; nun ein Stück nach Osten (Talaufwärtsrichtung) und dann nach Sicht aufsteigen, ein wenig Zickzack, zur karähnlichen Nische rechts oben; durch diese aufsteigen und von Osten oder Südosten zu P. 1566 bzw. P. 1505. Gute Aussicht.
Hier oben besteht die Möglichkeit, mit sehr schöner Aussicht nach Osten zu gehen (höchste Erhebung 1871 m). Von P. 1871 weiter dem Rücken nach Osten folgen zu Kopf, 1617 m, südlich des Sees Raudalsvatnet. Hier auf dem Pfad nach rechts (= Süden) absteigen, unten den Talfluß Skogadøla durchschreiten und auf dem markierten Pfad (R 83e) talabwärts zur Hütte Skogadalsbøen zurück.
Oder von Kopf, 1617 m, nach Norden zum See Raudalsvatnet absteigen; dort 4 km auf dem Pfad nach Osten aufwärts zur DNT-Selbstbedienungshütte Olavsbu (R 94).

● **99e** **Uranosi** und **Uranostinden** (Rücken bis zu 1900 und Gipfel 2157 m)
Anspruchsvoll, Anstieg zum Uranostinden ca. 1600 m.
Karten 1517 IV und 1517 I.

Phantastische Aussicht. Uranosi ist der „Nasenrücken“ zwischen dem „Waldtal“ Skogadalen und dem „Gerölltal“ Uradalen.
Auf der Brücke den Talfluß Skogadøla überschreiten, der gleich südlich der Hütte aus dem Tal Skogadalen herausfließt. Am Südufer auf dem markierten Pfad talaufwärts, ca. 1 km, bis sich in der bis dahin relativ steilen Uranosi-Nasenspitze eine breite Rinne öffnet. Durch diese aufsteigen zum Westkopf, 1427 m. Sehr gute Aussicht. Von P. 1427 allmählicher Aufstieg nach Osten zu P. 1900, phantastische Aussicht. Bis hier gibt es keinerlei schwierige Passagen. Wer nun zur Hütte zurückwill, steigt von P. 1900 nach Westen (= Aufstiegsroute) so weit zurück, bis die Firn-/Eisflecken umgangen sind. Von hier Abstieg nach Norden in das Tal Skogadalen, wo der Pfad nach links (= talabwärts) zur Hütte Skogadalsbøen zurückführt.
Oder weiter zur Zinne Uranostinden: Von P. 1900 absteigen nach Südosten in die Senke vor P. 2026; P. 2026 südlich umsteigen, etwas ausgesetzt. Dann hinauf zum Uranostinden, 2157 m, dem höchsten Gipfel hier, mit phantastischer Aussicht. Aus der Scharte,

ca. 1900 m, zwischen Uranostinden und Uraknatten, 1958 m, fließt nach Nordwesten vor der „Säge" Sagi, 2040 m, der Gletscher Skogadalsbreen ab (auf Cappelens Tourenkarte fälschlich als Skagadalsbreen bezeichnet). Auf der anderen Seite der Scharte fällt der Gletscher Uranosbreen nach Südosten.

● **99 f** **Gjertvasstind (= Jervvasstind;** Zinne, 2351 m)
Anspruchsvoll.
Karte 1517 IV.

Anspruchsvoll, phantastisch. Wie R 99 k durch das Tälchen Kalvedalen aufsteigen. Nun weiter nach Westen aufsteigen, wobei sich mehrere Routen anbieten, das Ziel immer vor Augen. Orientierungspunkt für alle ist Kopf, 1982 m. Von dort Aufstieg zum Zielgipfel. Die Gipfelplatte bricht im Westen in einer Wand mit Überhängen ab in die Scharte vor der Zinne Styggedalstinden, 2387 m.

● **99 g** **Skogadalsbøen – Olavsbu** (DNT-Selbstbedienungshütte, 1440 m) via Skogadalen
Mittel, 5½ Std., Anstieg ca. 530 + 260 + 130 = 920 m.
Karten 1517 IV und 1517 I.

Talwanderung (lohnenswerter ist die pfadlose Route R 99 d). Auf der Brücke den Talfluß Skogadøla überschreiten, der gleich südlich der Hütte aus dem „Waldtal" Skogadalen herausfließt. Nun immer talaufwärts (siehe Schluß von R 83 e), im Rücken die Aussicht auf die Hurrungane-Zinnen. Nach gut 4 km wird die Baumgrenze, nach 2 weiteren km die Grenze des Nationalparks Jotunheimen erreicht. Rechts Blick auf den Gletscher Skogadalsbreen, der zwischen der „Säge" Sagi, 2040 m, und der „Geröllnasenzinne" Uranostinden, 2157 m, abfließt. Die nächsten 4 km ab Nationalparkgrenze wird es etwas feuchter, der Wasserlauf bildet seeartige Ausbuchtungen, die letzte Ausbuchtung wird durchschritten. Nun den kleinen Hügel, 1367 m, überschreiten und hinab zur Pfadkreuzung an der Stelle, wo das Tal vor der Zinne Mjølkedalstinden nach halbrechts (= Südosten) hinaufschwingt. Dort hinauf geht es zur Hütte Gjendebu und zur Herberge Eidsbugarden (beide weiter wie R 99 h), während der Pfad zur Hütte Olavsbu nach Norden knickt, den Wasserlauf durchquert und nicht unsteil den nördlichen Talhang hinaufführt zu Kopf,

1617 m, mit guter Aussicht (wer die Durchwatung vermeiden will: weiter wie R 99h). Von P. 1617 nach Norden absteigen zum See Raudalsvatnet, 1313 m, mit der Zinnengruppe Raudalstindane auf der gegenüberliegenden Talseite. Im Seeuferbereich nach rechts (= Osten) gehen, ca. 4 km talaufwärts zur Hütte Olavsbu.

● **99h** **Skogadalsbøen – Gjendebu** (bewirtschaftete DNT-Hütte, 990 m), via Skogadalen
Mittel, 10 Std., Anstieg ca. 530 + 240 = 570 m.
Karten 1517 IV, 1517 I und 1617 IV.

Talwanderung, im Mittelteil beeindruckend und wild, insgesamt lang (29 km).
Wie R 99g zur Pfadverzweigung vor der Zinne Mjølkedalstinden und mit der Gipfelgruppe Mjølkedalspiggane im Süden. Nun dem Tal øvre Mjølkedalen aufwärts folgen. Weiter das Tal aufwärts, vorbei am vierten See, 1470 m, und zur Wasserscheide, ca. 1600 m, hinauf. Hier Pfadkreuzung: Nach links (= Norden) sind es 5 km zur Hütte Olavsbu (weiter wie R 83s); nach Süden sind es ca. 6 km zur Herberge Eidsbugarden (weiter wie R 84b); geradeaus (= grob Westen) geht es zur Hütte Gjendebu (weiter wie R 83e).

● **99i** **Skogadalsbøen – Olavsbu** (DNT-Selbstbedienungshütte, 1440 m) via Raudalen
Mittel, 5 Std., Anstieg ca. 650 m.
Karten 1517 IV und 1517 I.

Talwanderung (vgl. auch Route R 99d). Wie R 99b zur Pfadverzweigung vor der großen Brücke Storebrui. Der Pfad zur Hütte Olavsbu bzw. zur Herberge Leirvassbu bleibt im diesseitigen Uferbereich des Flusses Utla und führt in das Tal Storutledalen hinauf, das sich nun rechter Hand öffnet (der Fluß Storutla, der aus diesem Tal herausfließt, vereinigt sich mit dem von Norden herabfließenden Fluß Vetleutla zum Fluß Utla). Der markierte Pfad führt das Tal Storutledalen aufwärts zur Pfadverzweigung nach ca. 3 km: Der Pfad zur Herberge Leirvassbu führt per Brücke über den Fluß (weiter wie R 93b), während der Pfad zur Hütte Olavsbu weiter in Talaufwärtsrichtung führt, aber allmählich den Uferbereich verläßt und in das sich rechts öffnende „rote Tal“ Raudalen hinaufführt. Dieses Tal (vgl. R 94a) geht es nun immer aufwärts bis zur Hütte.

• **99 j** **Skogadalsbøen – Eidsbugarden** (Herberge, 1062 m) via Uradalen
Mittel, 7–8 Std., Anstieg ca. 590 + 120 = 710 m.
Karten 1517 IV und 1517 I.

Talwanderung, meist beeindruckend und aussichtsreich. Wie R 99 a zur Pfadabzweigung hinter der Senke zwischen den Köpfchen. Nun dem Fußbereich des Nasenrückens Uradalsnosi in das „Gerölltal" Uradalen hinauf folgen. Den Ausgang dieses Tals sperrt der gewaltige Geröllhaufen Storuri, über den der Pfad läuft (vgl. R 84 d). Das Tal endet auf dem aussichtsreichen Band Uradalsbandet, 1438 m, unter der Zinne Uranostinden, 2157 m. Abstieg vom Band nach Südsüdosten zum See Uradalsvatnet, 1316 m. Diesen See westlich umrunden bis zum Ausfluß. Am Ausfluß bestehen zwei Möglichkeiten, zur Herberge Tyinholmen zu gelangen (für die Herberge Eidsbugarden kommt nur Vorschlag 2 in Betracht, bei hohem Wasser kommt für beide Herbergen nur Vorschlag 1 in Betracht): 1. Den Ausfluß nicht durchschreiten, sondern ihm 2 km abwärts folgen, wo er in den See Koldedalsvatnet, 1177 m, mündet (vgl. R 85 b); an diesem See auf dem Fahrweg abwärts zur Herberge Tyinholmen gehen. 2. Den Ausfluß des Sees Uradalsvatnet durchschreiten und in grob ostsüdöstlicher Richtung hinauf zum See Kvitevatnet, 1396 m, dessen Ausfluß auf einer Stegbrücke überschritten wird. Nun dem diesseitigen (= Südwest-)Uferbereich des Sees folgen mit der Südostbucht als Orientierungspunkt. Vom Südostbuchtbereich weiter in südöstlicher Richtung zur Pfadverzweigung zwischen den kleineren Seen nedre Kvitingsvatnet, 1388 m und 1387 m: Der Pfad zur Herberge Eidsbugarden hält nun nach grob Osten (weiter wie R 84 d, noch ca. 4 km bis Straße), während der Pfad zur Herberge Tyinholmen nach grob Südosten hält (noch ca. 4 km zur Herberge).

• **99 k** **Skogadalsbøen – Vormeli** (unverproviantierte Hütte, 612 m) via Botolvsnosi
Mittel, 4–6 Std. je nach Route.
Karte 1517 IV.

Via Botolvsnosi sehr aussichtsreich, auch Zelt angenehm. Wie R 99 b zum Fluß Jervvasselvi. Diesen durchschreiten. Am Südufer

bieten sich zwei Routen zur Hütte Vormeli an: Die einfachere und nicht aussichtsreiche führt nach grob Süden talabwärts (noch ca. 4 km). Die empfehlenswerte führt zunächst ebenfalls nach grob Süden, bleibt aber oberhalb der Baumgrenze. Nach 1½ km wird der Talfluß Kalvedøla erreicht, der aus dem Tälchen Kalvedalen herausfließt. Diesen Talfluß (meist Bach) durchschreiten und dann zur Nase Botolvsnosi aufsteigen auf ihrem Nordosthang. Die Aussicht auf der Botolvsnosi reizt zum Weitergehen (z.B. wie R 99f).
Abstieg auf dem Botolvsnosi-Südostrücken zur Hütte Vormeli, steil, pfadlos und unten im Tal durch wilde Vegetation.

• 100 **Fannaråkhytta** (DNT-Selbstbedienungshütte, 2069 m)

West-Jotunheimen; 3 Std. ab Reichsstraße 55 „Sognefjellvegen" (R 97).
Karte 1518 III.

Geöffnet nur im Sommer, dann Hüttenwacht, was faktisch einer vollen Bewirtschaftung gleichkommt, nur daß der Wächter = Wirt auch als Gletscherführer fungiert; 35 Betten.

Die Hütte Fannaråkhytta steht auf der höchsten Erhebung des steil nach allen Richtungen hin abfallenden Rückens Fannaråken = Fannaråki (zu „fonn" = Schneeverwehung, kleiner Gletscher; „råki" = offene Rinne im Eis) und ist die höchstgelegene Touristenhütte Nordeuropas.
Die Aussicht hier oben zählt zum Schönsten, was der Jotunheimen zu bieten hat, doch ist sie nicht häufig erlebbar: An über 300 Tagen im Jahr herrscht Nebel, fällt Schnee/Regen, oder die Wolkendecke liegt zu niedrig. Der jährliche Niederschlagsdurchschnitt erreicht die Rekordhöhe von über 1200 mm, und nur an knapp 50 Tagen pro Jahr klettert die Quecksilbersäule über Null. Neuschnee im August ist keine Seltenheit. Die Juli-Durchschnittstemperatur liegt bei 2,5°, das jährliche Durchschnittsmittel bei –6,1°, fast immer weht ein eisiger Wind. Diese Daten sind so genau bekannt, weil sich bis vor kurzem auf dem Fannaråken eine meteorologische Station befand (1926 errichtet, 1978 ins Tal verlegt, Stationshütte 1981 vom DNT übernommen).

Unter dem Weiß frißt sich der Gletscher Fannaråkbreen in die Nord-

Trotz der unfreundlichen klimatischen Verhältnisse ist Fannaråken das schönste Ziel, wenn alle auf Pfaden erreichbaren Ziele in Betracht gezogen werden. Ist eine Schönwetterperiode angesagt – nichts wie hin. Auch bei wechselhaftem Wetter kann der Versuch lohnen: Das Wetter wechselt hier oben sehr rasch, plötzlich reißen die Wolken auf. Bei idealem Wetter reicht der Blick bis zur Snøhetta im Dovrefjell, zum Gletscher Jostedalsbreen, zum Fjord Sognefjorden, ganz zu schweigen von den näherliegenden Zielen wie Hurrungane, Galdhøpiggen etc. Es gibt auch Warner: „Gå aldrig did", meint Ibsen in seinem Drama „Brand": „Geh niemals dorthin!" Steil ist der Anstieg, gleich auf welcher Route. Von den Herbergen Sognefjellhytta und Krossbu (R 95) werden in der Hochsaison täglich Führungen zum Fannaråken über den Gletscher Fannaråkbreen veranstaltet (Anmeldung am Abend vorher).

flanke des Fannaråken. Links hinten einige Hurrungane-Zinnen.

Der 1 km lange Rücken Fannaråken bricht im Norden steil zum Gletscher Fannaråkbreen ab, im Süden fällt er steil zur Talsenke ab, hinter der die Hurrungane-Spitzen aufragen. Im Westen des Gletschers erhebt sich die Steindalsnosi, 2025 m. Ein Gletscherarm reicht nach Osten; aus ihm fließt die Kongsdøla in das Tal Utladalen ab.

Hüttenziele ab Hütte Fannaråkhytta (2069 m)

Zielname, Weg	höchste Höhe m	Stunden	Grad	Beschreibung
Sognefjellhytta / Krossbu	2069	4–5	Gletscher	R 95 e
Turtagrø	2069	3	anspruchsvoll	R 97 a
Skogadalsbøen	2069	3	mittel	R 100 a

● 100 a Fannaråken – Skogadalsbøen (bewirtschaftete DNT-Hütte, 831 m) via Keisarpasset
Mittel, 3 Std., kaum Anstieg, ca. 1240 m Abstieg.
Karten 1518 III und 1517 IV.

Sehr aussichtsreich, teilweise steil. – Auf dem Rücken nach Osten zur Nase Fannaråknosi und dann im Zickzack abwärts (gut T-markiert) nach Süden zum Kaiserpaß Keisarpasset. Weiter wie R 97 b.

● 101 Skagastølsbu (unverproviantierte DNT-Hütte, 1756 m)

West-Jotunheimen/Hurrungane; 2 Std. ab Reichsstraße 55 „Sognefjellvegen" (R 97).
Karte 1517 IV.

Die 6-Kojen-Steinhütte, für die Proviant, Schlafsack und Wasser mitgebracht werden müssen, liegt auf dem Felsband Skagastølsbandet (= Skardstølsbandet) zwischen den Zinnen Storen, 2403 m, dritthöchster Gipfel Nordeuropas, und søre Dyrhaugstinden, 2072 m. Sie wird allgemein als „hytta på bandet" bezeichnet („die Hütte auf dem Band"). Das Felsband Skagastølsbandet trennt West- und Ost-Hurrungane. Im Westen fällt es zum Gletscher Skardstølsbreen (= Skagastølsbreen) hinab, im Osten fällt es in das Tal Midtmaradalen hinunter.
Die erste Hütte auf dem Band wurde 1890 errichtet und vom Wind weggeblasen. Die Steinhütte datiert von 1894 (restauriert 1962). Versperrt ist sie mit dem DNT-Standardschloß. „Ved" bedeutet Brennholz.
Bergziele: Skagastølsbu wird hauptsächlich zum Klettern besucht. Das am häufigsten angegangene Ziel ist der Storen, 2403 m, die höchste Hurrungane-Zinne. Sie wurde erstmals am 21. Juli 1876 von dem Briten William Cecil Slingsby im Alleingang erklettert; Slingsby stieg aus dem Tal Midtmaradalen über den jetzt nach ihm benannten Gletscher Slingsbybreen auf. – Weitere Kletterziele sind unter anderem Sentralen, 2348 m, nordöstlich vom Storen sowie die Zinne Styggedalstinden, 2387 m.
Während der Aufstieg zur Hütte von Westen über den Gletscher Skagastølsbreen außer ein wenig Kondition kaum mehr verlangt,

weist der Abstieg ins Tal Midtmaradalen Schwierigkeiten auf, die von Ungeübten nicht zu meistern sind.
Hüttenziele: Turtagrø, 2 Std. (Routenbeschreibung: R 97d); Stølsmaradalen, 6 Std. (Routenbeschreibung: R 98c).

● 102 **Vormeli** (unverproviantierte Hütte, 612 m)

Südwest-Jotunheimen im Tal Utladalen.
Karte 1517 IV.

Die mit DNT-Schloß versehene, unbewirtschaftete Steinhütte Vormeli („warmer Hang"), für die Proviant und Schlafsack mitgebracht werden müssen, liegt versteckt, sonnig und warm im Tal Utladalen (R 71) am Westufer des Flusses Utla ein Stück nördlich der Ausmündung des Tals Maradalen. Vom ausgehenden 18. Jahrhundert bis 1868 wohnten hier Menschen. Der nächste Ort für sie war Fortun auf der anderen Seite der unüberwindlichen Hurrungane-Spitzen. Um nach Fortun zu gelangen, gab es nur eine Route: flußaufwärts zum Tal Gertvassdalen (= Jervvassdalen), dort den Fluß überschreiten und talaufwärts zum Kaiserpaß. Daß diese Route lange Zeit unpassierbar war, zeigt u. a. der erhaltene Leichenkeller für die Wintertoten von Vormeli. Auch heute ist Vormeli nur von Norden her gut zugänglich (R 99k). Die anderen auf der Karte eingezeichneten Pfade sind verwildert und kaum zu finden (R 98d) oder trotz ihrer Kürze sehr unwegsam (R 99c). Die Sesselbrücke über den Fluß Utla südlich von Vormeli ist intakt, den aus dem Tal Maradalen herausfließenden Gletscherfluß Maradøla überbrückt ein Steg.
Pfadlos ist der Aufstieg durch Birkenwald und dichte Vegetation in das Tal Maradalen (mara = Mahr = weiblicher Nachtgeist, der sich Schlafenden auf die Brust hockt und den Alpdruck verursacht), wo sich eine grandiose Zinnen- und Gletscherlandschaft öffnet (R 98d).

● 103 **Vettismorki** (unverproviantierte Hütte, 683 m)

Südwest-Jotunheimen/Tal Utladalen; 2 Std. zum nächsten Fahrweg in Hjelle (R 103a).
Karte 1517 IV.

Die mit DNT-Schloß versehene Hütte Vettismorki, für die Proviant mitgebracht werden muß, liegt neben anderen Almhütten auf einer Rodung oben auf dem Osthang des Tals Utladalen (R 71) in unmittelbarer Nähe des Wasserfalls Vettisfossen. Sie ist Eigentum der Pension Vetti unten im Tal. Der Anmarsch nach Vettismorki von Süden erfolgt ab Hjelle wie R 103a oder R 103b.

Der Name Vettismorki bezeichnet insgesamt das offene, weite, stark vermoorte Gebiet hier oben mit seinen Kiefern und Fichten. Es handelt sich um den einzigen Kiefern(ur-)wald im Jotunheimen. Viele der toten Bäume sind nicht gestorben, weil sie den Kampf mit dem Moor verloren hätten, sondern wegen der Abgase aus dem Aluminiumwerk von Øvre Årdal (R 70).

Vettisfossen: Vettisfossen, 1924 unter Schutz gestellt, ist mit ca. 275 m Fallhöhe der höchste unregulierte Wasserfall Norwegens. Er zählt zu den beeindruckendsten Naturschönheiten im Jotunheimen: kein Rinnsal wie die oft müde vor sich hintröpfelnden, aber viel bekannteren Sieben Schwestern am Geirangerfjord, sondern geballte Kraft. Er wird gebildet vom Talfluß Morka-Koldedøla, der von Osten in das Tal Utladalen stürzt. Im Spätwinter ist er am Fuß auf einer Länge von knapp 100 Höhenmetern dick vereist. Noch im letzten Jahrhundert bauten zu dieser Jahreszeit die Holzarbeiter oben eine weit über die Kante am Beginn des Wasserfalls ragende Holzrinne, über die sie die Baumstämme ins Tal stießen.

Bergziele: Die Zahl an Bergzielen in der näheren Umgebung von Vettismorki ist beschränkt, da direkt im Osten das tiefe Tal Utladalen Vettismorki von den Hurrungane-Zinnen trennt. Um so phantastischer ist dafür der Ausflug zur Stølsnosi (R 103e) auf dem breiten Rücken zwischen den Tälern Fleskedalen und Morka-Koldedalen.

Hüttenziele auf Pfaden ab Hütte Vettismorki (683 m)

Zielname, Weg	höchste Höhe m	Stunden	Grad	Beschreibung
Hjelle via Utladalen	683	2	mittel	R 103a
Hjelle via Hjelledalen	1010	5	mittel	R 103b
Skogadalsbøen via Utladalen	1280	4	mittel	R 103c
Eidsbugarden via Fleskedalen		8	mittel	R 103c
Tyinholmen via Fleskedalen	1400	8	mittel	R 103c
Stølsmaradalen via Vetti	900	4	mittel	R 103d

Lohnenswert ist ferner der Ausflug nach Osten in das wilde Tal Morka-Koldedalen. Es wird vom Talfluß Morka-Koldedøla durchflossen, der aus dem See 1291 m zwischen den Zinnen Falketind und Hjelledalstinden austritt. Luftlinienmäßig bildet das Tal die kürzeste Verbindung zwischen Vettismorki und den Herbergen Eidsbugarden (R 84) bzw. Tyinholmen (R 85). Das Gelände ist jedoch zu anspruchsvoll und teilweise schwierig, um als Route empfohlen werden zu können. Ein Ausflug ohne die Absicht, Eidsbugarden oder Tyinholmen zu erreichen, kann hingegen ein Erlebnis sein.

● **103 a** **Hjelle – Vettismorki** via Utladalen
Mittel, 2 Std., Anstieg ca. 580 m.
Karte 1517 IV.

Talwanderung auf Fahrweg (Rad möglich, gut 200 Höhenmeter Anstieg). – Hinter dem Schlagbaum bei Hjelle (107 m, Parkplatz, Pension) ist der das Tal Utladalen von Süden heraufführende Fahrweg nicht zu Ende, jedoch für den öffentlichen Verkehr gesperrt. Er endet 5 km talaufwärts an der Pension **Vetti** (DNT-Rabatte) in unmittelbarer Nähe des Wasserfalls **Vettisfossen** (bis Vetti 1 Std. Gehzeit, dann noch 20 Min. auf gutem Pfad zum Fuß des Wasserfalls). – Das Tal verengt sich ab Hjelle derart, daß der Weg viermal den Fluß überqueren muß (feste Brücken). Dieser Bereich heißt Vettisgjelet (Vettis-Schlucht). Im Osten steigt die Talwand zur Ulsnanosi, 1232 m, auf, im Westen zur Fuglenosi, 1096 m, während der Weg nur auf etwas über 200 m ü.d.M. verläuft. Nach etwa 1 km links der Wasserfall Avdalsfossen (er stürzt aus dem Tal Avdalen heraus; oben liegt die aufgegebene Almsiedlung Avdalen). Hinter der nächsten Brücke zweigt der markierte Pfad auf ca. 120 m nach links (= Westen) zur unbewirtschafteten DNT-Hütte Stølsmaradalen ab (weiter R 98 a); dieser Ausgangspunkt für Touren in den Hurrungane ist kürzer, aber anspruchsvoller auch von Vetti aus zu erreichen (R 98 b). Kurz vor der Pension Vetti bildet der Fluß Utla den Wasserfall Hyljefossen (hylje = verhüllen).
In Vetti (317 m), wo der Weg endet, führt der Pfad nach rechts = Osten steil bis auf 680 m den Talhang hinauf, dann in weitgehend ebenem Gelände nach Nordosten zur Aussichtsstelle oberhalb des Wasserfalls; Brücke zu den Vettismorki-Hütten.

● **103 b** **Hjelle – Vettismorki** via Fremre Hjelledalen
Mittel, 2+3 = 5 Std., Anstieg ca. 660+260 = 920 m.
Karte 1517 IV.

Tal- und aussichtsreiche Hochflächenwanderung; Alternative zur Route R 103 a.

Von Hjelle führt der Pfad etwas steil nach rechts (= Osten) durch das Tal Hjelledalen zur 3-Kojen-Hütte Fremre Hjelledalen, 763 m, am Talfluß Hjelledøla (2 Std. bis hierher). Der DNT-Schlüssel paßt, die Hütte gehört jedoch dem Verein Årdal Turlag. Empfehlenswerter Ausflug ab Hütte: Auf dem Pfad nach Süden (Hängebrücke über den Talfluß Hjelledøla) zum See Mannsbergvatnet (reguliert, 1336 m – 1334 m), der jedoch nicht Ziel sein muß: wunderbare Aussicht schon vorher. (Der Pfad endet an der Reichsstraße 53 am See Torolmen, 5 Std. bis dorthin.)

Nach Norden führt durch die Scharte Morkaskardet der Pfad zur Hütte Vettismorki am Wasserfall Vettisfossen (Gummistiefel angenehm). Wer diese 3-Std.-Wanderung ausdehnen will, steigt im Bereich der Scharte nach Osten auf in Richtung der Zinnen Hjelledalstinden, 1989 m, bzw. Koldedalstinden, 1927 m.

Nach Osten führt von Fremre Hjelledalen ein schlechter Pfad das Tal Hjelledalen aufwärts zur Herberge Tyinholmen.

● **103 c** **Vettismorki – Skogadalsbøen** (bewirtschaftete DNT-Hütte, 831 m) via Utladalen
Mittel, 5 Std., Anstieg ca. 640 m.
Karte 1517 IV.

Aussichtsreiche Wanderung hoch über dem Tal Utladalen mit Möglichkeit zur Begehung der Aussichtshöhe Friken (1503 m). – Auf dem markierten Pfad nach Nordosten aufwärts durch vermoortes Gelände zum Talfluß Fleskedøla, der auf einem Steg überschritten wird. Weiter aufwärts auf dem Pfad, in etwa dem Verlauf des Flusses folgend, bis am anderen Ufer die Almhütten von Fleskedalseter zu sehen sind. Hier öffnet sich rechts das „Fett-Tal“ Fleskedalen, aus dem der Talfluß Fleskedøla herausfließt. In dieses Tal hinauf führt der Pfad zu den Herbergen Tyinholmen und Eidsbugarden (weiter wie R 84 e), während der Skogadalsbøen-Pfad nach Norden hält (weiter wie R 99 a).

● 103 d Vettismorki – Stølsmaradalen (unverproviantierte DNT-Hütte, 849 m)
Mittel, 4 Std., Anstieg ca. 590 m.
Karte 1517 IV.

Von Vettismorki auf dem Pfad steil südwestwärts den Hang hinab in das Tal Utladalen zur Pension Vetti. Weiter wie R 98 b (steil und geländemäßig anspruchsvoll).

● 103 e Stølsnosi (Nase, 1930 m)
Anspruchsvoll, Anstieg ca. 1270 m.
Karte 1517 IV.

Sehr aussichtsreich. – Nach Ostnordosten aufsteigen mit dem Bachtal Storebekkdalen als Orientierungspunkt. Weiter Aufstieg auf dem Rücken links (= nördlich) dieses Bachtals, bis oben der Boden mit mehreren kleinen Seen erreicht wird. Hier den Wasserlauf durchschreiten und nach Osten aufsteigen. Von der Stølsnosi Aussicht nach Westen auf die Hurrungane sowie nach Osten auf den Gletscher Stølsnosbreen (Ausrüstung erforderlich), aus dem rechts der Falketind, 2067 m, und links der Stølsnostinden, 2074 m, aufragen. Aus dem Gletscher ist der Falketind unschwer zu besteigen. Es wäre auszuprobieren, ob der Falketind von dieser Seite aus auch ohne Gletscher- und Kletterausrüstung zu ersteigen ist: Von der Stølsnosi aus nach Südosten hinab, dann nach Osten hinauf zum Falketind.

● 104 Kvitingskjølen (Massiv, bis zu 2064 m)
Karten 1618 I, II, III und IV.

Nördlich des Nationalparks Jotunheimen, von diesem getrennt durch das weite, renreiche Tal Smådalen, erhebt sich das Massiv Kvitingskjølen (kvit = hvit = weiß), dessen Rundungen einen starken Kontrast zum Gipfelmeer des Jotunheimen setzten. Im Osten flacht der Kvitingskjølen zum See Tesse aus, im Norden wird er durch die Flüsse Ilva und Kvitingi vom Heimfjellet getrennt, dem „Hausberg“ von Lom.
Dieses naturschöne Gebirge ist nicht als Schutzgebiet ausgewiesen, soll jedoch nach dem Willen aller an einer wirtschaftlichen Ausbeutung prinzipiell interessierten Gruppen in Frieden gelassen wer-

Skarvhø
1741
Gjerdingtjørna
1504
Sålell
Sålellselva
Svarvebotn
1706
Veslekjølen
Ilvetjørnhø
1874
Stormyra
Kvitinga
Kvitingsgjelet
Ilvetjørna
1592
Handklefonna
LEIR- OG BØVERDALS S.A.
Herb
1429
Krokågjelet
Stor-
2064
Il myrbakken
K v i t i n g s k j ø l e n
2060
fonna
Langfonna
øvre Fegra
ssetrene
Brenna
Børjehø
1849
1812
nedre Fegra
Børjetjørna
1460
Eilevs-
1777
kampen
Eilevstjørna
1455
onshø
1574
Merraflya
Børja
Lønnseter-
1548
kampen
Langstilla
Finnshalshytta
Tavelflybekken
Eilevsåa
1585
Buaberget
1578
iggen
Børjelia
Smådalssetra
nshalsgrovi
Smådøla
Stein-
vatnet
Langloni
Ormehaugen
Smådalsvatna
Finnshals
nobb
S m å d a l e n
1080
1902
l l h ø e n e
Smådalshø
1888
LEIR- OG BØVERDAL S
Hestvegen
Trollsteintjernene
1540
H e r a n o s h
Grønflya
Grønbekken
Saubu-
haugen
1448
Trollsteinkvolven
615
ntjørna
Grønbu-
Sa

Nordsetrene
Lykkjesetra
Tungsetra
Åbakksetra
Vassenden
søre Koppflya
Ilva
1492
Tessefjellet
Byrtnes nordre
Byrtnes søre
Åsvangsetra
Degernes-berget
922
flya
Saukampen
1684
1595
Heggeberget
1507
Sylvetjørna
1403
1748
1654
Grjotåskaret
1720
1674
Liaberget
Gullfjør-haugane
1582
Sylva
Tesse
854
åflya
nedre Grjotåa
Nåvårsetrene
DALEN S.A.
Sørenebben
Smørlia
Nåvårseter-vangen
Kalven
Kjestadstugu
Smådøla
Grjotålia
Langloni
Kjellarkrokene
Fugleseter-myrene
LOM
VÅGÅ
1304
Grønhø
Larsbu
1475
Rundhø
Fuglesetrene
1317
Rindtjørnene
Rindtjørngjelet
1507
1316
1298
1291
Jonsdalen
1661
1509
Heranosbua
Fuglhø
Rindbekken
Veofjellet

den. Markierte Pfade sind nicht vorhanden. Selbst im Sommer ist es einsam. Zelten ist gut möglich. Das Gelände eignet sich hervorragend für unschwere Wanderungen und Skitouren.
Ausgangspunkte sind das touristisch erschlossene Gebiet um den See Tesse (R 105) im Osten sowie der Mautweg im Westen (R 104 a) mit der Herberge Soleggen Fjellstugu.

● 104 a Mautweg Tal Meadalen – Kvitingskjølen / West
Karte 1618 IV.

Wenige Kilometer vor dem Ort Lom zweigt ein Fahrweg von der Reichsstraße 15 nach links ab (angezeigt Richtung Soleggen) und führt grob südwestlich in das bewaldete Tal Meadalen hinauf, das seit dem 11./12. Jahrhundert besiedelt ist. Gleich zu Beginn liegt linker Hand auf einer Rodung Graffer, der größte Hof der Gemeinde Lom. Bekannt ist er vor allem wegen der Volkstracht (bunad), die hier zum erstenmal gestickt wurde, dem Grafferbunaden. Mehrere Hofgebäude datieren aus dem 18. Jahrhundert.
Der Fahrweg (eine Mautstelle hinter Graffer, die zweite hinter der Herberge Soleggen Fjellstugu, Tel. 062-1 10 67) endet rund 10 km ab Graffer bei den Hütten von Sålell vor dem Fluß Sålellselvi.

● 104 b Såleggi („Grat“, 1540 m)
Unschwer, 1—1½ Std., Anstieg ca. 380 m.
Karte 1618 IV.

Eine gute Übersicht über das Kvitingskjølen-Massiv bietet sich von der Såleggi aus, dem nach Süden steil abfallenden Berg südwestlich der Herberge Soleggen Fjellstugu. Aufstieg von Osten vom Fahrweg aus.

● 104 c Sålell – Kvitingskjølen (Gipfel, 2064 und 2060 m)
Mittel, 5 Std., Anstieg ca. 950 m.
Karte 1618 IV.

Geländemäßig weitgehend unschwere, ruhige Tour mit phantastischer Gipfelaussicht.
Über den Fluß Sålellselvi, vor dem der Mautweg R 104 a endet, führt eine feste Brücke. Die Brücke überschreiten, ein kurzes Stück auf dem Karrenweg dahinter aufwärts und dann nach Sicht nach links

= Osten abbiegen (ein wenig feucht); pfadlos aufwärts durch das Gelände südlich des Flusses Kvitingi. Der Flußverlauf bleibt bis zum Schluß Orientierungspunkt. Das Gelände wird erst direkt vor dem flachen Gipfelplateau, 2064 m, ein wenig steiler.
Abstieg nach Westen in die Senke und aus der Senke heraus hinauf zu P. 2060 über Altschnee/Firn. Von P. 2060 nach Nordwesten absteigen zum Fluß Kvitingi und weiter hinab wie beim Aufstieg.
Abstiegsalternativen: R 104e zu den (nicht bewirtschafteten) Hütten von Smådalssætri sowie R 105d zur Herberge Brimi Fjellstugu am See Tesse.

● **104d** **Sålell – Smådalssætri** (Alm, 1162 m)
Leicht/unschwer, 3½–4 Std., Anstieg ca. 140 m.
Karten 1618 IV und III.

Spaziergang durch das fruchtbare Renweidetal Smådalen, in dem zahlreiche Spuren alter Renjagd zu finden sind (Renfanggruben).
Wie R 104c auf der Brücke über den Fluß Sålellselvi. Dahinter auf dem Karrenweg südwärts aufwärts in die Senke zwischen Kvitingskjølen und Eisteinhovde (1841 m, unschwerer Aufstieg, sehr gute Aussicht) und dann hinab zu den Almhütten von Fossesetrene, 1167 m; hier war die Errichtung einer Touristenhütte geplant; dies wurde jedoch nicht realisiert.
Der Karrenweg folgt nun immer dem Fluß abwärts, auf der linken (= Kvitingskjølen-)Seite. Da das Tal kaum Gefälle aufweist, bildet der Fluß verlandende Seen und Moore. Kurz hinter dem größten vom Kvitingskjølen herabfließenden Fluß/Bach, der Eilevsåi, endet der Karrenweg. Hier liegt am Hang die Alm Smådalssætri.

● **104e** **Smådalssætri** (Alm, 1162 m)
Karte 1618 III.

Die in fruchtbarer Gegend gelegene Alm Smådalssætri wird nicht mehr durchgehend bewirtschaftet (auch im Sommer nicht). Hier besteht die Möglichkeit des Aufstiegs zum Kvitingskjølen (R 104g); weiter talabwärts führt ein Pfad zur Alm Smørlii (R 104f). Von Smådalssætri wurden früher die Pferde nach Süden getrieben. Dort verläuft noch immer der alte „Pferdweg“ Hestvegen über die Hochfläche Grønflyi. Der „Weg“ endet an der Hütte Grønbui in unmittelbarer Nähe der Stallhytta (R 90a) am Transportweg zur DNT-Hütte Glitterheim. Die reine Marschzeit von Smådalssætri nach Glitterheim liegt bei 4 Std., allerdings bildet der Talfluß Smådøla ein arges Hindernis und später kommen Zäune.

● 104f **Smådalssætri – Smørlii** (Alm, 1130 m)
Unschwer, 2 Std., so gut wie kein Anstieg.
Karten 1618 III und II.

Pfad, teilweise Bäche und sumpfig, später Karrenweg. Bei den Hütten von Smørlii wird der Fahrweg erreicht, der am Westufer des Sees Tesse zur Herberge Brimi Fjellstugu (R 105a) führt. Es ist also prinzipiell möglich, von der Herberge Soleggen Fjellstugu (R 104a) bzw. von Sålell (R 104d) aus den ganzen Kvitingskjølen auf der West-, Süd- und Ostseite zu umgehen. Zu empfehlen ist der Marsch auf dem Fahrweg Smørlii – Brimi Fjellstugu allerdings nicht (stattdessen übers Gebirge gehen: R 104g + R 105d).
Abzweigung nach Glitterheim: Bei Smørlii überspannt eine Hängebrücke (auf der Übersichtskarte nicht eingezeichnet) den Fluß Smådøla unweit der Stelle, wo auch die Stromleitung den Fluß überquert. Allerdings versperren hier jetzt einige Zäune den Weg.

● 104g **Smådalssætri – Kvitingskjølen** (Gipfel, 2064 m und 2060 m)
Mittel, Anstieg ca. 910 m.
Karten 1618 III und IV.

Kürzer als R 104c, ebenso unproblematisch und aussichtsreich. Von den Hütten aus aufwärts, rechts des Bergbachs Eilevsåi, der aus dem See Eilevstjørnet, 1455 m, austritt. Von dort weiter nordwärts zum Gipfel.
Abstieg nach Westen in die Senke und aus der Senke heraus hinauf über Altschnee/Firn auf P. 2060. Von P. 2060 nach Süden absteigen zum Eilevskampen, 1777 m, der im Osten steil zum See Eilevstjørnet hinabfällt. Abstieg nach Süden und – sobald das Gelände links ausflacht – Osten zum See, den Bach durchschreiten und bachabwärts zur Smådalssætri zurück.
Alternativen zum Abstieg: R 104c Richtung Sålell sowie R 105d Richtung Herberge Brimi Fjellstugu am See Tesse.

● 105 Tesse (See, 854 m)

Nordost-Jotunheimen / Kvitingskjølen; wintersicherer Fahrweg ab Reichsstraße 51 (R 65).
Karten 1618 I und II.

Östlich des Kvitingskjølen-Massivs (R 104) liegt der See Tesse, ein uraltes Siedlungsgebiet, das vom weiter östlich gelegenen See Lemonsjøen (R 65) durch einen bis zu 1373 m hohen Rücken getrennt wird. Von Nordosten ist der See von der Reichsstraße 51 aus zu erreichen auf einem im Winter bis zur Herberge Brimi Fjellstugu geräumten Fahrweg; außerdem besteht von Garmo an der Reichsstraße 15 im Tal Ottadalen eine Mautwegverbindung zur Brimi Fjellstugu; der Süden des Sees ist auch von Randsverk (R 64 a) aus mit Fahrzeug zu erreichen.
Der auf 854 m quasi festregulierte Tesse wird u. a. vom Fluß Smådøla gespeist, der aus dem Tal Smådalen ausfließt, sowie – nicht natürlich – durch den Gletscherfluß Veo (R 90), dem die Industrie das Wasser mit Röhren entnimmt. Der Abfluß des Sees Tesse ist die Tessa, die im Tal Ottadalen in den Flußsee Vågåvatnet, 362 m, mündet. Trotz der Eingriffe der E-Industrie ist der See Tesse ein schöner, wenn auch wenig dramatischer Ausgangspunkt. Der Mautweg am Westufer führt südwärts in das renreiche Tal Smådalen und endet an der Alm Smørlii; von dort sind es 2 Std. zu Fuß auf Karrenweg / Pfad R 104 f zur Alm Smådalssætri in unmittelbarer Nähe der Kvitingskjølen-Hauptgipfel (R 104 e). Wer die Verlängerung des Mautwegs nach Süden nimmt, stößt auf den Mautweg von Randsverk nach Glitterheim.
Der Überlieferung nach erhielt der Bauer Torgeir Gamle von Garmo den See Tesse im Jahr 1021 vom heiligen Olav – dem König, der das Land christianisierte und als Schutzpatron Norwegens gilt – als Entschädigung für die Kirche, die er in Garmo gebaut hatte; diese steht heute im Freilichtmuseum auf dem Maihaugen in Lillehammer. Die Geschichte des Sees ist jedoch weit älter. Seit der Steinzeit ist der Tesse Siedlungsstätte. Geräte aus dieser Zeit sind hier auch heute noch zu entdecken: Werkzeuge und Waffen aus Schiefer, Quarz, Quarzit, Feuerstein u. a. Die Feuersteinfunde belegen, daß das Steinzeitvolk vom Tesse mit den Küstenleuten in Verbindung stand.

● 105a Brimi Fjellstugu ved Tesse (Herberge, 880 m)
Karte 1618 I.

Am Nordwestufer des Sees Tesse liegt die ganzjährig geöffnete Herberge Brimi Fjellstugu (Tel. 062-39812) auf dem Gelände des Almhofs Nordseter, der bewirtschaftet wird (Milchproduktion). Unmittelbar südlich der Herberge mündet das Flüßchen Ilva in den Tesse. Die Ilva trennt das Kvitingskjølen-Massiv vom nördlich daran anschließenden Heimfjellet, dem „Hausberg" von Lom; der östliche Ausläufer des Kvitingskjølen heißt Tessefjellet.

● 105b Tessefjellet (Fjell, bis zu 1595 m)
Leicht/unschwer.
Karten 1618 I und II.

Aussichtsreich. – Von der Herberge Brimi Fjellstugu auf dem Fahrweg nach Süden in das Tal Smådalen. Kurz hinter der Kurve, mit der der Fahrweg in das Tal hinaufschwingt, zweigt nach rechts ein Karrenweg ab. Auf diesem leichter Aufstieg am Ostufer des Flüßchens Sylva zum Forellensee Sylvetjørnet, 1403 m. Rechts des Sees erhebt sich das Heggeberget, 1507 m, das steil zum See Tesse hinabfällt. Nördlich des Sees Sylvetjørnet rundet sich die Kuppe des Tessefjellet mit guter Aussicht nach Osten (Rondane) und Nordosten.

● 105c Brimi Fjellstugu – søre Koppe (Kuppe, 1403 m)
Unschwer, 3 Std., Anstieg ca. 530 m.
Karten 1618 I und IV.

Aussichtsreich. – Von der Herberge grob Richtung Westen hinauf, und zwar nördlich des Flüßchens Ilva, auf die aussichtsreiche Hochfläche Koppflyi hinauf, ca. 1400 m, die nach Westen zur Kuppe Gråvåhøi, 1765 m, ansteigt und im Norden durch die Kuppe søre Koppe, 1403 m (mit dem „Hut" Kopphatten), begrenzt wird.

● 105d Brimi Fjellstugu – Kvitingskjølen (Gipfel, 2064 m und 2060 m)
Anspruchsvoll, Anstieg ca. 1200 m.
Karten 1618 I und IV; je nach Abstieg auch 1618 II und III.

Phantastische (Gipfel-)Aussicht; geländemäßig nicht anspruchsvoll. Anstieg zur aussichtsreichen Hochfläche Koppflyi wie R 105c. Dort weiter dem Flüßchen Ilva aufwärts folgen, an der Gravhøi links (= südlich) vorbei und zum See Ilvetjørnet, 1592 m, hinauf. Vor diesem kleinen Karsee, aus dem die Ilva entspringt, den Wasserlauf überqueren und unschwer in gleichmäßiger Steigung zum Hauptgipfel, 2064 m, hinauf. Abstiegsalternativen: R 104g Richtung Smådalssætri oder R 104d Richtung Sålell.

● **105e** **Brimi Fjellstugu – Veslevassfjellet** (Fjell, bis zu 1192 m)
Unschwer, 2 Std., Anstieg ca. 320 m.
Karte 1618 I.

Spaziergang. – Auf dem Fahrweg den Ausfluß des Sees Tesse umrunden, ein kurzes Stück am Ostufer entlang und auf den ersten befahrbaren Weg, der vom Ufer nach halblinks abzweigt. An seinem Ende beginnt der Pfad auf das mehrkuppige Veslevassfjellet, den Höhenzug zwischen den Seen Tesse und Lemonsjøen, der weiter südlich zur Trollhøi aufsteigt. Der Pfad endet an der Saghøi, 1138 m, unschwer geht es jedoch weiter nach Südosten zur Bufurhøi, 1172 m.
Die weiter südlich gelegene Trollhøi (1370 m) hingegen, die höchste Erhebung auf dem aussichtsreichen Rücken zwischen den Seen Tesse und Lemonsjøen, ist besser von Osten aus zu erreichen (Reichsstaße 51), wobei der Lift im Winter als Aufstiegshilfe genutzt werden kann.

121 Rondane-Gebietsübersicht

Die Rondane gliedern sich in drei Gipfelpartien: Rondvasshøgdi, Smiubelgen und Høg-/Midt-/Digerronden. Zur genaueren Beschreibung siehe den einleitenden Text zur Hütte Rondvassbu (R 124). Rondvassbu liegt am See Rondvatnet, der das Gebirge in eine West- und eine Osthälfte teilt.

121 a Rondane-Ausgangspunkte

Die Rondane werden von der Europastraße 6 und den Reichsstraßen 220 (im Winter zwischen Spidsberg und Enden gesperrt), 27 und 29 sowie dem Mautweg durch das Tal Grimsdalen verkehrsmäßig umschlossen (vgl. R 27).

In der folgenden Liste sind die Ausgangspunkte, von denen aus Touren gesondert beschrieben werden, mit einem * gekennzeichnet; ein – hinter dem Namen bedeutet „kein Straßen-/Mautweganschluß".

Lage	Ausgangspunkt	Höhe m	Beschreibung
Süd-West	*Mysuseter	900	R 122
	*Spranget	1080	R 123
Zentrum	*Rondvassbu –	1173	R 124
West	*Høvringen	1000	R 125
	Putten Seter	960	R 125
	*Smuksjøseter	1130	R 126
	*Peer Gynt hytta –	1100	R 127
Nord/Ost	*Dørålseter	1060	R 129
	Grimsdalshytta	1000	R 130
	Haverdalssetra	1053	R 131
	*Bjørnhollia –	914	R 132
	*Straumbu	753	R 133
Süd	*Rondablikk	910	R 134
	*Eldåbu –	1000	R 135

Pfadveränderungen: Auf der DNT-Landesversammlung 1990 wurde angekündigt, daß im Gebiet der Rondane aus Naturschutzgründen einige markierte Pfade verlegt werden müßten; möglicherweise sind von diesen Veränderungen auch Hütten betroffen.

Den steil abbrechenden Svartnuten (l.) verbindet ein Rücken mit dem Vinjeronden (r.), der wiederum Zwischengipfel beim Aufstieg zum Rondslottet (Mitte) ist.

● **122 Mysuseter** (Almsiedlung, Ferienhütten, Unterkunft, ca. 900 m)
Südwest-Rondane; wintersichere Straße „Rondanevegen" 13 km ab E 6 vor Otta (R 36); Mautweg Mysusetervegen 8 km ab E6 in Selsverket (R 36).
Karte 1718 I.

Ausgangspunkt für die leichte Wanderung R 122a ins Zentrum des Nationalparks auf dem Transportweg, der bis zur Nationalparkgrenze als Mautweg befahrbar ist. Nennenswerte Bergziele gibt es in der unmittelbaren Umgebung von Mysuseter nicht.
Zwischen Mysuseter und dem See Furusjøen (R 134) im Südosten besteht eine Mautwegverbindung (Abzweigung in Mysuseter neben der Einkaufshütte neben dem Buswendeplatz).

Unterkunft: Mysuseter Fjellstue (26-Zimmer-Herberge mit DNT-Rabatt; Tel. 062/33267 oder 062/33925, N-2671 Otta; geöffnet ca. Ostern sowie Mitte Juni bis Ende September); Rondane Høyfjellshotell (60-Zimmer-Hotel; Tel. 062/33910, N-2671 Otta; 10 Campinghütten, geöffnet ca. erste Maihälfte bis vor Weihnachten)
Geschäfte: Kleine Einkaufsmöglichkeit in der Hütte neben der Buswendestelle (oft geschlossen).
Wintersport nordisch: Ausgezeichnetes Tourengelände, markierte Loipen aller Schwierigkeitsgrade, meist in offener Hochgebirgslandschaft ohne Lawinengefahr. Im Winter endet die Straße in Mysuseter (Parkplatz gegen Gebühr). Gäste der Hütte Rondvassbu können nach Absprache mit den Wirten das Gepäck ab Otta/Mysuseter mit Auto/Schlitten beförden lassen.
Wintersport alpin: Skilift am Nordhang der Kuppe Gråhøi (1050 m), 485 m lang, 140 m Höhenunterschied.

Hüttenziele auf Pfaden ab Almsiedlung Mysuseter (ca. 900 m)

Zielname, Weg	höchste Höhe m	Stunden	Grad	Beschreibung
Rondvassbu via Mautweg	1200	2½	leicht	R 122 a
via store Ula	1200	3	unschwer	R 122 b
via Rørosvegen	1220	3½	unschwer	R 122 c
via Peer Gynt hytta	1380	5	mittel	R 122 d
Høvringen via Peer Gynt hytta	1110	5	unschwer	R 122 d
Smuksjøseter via Peer Gynt h.	1110	3½	unschwer	R 122 d
Bjørnhollia via Musvoldalen	1225	6	mittel	R 122 e
Eldåbu via Steinbudalen	1270	6	mittel	R 122 f

● **122 a Mysuseter – Spranget** (Nationalparkgrenze, ca. 1080 m) via Mautweg
Leicht, 1¼ Std., Anstieg ca. 180 m, Fahrrad gut möglich; im Winter markierte Loipe (4 km; bis Rondvassbu 4 + 7 km).
Karte 1718 I.

Aussichtsreiche Hochflächenwanderung. Von Mysuseter führt ein Transportweg nach Nordosten zur Hütte Rondvassbu im Zentrum des Nationalparks. Er ist während der schneefreien Zeit bis zum Schlagbaum beim Spranget an der Nationalparkgrenze als Mautweg befahrbar (mit Fahrrad bis Rondvassbu). Im Winter wird nicht geräumt. Der Transportweg ist der übliche Anmarschweg für alle, die von Westen nach Rondvassbu gehen und nicht motorisiert sind. Der etwas eintönige 120-Höhenmeter-Anstieg innerhalb von Mysuseter (die einzige Stelle, die Radfahrende etwas fordert) wird oben am Rand der unbesiedelten, baumlosen Hochfläche mit einer phantastischen Aussicht belohnt (R 123). Von der Nationalparkgrenze weiter nach Rondvassbu siehe R 123a.

● **122b** **Mysuseter – Spranget** (Nationalparkgrenze, ca. 1080 m) via store Ula
Unschwer, 1½ Std., Anstieg ca. 180 m.
Karte 1718 I.

Pfadwanderung längs des „großen Geröllflusses" store Ula: Von der Herberge Mysuseter Fjellstue auf der für den öffentlichen Verkehr gesperrten Stichstraße knapp 2 km nach Norden flußaufwärts bis zum Parkplatz vor der Flußbiegung; dann bis zum Ziel immer am Ufer flußaufwärts, zunächst durch Birkenwald, an Stromschnellen und kleineren Wasserfällen vorbei. Oberhalb der Baumgrenze dann mit großartiger Aussicht auf der Hochfläche zum Spranget (R 123) in unmittelbarer Nähe der Nationalparkgrenze. 20 Min. vor dem Ziel wird der 20 m hohe Wasserfall Bruresløret („der Brautschleier") passiert. Oberhalb der Baumgrenze auch Renfanggruben. – Weiter nach Rondvassbu siehe R 123.

● **122c** **Mysuseter – Rondvassbu** (bewirtschaftete DNT-Hütte, 1373 m) via Rørosvegen
Unschwer, 3½ Std., Anstieg ca. 200 m.
Karte 1718 I.

Hochflächenwanderung. Die Tour ist länger als die auf dem Mautweg, dafür lassen sich Ruhe und Rundblick ohne Asphalt genießen. In Mysuseter dem Mautweg zur Hochfläche hinauf folgen; gleich am Anfang der Hochfläche vor dem kleinen See Indretjørnet, 1019 m, vom Transportweg auf den Fahrweg nach rechts (= Osten) abzweigen; nach wenigen Metern geht der Pfad am Ostufer des Sees links

Vardhøi
Olstadsætrin
Høvringen
Brekkeseter
Øygardsseter
Romundgardsæter
Laurgardseter
Fellskole
Dissen
Haukliseter
Brennstakk-
såi
Storste
Høvringsåi
Kjondalsbekk
Høvringsvatni
Haukberget
1198
Bakside-
vassberget
1312
1327
Solside-
1403
Smuksjøseter
1121
vassberget
1372
Bråkdalshøi
1448
Kjondalen
Skorut-
berget
1298
Hein fjellet
Stripotmyrin
Anaripigg
1211
1277
Karihaugen
1049
Horrtjørnin
Horrtjørnhøi
Putten
Seter
Fugelhøllsætri
Skjærungsåi
Kampe-
slåi
Merra-
slettin
1306
Skorutberget
1428
Formokampen
SEL
SA
931
Utsikten
E6
DALEN
Skardsætri
1056
Skallfjellet
1296
Binghøi
1300
Løypeskarven
1212
Hjelle
Formolii
18
Elvestad
Nuvstad
Skottvatnet
Formo
Skotte
294
Fleske
Hågå
Baksida
Selsmyrin
Geitrygge
1005
Råsdalssætri
Råsdalsfjellet
Rudi
Hakkemet-
1075
berget
Hågåne
Hamnsætri
Haldor-
1119
piggen
Skjenna
Reiret
Hamn
Uladal
Ula
Høgsæter-
tjørni
830
Holepiggen
Sel
Ula
Selsverket
Rustsætri
Rapham
Ulvollen
Åsåren
Slåsætrin
Kleivrudsætri
Rapham
Skoghe m
Slåi
Kleivlii
Kvernhusbekken
Øya

Verkilsdals-
botn
1506
Storsmeden
1871
1647
Styg
Kåldbekk-
botn
1996
1571
Rond-
halsen
Rondvatnet
1840
Svartnut
Verkilsdals-
vatnet
1446
Steet
Bråkdalsbelgen
1915
Hoggbeitet
1794
1805
1624
Klarabotn
Svart-
hammaren
Ljosåbelgen
1760
1948
Krokut-
bekkbotn
Dyreghav
Kaldbekken
1167
Tomasholet
Smiukampen
1799
Ljoså-
botn
Rondvassb
DNT
Jutulhogget
1221
fremre
Illmannt
Ljosåbui
Vesleranden
1473
2,5t
Gynthytta
Krokutbekken
Randen
1397
1388
store Ula
Ruphuset
1602
fremre Illm
Ljoså-
myri
Ljoså
Krokutbekkhytta
Rondheim
Leirfly
RONDANE N.P.
Illmannbui
NORDRE KOLOEN S.A.
Leirái
Flatfjellet
1084
Sprang-
haugen
vesle Ula
2,5t
Rolosveien
fremre
Gjetarbui
Lurven
2,5t
Tunga
Kåsi
1060
3t
1068
øv. Tverrglitra
trin
Storhaugen
Berget
1025
Tjørnbakken
Storhaugbkn
Ultungen
Mysusæter
Ranglarhøi
1130
Glitterdalen
Skjerelhøa
1371
Mysuseter
Rondane
P
Pungdalen
idalssætri
Glitra
ned. Tverrglitra
Gråhøi
1050
Pungen
Vulufje
3-3,5t
Koltjørna
1385
Svinslåbergi
853
1140
1079
1128
SEL
Karelen
1141
1055
Holt-
tjørni
Vålåsjøberget
Glittervika
Luseby
VULUFJELL

ab (= Richtung Nordosten; markiert: Richtung Bjørnhollia), überquert den alten Traktorweg auf der Nordost-Seite des Sees und ist dann nicht mehr zu verfehlen. Im Nordosten des „großen Hügels" Storhaugen, 1068 m, stößt er auf den Rørosvegen (R 124a), einen der alten Handelswege zwischen dem Tal Gudbrandsdalen und der Bergwerksstadt Røros. An der Pfadkreuzung nach links (= Norden) halten (geradeaus geht es zur DNT-Hütte Bjørnhollia, rechts geht es hir ab zum See Furusjøen). Auf dem Pfad (= Rørosvegen) nun immer weiter nach Norden über das „Flachfjell" Flatfjellet und schließlich über den Südwestfuß der Doppelkuppe fremre Illmanhøi hinunter zum Transportweg; dort noch eine Viertelstunde zur DNT-Hütte Rondvassbu.

Am Fuß der Illmannhøi steht unweit des Pfads in einer kleinen wind- und wettergeschützten Mulde, in der sich Wasser sammelt (weiter oben Quelle), die 1165 m kotierte Illmannbui, eine winzige verschlossene Holzhütte mit zwei Kojen (vom Transportweg aus nicht zu sehen).

● **122d Mysuseter – Peer Gynt hytta** (Brotzeit-Hütte, 1100 m) via Vesleulfossen
Unschwer, 3 Std., Anstieg ca. 250 m.
Im Winter markierte Loipe (9 km = ohne Vesleulfossen).
Karte 1718 I.

Aussichtsreich. Von der Herberge Mysuseter Fjellstue ein kurzes Stück auf dem für den öffentlichen Verkehr gesperrten Fahrweg nordwärts bis zur Brücke über den Fluß store Ula (ausgeschildert). Anfangs am Westufer flußaufwärts (Ferienhütten), dann vom Fluß weg, Birken und moorig, bis zur letzten Hütte, 954 m, alles markiert. Hier Abstecher pfadlos nach links (= Westen) zum höchsten Wasserfall in den Rondane, dem vom „kleinen Geröllfluß" vesle Ula gebildeten Vesleulfossen (auf keiner Karte erwähnt; auf der topographischen Karte ist die Fallstelle am Zusammenrücken der Höhlenlinien erkennbar; Fallhöhe ca. 100 Meter; unten kleines Seebecken).

Vom Wasserfall zurück zum Pfad und weiter nordwärts, bald oberhalb der Fjellbirkengrenze in offener Hochgebirgslandschaft am Westfuß des Randen, 1397 m, wo der Bergbach Ljosåi durchschritten wird. Nach der Bachdurchschreitung schwingt der Pfad nach Nordwesten. Zu den weiterführenden Wanderungen von der Zielhütte aus, die keine Unterkunft bietet, siehe R 127.

● **122e** **Mysuseter – Bjørnhollia** (bewirtschaftete DNT-Hütte, 914 m) via Musvoldalen
Mittel, 6 Std., Anstieg ca. 200 + 200 = 400 m.
Karten 1718 I und 1818 IV.

Zuerst aussichtsreiche Hochflächen-, dann etwas wilde Talwanderung.
Wie R 122c zur Kreuzung mit dem historischen Weg Rørosvegen. Diesen überschreiten und in Ostrichtung weiter auf dem markierten Pfad in das leicht ansteigende, weite Tal des Flusses Glitra. Die Glitra durchschreiten und im Süduferbereich des Flusses aufwärts zur Wasserscheide bei P. 1198 m: Aus den Mooren auf der Nordseite des Tals fließen die Bäche linker Hand nach Westen ab und vereinigen sich zur Glitra; rechter Hand fließen sie nach Osten ab und vereinigen sich zur Musvolåi. An der Wasserscheide zweigt nach Südosten der Pfad zur DNT-Selbstbedienungshütte Eldåbu ab (weiter wie R 122f).
Nun auf etwa gleichbleibender Höhe ostwärts zu den „Mehlhundhügeln" Mjølrakkhaugan („Mehlhund" = alter Name für Polarfuchs, heute „fjellrev", wegen des weißen Fells). Die Musvolåi durchschreiten, dann leichter Anstieg nach Ostnordosten auf den südlichen Ausläufern der Kuppe indre Illmanhøi, 1633 m, dabei mehrere Bäche durchschreiten und dann in das Flußtal Musvoldalen hineinschwingen. Dieses Tal zählt zu den wenigen Rondane-Gegenden mit üppiger Hochstaudenflora. In Talabwärtsrichtung oben am Hang gehen, allmählich ganz auf dem Rücken zwischen Musvol- und Illmanndalen, dann hinab zur Brücke über den Talfluß Illmannåi (hinter dem ersten breiteren Bach auf der Ostflanke der Veslelæger-Gipfel zweigt ein Pfad zur Musvoldalen-Talsohle ab; er folgt dem Ufer der Musvolåi durch dichte Vegetation und mündet kurz vor der Hütte wieder auf den Hauptpfad). Im Tal Musvoldalen soll 1977 ein Bär gesichtet worden sein, aus den Wintern 1964 und 1967 wird von Wolfsspuren berichtet.
Nach der Brückenüberschreitung kurz nordöstlich zur Hütte.

● 122 f Mysuseter – Eldåbu (DNT-Selbstbedienungshütte, 1000 m) via Steinbudalen
Unschwer, 6 Std., Anstieg ca. 400 m.
Karten 1718 I und 1818 IV.

Diese empfehlenswerte, aussichtsreiche Hochflächen- und Talwanderung wird in dieser Richtung nicht sehr häufig gegangen. Die Zielhütte ist auf der topographischen Karte nicht verzeichnet; zur genauen Lokalisierung siehe R 135.

Wie R 122e zur Pfadabzweigung an der Wasserscheide bei P. 1198 m. Dort nach Südosten gehen leicht aufwärts zur Einsattelung zwischen Skjerelfjellet, 1502 m (rechts vorn), und Steinbudalshø, 1387 m. (Lohnenswerter Ausflug über das Skjerelfjellet, die höchste Erhebung in diesem eigenartigen Gebiet, in dem es sich auch gut zelten läßt; es finden sich Stellen in dieser grünen Wüste, die aussichtsmäßig völlig von der Außenwelt abgeschnitten sind; weiterführender Spaziergang nach Süden zum Berg nordre Geitberget mit Blick auf den See Furusjøen und das Tal des Flusses Frya; vgl. R 134d.)

Von der Einsattelung nach Südosten in das Tal Steinbudalen absteigen; das Tal weist kaum Gefälle auf und ist stark vermoort; den Markierungen folgen, über zahlreiche Bäche, bis der Pfad den Fluß Eldåi erreicht, dem er bisher mit Abstand gefolgt ist. Fluß durchwaten (mehrere Stellen, keine die beste). Am Nordufer weiter flußabwärts, bis nach knapp 2 km der „tiefe Bach“ Djupbekken zu durchschreiten ist. Nach der Durchschreitung den Markierungen in südöstlicher Richtung vom Fluß Eldåi weg folgen zur Pfadkreuzung in unmittelbarer Nähe der Nationalparkgrenze (Grünweißstein). Hier nach Süden halten (nationalparkauswärts), dort liegt rechts oben im Wäldchen die Hütte Eldåbu.

● 123 Spranget (Parkplatz an der Nationalparkgrenze, ca. 1080 m) Südwest-Rondane;
Mautweganschluß ab R 122 (Mysuseter), im Winter nicht geräumt. Karte 1718 I.

Der Parkplatz liegt unmittelbar an der Nationalparkgrenze auf einer weiten, unbesiedelten Hochfläche mit phantastischer Aussicht: 17 Rondane-Hauptgipfel im weiten Rund, im Südwesten das Gipfel-

Der Wasserfall Brudesløret („Brautschleier"). Deutlich sichtbar sind die charakteristischen Schieferungen im Sparagmit-Sandstein.

meer des Jotunheimen. Blickfang im Nordosten sind die höchsten Rondane-Gipfel, Storronden, 2138 m, und Rondslottet, 2178 m, beide von der Hütte Rondvassbu (R 124) aus zu ersteigen. Im Norden erhebt sich das zerschrundene Smiubelgen-Massiv mit dem Doppelkar Kaldbekkbotn. Im Westen ragt karg und nackt der Formokampen, 1428 m, auf. Die vom Parkplatz aus markantesten Erhebungen im Jotunheimen sind der Glittertind, ca. 2464 m, der zweithöchste Berg Skandinaviens, und die Gipfel des Kvitingskjølen-Massivs.

Entwässert wird das Gebiet vom „großen Geröllfluß" store Ula. Er fließt aus dem See Rondvatnet aus und vereinigt sich bei Mysuseter mit dem „kleinen Geröllfluß" vesle Ula zur Ula. Durch das waldreiche Tal Uladalen (siehe R 36 unter dem Stichwort Kvitskriuprestene) fließt die Ula in das Tal Gudbrandsdalen ab und mündet nörd-

lich des Städtchens Otta in den Fluß Gudbrandsdalslågen (siehe R 36 unter dem Stichwort Selsvollene).
Die topographische und die Tourenkarte verlegen den Schlagbaum zu weit nach Nordosten. Parkplatz und Schlagbaum liegen an der Stelle, wo auf den Karten eine Stichstraße vom Transportweg abzweigt. Dieser Fahrweg ist nicht offen, wie die Karten angeben, sondern für Automobile und Motorräder gesperrt, aber mit dem Rad befahrbar (nicht sehr weit, aber in der Nebensaison hilfreich, da einige schöne Zeltstellen diesseits und jenseits des Flusses).
Zelten: Häufig stehen längs des Transportwegs (und auch in unmittelbarer Umgebung des Parkplatzes) Zelte. Den Leuten scheint es nichts auszumachen, unter den Blicken der Vorübergehenden im Straßengraben, der saisonal einzigen Wasserschöpfstelle außer der store Ula, ihren Verrichtungen nachzugehen. Eine Zeltmöglichkeit mit Infrastruktur bietet der auf den Karten nicht eingezeichnete Zeltplatz an der DNT-Hütte Rondvassbu (R 124).
Bergziele: Am Spranget-Parkplatz endet für viele der (Auto-)Ausflug. Sie äugen durch die Feldstecher, knipsen und steigen wieder in den Wagen. Andere fragen wenigstens, wo „man“ hier hingehen kann. Antwort: Zur DNT-Hütte Rondvassbu als dem Ausgangspunkt für die Besteigung aller Gipfel, die in Sicht sind. Interessante Kurzausflüge sind die Felsschlucht Spranget und die Renfanggruben sowie der Wasserfall Bruresløret südlich der Felsschlucht (siehe R 123b). Auch für das Massiv Sminbelgen ist Rondvassbu der bessere Ausgangspunkt (R 124e); die pfadlose Direktverbindung zwischen Parkplatz und Kar Kaldbekkbotn ist anfangs recht moorig, später mühselig (ewiges auf und ab durch die Steinwüste).

Hüttenziele auf Pfaden ab Parkplatz am Spranget (ca. 1080 m)

Zielname, Weg	höchste Höhe m	Stunden	Grad	Beschreibung
Rondvassbu via Transportweg	1200	1¼	leicht	R 123a
via Randen-Hang	1320	2	unschwer	R 123b
Mysuseter via Tansportweg	1080	1	leicht	R 122a
via store Ula	1080	1½	unschwer	R 123b

● **123 a** **Spranget – Rondvassbu** (bewirtschaftete DNT-Hütte, 1173 m) via Transportweg
Leicht, 1¼ Std. zu Fuß, 20 Min. Rad (7 km), Anstieg ca. 100 m.
Karte 1718 I.

Die klassische und während der Hauptsaison überlaufene Spazier-, Jogging- und Radroute (auch Kinderwagen möglich) von Südwesten ins Herz des Nationalparks zur DNT-Hütte Rondvassbu am See Rondvatnet, dem Ausgangspunkt für Tages- und mehrtägige Touren sowie für die Besteigung der höchsten Rondane-Gipfel.
Immer dem Transportweg folgen, neben dem es allerdings auch Trampelpfade gibt, z. B. falls dem ESSO-Tanklastwagen ausgewichen werden muß, der Nachschub für den Hüttengenerator herbeischafft. Die Gegend vor der Loni, dem buchtartigen Fortsatz am Ausfluß des Sees Rondvatnet, wird während der Hauptsaison auch als Sonnenbad- und Picknickparadies genutzt. Viele der Ausflügler und Ausflüglerinnen, die so bequem auf dem Transportweg spazieren und vor der Loni am Fuß der Berge den Freßkorb auspacken, sind offensichtlich der Ansicht, daß auch das Abfallproblem so bequem wie möglich gelöst werden muß: Den Dreck einfach hinter einen Felsen kippen und auf die Cola-Flasche eine Steinplatte legen. Der Norwegische Bergwanderverein DNT organisiert immer wieder freiwillige Gemeinschaftsarbeit, um diesen Müll zu beseitigen. Ich habe mir angewöhnt, die Mülltüte demonstrativ außen an den Rucksack zu hängen, wenn ich diesen Weg durchradle.

● **123 b** **Spranget – Rondvassbu** (bewirtschaftete DNT-Hütte, 1173 m) via Randen-Hang
Unschwer, 2 Std., Anstieg ca. 120 m.
Teilweise pfadlos; im Winter markierte Loipe.
Karte 1718 I.

Vom Parkplatz auf dem durch Felsblöcke gesperrten Fahrweg nach Norden (also nicht auf dem Transportweg, der nach Nordosten führt). Er führt zur kleinen Felsschlucht Spranget, die so heißt, weil der „große Geröllfluß“ store Ula hier früher übersprungen werden konnte. Die Erosion hat jedoch eine der Felswände zum Einsturz gebracht; ein riesiger, abgesprengter Block liegt nun mitten im Fluß

Das Kartal Rondholet trennt Storronden (r.) und Vinjeronden. Ein

(wer dem Fluß vom Spranget aus ca. 20 Min. abwärts folgt, gelangt zum Wasserfall Bruresløret; in dessen Umgebung finden sich auch Renfanggruben; wer auf diesem Pfad weitergeht, gelangt zur Siedlung Mysuseter; vgl. R 122 b).
Der Fahrweg überquert oberhalb der Spranget-Schlucht den Fluß store Ula auf einer festen Brücke. Der Pfad beginnt direkt hinter der Brücke (hangaufwärts), während der Fahrweg nach einem kurzen Stück flußauf endet (dort beginnt ein Pfad, der weiter oben in den ersten mündet). Der Pfad verläuft parallel zum Fluß, aber weiter oben am Hang, vorbei am Satansmoor (Satansrivillen) und zu den Hütten Rondheim und Krokutbekkhytta. Wenn der Bach Krokutbekken ein Hindernis darstellt, bleibt nichts übrig, als ihm im diesseitigen Uferbereich aufwärts zu folgen und ihn bei Gelegenheit zu durchschreiten oder aber auch so weit hinaufzugehen, bis der markierte Pfad R 127 a erreicht wird. Nun abwärts wie R 127 a.

schmaler Grat verbindet Vinjeronden und Rondslottet (hinten).

● **123 c** **Fremre Illmannhøi** (Doppelkuppe, 1698 und 1602 m)
Unschwer, Anstieg ca. 620 m.
Karte 1718 I.

Wie R 123a auf dem Transportweg aufwärts Richtung Hütte Rondvassbu. Nach gut 3 km (wenn es nicht weiter aufwärts geht) auf das Steinmal rechts am Straßenrand achten; kurz dahinter zweigt ein T-markierter Pfad nach rechts ab. Diesem ein Stück folgen, aber nicht zu weit, und dann nach Sicht pfadlos aufsteigen.
Es ist auch möglich, vom Parkplatz aus querfeldein auf die fremre Illmannhøi zuzugehen. Das kann als angenehmer als auf dem Transportweg empfunden werden, doch zwingt das erste Moor zum Ausweichen auf den Transportweg.
Unschwerer Weitergang nach Nordosten zum „Rentierstachel" Simlepiggen, 1721 m, der nach Norden steil in das Tal Illmanndalen hinabfällt. Abstieg nach Nordwesten.

• 124 Rondvassbu (bewirtschaftete DNT-Hütte, 1173 m)
Rondane-Zentrum am See Rondvatnet.
1¼ Std. zur Straße am Spranget (R 123), 20 Min. mit Rad.
Karte 1718 I.

132-Betten-Herberge (Mobiltel. 097-89763 oder über 0105 Verbindung Otta Kanal 63 Nummer 56096; N-2670 Otta/Rondane), 16 Betten Selbstbedienungsquartier (geschlossen 1. Mai bis 10. Juni), provisorischer Zeltplatz; geöffnet ca. zweite Februarhälfte bis nach Ostern sowie ca. zweite Junihälfte bis ca. erste Septemberhälfte.
Wintersport nordisch: Markierte Loipen Rondvassbu – Mysuseter (11 km), Rondvassbu – Bjørnhollia (13 km) und Rondvassbu – Peer Gynt hytta (10 km) bzw. Rondvassbu – Høvringen (20 km); nicht markierte Loipen Rondvassbu-Døràlseter (16 km) und Rondvassbu-Eldåbu (16 km); zahlreiche Möglichkeiten zum Tourenskilauf im Bereich des Skibergsteigens.
Bootsverkehr: Auf dem See Rondvatnet mit dem Boot „Rondanegubben" zur Nordbucht Nordvika: ca. 1. Juli bis ca. 31. August täglich 9.00 und 16.00 Uhr Rondvassbu – Nordvika bzw. 9.30 und 16.30 Nordvika – Rondvassbu (die etwa 20minütige Bootsfahrt ersetzt die Zwei-Stunden-Wanderung über den Rondhalsen; ich würde mich allerdings nicht darauf verlassen, daß das Boot tatsächlich fährt, also erkundigen; außerdem ist das Boot sehr klein und der Andrang in der Hauptsaison oft sehr groß)
Radparkplatz: Das Rad kann am Geländer der festen Wegbrücke kurz vor Rondvassbu angeschlossen werden. Diese Wegbrücke ist für Leute, die nicht in der Hütte Rondvassbu nächtigen, der Ausgangspunkt für die Besteigung fast aller Gipfel (besserer Ausgangspunkt als die Hütte).

Rondvassbu liegt am Ostufer des Sees Rondvatnet. Wie eine tiefe Rinne zieht sich dieser 4 km lange, überwiegend von hohen Flanken und Steilhängen eingefaßte und bis auf wenige Meter strandlose, oft noch Anfang Juli teilvereiste See von Nord nach Süd durch die Rondane. Der See ist schön, aber tot: Während der Schnee- und Eisschmelze dringen die herbeigewehten Ablagerungen der britischen, belgischen und Ruhrindustrie, die sich während der langen Verei-

sung auf dem See angesammelt haben, mit einem Mal ins Wasser. Nichts lebt mehr. Wiederbelebungsversuche erfolgen mit Kalk.
Östlich des Sees erhebt sich der Höhenzug Rondvasshøgdi mit den beiden höchsten Rondane-Gipfeln, Rondslottet und Storronden. Rondvasshøgdi wird im Süden begrenzt vom Tal Illmanndalen und im Norden vom Tal Langglupdalen. Das Tal Langglupdalen wiederum trennt die Rondvasshøgdi vom zweiten zentralen Rondane-Massiv, der Gipfelgruppe Høg-, Midt- und Digerronden. Das Tal Illmanndalen trennt die Rondvasshøgdi von den Kuppen fremre und indre Illmannhøi, die nach Süden hin flach auslaufen. (Auf neuen Karten wird nur noch der Rücken längs des Tals Illmandalen als Rondvasshøgdi bezeichnet).
Westlich des Sees Rondvatnet erhebt sich das zerschrundene Massiv Smiubelgen. Seine Hauptgipfel sind die durch Grate verbundenen Veslesmeden („der kleine Schmied"), Storsmeden („der große Schmied"), Steet („der Amboß") und Sagtinden („die Sägezinne"). Diese Gipfelnamen, die erst nach der Jahrhundertwende aufkamen, sind dem Bereich des Schmiedehandwerks entlehnt. Die Begründung: In den Karen bläst es so stark, als würden die Luftströme von einem Balg erzeugt (-belgen = der Balg).
Mit über 8000 Übernachtungen jährlich zählt Rondvassbu, die einzige bewirtschaftete Hütte innerhalb des Nationalparks Rondane, zu den größten DNT-Hütten. Die erste, private Hütte an dieser Stelle wurde 1903 errichtet und 1928 vom DNT erworben (modernisiert 1971).

Der einfachste und meistbegangene Gipfel ist der Storronden (R 124h). Seine Begehung ist auch als Abendspaziergang empfehlenswert, wenn der Westrücken in der Sonne badet. Die schönste Top-Tour ist die Gratwanderung vom Vinjeronden über die „Schloßbrücke" zum Rondslottet, dem höchsten Rondane-Gipfel (R 124i); diese anspruchsvolle Gipfelbesteigung kann als Anmarschweg für die DNT-Hütte Bjørnhollia dienen. Eine empfehlenswerte Kurztour ist die zum Veslesmeden (R 124g).
Abwechslungsreicher als Storronden und Rondslottet ist das Smiubelgen-Massiv (Veslesmeden gehört dazu, Rondhalsen bildet den Ostrand). Der unschwere Pfad R 124c zur Einkehrhütte Peer

RONDANE
Døråi
dalen
1511 Salen
Diger-ronden 2015
botn 1356
Midt-ronden 2060
2042
Galen-botn
1852
1898 nordre
1740
Hammaren
austre 1849
1883
søre 1922
Smed-botn
Tjørnbotn
Bergedals-tjørnin 1233
Rondvassdalen
1450
Lang-holet
1560
Vesle-smeden 2015
Rond-slottet 2178
Høyeste topp i Rondane
Stor-botn
Langglupdalen
miulbelgen
2016 Storsmeden
1871
1647
Styggebotn
2044 Vinjeronden
Kaldbekk-botn
1996
1571
Steet
1794
Hoggbeitet
1805
Harabotn
Krokut-bekkbotn
Rond-halsen
Svart-hammaren
Rondvatnet
1840
Svartnuten
Rondholet
Storronden
2138
1951
1768
Rondvassbu
Dyregrav
Kaldbekken
1167
Jutulhogget
DNT
1221 fremre Illmanntjørni
1274
1279
Illmanntjønne
Veslerander 1473
2,5t
1,5t
5t
Simlepiggen 1721
1698
1602
fremre Illmannhøi
indre Illmannhøi
1397
1388
Krokutbekken
store Ulla
Krokutbekkhytta
Rondheim
Leirflyi
Illmannbui
Leitåi
Leirååi
Høgloftet
N.P.
OEN S.A.
Flatfjellet
1081
Spranghaugen
fremre Gietarbui

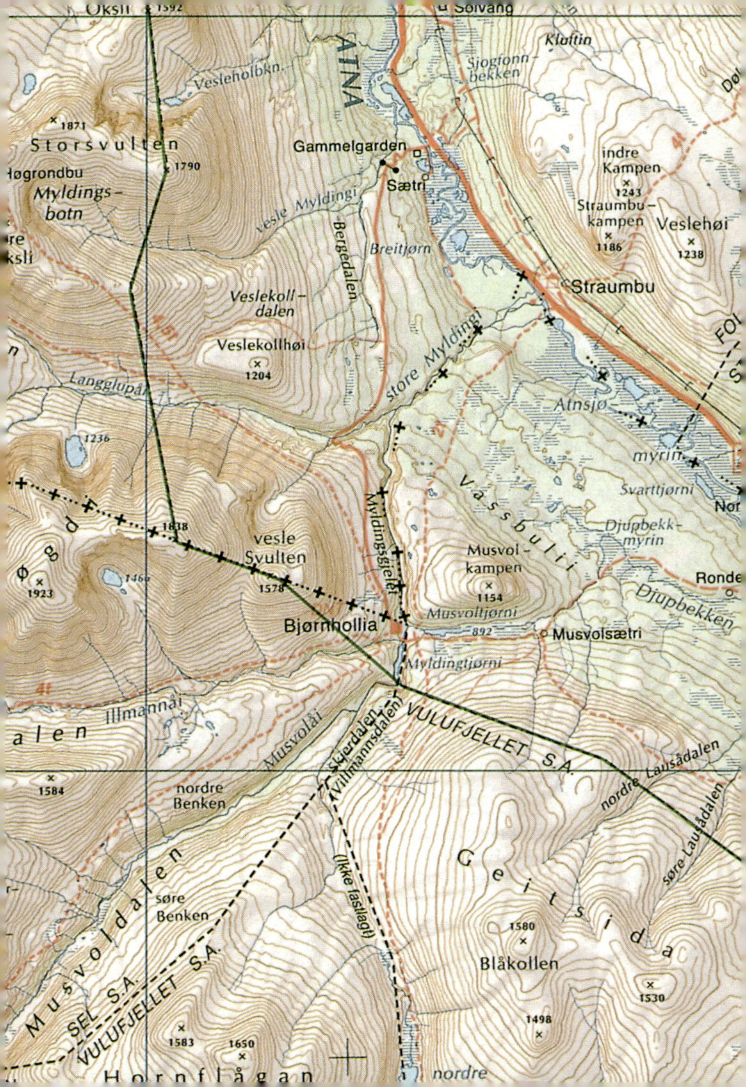

Oksli
1592
Sølvang
Kluftin
ATNA
Sjogfonnbekken
Vesleholbkn.
1871
Storsvulten
1790
Gammelgarden
Sætri
Høgrondbu
Myldingsbotn
vesle Myldingi
Bergedalen
Breitjørn
indre Kampen
1243
Straumbukampen
1186
Veslehøi
1238
Straumbu
Veslekolldalen
Veslekollhøi
1204
store Myldingi
Langglupåi
Atnsjømyrin
1236
Svarttjørni
Vassbulii
Djupbekkmyrin
1838
vesle Svulten
1578
1466
1923
Myldingsgjelet
Musvolkampen
1154
Ronde
Djupbekken
Musvoltjørni
892
Bjørnhollia
Musvolsætri
Myldingtjørni
Illmannåi
Musvolåi
Skjerdalen (Villmannsdalen)
VULUFJELLET S.A.
nordre Lausådalen
1584
nordre Benken
søre Lausådalen
Geitsida
Musvoldalen
søre Benken
(Ikke fastlagt)
1580
Blåkollen
1530
SEL S.A.
VULUFJELLET S.A.
1583
1650
1498
Hornflågan
nordre

Bergziele ab Hütte Rondvassbu (1173 m)				
Zielname	Höhe m	Pfad	Grad	Beschreibung
Rondslottet	2178	ja	anspruchsvoll	R 124 ij
Storronden	2138	ja	anspruchsvoll	R 124 h
Vinjeronden	2044	ja	anspruchsvoll	R 124 i
Storsmeden	2016	nein	anspruchsvoll	R 124 e
Veslesmeden	2015	ja	mittel	R 124 g
Steet	1996	nein	anspruchsvoll	R 124 e
Rondvasshøgdi vestre	1951	nein	mittel	R 124 l
Ljosåbelgen	1948	nein	anspruchsvoll	R 124 t
Rondvasshøgdi midtre	1923	nein	anspruchsvoll	R 124 l
Svartnuten	1840	nein	anspruchsvoll	R 124 s
Hoggbeitet	1805	nein	mittel	R 124 r
Simlepiggen	1721	nein	mittel	R 123 c
Fremre Illmannhøi a	1698	nein	mittel	R 123 c
Fremre Illmannhøi b	1602	nein	mittel	R 123 c

Hüttenziele auf Pfaden ab Hütte Rondvassbu (1173 m)				
Zielname, Weg	höchste Höhe m	Stunden	Grad	Beschreibung
Peer Gynt hytta	1380	2½	unschwer	R 124 c
Døralseter via Langholet	1750	7	mittel	R 124 e
via Rondhalsen	1647	5	mittel	R 124 f
via Rondslottet	2178	7–8	anspruchsvoll	R 124 o
Bjørnhollia via Illmanndalen	1279	3½	unschwer	R 124 k
via Storronden	2138	6–7	anspruchsvoll	R 124 l
via Langglupdalen	1418	5	unschwer	R 124 m
via Rondslottet	2178	7–8	anspruchsvoll	R 124 n
Eldåbu via Steinbudalen	1270	6	mittel	R 124 p
Rondablikk via Rørosvegen	1210	4–5	unschwer	R 124 b
Høvringen via Peer Gynt hytta	1380	5	unschwer	R 124 c
Smuksjøseter via Peer Gynt h.	1380	3½	unschwer	R 124 c
Putten Seter via Peer Gynt h.	1380	5	unschwer	R 124 c
Mysuseter via Peer Gynt hytta	1380	5	unschwer	R 124 c
via Transportweg	1200	2¼	leicht	R 123 a
via store Ula	1200	3	unschwer	R 123 b
via Rørosvegen	1220	3½	unschwer	R 124 d

Gynt hytta verläuft am Südrand dieses Gebiets. Der faszinierende, an einer Stelle etwas anspruchsvolle Pfad R 124e führt direkt in es hinein.
Der erste Teil von Pfad R 124e ist auch als Spaziergang zu empfehlen: zuerst in den Canyon Jutulhogget, dann hinauf zu den Renfanggruben im Gebiet von Steet und Svarthammaren.

● **124a Rørosvegen** (historischer Weg in die Bergwerksstadt Røros)

Cappelens Karten bezeichnen Pfad R 124b vom See Furusjøen zum See Rondvatnet als „Rørosvegen". Es handelt sich um einen der historischen Verbindungswege zwischen dem Tal Gudbrandsdalen und der Bergwerksstadt Røros.
Nach der Gründung des Kupferwerks von Røros im Jahr 1644 mußten die Rondane plötzlich ein gewaltiges Verkehrsaufkommen verkraften: neben den Erz- und Lebensmitteltransporten Lieferungen aller Art (bei Lillehammer bestand ein Lager) sowie all jene Menschen, die in Røros Arbeit suchten. Die Wege, die aus dem Tal Gudbrandsdalen über das Gebirge nach Røros führten, wurden „Rørosveger" genannt („Røros-Wege"). Es gab mehrere von ihnen, der auf der Karte so bezeichnete ist der bekannteste: Er führte vom See Furusjøen den Fluß Glitra aufwärts und über das Flatfjellet zum See Rondvatnet. Die Pferde wurden wie R 124f westlich des Sees Rondvatnet über den Rondhalsen geführt und an der Nordbucht des Sees wieder angespannt. Dann ging es weiter in das Tal Dørålen und nach Folldal. Die Rørosvegene wurden auch von denen benutzt, die sich im Sommer als Holz- oder Hofarbeiter in den Talschaften des Østerdalen verdingten.
Ein anderer Røros-Weg führte von Sødorp beim jetzigen Dichtort Vinstra hinauf ins Fjell. Er ist auf der Strecke von Sødorp bis Fryvollan dem Peer-Gynt-Almweg (R 33a) gewichen. Während dieser befahrbare Weg in Fryvollan nach Nordwesten knickt und dem Fluß Frya aufwärts zum See Furusjøen folgt, ist der alte Rørosvegen von Fryvollan ein Karrenweg bzw. Pfad, der nach Norden in das Tal Hornflådalen und an den Vulutjørna-Seen vorbei zur jetzigen DNT-Hütte Bjørnhollia und weiter nach Osten in das Tal des Flusses Atna führt.

● 124 b Rondvassbu – Rondablikk (Hotel, 910 m) via Rørosvegen

Unschwer, 4 – 5 Std., Anstieg ca. 40 m.

Karte 1718 I.

Aussichtsreiche Hochflächenwanderung auf dem historischen Rørosvegen (R 124 a). – Auf dem Transportweg Richtung Spranget, bis nach ca. 2 km der markierte Pfad links abzweigt. Auf ihm immer nach grob Südsüdwesten bis zum See Furusjøen (ca. 9 km bis dorthin ab Transportweg), die letzten gut 4 km im Westuferbereich des Flusses Glitra. In der Sommerhauptsaison legt in der Bucht Glittervika, wo der Fluß Glitra in den See Furusjøen mündet, das Ausflugsboot an (ca. alle Dreiviertelstunden); mit diesem Boot über den See fahren und an der südlich gegenüberliegenden Bucht Kvamsvika aussteigen; von dort Pfad zum Hotel Rondablikk. Verkehrt das Boot nicht, wird der See westlich umgangen (über den Fahrweg, der nach knapp 1 km vom See nach Nordwesten wegführt, ist die Siedlung Mysuseter mit Herberge Mysuseter Fjellstue zu erreichen; ca. 4 km bis dorthin; vgl. R 122).

● 124 c Rondvassbu – Peer Gynt hytta (Brotzeithütte, ca. 1100 m)

Unschwer, 2½ Std., Anstieg ca. 210 m.

Karte 1718 I.

Aussichtsreiche Spazierwanderung in überwiegend offenem Gelände auf dem Südabfall des Smiubelgen-Massivs; unterwegs Begehung mehrerer Gipfel möglich; die Zielhütte bietet während der Hauptsaison (Ostern und Sommer) Einkehr, aber keine Unterkunft. Auf dem Transportweg einige Minuten Richtung Spranget bis zur Wegbrücke über den Bach, der von links (= Osten) aus dem Tal Illmanndalen herausfließt. Die feste Brücke überschreiten und gleich dahinter auf dem Trampelpfad nach rechts hinab (vorbei am Fundament der ehemaligen Rørosvegen-Übernachtungshütte, vgl. R 124 a) zur Stegbrücke über den Fluß store Ula, der aus der Loni ausfließt, dem buchtartigen Fortsatz des Sees Rondvatnet. Die Stegbrücke überschreiten und kurz nach Nordnordosten aufwärts, bis kurz vor dem unteren Ausgang des Canyons Jutulhogget der Pfad nach links abzweigt (Wegweiser oben).

Das „See-Taxi" pendelt zwischen Rondvassbu (r.) und der Nordbucht des Sees Rondvatnet. Hinten die Digerronden-Pyramide.

Nun schräg auf dem Südabfall des Smiubelgen-Massivs leicht aufwärts – kleinere Bachdurchquerungen – zur Senke zwischen den Hügeln Randen, 1397 m (links = südlich), und Vesleranden, 1473 m, und von dort weiter nach Westen, an der offenen Steinhütte

Ljosåbui vorbei zur Peer Gynt hytta; nähere Anmerkungen zu diesem Pfad siehe R 127a. Zu den von der Peer Gynt hytta erreichbaren Hüttenzielen siehe R 127. Unterwegs außerdem folgende Bergziele: Ljosåbelgen (R 124t), Smiukampen (R 124u), Hoggbeitet (R 124r).

Jutulhogget (Canyon): Der Name Jutulhogget („Riesen-Kerbe") ist eher aus dem westlichen Randgebiet der Femundsmarka bekannt. Dort klafft im Fjell zwischen den Tälern Glåmdalen und Tylldalen (südöstlich von Alvdal, unweit der Reichsstraße 3) ein mehr als 2 km langer und über 100 m breiter Riß, der ebenfalls von Bergriesen (jutul) gehauen worden sein soll. Das Jutulhogget am See Rondvatnet ist im Vergleich dazu bescheiden, aber durchaus einen Blick wert: Je nach Wasserstand den „kalten Bach" Kaldbekken aufwärtswaten (bei niedrigem Wasserstand Steine) in den Canyon hinein, kaum 2 Minuten bis zum Knick, dort Blick auf den Wasserfall. Steinschlaggefahr.

● **124d** **Rondvassbu – Mysuseter** (Unterkunft, ca. 900 m) via Rørosvegen
Unschwer, 3½ Std., Anstieg ca. 50 m.
Karte 1718 I.

Weite Aussicht. Von der Hütte gut 2 km auf dem Transportweg Richtung Spranget, bis der Pfad links abzweigt. Weiter wie R 122c.

● **124e** **Rondvassbu – Dørålseter** (Herberge/n, ca. 1060 m) via Langholet
Mittel, 7 Std., Anstieg ca. 590 m.
Im Winter gefährlich. Karte 1718 I.

Phantastische (Tal-)Tour mit der Möglichkeit zur Besteigung von Storsmeden, 2016 m, und Steet, 1996 m.

Wie R 124c durch das Mündungsdelta des „kalten Bachs" Kaldbekken, aber vor dem Canyon Jutulhogget nicht nach links abzweigen, sondern hinab zum unteren Ausgang des Canyons. Der Bach Kaldbekken, der aus dem Canyon herausfließt, wird auf einer Stegbrücke überschritten (zum Canyon siehe R 124c).

Nach der Überschreitung des Stegs führt der markierte Pfad nach Nordwesten aufwärts. Nach ca. 1 km Pfadverzweigung mit Wegweiser: Nach Norden die Rondhalsen-Senke aufwärts führt der T-Pfad zum Gipfel Veslesmeden (R 124g) bzw. zu den Herbergen von Dørålseter via Rondhalsen (weiter wie R 124f), während es zum Kartal Langholet nach Westnordwesten geht mit dem Abbruch des „schwarzen Hammers“ Svarthammaren als Orientierungsmerkmal. Der T-markierte Pfad folgt hier einem alten Renwechsel: Die erste Fanggrube, die findige Jäger bauten, ist unterhalb des schwarzen Hammers direkt neben dem Pfad zu besichtigen.

Kaldbekkbotn (Doppelkar): Der Pfad folgt dem Fuß des Svarthammeren-Abbruchs blockig in das Doppelkar Kaldbekkbotn hinein. Die westliche Begrenzung dieses Kars bildet der Ostabbruch des „Ambosses“ Steet. Zwischen schwarzem Hammer und Amboß also in das Kar hinein, das sich erst allmählich als Doppelkar entpuppt: rechts vorn indre Kaldbekkbotn („inneres Kaltbachkar“) und links fremre Kaldbekkbotn („vorderes Kaltbachkar“). Das „innere“ ist eins der vier Kare, die das Eis in den dahinter aufragenden „kleinen Schmied“ Veslesmeden, 2015 m, geschürft hat. Nördlich des „vorderen“ Kars erhebt sich der „große Schmied“ Storsmeden, 2016 m. Großer und kleiner Schmied sind durch einen stufigen Grat miteinander verbunden.

Nun über/durch den kalten Bach Kaldbekken und in das „vordere“ = linke = westliche Kar hinein. Allmählich kaum Blickkontakt mehr zur Außenwelt, nur noch Karwände, Geröll und Blöcke sowie das nächste Etappenziel rechts vorn, das Band Langholsbandet.

Langholsbandet (Band): Das Band Langholsbandet, ca. 1740 m, spannt sich mit gigantischer Nord-Aussicht sattelartig vom „großen Schmied“ Storsmeden, 2016 m, nach Westen zum „Amboß“ Steet, 1996 m, und trennt das Kar fremre Kaldbekkbotn vom Kartal Langholet. Das Band ist Ausgangspunkt für die nicht markierte Besteigung dieser beiden Gipfel, wobei die Begehung des Steet unschwer ist. Nicht so einfach ist der Storsmeden, weil die riesigen Blöcke teilweise die Sicht versperren (vom Band aus gesehen rechts aufsteigen).

Der Aufstieg aus dem Kar Kaldbekkbotn zum Band Langholsbandet dauert ein Weilchen (teils Blockwerk, teils rutschender Kleinschutt), doch gibt es keine ausgesetzte Stelle, und Fortbewegung auf Dreien ist ebenfalls nirgends erforderlich. Im Routenbuch des Norwegi-

schen Bergwandervereins DNT wird der Aufstieg als „steil“ und „im Winter gefährlich“ bezeichnet.
Oben auf dem Band grandiose Aussicht sowie Orientierung für den Weitermarsch: in das Kartal Langholet hinunter, das links von der „Sägezinne“ Sagtinden, 2018 m, und rechts vom søre Hammaren mit den Gipfeln, 1922 m und 1883 m, begrenzt wird (Benennung søre Hammaren nach der topographischen und nach Cappelens Tourenkarte; sonst werden diese Gipfel als Smedkinninn = „die Schmiedebacken“ bezeichnet).
Im Kartal Langholet (wenig Gefälle) zwei Seen; der Pfad verläuft rechts (= östlich) des Wasserlaufs, der aus dem zweiten (= unteren) See Langholvatnet, 1450 m, austritt. Blick nach links vorn auf den kalkreichen „Wasserberg“ Vassberget mit seiner 600-m-Wand. Geradeaus vorn die „grausigen Höhen“ Stygghøin mit dem „vorspringenden Schnabel“ Skagsnebb. Kalkreich bedeutet fruchtbar: Die Vassberget-Wand geht im Süden in die Pflanzenoase Slettløyftet über (R 126f).
Verkilsdalsbotn (Großkar): Am See Langholvatnet, 1450 m, flacht die Sägezinne Sagtinden links aus (vermutlich 1901 erstmals erstiegen von Just Thoner; auf die in einem Kar immer vorhandene Felssturzgefahr verweisen die haushohen Trümmer, die aus dem Sagtinden nach Westen herausgebrochen sind). Wer den Sagtinden umrundet, gelangt in eins der gigantischsten Kare Norwegens, das Großkar Verkilsdalsbotn: 3,5 km lang, bis zu 2,5 km breit, umstanden von bis zu 470 m hohen Wänden; Großkar bedeutet, daß es aus mehreren Karen besteht; die kleineren öffnen sich im Süden; dort liegt/hängt der größte Rondane-Gletscher, der „blaue Gletscher“ Blåbreen zwischen den Gipfeln Bråkdalsbelgen (R 127c) und Ljosåbelgen (R 124t). Aus dem obersten See im Kar tritt das Quellflüßchen der Atna aus (bis zur Mündung des Bachs Bergedalsbekken heißt die Atna Døråi); östlich dieses Sees zieht sich ein Grat zum „Amboß“ Steet hinauf.
Zurück zum T-Pfad, der am See Langholvatnet, 1450 m, verlassen wurde: Allmählich ins Flußtal hinunter, anfangs etwas steil und durch einen Teil des Langholskridu, dem Resultat eines Felssturzes; der Pfad folgt dem „Tür“-Fluß Døråi abwärts durch das Tal Døràlen. Dieser letzte Teil der Wanderung kann als langwierig emp-

funden werden. Immer flußabwärts, auf der Stegbrücke über den großen Bach Bergedalsbekken (ab der Mündung heißt der Talfluß nicht mehr Døråi, sondern Atna) und wenig später auf der Brücke über den Fluß Atna, der hier die Nationalparkgrenze bildet. Am anderen Flußufer rechts hinauf, stellenweise sumpfig, zu den Herbergen von Dørålseter.

Auf dem Paß Langholsbandet öffnet sich der Blick in das archaische Kartal Langholet mit der schwarzen Sagtinden-Ostwand und der von der Sonne beschienenen Wand des Vassberget weiter hinten. Obwohl hier der T-markierte Pfad von Rondvassbu nach Dørålseter verläuft, sind kaum Menschen anzutreffen. Die meisten ziehen es vor, mit dem Taxi über den See Rondvatnet zu tuckern. Vom Paß erfolgt der Aufstieg zum Storsmeden (r., nicht im Bild) und zum Steet.

• 124 f Rondvassbu – Døràlseter (Herberge/n ca. 1060 m) via Rondhalsen
Mittel, 5 Std., Anstieg ca. 480 + 40 = 520 m
(mit Boot = ohne Rondhalsen = 3 Std.);
Karte 1718 I.

Vielbegangene Route. Rondhalsen ist der Berg-„Hals" westlich des Sees Rondvatnet.

Wie R 124e am unteren Ausgang des Canyons Jutulhogget vorbei und aufwärts zur beschilderten Pfadabzweigung. Nun geradeaus weiter die „hals"-artige Senke hinauf (Zielpunkt das Ende rechts hinten), auf die Dauer vielleicht etwas eintönig, da nichts als Geröll und Schutt. Über den Rondhalsen wurden früher die Pferde getrieben (R 124a). Bevor es hinaufgeht, zweigt nach links der Pfad zum Gipfel Veslesmeden ab (Wegweiser). Wer ohnehin zum Veslesmeden will, braucht sich nicht an den Rondhalsen-T-Pfad zu halten, das Geröll- und Blockgelände links ist mit Bergstiefeln gut gangbar.

Weiter Richtung Dørålseter: Von der höchsten Stelle geht es hinab Richtung Nordbucht des Sees Rondvatnet, teilweise steil (links öffnet sich das Kar Rondhalsbotn mit Blick auf den Veslesmeden, vorn rechts erhebt sich die enorme Pyramide des Digerronden, und jenseits des Sees Rondvatnet öffnet sich das riesige Kar Styggebotn zwischen Rondslottet und Vinjeronden). Der Pfad berührt nicht die Nordbucht, jedoch besteht die Möglichkeit, hinabzulaufen und mit dem Boot zur Hütte Rondvassbu zurückzufahren.

Nördlich des Sees geht es weiter nordwärts, kaum ansteigend, auf dem Boden des engen Tals Rondvassdalen, über Bäche, an Pfützenseen vorbei, rechts ragt die Rondslottet-Westflanke auf. Im Gebiet der Seen Bergedalstjørnin, 1233 m, wird nach ca. 2 km die Wasserscheide erreicht. Unterhalb des pyramidenförmigen Digerronden, 2015 m, läuft hier das Tal Rondvassdalen in das Tal Bergedalen ein. Hier Pfadkreuzung: Durch das anfangs kaum Gefälle aufweisende Tal Bergedalen Richtung Norden abwärts führt der Pfad zu den Herbergen von Dørålseter, während der Pfad zur DNT-Hütte Bjørnhollia bzw. zum Rondslottet-Gipfel nach Osten hinauf knickt. Nun immer auf der linken (= West-)Seite des Bachs Bergedalsbekken talabwärts zum Fluß Atna. Dort wird der Bach Bergedalsbekken auf einer Stegbrücke überschritten. Noch ca. 1 km flußabwärts, dann führt eine kurze Hängebrücke über den Fluß Atna, der hier die Grenze des Nationalparks bildet. Nach der Überschreitung der Brücke dem Pfad rechts hinauf zu den Herbergen von Døràlseter folgen.

● **124 g** **Veslesmeden** (Gipfel, 2015 m) via Rondhalsen
Mittel, 5 Std. auf und ab, Anstieg ca. 850 m.
Karte 1718 I.

Außer in der Rondhalsen-Senke sehr aussichtsreich. – Wie R 124 f die wasserlose Rondhalsen-Senke hinauf bis zur beschilderten Pfadabzweigung „Veslesmeden". An ihr nach links gehen und den Geröllhang hinauf, unterwegs Jagdstand aus Steinen sowie primitivste Steinbude (eher ein „Loch"), die sich als Notunterkunft nutzen läßt. Nach der Überwindung des Geröllhangs beginnt der aussichtsreiche Teil der Tour. Grobblockig nur die letzten paar Höhenmeter, aber gut markiert.
Der „kleine Schmied" Veslesmeden ist von vier Karen umgeben: im Osten das Kar Rondhalsbotn bzw. Rondvassvbotn, das größte Kar; es mündet zum Tal Rondvassdalen hin aus, hinter dem sich das Rondslottet erhebt; im Norden das kleine Kar Tjørnbotn; im Westen das Kar Smedbotn, hinter dem die Smedkinninn-Gipfel steil aufragen; im Süden schließlich das Kar indre Kaldbekkbotn.
Nachbar des Veslesmeden im Südwesten ist der „große Schmied" Storsmeden, 2016 m; beide verbindet ein scharfer, schwieriger Stufengrat, der auf alten Karten den Namen Smedbotnbandet trägt. Der Storsmeden ist gut zu ersteigen vom Band Langholsbandet aus (R 124 e).

● **124 h** **Storronden** (Gipfel, 2138 m)
Mittel, 2½ Std. auf, 1½ Std. ab, Anstieg ca. 970 m.
Karte 1718 I.

Zweithöchster und meistbegangener Rondane-Gipfel. – Anstieg wie R 124 i und weiter auf dem breiten Storronden-Westrücken, durchgehend Geröll- und Blockgelände, wasserlos (aber im Gipfelbereich meist ganzjährig Schneeflecken), oben typisch norwegische Gipfeltäuschung (was wie der Gipfel aussieht, ist nicht der Gipfel, es geht dann noch ein letztes, zähes Stück aufwärts). Der Gipfel bricht

im Osten in einer Wand zum Kar Langbotn und im Norden zum Kar Storbotn ab. Blick hinüber zum dritthöchsten Rondane-Gipfel, dem Høgronden jenseits des Tals Langglupdalen, sowie zu dem doppelgipfligen Sølnkletten im Alvdal Vestfjell. Die Sicht nach Westen reicht bis zum Jotunheimen, nach Südwesten bis zum 185 km entfernten Norefjell (fast Hardangervidda).
Möglichkeit zur Fortsetzung der Tour wie R 124 l zur bewirtschafteten DNT-Hütte Bjørnhollia.

● **124 i** **Rondslottet** (Gipfel, 2178 m) via Vinjeronden
Anspruchsvoll, 4 – 5 Std. auf, 2 – 3 Std. ab, Anstieg ca. 1150 m; nur bei Sicht und Trockenheit gehen.
Karte 1718 I.

Höchster Rondane-Gipfel.
Hinter der Hütte windet sich der Pfad in Serpentinen gut 40 Höhenmeter den Felshang hinauf (der alternative Startpunkt ist die Transportwegbrücke in unmittelbarer Nähe der Hütte); kurz nachdem das Gelände einflacht, kommt eine Pfadverzweigung (Wegweiser): Im Osten öffnet sich das Tal Illmanndalen, durch das der Pfad zur bewirtschafteten Hütte Bjørnhollia führt (weiter wie R 124 k); dieses Tal wird anfangs links von der Storronden-Südflanke begrenzt. Der Pfad zu den Gipfeln Storronden und Rondslottet führt an der Pfadverzweigung nach links hinauf zum Ansatz des Storronden-Westrückens. Hier erneut Pfadverzweigung mit Wegweiser: Der Storronden-Pfad folgt bis zum Gipfel dem Storronden-Westrücken; der Rondslottet-Pfad hingegen führt kurz nach Nordnordosten hinauf (links ein Köpfchen, 1447 m, das die Sicht verdeckt) und dann hinab in das Kartal Rondholet mit überraschender Aussicht hinüber zum Jotunheimen. Die winzige Insel im Bach Rondholbekken am Anfang des Tals unterhalb des steil aufsteigenden Svartnuten, 1840 m, ist die einzige Stelle mit ebenem, weichem Erdboden.
Nächstes Etappenziel ist der Kartalschluß vorn zwischen Vinjeronden und Storronden. Die Entfernung von der Insel zum Talschluß beträgt nur rund 2 km, doch Bremser sind nicht nur Höhenunter-

Der brüchige Sandstein läßt jeden Kletterversuch im Firkløverveggen („Vier-blättriges-Kleeblatt-Wand") am Storronden scheitern.

schied, Blöcke und Geröll, sondern bei Sonne vor allem Hitze und fast völlige Windstille (Wind erst wieder auf dem Talschluß vorn). Der nur am roten T erkennbare Pfad folgt dem Bach Rondholbekken aufwärts. Links wachsen aus der Flanke des Vinjeronden-Westrückens einige Hämmer (Abbrüche) heraus. Dieser pfadlose Westrücken bildet eine gute Alternative beim Rückmarsch; der Abstieg vom Westrücken ins Kartal Rondholet erfolgt direkt westlich des ersten (= westlichsten) Hammers; die Flanke ist allerdings sehr kleingeröllig (Wanderstab als drittes Bein gut).
In 1470 m Höhe verbreitert sich der Bach Rondholbekken zu einer seeartigen Pfütze, die die letzte Wasserschöpfmöglichkeit bildet. Nun beginnt der Aufstieg zum Talschluß zwischen Storronden und Vinjeronden. Auf der Geröllflanke halten sich lang Schneefelder.
Der paßartige Talschluß entpuppt sich oben, 1800 m, als Rückwand des restvergletscherten Kars Storbotn. Die Wand fällt knapp 300 m zum Karsee ab und ist im Frühsommer überwächtet; die Karwand rechts unter dem Storronden ist noch einmal 200 m höher. Schöne Aussicht zurück und auf den Jotunheimen sowie über das Kar Storbotn hinweg auf das Tal Langglupdalen und auf den Gipfel Hegronden, 2114 m.
Nun beginnt der Aufstieg zum Vinjeronden, dem Südgipfel des Rondslottet: über flechtenbewachsene (bei Nässe rutschig), bis zu übermannshohe Felsblöcke aufwärts, T-markiert. Auf dem Vinjeronden-Gipfel hält sich lang Schnee. Wenn sie oben den Schnee erblicken, lassen sich viele entmutigen, weil sie – noch zwischen den Blöcken der Flanke stehend – denken, dieser Schnee liegt über ebenso riesigen Blöcken: Der Gipfel des Vinjeronden ist aber sehr breit und flach (Gipfelplateau), so daß auch bei Schnee kein Grund besteht, die Tour direkt unter dem Gipfel abzubrechen.
Weiter Ausblick vom Vinjeronden, 2044 m; der Vinjeronden kann als atmosphärisch schöner als das Rondslottet empfunden werden. Nun geht es die Vinjeronden-Nordflanke über Plattengeröll hinab zum Band zwischen dem „großen Kar“ Storbotn und dem „grausigen Kar“ Styggebotn. Dieser Abstieg zum Band über Plattengeröll ist etwas heikel, wenn am Morgen Schneeflocken oder -körner aus den Wolken gefallen sind, die auf dieser Nordflanke auch an einem Sonnentag lang liegen bleiben. Das Band unten heißt „Schloß-

brücke" (Slottsbroen). Vom Band aus den Grat hinauf. Kurz und steil und grobblockig, rechts 500-m-Wand, links 400-m-Flanke. Dann unschwer weiter zum Rondslottet. Bei Altschnee nicht zu sorglos auf dem Gipfelplateau nach Norden gehen: bis zu wandartig steiler 700-m-Abbruch.

Rondslottet mit seinem plateauartig abgeplatteten, von den Gipfeln im Osten aus wie ein breiter Schädel wirkenden Hauptgipfel ist der höchste Berg der Rondane. Der Name „das Rand-Schloß" ist ein Touristenname, der diesem Gipfel 1875 vom Erstbesteiger, dem Medizinstudenten Harald Graff, verliehen wurde. Nach anderen Angaben führte die erste bekannte Ersteigung vor 1850 ein Landvermesser-Leutnant durch.

Die Aussicht vom Rondslottet aus reicht bis zur Snøhetta (2286 m, deutlich zu erkennen am gletscherleuchtenden Südwest-Kar), rund 50 km im Nordosten. Als die „Schneekapuze" Snøhetta noch nicht vermessen war, galt sie als der höchste Berg Norwegens, was auch heute noch nachvollziehbar ist. Während im Jotunheimen das umliegende Zinnenmeer und in den Rondane die benachbarten Gipfel teilweise die Sicht versperren und stets daran erinnern, daß auch andere Berge hoch sind, ist von der Snøhetta aus „die ganze Welt" zu überblicken. Nach Westen reicht vom Rondslottet aus die Sicht bis zu Glittertind und Galdhøpiggen im Jotunheimen, am weitesten entfernt ist im Südwesten das Norefjellet, 185 km.

Abstieg: a) auf dem Rondslottet-Ostrücken in das Tal Langglupdalen hinab und weiter talabwärts zur bewirtschafteten DNT-Hütte Bjørnhollia; b) auf dem Westrücken Richtung Tal Rondvassdalen; vor diesem Tal wird das Gelände sehr steil: nach Norden gehen, bis der Abstieg möglich ist; c) über die Schloßbrücke zurück zum Vinjeronden, 2044 m, und auf dem Vinjeronden-Westrücken hinablaufen in die Senke zwischen Vinjeronden und Svartnuten; auf der Südflanke des Rückens schauen einige Hämmer (Abbrüche) heraus; hinter dem westlichsten dieser Hämmer steil absteigen in das Kartal Rondholet und wie beim Aufstieg zurück zur Hütte Rondvassbu.

● **124 j** **Rondslottet** (Gipfel, 2178 m), via Langglupdalen
Anspruchsvoll, Anstieg ca. 250 + 920 = 1170 m.
Karte 1718 I.

Tal- und Gipfelwanderung. – Unter Ausnutzung des Bootstransfers von der Hütte Rondvassbu zur Nordbucht Nordvika ergibt sich eine Aufstiegszeit von ca. 4 – 5 Std., die Strecke ist 12 km lang; für den Rückweg (selbe Route) sind ca. 3 – 4 Std. zu veranschlagen, wiederum unter Berücksichtigung der Bootsfahrt, die den 2-Std.-Marsch über den Rondhalsen (R 124f) erspart. Wenn das Boot auf dem See Rondvatnet nicht verkehrt, kommt noch einmal ein Anstieg von ca. 480 (Hinweg) + 430 (Rückweg) = 910 m hinzu; das ergibt einen im Anstieg zu bewältigenden Höhenunterschied von über 2000 m. Dieselbe Route hin und zurück ist also nur mit Nutzung des Bootstransfers Rondvassbu-Nordvika zu empfehlen; bei gutem Wetter Gipfel überschreiten und Abstieg 2 – 3 St. wie R 124i.
Mit dem Boot zur Nordbucht des Sees Rondvatnet fahren. Dann auf dem markierten Pfad das Tal Rondvassdalen aufwärtsgehen zur Wasserscheide im Gebiet der Seen Bergedalstjørnin, 1233 m, ca. 2 km bis dorthin. Unterhalb des pyramidenförmigen Digerronden, 2015 m, läuft hier das Tal Rondvassdalen in das Tal Bergedalen ein. Hier Pfadkreuzung: Durch das Tal Bergedalen Richtung Norden führt der Pfad zu den Herbergen von Døralseter, während der Pfad zur DNT-Hütte Bjørnhollia bzw. zum Rondslottet-Gipfel in das Tal nach Osten hinauf knickt.
Der Pfad führt nun leicht ansteigend vorbei am „irrsinnigen" Kar Galenbotn (hier zieht es immer so „irrsinnig") zwischen den Gipfeln Digerronden, 2015 m und Midtronden, 2060 m, und erreicht am Ausfluß des namenlosen restvergletscherten Kars in der Rondslottet-Nordflanke den vorerst höchsten Punkt (= Wasserscheide, 1418 m). Der Bach, der aus dem Karsee ausfließt, ist der Bergedalsbekken. Während er sich unterhalb der Karschwelle nach Nordwesten wendet und bei den Herbergen von Døralseter in den Fluß Atna mündet, fließen die leicht zu überquerenden Bäche östlich davon alle in das Tal Langglupdalen ab, in das auch der Pfad hinabführt, 3 km bis zur Pfadverzweigung am Fuß des Høgronden-Südrückens: Weiter talabwärts wie R 124 m geht es zur Hütte Bjørnhollia, während mit Ziel Rondslottet der Talfluß durchschritten wird, dann Aufstieg auf dem breiten Rondslottet-Ostrücken (an dieser Pfadverzweigung ist auch der Aufstieg zum Høgronden möglich) – Zur Aussicht vom Rondslottet siehe R 124i.

● **124 k** **Rondvassbu – Bjørnhollia** (bewirtschaftete DNT-Hütte, 914 m) via Illmanndalen
Unschwer, 3½ Std., Anstieg ca. 120 m.
Karten 1718 I und 1818 IV.

Teilweise aussichtsreiche Talwanderung. – Wie R 124 i zur ersten Pfadverzweigung. Nun immer dem Talverlauf (nicht unbedingt dem markierten Pfad) nach Osten folgen, teils grobblockig, aber Wasserschöpf- und Rastmöglichkeiten mit teilweise schöner Aussicht (öfters Zelte anzutreffen).

● **124 l** **Rondvassbu – Bjørnhollia** (bewirtschaftete DNT-Hütte, 914 m) via Storronden
Anspruchsvoll, 6 – 7 Std., Anstieg ca. 980 + 180 = 1120 m.
Karten 1718 I und 1818 IV.

Sehr aussichtsreiche Gipfel- und Gratwanderung. – Wie R 124 h zum Storronden hinauf. Von hier an nicht mehr markiert. Vom Gipfel nach Südosten absteigen und dann auf dem breiten Grat ostwärts. Der Grat fällt nach rechts (= Süden) etwas steil zum Tal Illmanndalen ab. Links fällt er bis zu wandartig steil zum Kar Langbotn ab; dieses Kar mündet in das Tal Langglupdalen aus.
Die nicht markierte Route verläuft von der Höhe P. 1951 (nördlich davon das restvergletscherte Kar) nach Osten zu P. 1923. Von P. 1923 aus nach Nordosten halten und über die schmale Stelle zwischen den namenlosen Karen im Norden (Karsee, 1236 m) und Süden (Karsee, 1466 m) hinüber zur Höhe P. 1838.
Von dieser nach Osten absteigen in die Scharte vor dem vesle Svulten, 1578 m. Aus der Scharte nach Süden zum T-Pfad im Tal Illmanndalen absteigen. Dort nach links zur Hütte hinab.

● **124 m** **Rondvassbu – Bjørnhollia** (bewirtschaftete DNT-Hütte, 914 m), via Langglupdalen
Unschwer, 5 Std. mit Boot (7 Std. ohne), Anstieg ca. 260 + 160 = 420 m.
Karten 1718 I und 1818 IV.

Beeindruckende Wanderung durch drei Täler zwischen den höchsten Rondane-Gipfeln.

Wie R 124j zur Pfadverzweigung am Ansatz des Høgronden-Südrückens im „Langschluchttal“ Langglupdalen. Nun weiter schluchttalabwärts laufen, in etwa dem Fluß Langglupåi folgend auf der flußabwärts gesehen linken Seite; die Langglupåi erhält bald (nach 1½ km) auf der anderen Seite Zufluß aus den Karen Storbotn und Langbotn; bis dorthin bleibt der Pfad ab der Rondslottet-Abzweigung in etwa auf gleicher Höhe und entfernt sich dabei etwas von der Langglupåi; nun geht es schräg den Hang hinab zum Fluß hinunter (bevor der markierte Pfad hinabführt, zweigt ein nicht markierter Pfad zur Bauernhof-Unterkunft Straumbu, R 133, ab; dort ist aber die Stegbrücke über den mittleren Mündungsarm des Flusses store Myldingi eingestürzt, Stand 1990).
An der Abzweigung des Straumbu-Pfads also hinunter zum Fluß Langglupåi (rechts öffnet sich ein namenloses Kar; oben auf der Rückwand verläuft Route R 124l), der auf einer wackeligen Stegbrücke überschritten wird (kurz davor vereinigt sich der Pfad mit dem vom Høgronden herabführenden Pfad). Nach der Überschreitung der Brücke schräg aufwärts vom Fluß weg und den vesle Svulten, 1578 m, umrunden bis zur Hütte.

● 124n **Rondvassbu – Bjørnhollia** (bewirtschaftete DNT-Hütte, 914 m) via Rondslottet
Anspruchsvoll, 7 Std., Anstieg ca. 280 + 630 + 240 + 160 = 1310 m, nur bei Trockenheit und Sicht gehen.
Karten 1718 I und 1818 IV.

Wie R 124i zum Rondslottet. Abstieg auf dem Rondslottet-Ostrücken in das Tal Langglupdalen und talabwärts wie R 124m.

● 124o **Rondvassbu – Døràlseter** (Herberge/n, ca. 1060 m) via Rondslottet
Anspruchsvoll, 7 – 8 Std., Anstieg ca. 280 + 630 + 240 = 1150 m, nur bei Trockenheit und Sicht gehen.
Karte 1718 I.

Wie R 124i zum Rondslottet. Abstieg pfadlos auf dem Rondslottet-Westrücken, wie am Schluß von R 124i vorgeschlagen; am Ende des Abstiegs sind die Seen Bergedalstørnin Orientierungspunkt; dort wieder markierter Pfad westlich der Bergedalstjørnin-Seen; weiter das Tal Bergedalen abwärts wie R 124f.

• 124 p Rondvassbu – Eldåbu (DNT-Selbstbedienungshütte 1000 m) via Steinbudalen
Mittel, 6 Std., Anstieg ca. 70 + 60 = 130 m
Karten 1718 I und 1818 IV.

Diese aussichtsreiche Hochflächen- und Talwanderung wird in dieser Richtung nicht sehr häufig gegangen. Das hügelige Vulufjellet, dessen Ausläufer unterwegs passiert werden, ist auch mit Zelt interessant. – Auf dem Transportweg Richtung Spranget, bis nach gut 2 km der markierte Pfad links abzweigt. Auf diesem Pfad ca. 4 km nach Südsüdwesten bis zur Kreuzung mit dem Pfad Bjørnhollia – Mysuseter gehen; dort nach links (= Osten) und das Tal des Flusses Glitra wiederum etwa 4 km aufwärts, bis auf der Wasserscheide der Pfad nach Eldåbu nach rechts (= Südosten) abzweigt. Nun weiter wie R 122f.

Abkürzung (pfadlos): Auf dem Pfad, der vom Transportweg abzweigt, nicht 4 km nach Südsüdwesten bis zur nächsten Pfadkreuzung gehen, sondern nur ca. 1 km bis in den Bereich der verschlossenen Holzhütte Illmannbui und dann pfadlos nach Osten über den Südwestfuß der Kuppe fremre Illmannhøi bis zum Flüßchen Leiråi; dieses durchschreiten (östlich davon liegt die offene Steinhütte Høgloftet, eine der Jagdunterkünfte, die der britische Lord Garvagh in den 60er Jahren des 19. Jahrhunderts in den Rondane erbauen ließ). Nach der Durchschreitung der Leiråi dem Wasserlauf abwärts folgen und kurz vor seiner Mündung in den Fluß Glitra nach links (= Osten) biegen und knapp 2 km glitraaufwärts Richtung Wasserscheide gehen; bis zur Wasserscheide einige Bäche, dann Moor. Im Bereich der Wasserscheide zwischen den kleinen Mooren grob nach Süden gehen, wo der markierte Pfad Mysuseter – Bjørnhollia verläuft. Weiter wie R 122f.

• 124 r Hoggbeitet (kleiner Gipfel, 1805 m)
Unschwer/mittel; Anstieg ca. 640 m.
Karte 1718 I.

Relativ unschwer zu erreichen und dafür ziemlich aussichtsreich. Wie R 124e zum Svarthammaren. Nun nicht dem Pfad in das Kar Kaldbekkbotn hinein folgen, sondern nach Westen halten, den „kalten Bach“ Kaldbekken durchschreiten, zum kleinen See Klaratjørnet hinauf, an seinem Südufer vorbei und weiter aufwärts nach Westen zum kleinen (Hoggbeitet-Süd-)Rücken, der die Kare Klarabotn (rechts) und Krokutbekkbotn (links) trennt. Hoggbeitet ist der Gipfel zwischen Ljosåbelgen, 1948 m, und Steet, 1996 m. Blick in das phantastische Kar Verkilsdalsbotn (vgl. R 124e).

● **124s** **Svartnuten** (Rondslottet-Südwestgipfel, 1840 m)
Anspruchsvoll, Anstieg ca. 290 + 50 + 370 = 710 m.
Karte 1718 I.

Sehr aussichtsreich. Svartnuten ist der in einem Steilhang zum See Rondvatnet abfallende Südwestausläufer des Rondslottet (bzw. des Vinjeronden). Wie R 124i in das Kartal Rondholet hinein. Im Gebiet des Pfützensees kragen aus der Geröllflanke links einige Felshämmer heraus: Vor dem ersten großen Hammer steil aufsteigen. Oben zieht sich ein rückenbreiter Grat nach links (= Westen) zum Svartnuten (bzw. nach rechts zum Vinjeronden). Er fällt nach Norden steil in das Kar Styggebotn hinab.
Aus der Scharte heraus nach Westen zu P. 1840 aufsteigen und weiter nach Westen hinab bis zur Kante mit Blick auf den See Rondvatnet mehr als 500 Höhenmeter weiter unten.

● **124t** **Ljosåbelgen** (Gipfel, 1948 m)
Anspruchsvoll, Anstieg ca. 600 m ab Steinbude Ljosåbui.
Karte 1718 I.

Ausgangspunkt für diesen aussichtsreichen Gipfel, der im Norden steil in das wilde Kar Verkilsdalsbotn abbricht, ist die offene Steinbude Ljosåbui an der Route R 124c: Von der Steinbude aus nach halbrechts (= Nordosten) aufwärts (also um den Smiukampen herum), dann nach Norden mit der kleinen Scharte zwischen dem Ljosåbelgen und der namenlosen und nicht kotierten Erhebung links davon als Orientierungspunkt. Von dort zum Gipfel.

● **124u** **Smiukampen** (Gipfel, 1799 m)
Unschwer/mittel, Anstieg ca. 460 m ab Hütte Ljosåbui.
Karte 1718 I.

Weite Aussicht. – Wie R 124t schräg nach Nordosten den Hang hinauf und den Smiukampen rechts umgehen; von „hinten“ (= Norden) aus auf seine höchste Stelle. Abstieg wieder nach „hinten". Links (= nordwestlich) erhebt sich der Bråkdalsbelgen, auf den von der Einkehrhütte Peer Gynt hytta aus ein markierter Pfad führt (R 127 c).

● 125 **Høvringen** (Hotels und Ferienhütten, ca. 1000 m)

West-Rondane; ca. 8 km Straße ab E 6 Rosti veidelet (R 36).

Karte 1718 IV.

Hotel- und Ferienhüttengebiet; Alpinanlage; großer Wanderparkplatz; mehrere Unterkünfte, darunter Haukliseter Fjellstue (Tel. 062-33717, N-2679 Høvringen; DNT-Rabatte). Die Sommersaison beginnt ca. am 20. Juni und endet Ende September. 1956 gründete Terje Vigerust in Høvringen die erste „Norwegische Fjellschule" (Den Norske Fjellskolen; Tel. 062-33714); Zielpublikum sind Kinder und Jugendliche/Schüler. Es ist auch in der Nebensaison kaum zu empfehlen, in der Umgebung von Høvringen zu zelten, obwohl es viele schöne und geländemäßig geeignete Stellen gibt; besser mit Ausgangspunkt Smuksjøseter (R 126).

Bergziele ab Høvringen (ca. 1000 m)

Zielname	Höhe m	Pfad	Grad	Beschreibung
Sletthøi	1576	ja	mittel	R 125 h
Formokampen	1428	ja	unschwer	R 125 e
Baksidevassberget	1327	nein	unschwer	R 125 a
Karihaugen	1277	ja	unschwer	R 125 f
Anaripigg	1211	ja	unschwer	R 125 f
Haukberget	1198	ja	unschwer	R 125 a
Utsikten	931	ja	unschwer	R 125 f

Die Norwegische Fjellschule in Høvringen zieht nicht umsonst Tausende von Kindern und Schülern an: Die reizvolle, meist völlig unschwere Umgebung (sehr geeignet für Skiwander-Anfänger) ist von einem dichten Netz aussichtsreicher Pfade durchzogen und bietet im weiteren Umkreis viel Abwechslung.

Unschwere Ziele ganz in der Nähe sind Haukberget (R 125a) und Heimfjellet (R 125f). Empfehlenswerte Ausflugsziele: Peer Gynt hytta (R 125de), Formokampen (R 125e), Sletthøi (R 125h).
Peer Gynt hytta ist keine Unterkunftshütte, sondern bietet während der Sommer- und der Winterhauptsaison (Ostern) die Möglichkeit zur Einkehr an. Putten Seter ist ebenfalls keine Wanderherberge, sondern eine Pension (Mautweg bis dorthin, ca. 6 km).

Hüttenziele auf Pfaden ab Høvringen (ca. 1000 m)

Zielname, Weg	höchste Höhe m	Stunden	Grad	Beschreibung
Smuksjøseter				
via Haukberget	1327	2	unschwer	R 125a
via Mautweg	1270	1¼	leicht	R 125b
via Høvringsåi	1130	1½	unschwer	R 125c
Peer Gynt hytta				
via Smuksjøseter	1140	2–3	unschwer	R 125d
via Merraslettin	1180	2½	unschwer	R 125e
Rondvassbu				
via Peer Gynt hytta	1380	5	unschwer	R 125de
Doralseter	1450	7	mittel	R 125g
Grimsdalshytta				
via Sletthøi	1576	8	mittel	R 125h
Haverdalssetra				
via Sletthøi	1576	7	mittel	R 125h

● **125a** **Høvringen – Smuksjøseter** (Herberge, 1130 m) via Haukberget, 1198 m.
Unschwer (teilweise pfadlos), 2 Std., Anstieg ca. 400 m. Karte 1718 IV.

Aussichtsreich. – Vom großen Wanderparkplatz loslaufen grob Richtung Osten (= von der Straße weg; rechts am Parkplatz, wo die Bäume stehen, geht ein Trampelpfad los; auf die Höhe vorn zuhalten und dort orientieren (rechts unten der Mautweg nach Putten Seter. Auf der Höhe nach links halten, bis bald darauf (an einer schönen Privathütte vorbei) der Weg erreicht wird. Hier rechts zum Bach, und nach der Überschreitung des Bachs links (= bachaufwärts) und auf gutem Pfad zum Berg Haukberget, 1198 m. Im Südosten erhebt sich jenseits des vermoorten, weiten, flechtengrünen Bachtals der Berg Formokampen, 1428 m. Vom Haukberget nach Osten und durch die Senke zum Berg Baksidevassberget, alles phosphorgrün flechtenbewachsen. Das Baksidevassberget (der auf Schatten deutende Name gilt nur aus der Talperspektive; der Westhang liegt nachmittags und abends in der Sonne) fällt steil zum See Høvringsvatnet ab, an dem die Herberge Smuksjøseter liegt. Absteigen nach links zum Mautweg, der nach Høvringen zurück- bzw. am See entlang zur Herberge führt.

● **125 b** **Høvringen – Smuksjøseter** (Herberge, 1130 m) via Mautweg
Leicht, 1¼ Std., Anstieg ca. 200 m; gut mit Fahrrad. Karte 1718 IV.

Vom großen Wanderparkplatz die Straße aufwärts bis zur Kurve; dort auf dem Fahrweg nach rechts und gleich wieder nach links (Schlagbaum, wo Motorisierte Maut bezahlen); dem Fahrweg folgen.

● **125 c** **Høvringen – Smuksjøseter** (Herberge, 1130 m) via Høvringsåi
Unschwer, 1½ Std., Anstieg ca. 120 m. Karte 1718 IV.

Vom großen Wanderparkplatz die Straße aufwärts bis zur (Links-) Kurve; in der Kurve zweigt der Weg/Pfad von der Straße ab. Er folgt dem Fluß Høvringsåi kurz aufwärts, überquert ihn und folgt dann immer der aufwärts gesehen linken Uferseite bis zum See Høvringsvatnet, an dem die Herberge Smuksjøseter liegt.

● **125 d** **Høvringen – Peer Gynt hytta** (Brotzeithütte, 1100 m) via Smuksjøseter
Unschwer, 2–3 Std., Anstieg je nach Route ca. 200 – 500 m. Karten 1718 IV und 1718 I.

Aussichtsreich und empfehlenswert. – Wie R 125a, R 125b oder R 125c zur Herberge Smuksjøseter. Von dort weiter noch 1 Std. wie

R 126a. Von der Einkehrhütte Peer Gynt hytta Rückkehr nach Høvringen wie R 125e mit oder ohne Begehung des aussichtsreichen Bergs Formokampen; oder weiter zur DNT-Hütte Rondvassbu im Zentrum des Nationalparks wie R 127a. Außerdem ist die lohnenswerte Besteigung des Bråkdalsbelgen möglich (R 127c).

● **125e** **Høvringen – Peer Gynt hytta** (Brotzeithütte, 1100 m) via Merraslettin

Unschwer, 2½ Std. (ohne Formokampen), Anstieg ca. 150 – 200 m; Gummistiefel angenehm.

Karten 1718 IV und I.

Aussichtsreiche, empfehlenswerte Spazierwanderung.

a) ohne Formokampen: Kurz hinter dem Schlagbaum am Beginn des Mautwegs von Høvringen zur Pension Putten Seter zweigt der Pfad links ab. Er läuft immer in südöstlicher Richtung über die Flanke des Haukberget und mündet im breiten, grünen Tal zwischen den Bergen Baksidevassberget (1327 m, links = nördlich) und Formokampen (1428, geradeaus bzw. rechts) auf den T-Pfad. Auf diesem noch ein kurzes Stück leicht aufwärts nach Osten, dann abwärts zur Hütte, die keine Unterkunft bietet; siehe R 127.

b) mit Formokampen: Ausgangspunkt ist die Pension Putten Seter im Süden von Høvringen; zu ihr führt von Høvringen ein Mautweg (ca. 6 km, Fahrrad möglich). Alternative zu diesem Mautweg ist der Pfad über den „Hausberg" Heimfjellet (R 125f). Von Putten Seter auf dem Fahrweg abwärts über den Bach und gleich nach links (= Pfad) ein Stück bachaufwärts, bald vom Bach weg und über den Westhang des Formokampen Richtung Nordosten. Nach etwa 1 km ist ein Bach zu durchschreiten; kurz dahinter nach rechts über den Rücken zum Formokampen aufsteigen (während der markierte Pfad geradeaus weiterführt).

Abstieg vom Formokampen auf dem Rücken ein kurzes Stück wieder zurück und auf einem der Trampelpfade hinunter ins Tal, grob Richtung halbrechts: Wegen der Vermoorung ist das Flüßchen im Tal nur an einer Stelle gut zu durchschreiten (der markierte Pfad unten läuft als Strich gut erkennbar auf diese Stelle zu). Das Talflüßchen durchschreiten und noch 5 km leicht aufwärts und wieder abwärts nach Osten zur Hütte; siehe R 127.

Wie mit dem Lineal gezogen wirken die Moränenflanken im Tal des Flusses Atna und der Digerronden, der dahinter hervorlugt.

● **125 f** **Heimfjellet** (Fjell bis zu 1277 m)
Unschwer.
Karte 1718 IV.

Südlich von Høvringen rundet sich das relativ aussichtsreiche Heimflellet, der „Hausberg" von Høvringen. Er erreicht im Hügel Karihaugen, 1277 m, die höchste Erhebung.

Der beste Pfad beginnt an der Stelle, wo von der asphaltierten Hauptstraße vor Høvringen der nicht asphaltierte spätere Mautweg zur Pension Putten Seter nach rechts abzweigt. Hier unschwer aufwärts zu den Seen im westlichen Bereich des Heimfjellet bzw. über Anaripigg, 1211 m, und Karihaugen. Wer weiter zur Pension Putten Seter will, steigt vom Karihaugen zu den Seen ab und geht vor dem linken (= südöstlichsten) See nach links (= Osten); 2 km leicht abwärts nach Putten Seter.

Im Süden fällt das Heimfjellet fast 700 Höhenmeter steil in das Tal Gudbrandsdalen hinab. An die Kante führen keine Pfade. Von Putten Seter führt jedoch ein Pfad nach Süden zum Köpfchen Utsikten (931 m, „die Aussicht") in unmittelbarer Nähe der Kante.

● **125 g** **Høvringen – Dørålseter** (Herberge/n, ca. 1060 m)
Mittel, 7 Std. (24 km), Anstieg ca. 500 m.
Karten 1718 IV und 1718 I.

Teilweise sehr aussichtsreich. – Vom großen Wanderparkplatz aus die Straße aufwärts zur Kurve; mit der Kurve nach links und weiter die Straße entlang bis zum nächsten nach rechts abzweigenden Hotel-Fahrweg; auf diesem bis Ende und dann auf Pfad nach links, über Bach, bis wieder Hotel/Unterkunft nach ca. 500 m.
Nun auf dem markierten Pfad nach Nordosten hinauf; nach knapp 3 km Pfadkreuzung (Wegweiser): Der Pfad zur Hütte Grimsdalshytta führt durch den Talfluß Kvannslådalsåi und auf die Kuppe Sletthøi, während der Pfad zu den Herbergen von Dørålseter im diesseitigen Uferbereich dem Tal Kvannslådalen bis zur Wasserscheide, ca. 1400 m, aufwärts folgt.
(Wem diese 24-km-Wanderung zu schade zum Durchrasen ist, der kann an den Kvannslådals-Hütten überlegen, ob sich nicht ein Abstecher nach Ostsüdosten auf die Steinbuhøi und weiter zur Gråhøi mit der offenen Steinbude Gråhøbui lohnt, vgl. R 126 d; Schlaf- und Biwaksack oder Zelt.)
Nach Nordosten fließt im Bereich der Wasserscheide der Bach Djupdalsbekken in das „tiefe Tal" Djupdalen ab, während der Pfad auf dem Nordwesthang der Kuppe Gråhøi, P. 1751, noch ein kurzes Stück aufwärts hält und dann nach Osten hinab in die Talsenke führt, die von den hohen Steilhängen der „grausigen Höhen" Stygghøin (nördlich = links) und des „Wasserbergs" Vassberget flankiert wird. Links (= nördlich) des kleine Seen bildenden Wasserlaufs, der durch diese Talsenke fließt, führt der Pfad hinab zum „Türfluß" Døråi, der aus dem riesigen Kar Verkilsdalsbotn (vgl. R 124 e) herausfließt und weiter flußabwärts (nach der Mündung des Bachs Bergedalsbekken) Atna heißt. Nun immer dem Fluß abwärts folgen bis Dørålseter.
Zu den „grausigen Höhen" siehe R 129 f.

● **125 h** **Høvringen – Grimsdalshytta** (bewirtschaftete DNT-Hütte, 1000 m) via Sletthøi
Høvringen – Haverdalssetra (Herberge, 1053 m) via Sletthøi
Mittel.
Grimsdalshytta: 8 Std., Anstieg ca. 580 + 130 + 80 + 120 + 50 = 960 m;
Haverdalssetra: 7 Std., Anstieg ca. 800 m
Karten 1718 IV und 1519 III.

Die Aussichtskuppe Sletthøi, 1576 m, die nach ca. 2½ Std. passiert wird (bis dorthin wie R 125 g), stellt auch für sich ein lohnenswertes Ziel dar (der turmbekrönte Gipfel im Westen ist die Jetta). Ansonsten kann die Route Høvringen – Grimsdalshytta als ziemlich zäh empfunden werden.
Von der Sletthøi nach Norden hinab zur Wasserscheide zwischen den Tälern Ryddølsdalen (links = westlich) und Haverdalen (rechts). Weiter nach Norden über den Westfuß der kleinen Kuppe P. 1406, dann nach Nordosten aufwärts am Hang der Hornsjøhøi, 1566 m, und nach Norden hinab zum Bach Skortbekken, der durchschritten wird. Vom Bach hinauf zum Fahrweg Dovre-Haverdalssetra (Haverdalssetra nach rechts 1½ Std., Weg nicht empfehlenswert; besser den später abzweigenden Pfad nehmen).
Den Fahrweg überschreiten und nach Nordosten hinauf auf den Osthang des Storrvassberget (1406 m; storr = Segge). Von diesem nach Norden hinab zum See Storrvatnet, der aus Fischfanggründen aufgestaut ist. Am Ostufer des Sees entlang und den Ausfluß durchschreiten. Nach der Durchschreitung Pfadkreuzung (Wegweiser): Nach rechts geht es zur Herberge Haverdalssetra (1 Std.), während der Pfad zur Grimsdalshytta nordwärts aufwärts auf dem Westhang der Kuppe Gravhøi, 1486 m, führt; die Gravhøi hat ihren Namen nach zahlreichen Renfanggruben (grav = Grube = Grab), darunter Massenfanggruben (mit Schild ausgewiesen an der kleinen Scharte, bevor der Pfad hinunter in das Tal Grimsdalen führt). Im Tal Grimsdalen wird der Fluß Grimsa = Grimsi auf einer festen Brücke überschritten. Nun zum Mautweg vorn und auf dem Fahrweg, der vom Mautweg abzweigt, ein letztes Mal aufwärts zur Grimsdalshytta oben am Berg.

● 126 Smuksjøseter Fjellstue (Herberge mit DNT-Rabatt, 1130 m)

West-Rondane; Mautweganschluß ab Høvringen (R 125).
Karte 1718 IV.

45-Betten-Herberge (Tel. 062-33719, N-2679 Høvringen); geöffnet „Winter“ und ca. 20. Juni bis Ende September.

Die Herberge Smuksjøseter liegt am Ostufer des Sees Høvringsvatnet am Rand des Nationalparks Rondane in einer naturschönen, wilden Gegend, die mit den rechts und links aufragenden Steilhängen der Berge Solsidevassberget, 1403 m, und Baksidevassberget, 1327 m, ein wenig an den See Rondvatnet erinnert. Solside = Sonnenseite = die Talseite, auf die die Sonne scheint; bakside = Rückseite = die Talseite, die meist im Schatten liegt. Auch der Sonnenuntergang ist gut vom Solsidevassberget zu erleben, das den Gipfel des Baksidevassberget um fast 80 m überragt.

Zelten ist am See nicht zu empfehlen (aber möglich, auch versteckt); stattdessen Richtung Gråhøi (R 126d) gehen; dort auch offene Steinhütte. Die schönste Gegend ist das Vassberget (R 126f).

Bergziele ab Herberge Smuksjøseter (ca. 1130 m)

Zielname	Höhe m	Pfad	Grad	Beschreibung
Vassberget	1856	nein	mittel	R 126f
Vasshuskollen	1783	nein	mittel	R 125e
Simletind	1771	nein	mittel	R 125e
Gråhøi	1751	nein	mittel	R 126d
Steinbuhøi	1526	ja	unschwer	R 126c
Formokampen	1428	ja	unschwer	R 126a
Solsidevassberget	1403	jein	unschwer	R 126b
Baksidevassberget	1327	nein	unschwer	R 125a

Die von den meisten unternommene Spazierwanderung ist die zur Einkehrhütte Peer Gynt hytta (R 126a). Sie läßt sich mit der unschweren Begehung der Berge Formokampen und/oder Solsidevassberget verbinden sowie mit der von Gelände und Kondition her etwas mehr fordernden Begehung des sehr aussichtsreichen

Bråkdalsbelgen (R 127c). Zu den faszinierendsten Zielen in den Rondane überhaupt zählen der Berg Vassberget (R 126f) und seine Umgebung.

Hüttenziele auf Pfaden ab Herberge Smuksjøseter (ca. 1130 m)

Zielname, Weg	höchste Höhe m	Stunden	Grad	Beschreibung
Peer Gynt hytta	1140	1	unschwer	R 126ab
Rondvassbu				
via Peer Gynt hytta	1380	3½	unschwer	R 126a
Høvringen via Mautweg	1270	1¼	leicht	R 125b
via Høvringsåi	1130	1½	unschwer	R 125c

● **126a Smuksjøseter – Peer Gynt hytta** (Brotzeithütte, 1100 m)
Unschwer, 1 Std., Anstieg ca. 20 m.
Karten 1718 IV und 1718 I.

Aussichtsreich und empfehlenswert. – Von der Herberge aus am Ufer des Sees Høvringsvatnet, 1121 m, entlang und weiter in dieser Richtung kaum aufwärts zur Nationalparkgrenze (Grünweißstein) und zum kleinen See midtre Høvringsvatnet, 1124 m. Dahinter die Wasserscheide. Von ihr leicht hinab zum dritten See Høvringsvatnet, 1106 m. Dem Seeufer nach Nordosten folgend Aussicht auf das zerschrundene Smiubelgen-Massiv (näher beschrieben unter R 124 bzw. R 124e). Hinter dem Ausfluß des Sees schwingt der Pfad nach Osten, durchquert den Bach søre Kjondalsbekken und führt auf einer Stegbrücke über den Fluß store Ula an einer Stelle, an der das Eis (nicht der Fluß) eine tiefe Schlucht gegraben hat.

● **126b Solsidevassberget** (Berg, 1403 m)
Unschwer, Anstieg ca. 280 m.
Karten 1718 IV und 1718 I.

Um das aussichtsreiche Solsidevassberget führt ein Pfad (R 127b) herum, der auch als Anmarsch-/Rückweg zu/von der Einkehrhütte Peer Gynt hytta benutzt werden kann.

Nicht bei der Herberge losgehen, sondern am Ausfluß des Sees. Dem Weg, der am Ausfluß des Sees nach Nordwesten vom Mautweg abzweigt, knapp 500 m folgen und dann vor dem Bach Kjondalsbekken nach rechts und dem Wasserlauf aufwärts folgen (es sind zahlreiche Abkürzungen möglich, z. B. von dem aufgeschütteten Skiparkplatz aus). Wo der Wasserlauf nach Osten knickt, unschwer frei aufsteigen zum Gipfel nach Sicht. Der Pfad umrundet das ganze Solsidevassberget. Er ist meist deutlich zu erkennen, stellenweise aber moorig.

● **126c** **Steinbuhøi** (Kuppe, 1526 m)
Unschwer, Anstieg ca. 400 m.
Karte 1718 IV.

Wie R 126b den Bach Kjondalsbekken aufwärts. Ihn nach ca. 1 km durchschreiten und hinauf zur „Steinbudenkuppe" Steinbuhøi. Ausflug verlängern zur Kuppe Gråhøi wie R 126d.

● **126d** **Gråhøi** (Kuppe, 1751 m)
Mittel, Anstieg ca. 400 + 150 = 550 m.
Karten 1718 IV und 1718 I.

Von R 126c unschwer pfadlos nach Nordosten zur „grauen Kuppe" Gråhøi. Schöne Aussicht, aber wer schon hier ist, sollte wenigstens weitergehen nach Osten zum Vasshuskollen (R 126e). Die beiden Steinbuden sind Relikte aus der Zeit der Renjagd. Die untere ließ im 19. Jahrhundert der englische Lord Garvagh errichten, der im Rondane-Gebiet auch noch andere Hütten bauen ließ (z. B. die Ljosåbui südlich des Smiukampen, R 122e, und die Høgloftet-Hütte, R 124p). Sie stehen alle offen.

● **126e** **Vasshuskollen** (Berg, 1783 m)
Mittel, Anstieg ca. 400 + 150 + 100 = 650 m.
Karten 1718 IV und 1718 I.

Sehr aussichtsreich. Unschwer zu erreichen von 126d, direkt östlich davon gelegen. Wer schon auf dem Vasshuskollen steht, sollte nicht versäumen, zum Vassberget (R 126f) weiterzugehen. Die südwestlich gelegene „Rentierzinne" Simletind, 1771 m, ist auch sehr aussichtsreich.

● 126f Vassberget (Berg, 1856 m)
Mittel, Anstieg ca. 400 + 150 + 100 + 100 = 750 m.
Karten 1718 IV und 1718 I.

Eine der großartigsten, wildesten Aussichten in den Rondane. Pfadlos und unschwer von R 126e nach Nordosten.
Die 600-m-Wand, mit der der „Wasserberg“ Vassberget nach Osten in das Tal Verkilsdalen abbricht, ist eine der steilsten in den Rondane. Dieses Tal ist die Verlängerung des Großkars Verkilsdalsbotn, des größten Rondane-Kars mit dem größten Gletscher (Beschreibung dieses Kars siehe R 124e).
Trotz dieser wilden Umgebung ist es fruchtbar: Vom Vassberget nach Süden absteigen in die kalkreiche „Rinne“ Slettløyftet (teilweise steil), eine Oase mit Wasser und Pflanzen bis in 1500 m Höhe. Durch das Slettløyftet ist der Abstieg ins Tal möglich, gigantische Umgebung. Der Quellfluß/-bach der Atna ist zu durchschreiten. Weiter zur DNT-Hütte Rondvassbu bzw. zu den Herbergen von Dørålseter wie R 124e. Anzumerken bleibt, daß dieses ganze Gebiet (Vassberget und das Kar Verkilsdalsbotn) nicht viel begangen wird (es führt ja nicht einmal ein Pfad hierher, und den Pfad drüben, jenseits des aus dem Kar/Tal herausfließenden Flusses, nehmen die meisten nicht, weil er 1. lang und 2. teilweise steil ist). Höchste Rücksicht gegenüber Flora und Fauna.

● 127 Peer Gynt hytta (Einkehrhütte, keine Unterkunft, ca. 1100 m)

West-Rondane; 1 Std. ab Mautwegende Kampsetervegen (R 36); Fahrrad gut; 1 Std. ab Mautwegende in Smuksjøseter (R 126a).
Karte 1718 I.

Peer Gynt hytta ist weniger ein „Ausgangspunkt“ als ein beliebtes Ausflugsziel mit Einkehrmöglichkeit während der Hauptsaison (Ostern, Sommer). Darüber hinaus ist die Hütte Etappenziel auf den Pfaden von und zur Hütte Rondvassbu im Nationalpark. Die Wirtschaft wurde 1925 in der alten Steinhütte neben der Peer Gynt hytta aufgenommen von dem Renjäger Ottar Havn, der 1932 auch die neue Hütte errichten ließ und von hier aus aktiv die Besatzungszeit miterlebte.

Unweit der beiden Hütten schießt der „kleine Geröllfluß“ vesle Ula durch die von einer Stegbrücke überspannte Klamm Imbertglupen. Die Wassermassen sind während der Schneeschmelze so gewaltig, daß der Steg nicht sicher ist und abgenommen wird. Die Klamm ist kein Werk der vesle Ula, sondern stammt aus der Eiszeit. Zeugen der Eiszeit sind auch die merkwürdigen Terrassen in dieser Gegend.

Die alte Steinhütte, die Uløyhytta (auch gamle Peer Gynt hytta genannt), war die geistige Geburtsstätte für Ibsens Peer Gynt, zumindest um ein paar Ecken herum: 1842 übernachtete der Märchen- und Sagensammler Peter Christen Asbjørnsen, das norwegische Pendant zu den Brüdern Grimm (der andere war Jørgen Ingebretsen Moe), mit anderen in dieser Steinhütte. Hier ließ er sich das seltsame Märchen von Peer Gynt, der bei Høvringen (R 125) „den Krummen“ Bøygen trifft (einen glitschigen, kalten Troll), erzählen und schrieb es auf. Aus diesem Märchen wiederum, „Reensdyrjagt ved Ronderne“, schöpfte Ibsen, als er später sein Versdrama „Peer Gynt“ schrieb.

Bergziele: Das schönste Bergziel in der Umgebung ist der Bråkdalsbelgen (R 127c); weitere Bergziele siehe R 127a. Ein unschweres Ziel ist der Formokampen (R 125e).

Hüttenziele auf Pfaden ab Einkehrhütte Peer Gynt hytta (ca. 1100 m)

Zielname, Weg	höchste Höhe m	Stunden	Grad	Beschreibung
Rondvassbu via Randen	1380	2½	unschwer	R 127a
Smuksjøseter via T-Pfad	1140	1	unschwer	R 126a
via Solsidevassberget	1403	2	unschwer	R 127b
Høvringen via				
Smuksjøseter	1140	2½	unschwer	R 125d
via Merraslettin		2½	unschwer	R 125e
Putten Seter				
via Merraslettin	1200	5	unschwer	R 125e
Mysuseter				
via Vesleulfossen	1100	3	unschwer	R 122d

● 127a **Peer Gynt hytta – Rondvassbu** (bewirtschaftete DNT-Hütte, 1173 m) via Randen
Unschwer, 2½ Std., Anstieg ca. 190 m.
Karte 1718 I.

Aussichtsreiche Hochflächenwanderung am Südabfall des Smiubelgen-Massivs; Abstecher zu mehreren Gipfeln möglich: Smiukampen (R 124u), Ljosåbelgen (R 124t), Hoggbeitet (R 124r).
Auf dem T-Pfad aufwärts nordost- und dann ostwärts auf dem Südhang des Smiukampen zur offenen Steinbude Ljosåbui, 1348 m. Sie wurde in den 1860er Jahren von einem britischen Lord namens Garvagh errichtet, der hier fast jeden Sommer in den Bergen jagte (und noch zwei weitere dieser Unterkünfte errichtete, d. h. errichten ließ für zehn Reichstaler pro Hütte). Bei der Bude eine Rengrube (auch im weiteren Verlauf des Pfads Renfanggruben). Die Bude ist Startpunkt für den direkten Aufstieg zum Ljosåbelgen, 1948 m, oder für einen Abstecher zum Smiukampen, 1799 m.
Weiter auf dem T-Pfad nach Osten: das aus dem nur wenig ausgeprägten Kartal Ljosåbotn herausfließende Flüßchen Ljosåi durchschreiten und zur Scharte zwischen den beiden Rundungen Vesleranden (links, 1473 m) und Randen, 1397 m; hier wieder Rengruben. Nun schräg hangabwärts nach Osten, über den Bach Krokutbekken und weiter schräg hinab zum Mündungsdelta des Bachs Kaldbekken; auf dem Steg über den Fluß store Ula, der aus dem See Rondvatnet ausfließt, und hinüber zur Zielhütte, die in Sicht ist.

● 127b **Peer Gynt hytta – Smuksjøseter** (Herberge, ca. 1130 m) via Solsidevassberget
Unschwer, 2 Std., Anstieg ca. 400 m.
Karten 1718 I und 1718 IV.

Während der T-markierte Pfad zur Herberge Smuksjøseter westlich des aussichtsreichen Solsidevassberget verläuft (R 126a), umrundet der hier beschriebene Pfad das Solsidevassberget östlich, wobei der lohnenswerte Aufstieg unschwer ist: Nach der Überschreitung der Stegbrücke über die vesle Ula gleich nach rechts (= flußaufwärts), teilweise sumpfig. Nach knapp 1 km knickt der Pfad nach links Richtung Solsidevassberget (während der Fluß aus dem „Krachtal“ Bråkdalen herausfließt, das auch im Uferbereich relativ steil wird). Nun auf Trampelpfad zum Gipfel, 1403 m. Von dort nach Sicht hinab zum kleinen See, 1314 m, nördlich des Gipfels. Noch ein Stück weiter nach Norden hinab zum Bach Kjondalsbekken und diesem abwärts folgen bis zum Weg. Auf dem Weg nach links (= Südosten) zum See Høvringsvatnet, an dem die Herberge Smuksjøseter liegt.

● 127c Bråkdalsbelgen (Gipfel, 1915 m)
Mittel, Anstieg ab Peer Gynt hytta ca. 820 m.
Karte 1718 I.

Sehr aussichtsreich mit der Möglichkeit einer anspruchsvollen, faszinierenden Gratwanderung ab Gipfel.
Nicht dem T-Pfad auf dem Brückensteg über die vesle Ula folgen, sondern diesem Wildbach/Fluß im Ostuferbereich knapp 1 km aufwärts folgen bis zum nächsten Zufluß; dem Zufluß rechts hinauf folgen. Er fließt aus dem Kartal Tomasholet aus, vor dem er überquert wird. Über die linke = nördliche Wand des Kartals läuft der Pfad hinauf zur Zwischenkuppe, 1760 m, und weiter zum Bråkdalsbelgen.
Der Bråkdalsbelgen („Krach-Tals-Balg") fällt nach Nordosten steil hinunter in das wilde Kartal Verkilsdalsbotn (Beschreibung siehe R 124e). Auf der anderen Kartalseite (Nordosten) erhebt sich die „Sägezinne" Sagtinden, 2018 m; von ihr sind Brocken herausgebrochen, die die Größe mehrstöckiger Häuser erreichen. Ganz links vorn auf der diesseitigen Talseite ist das Vassberget, 1856 m, mit der 600-m-Wand zu sehen. Über den Nordwestgrat des Bråkdalsbelgen Richtung Vassberget zu spazieren (Spaziergängern und Schwindelanfälligen nicht zu empfehlen), ist – bei trockenem Wetter und Schneefreiheit – ein faszinierendes Erlebnis. Es ist jedoch zeitraubend (und teilweise steil), in die fruchtbaren Oasen Løyftet und Slettløyftet abzusteigen (siehe hierzu R 126f). Die Gratwanderung kann also nur bis Kopf P. 1838 empfohlen werden; Abstieg von P. 1838 auf dem Südwest-Rücken (nicht West-Rücken) in das enge Tal Bråkdalen; dem Fluß abwärts folgen bis zur Peer Gynt hytta. Rechts vom Bråkdalsbelgen erhebt sich der Ljosåbelgen, 1948 m. Zwischen diesen beiden Gipfeln hängt in der Karwand der größte Rondane-Gletscher, der „blaue Gletscher" Blåbreen (im Vergleich

zu den Gletschern von Jotunheimen oder Nordland ein winziger Eisfleck). Abstiegsalternative zum Pfad: Nach Südosten in die Scharte absteigen; von der Scharte weiter abwärts (etwas steil) nach fast genau Süden (= Richtung Smiukampen, 1799 m; dieser ist von hier aus unschwer zu begehen: sehr weite Aussicht; ferner ist von hier aus zu besteigen der Ljosåbelgen, siehe R 124t). Östlich des Smiukampen unschwer in südlicher Richtung hinab zum T-Pfad: Nach links (= Osten) führt er nach Rondvassbu; nach rechts (= Westen) führt er zur Peer Gynt hytta.

● **129 Døràlseter** (Herberge/n mit DNT-Rabatt, ca. 1060 m), Nord-Rondane.
Mautweg Dørålsetervegen 13 km ab Reichsstraße 27 (R 27b).
Karte 1718 I (ganz oben in der Mitte).

Drei Herbergen am Nordrand des Nationalparks Rondane: øvre (obere), midtre (mittlere) und nedre (untere) Dørålseter. Die Bezeichnungen entsprechen der Lage am Südhang des Höhenzugs Stygghøin. Øvre und nedre gewähren DNT-Rabatt, øvre bietet außerdem Selbstbedienungsquartier außerhalb der Öffnungszeiten. Geöffnet ist während der Winterhauptsaison sowie ab ca. Mitte Juni bis Ende September. Zum Zelten gibt es viele Möglichkeiten außerhalb der Sichtweite. In Sichtweite sollte, in einem Umkreis von 150 m muß bei der Herberge die Erlaubnis eingeholt werden. Auf dem Gelände der mittleren Herberge, die eher auf bleibende Gäste spezialisiert ist, standen bisher jedes Mal Zelte (sahen nicht wie Fjellzelte aus).

Dørålseter liegt in einer Landschaft, die als Gletschergarten bezeichnet werden könnte. Die Spuren, die das Eis vor mehr als 10000 Jahren hinterlassen hat, sind so gewaltig, daß viele Touristen beim ersten Hinsehen glauben, das kann nicht natürlich sein: gigantische Moränen, die in ihrer Gleichmäßigkeit auf dem Reißbrett gezeichnet scheinen und auf den ersten Blick an ungeheure Autobahntrassen oder Bahnkörper erinnern; zu Pyramiden geschliffene Geröllberge mit Graten und Flanken in fast geometrischer Regelmäßigkeit; Zwillingskuppen in annähernd völliger Symmetrie; Trichterlandschaften mit bis zu 50 m tiefen Strudellöchern. Eine Gegend,

Grimsdalshytta
Nosi
Tverrlisætri
Tverrbekk-sætri
Veslbekken
Sjøberget
Skridubekken
Stor-tunga
Vesl-tunga
Vesl-kollen
Stor-kollen
1306
Skriubekken
Grimsi
G r a v h ø i
1486
1451
1291
Gravhøtangen
1217
1457
Grøvbekken
Haverdalssetra
1386
Sæterberget
Haverdalsåi
RONDANE N.P.
Haverdalen
Storådalen
Breiglupen
1729
1721
1426
1858
1852
1584
Småhaugan
1744
1792
Djupdalsbekken
Djupdalen
Skagsnebb-tjørni
1286
1851
1775
1615
S t y g g h ø i n
Skagsnebb
Vesleåta
1731
1714
1592
Langonns-skriu
1718
Vesle-holet
Ragnhildstad
Dørålsflyi
Storflyi

Tollevshaugen
Streite
Koll
Bjørn-
basket
Holen
Fallet
1053
Ørnhovda
Stakkstosætri
vestre
austre
Grimsa
Svartdalsbekken
Kollen
878
Veslekringla
1128
Blæsterdalen
Kalven
Storkringla
1380
Atna
3,5t
Åsen
841
1535
1011
Døralstjørnin
Liakollen
1087
Ellan-
kollen
Dørålen
Elgevatnet
965
Elgvasslii
Veslesætri
Storbekken
Gravmobak
Atna
FOLLDAL
DOVRE
Neverbudalen
Neverbubekken
store
1506
Elgvasshøi
Storbekken
lille
1267
Elgvasshøi
Tverr-
gjelet
1324
Elgvasshøi
1611
Perskamp
1248
verbuhøi
Neverbu-
1345
kollen
DOVREFJELL OG
GRIMSDALEN S.A
Sandomshøi
1356
1254
1054
Sandomsætri
Rånåbekken
4,5t
edals-
lyi
Storod

die als surrealistisch, aber auch als mondlandschaftsartig tot empfunden werden kann, die andererseits durchaus beruhigend und friedlich wirkt, da unruhige Geländestrukturen fehlen oder nur im Hintergrund aufscheinen. Die Grundformen des Reliefs sind die Gerade und der Kreis, das Runde.

Der Fluß, der hier im Tal fließt und die Grenze des Nationalparks bildet, ist die Atna. Der Name kommt von ete = fressen, obwohl es nicht der Fluß war, der sich in diese Landschaft gefressen hat: Durch das Tal schob sich damals das Eis. Als sich das Klima erwärmte, floß von den Rondane im Süden das Eis plateaugletscherartig herab in Richtung des Taleisstroms. Der mächtige Taleisstrom versperrte den vom Gebirge herabfließenden Eisströmen den Weg; diese lagerten vor dem Taleis Sand, Geröll und Schutt ab, und auf diese Weise entstanden die gigantischen „Autobahn"-Trassen, die also keine Seitenmoränen sind.

Sölle: Das von den Bergen herabströmende Eis „zerbrach" beim Einfließen in den unteren Strom. Riesige Eisblöcke brachen ab und wurden als „Toteis" vom Schutt eingeschlossen. Als diese Toteisblöcke später abschmolzen, entstanden die Trichter (Sölle). Die Trassen, die von unten wie auf dem Reißbrett entworfen aussehen, sind daher oben alles andere als eben, sie sind von den Söllen geradezu durchlöchert. Einige Sölle sind klein, andere bis zu 50 m tief und wassergefüllt. In einigen läßt sich windstill sonnenbaden. Auf den Karten heißt diese Geröll-Trichter-Landschaft Skranglehaugan („Klapperhügel").

Bergziele ab Herbergen Døràlseter (ca. 1060 m)

Zielname	Höhe m	Pfad	Grad	Beschreibung
Høgronden	2114	ja	anspruchsvoll	R 129 b
Digerronden	2015	nein	"	R 129 d
Midtronden-West	2042	nein	"	R 129 e
Midtronden-Ost	2060	nein	"	R 129 e
Nordre Hammaren	1898	nein	"	R 129 c
Stygghøin	1858	nein	mittel	R 129 f
Skagsnebb	1592	nein	mittel	R 129 f

Als interessantester Kurzausflug kann der zu den oben beschriebenen Trichtern im Skranglehaugan-Gebiet empfohlen werden (schön am Spätnachmittag, weil hier am längsten die Sonne scheint; sie versinkt jedoch generell recht früh hinter den „grausigen Höhen“ Stygghøin); die Trichter sind zu erreichen wie R 129 b.
Als faszinierendste Kurztour kann die zur Schlucht/Klamm Dørålsglupen im Norden der Herbergen empfunden werden (R 129 a). Der Nordausgang dieser Schlucht ist zugleich Ausgangspunkt für pfadlose Touren über die Stygghøin (R 129 f).
Der meistbegangene Pfad (teilweise historischer Weg Rørosvegen: R 124 a) ist der zur Hütte Rondvassbu: 3 Std. und unschwer, wenn das Boot auf dem See Rondvatnet verkehrt; 5 Std. und mit dem etwas steilen Anstieg über den Rondhalsen verbunden, wenn das Boot nicht verkehrt; Anmarsch wie R 129 b. – Die schöne Alternative zu diesem Pfad ist R 129 c (auch mit Zelt).

Hüttenziele auf Pfaden ab Herbergen Dørålseter (ca. 1060 m)

Zielname, Weg	höchste Höhe m	Stunden	Grad	Beschreibung
Grimsdalshytta	1380	5–6	mittel	R 129 a
Haverdalssetra	1380	4–5	unschwer	R 129 a
Rondvassbu via Langholet	1750	7	mittel/steil	R 129 b
via Boot/Rondhalsen	1647	3–5	unschwer/mittel	R 129 b
via Høgronden	2138	8–9	anspruchsvoll	R 129 g
Høvringen	1450	7	mittel	R 129 b
Bjørnhollia via Bergedalen	1430	6–7	unschwer/lang	R 129 b
via Høgronden	2114	8	anspruchsvoll	R 129 b

Abbildung folgende Doppelseite: Beim Aufstieg zu den Toteislöchern Skranglehaugan fällt der Blick zurück über das Tal des Flusses Atna auf die Herberge øvre Dørålseter, die sich an den Südhang der „grausigen Höhen“ Stygghøin schmiegt. Links schneidet die Klamm Dørålsglupen in den Höhenzug und schafft den einzigen Übergang zwischen den Tälern Dørålen und Haverdalen. Die Schlucht ist in einer knappen Stunde auf dem Pfad zur Grimsdalshytta zu erreichen und bietet Höhenspaziergänge mit gewaltiger Aussicht.

● 129a Døràlseter – Grimsdalshytta (bewirtschaftete DNT-Hütte, ca. 1000 m)
Døralseter – Haverdalssetra (Herberge, ca. 1000 m);
Grimsdalshytta: mittel, 6 Std., Anstieg ca. 400 + 340 + 80 = 820 m;
Haverdalssetra: unschwer, 4 – 5 Std., Anstieg ca. 400 + 90 = 490 m;
Karten 1718 I, 1519 II und 1519 III.

Der Anfang (Schlucht Døràlsglupen) ist der beeindruckendste Teil der Wanderung; später wird die Kuppe Gravhøi mit Renfanggruben passiert.

Der Pfad geht an der oberen Herberge ab (am Bach orientieren) und folgt dem auf den modernen Karten namenlosen Bach am diesseitigen Ufer aufwärts. Die Hänge rechts und links richten sich allmählich auf, bis der Døràlsglupen erreicht wird, eine schlucht- bzw. klammartige Scharte mitten in den „grausigen Höhen" Stygghøin. Das Glucksen des Bachs unter den Blöcken, auf denen der Pfad verläuft, kann das einzige Geräusch sein. Allmählich wieder abwärts, immer dem natürlichen Geländeverlauf folgend (wieder Bach) aus der Schlucht heraus und hinunter in das Tal Haverdalen, im Flußbereich durch Birkenwald.

Wer nur bis zur Schlucht/Klamm geht, hat nach dem Durchschreiten der Klamm folgende Möglichkeit zur Rückkehr: Sobald es das Gelände erlaubt, nach rechts steigen und dann in südlicher Richtung zur Kuppe P. 1639 hinauf. Von der Kuppe grob Richtung Südwesten absteigen zur Scharte oberhalb der Rinne; zunächst westlich der Rinne (hier steil) und dann frei auf dem Hang Richtung Døràlseter zurücksteigen.

Auf dem Wanderpfad wird nun der Talfluß Haverdalsåi auf einer Hängebrücke überschritten (unter der neuen Hängebrücke hängen die Reste der alten; die Steinpfeiler könnten darauf hindeuten, daß hier ursprünglich eine feste Brücke über den Fluß führte, die dem Eisgang auf Dauer nicht standhielt).

Nach der Überschreitung des Flusses einige hundert Meter im Norduferbereich flußaufwärts, bis es zu sumpfig wird und der Pfad – alles markiert und Wegweiser an der Abzweigung des Pfads zur Herberge Haverdalssetra (immer flußaufwärts) – schräg den Süd-

osthang der langgestreckten mehrkuppigen Gravhøi (bis 1486 m) hinaufführt. Gravhøi („Grubenkuppe = „Grabkuppe") bedeutet: hier Renfanggruben. Nach dem Verlassen des Birkenwalds flacht der Hang ein und es geht nun flacher, dafür bald sumpfig nach Nordwesten, noch ein Stück ansteigend, dann hinab.
Wo der Hang wieder steiler wird und in das Tal Grimsdalen hinabfällt, folgt ein langwieriger Schrägabstieg nach Nordwesten, bald wieder Wald, zur festen Brücke über den Fluß Grimsa (= Grimsi). Endspurt auf Fahrweg zur Hütte hinauf auf der gegenüberliegenden Talseite.

● **129 b** **Høgronden** (Gipfel, 2114 m)
Anspruchsvoll, 8 Std. auf ab, Anstieg ca. 80 + 500 + 660 = 1240 m;
im Winter Gipfelgrat gefährlich (bis zum Fuß jedoch gut mit Ski);
bei Gipfelüberschreitung 8 Std. bis DNT-Hütte Bjørnhollia.
Karte 1718 I.

Dritthöchster Rondane-Gipfel (der Anfang des Pfads gilt auch für die Trichterlandschaft der Skranglehaugan, für alle Pfade zu den Hütten Rondvassbu und Bjørnhollia und zu den Herbergen von Høvringen).
Von den Døràlseter-Herbergen ein kurzes Stück auf der Höhe über dem Uferbereich des Flusses Atna südwestwärts gehen bis zu den Wegweisern: Während nur der Pfad zu den Herbergen von Høvringen weiter im diesseitigen Uferbereich flußaufwärts führt (weiter wie R 125g), führen alle anderen Pfade zum Fluß hinab; der Fluß wird auf einer kurzen Hängebrücke überschritten, dann geht es Richtung Moränenflanke.
Nun wieder Pfadabzweigung mit Wegweiser: Die Pfade zur Hütte Rondvassbu sowie der Talpfad zur Hütte Bjørnhollia knicken nach rechts und führen am Moränenfuß Richtung flußaufwärts und überschreiten den Zuflußbach Bergedalsbekken auf einer Stegbrücke (Rondvassbu via Boot/Rondhalsen siehe R 124f; Rondvassbu via Langholet siehe R 129c; Bjørnhollia via Bergedalen und Langglupdalen siehe R 124f und R 124m).

Die Pyramide des Høgronden (l.), der doppelgipflige Midtronden und

Der Pfad zum Gipfel Høgronden sowie zur Trichterlandschaft Skranglehaugan hingegen führt die Moränenflanke hinauf. Wer sich oben der Trichterlandschaft widmen will, geht nun frei nach halbrechts = Südsüdwesten.

Der Pfad zum Gipfel Høgronden führt nun nach grob Südosten in das wenig ausgeprägte und teilweise fruchtbare Tälchen des Bachs Vidjedalsbekken hinab und folgt diesem im diesseitigen Uferbereich aufwärts. Die Zuflußbäche, die zu durchqueren sind, können Hindernisse darstellen, zumindest der zweite (er läßt sich weiter oben besser durchschreiten, aber das ist zeitraubend). Nach der Durch-

die Digerronden-Pyramide, vom Døràlsetervegen aus gesehen.

schreitung des zweiten Bachs wird der Hauptbach = Talbach durchschritten. Am anderen Ufer bachaufwärts (einschließlich bis hier sind Gummistiefel angenehm). Wer diese Bachdurchquerungen vermeiden will, kann einen schönen, aber kraftraubenden Umweg machen: Den zweiten Zuflußbach aufwärts gehen, bis er sich besser durchschreiten läßt. Drüben über die weite Hochfläche Richtung Kar Vidjedalsbotn = Südosten laufen.
Der Pfad führt nun vom vermoorten Ufer des Bachs weg und nach Osten sanft aufwärts zum nicht kotierten See Neverbutjørnet. Genau in der Mitte des Sees liegt ein T-markierter Stein, der einzige

Stein, der aus dem Wasser herausragt. Als die Luftaufnahmen für die Karte gemacht wurden, war der See am Austrocknen; bereits 1972 war er so gut wie nicht mehr vorhanden; in den letzten Jahren hat sich wieder viel Wasser angesammelt; es ist möglich, daß der Stein in den nächsten Jahren nicht mehr zu sehen sein wird – ein Beispiel für Veränderungen in der Natur innerhalb von 20 Jahren. Das Ufer des Sees, falls er noch vorhanden ist, rechtsherum umrunden und nun immer nach Südosten über die weite Hochfläche in einer doch relativ abwechslungsreichen Landschaft mit starken Aussichten. Allmählich verschwindet das Flechtenpolster, und es geht hinab zum Karsee, 1461 m, im Kar Midtbotn. Den Ausfluß (letzte Wasserschöpfmöglichkeit) durchschreiten und auf dem Nordostgrat grobblockig und teilweise steil zum Gipfel. Im Nordosten leuchtet bei Sonne das Gletscherkar der Snøhetta, des höchsten Gipfels im Dovrefjell. Erst auf dem Høgronden-Gipfel wirklich gute Aussicht auf Rondslottet und Storronden.
Wer den Gipfel Richtung Hütte Bjørnhollia überschreitet, findet sogar hier oben Wegweiser: Nach Südosten abwärts zur offenen Steinbude Høgrondbui, 1742 m, aus dem Jahr ca. 1882 (restauriert 1982). Weiter in südöstlicher Richtung zur Schulter søre Oksli, 1779 m, hinab. Und wieder weiter nach Südosten bis zum Pfad im Tal Langglupdalen; insgesamt langwieriger Geröllabstieg, doch mit beeindruckender Aussicht auf Storronden und Rondslottet (der Abstieg vom Høgronden ist auch über den Südrücken möglich). Im Tal Langglupdalen den Talfluß Langglupåi auf der Stegbrücke überschreiten und nun den vesle Svulten, 1578 m, östlich umrunden bis zur Hütte.

● **129c** **Nordre Hammaren** (Gipfel, 1898 m)
Anspruchsvoll.
Karte 1718 I.

Nordre Hammaren ist einer der „Hämmer“ im Bereich des faszinierenden Tals Verkilsdalen bzw. des Kartals Verkilsdalsbotn, durch das kein Pfad führt, das jedoch näher beschrieben ist im Zusammenhang mit Pfad R 124e. Der Anmarsch von Døralseter – gern mit Zelt – zum Tal Verkilsdalen kann mit der pfadlosen Route R 126f verbunden werden: den Talfluß Verkilsdalsåi durchschreiten

und behutsam durch die Pflanzenoase Slettløyftet zum Vassberget aufsteigen; von dort zur Herberge Smuksjøseter am See Høvringsvatnet.
Der Anmarsch von Dørålseter ist lang, bietet jedoch viele Möglichkeiten für Abstecher und hält nach der letzten Pfadabzeigung viele Zeltstellen bereit. Bis dahin: Wie R 129b an den genannten Wegweisern vorbei, im Fußbereich der Moränenflanke Richtung flußaufwärts, dann nach wenigen hundert Metern auf Stegbrücke den Zufluß Bergedalsbekken überschreiten. Nach dem Überschreiten des Zuflusses führt der Pfad nach Südwesten auf die Hochfläche Storflyi hinauf und schwingt hier nach Süden. Kurz darauf letzte Pfadverzweigung: Während die Pfade zu den Hütten Rondvassbu via Boot/Rondhalsen und Bjørnhollia via Langglupdalen gemeinsam weiter nach Süden hinaufführen, zweigt der Pfad zur Hütte Rondvassbu via Langholet nach rechts (= Südwesten) ab. In etwa parallel zum Fluß Atna = Døråi, aber mit Abstand von diesem und höher führt er Richtung flußaufwärts und in das Kartal Langholet hinein. Ca. 1 km nach der letzten Pfadabzweigung wird der „Schmiedbach" Smedbekken durchschritten, der aus dem „Schmiedkar" Smedbotn (riesiger Trichter auf dem Karboden) herausfließt. Die Gipfel, die dieses Kar umstehen, werden auf der topographischen Karte allgemein als „Hammaren" bezeichnet und norde, 1898 m, austre, 1849 m, und søre, 1922 m, benannt. Am aussichtsreichsten ist die Besteigung des nordre Hammaren 1898 m (auch lang Sonne), der nach Osten in einer Wand mit Überhängen abbricht; Aufstieg von Norden, anspruchsvoll, Geröll/Blöcke und teilweise steil; oben nicht mehr steil: unschwer nach Süden in die Scharte hinab und aus der Scharte heraus nach Süden hinauf auf P. 1883.

● **129d** **Digerronden** (Gipfel, 2015)
Anspruchsvoll, Anstieg ca. 1000 m. Karte 1718 I.

Der „riesige" Digerronden ist die Pyramide, die als Westgipfel aus der zusammenhängenden Gruppe Høg-/Midt-/Digerronden ragt. Er ist der nächstgelegene Zweitausender bei Dørålseter, es führt kein Pfad hinauf.
Wie R 129b das Tälchen des Bachs Vidjedalsbekken aufwärts bis zum zweiten Zuflußbach mit dem vielen Wasser (falls wider Erwar-

ten wenig Wasser: gemeint ist der Zuflußbach, nach dessen Durchschreitung der Hauptbach durchschritten werden muß). Diesem Zuflußbach am diesseitigen Ufer aufwärts folgen, aber ihn durchschreiten, sobald es möglich ist, und zum letzten Mal Wasser schöpfen. Dann nach Südwesten gehen über die weite, flechtengepolsterte Hochfläche Vidjedalsflyi. Orientierungspunkt ist der Sattel Salen im Westfußbereich des Digerronden vor dem Köpfchen P. 1511. Unschwer zum Sattel aufsteigen. Hier beginnt der Aufstieg zum Gipfel über den Pyramiden-Westgrat und/oder in seinem Bereich. Steil und grobblockig. Der Gipfel bricht im Osten steil in das Kar Vidjedalsbotn ab.
Gipfelüberschreitung Richtung Midtronden siehe R 129e.

● **129e** **Midtronden** (Doppelgipfel, 2060 und 2042 m)
Anspruchsvoll.
Anstieg bei Traverse West-Ost: 1000 + 200 + 60 + 350 = 1610 m. Karte 1718 I.

Midtronden ist der Doppelgipfel zwischen Digerronden und Høgronden. Sein Ostgipfel, 2042 m, ist vom Høgronden (R 129b) relativ unschwer zu erreichen („relativ" heißt im Vergleich zum anstrengenden Anstieg auf dem Høgronden-Nordostgrat): Vom Høgronden nach Westen absteigen in die Scharte oberhalb des Kars Midtbotn. Aus der Scharte heraus 270-Höhenmeter-Anstieg auf dem 2042-m-Südostgrat. P. 2042 bricht nach Nordwesten steil in ein Kar ab, das mit dem Kar Vidjedalsbotn zusammenhängt.
In umgekehrter Richtung ist die Traverse eher zu empfehlen (der lange, lange Hochflächen-Anmarsch zum Høgronden entfällt bzw. wird als Abmarsch auf den Schluß verschoben), wenn der Wetterbericht genau bekannt ist: Aufstieg zum Digerronden wie R 129d. Abstieg nach Südosten in die Scharten oberhalb des Kars Vidjedalsbotn. Dann auf dem Nordwestgrat zum Midtronden, 2060 m, hinauf (rund 200 Höhenmeter).
Von P. 2060 kurzer, steiler Abstieg nach Nordosten in die Scharte. Aus der Scharte heraus wiederum kurz und steil hinauf zu P. 2042. Von P. 2042 Abstieg nach Südosten in die Scharte über dem Kar Midtbotn. Aus der Scharte heraus letzter Anstieg (350 Höhenmeter) zum Høgronden.

Vom Høgronden Abstieg auf dessen Nordostgrat wie R 129b, langwierig. Wasserschöpfstelle erst wieder der Bach, der aus dem See im Kar Midtbotn ausfließt. Weitere Abstiegsmöglichkeiten vom Høgronden in das Tal Langglupdalen mit Ziel DNT-Hütte Bjørnhollia: Südostrücken (= übliche Route; mit offener Steinbude; vgl. R 129b) oder Südrücken.

● **129f** **Stygghøin** (Höhenzug bis zu 1858 m)
Karten 1718 I, 1519 II und 1519 III.

Stygghøin sind die „grausigen Höhen" nördlich der Dørålseter-Herbergen. Sie erheben sich zwischen den Tälern Døråien im Süden und Haverdalen im Norden und gehören nicht zu den Rondane, teilweise aber zum Nationalpark. Enge Täler und Schluchten schneiden tief in diesen Höhenzug ein, darunter die Schlucht/Klamm Døråisglupen, durch die der einzige Pfad läuft (R 129a). Der Pfad ist ein guter Ausgangspunkt für Touren durch diesen einsamen und wilden Höhenzug:

a) **Stygghøin-Ost:** Wie unter R 129a geschildert; unschwer erreichbar die Zwillingskuppen, 1639 m und 1535 m.

b) **Stygghøin-West:** Am Nordausgang der Schlucht/Klamm nach links aufsteigen (anfangs etwas steil) zu P. 1727. Von dort unschwer nach Südwesten zur Kuppe P. 1721, über die die Grenze des Nationalparks Rondane verläuft. Von P. 1721 weiter nach Südsüdwesten zu den beiden höchsten Kuppen, 1852 m und 1858 m.

Über den 1858-m-Südwestrücken absteigen zu Scharte/Paß; Ziel ist der aussichtsreiche „Vorspring-Schnabel" Skagsnebb, 1592 m, zu dem die steile Ostflanke von P. 1851 den direkten Zugang verhindert. Also P. 1851 westlich umgehen bis zu seinem Süd-Köpfchen P. 1714. Vom Süd-Köpfchen etwas steil nach Osten zur Scharte und aus der Scharte heraus unschwer auf den weit vorkragenden Schnabel Skagsnebb mit weiter Aussicht. Zurück zur Scharte und von der Scharte nach Südsüdwesten absteigen. Wenn der Skagsnebb-Abbruch ausflacht, nach links gehen, wo sich das Kar mit dem See Skagsnebbtjørnet,1286 m, öffnet. Der aus dem See ausfließende Bach muß durchschritten werden, spätestens an seiner Mündung in den Fluß Døråi (= Atna). Dort auf dem Pfad flußabwärts und zurück zu den Herbergen.

● **129g Dørålseter – Rondvassbu** (bewirtschaftete DNT-Hütte, 1173 m) via Høgronden
Anspruchsvoll, 8–9 Std., Anstieg ca. 1240 + 120 = 1360 m.
Karte 1718 I.

Keine Winterroute; teilweise pfadlos; spätestens um 16.30 Uhr muß die Nordbucht des Sees Rondvatnet erreicht sein (Bootsabfahrt); sonst und in der Nebensaison 2 Std. mehr einplanen für den Marsch über den Rondhalsen.
Wie R 129b zum Høgronden. Vom Gipfel nicht nach Südosten (übliche Route) absteigen, sondern über den Südrücken, zum Teil etwas steil, hinab in das Tal Langglupdalen (hier haben Unverzagte die Möglichkeit, zum Rondslottet aufzusteigen; vgl. R 132b). Im Tal Langglupdalen nach rechts (= talaufwärts) gehen (Pfad), die Wasserscheide vor der Rondslottet-Nordflanke überschreiten und abwärts bis zur Pfadkreuzung bei den Bergedalstjørnin-Seen. Nun nach Süden in das Tal Rondvassdalen hineingehen und dieses abwärts zur Bootsanlegestelle.

● **130 Grimsdalshytta** (bewirtschaftete DNT-Hütte, 1000 m)
Nord-Rondane im Tal Grimsdalen;
Mautweg Grimsdalsvegen 18 km ab Reichsstraße 27 (R 27b). Weg/Mautweg Grimsdalsvegen 28 km ab E 6 Dovre (R 39)
Karte 1519 III.

34-Betten-Herberge (Tel. 097-56028, N-2662 Dovre) mit provisorischem Zeltplatz; geöffnet an ca. Ostern sowie im Sommer; 12 Betten Selbstbedienungsquartier (geschlosen 1. Mai bis 10. Juni).

Die Hütte Grimsdalshytta gehört nicht zu den Rondane, sondern zu Dovre, die Umgebung ist schon vom ersten Blick her grundverschieden. Die Hütte ist vielbenutzte Durchgangsstation auf dem Pfad von der Bahnstation Hjerkinn (4–5 Gehstunden nördlich an der E 6) Richtung Rondane (6 Gehstunden südlich). 6 Gehstunden weiter nordwestlich liegt – ebenfalls an der E 6 – das unter Vogelkundlern weltbekannte Moorgebiet Fokstumyrin.

Das fruchtbare Tal Grimsdalen, das bis heute als Weide genutzt wird (viele Höfe gibt es allerdings nicht mehr) trennt Rondane und Dovrefjell (stark vergröbernd gesagt). Es durchschneidet die Gebirge zwischen den Tälern Gudbrandsdalen im Westen und Folldal im Osten. Durchflossen wird es vom Fluß Grimsa (= Grimsi), der bei Grimsbu in den Fluß Folla mündet. Verkehrsmäßig erschlossen ist das Tal mit Ausnahme des Teils östlich der Reichsstraße 27 durch den Mautweg Grimsdalsvegen.

Grimsdalsvegen: Von der Mautstelle am Ostende des Grimsdalsvegen (ca. 720 m) läuft ein Pfad durch den Wald nach Südwesten zum Fluß hinab (Wasserfall 30 m Fallhöhe). Der Fluß wird auf einer Hängebrücke überquert, danach geht es weiter in südwestlicher Richtung zum Bach Svartdalsbekken, der durchschritten wird; dem Bach am Westufer aufwärts folgen in der Talsenke zwischen den Hügeln Veslekringla, 1128 m, und Storekringla, 1380 m; Gelände teilweise sehr moorig; der Pfad mündet auf den Mautweg Døralsetervegen, der zu den Herbergen von Døralseter (R 129) führt.

Das Tal Grimsdalen ist auf den ersten knapp 20 km recht breit und stellenweise stark versumpft und steigt nur leicht an. Wenige Kilometer nach dem Schlagbaum überraschende Aussicht auf die Rondane (Høg-, Midt-, Digerronden); wer dem nächsten Weg rechts hinauf Richtung Tollevshaugen folgt, hat diese Aussicht noch besser. Nach 18 km ab Schlagbaum liegt rechts oben die Grimsdalshytta. Nun wird das Tal enger, windet sich um den Berg Storberget (1227 m) herum, steigt an und verliert sich dann, während der Mautweg auf die Wasserscheide (ca. 1160 m) hinaufführt (Aussicht Richtung Jotunheimen). Hier oben ist der Mautweg zu Ende; nach links (= Süden) zweigt ein anderer Mautweg zur Herberge Haverdalssetra (R 131) ab, während die Straße 11 km zum Ort Dovre (R 39) hinabführt und dort auf die E 6 mündet.

Das Tal Grimsdalen war schon in der Wikingerzeit besiedelt (Gräberfunde auf der Westseite der großen Moräne neben dem Fluß Grimsa unterhalb der Hütte). Ca. 7 km von dieser Stelle aus auf dem Mautweg talaufwärts stehen die AlmhüttenVerkensseter; Funde aus dem Mittelalter belegen, daß hier von ca. 1400 bis Ende des 18. Jahrhunderts ein Handelsplatz für den Warenaustausch zwischen den Bewohnern der Täler Gudbrandsdal (Westen) und Folldal

(Osten) bestand. Aus den Holzkohlenresten der Wüstung noch ein Stückchen talaufwärts ließ sich errechnen, daß hier um ca. 600 eine Siedlung bestand. Auf der langgezogenen „Grabkuppe" Gravhøi südlich der Grimsdalshytta finden sich zahlreiche Renfanggruben. Der Pfad zur Herberge Haverdalssetra bzw. zu den Herbergen von Høvringen führt an solchen Gruben vorbei.

Rondane-Hüttenziele auf Pfaden ab Hütte Grimsdalshytta (1000 m)

Zielname, Weg	höchste Höhe m	Stunden	Grad	Beschreibung
Dørålseter	1380	5–6	mittel	R 129 a
Haverdalssetra	1320	3	unschwer	R 125 h
Høvringen via Sletthøi	1576	7	mittel	R 125 h

● 131 **Haverdalssetra** (Herberge, 1053 m)

Nordwest-Rondane / Dovrefjell;
Weg und Mautweg 11 + 18 km ab E 6 in Dovre (R 39).
Karte 1519 III.

Herberge im Tal Haverdalen, einem Seitental des Tals Grimsdalen (R 130), am Nordwestrand des Nationalparks Rondane, aber nicht mehr zu den Rondane gehörend, sondern von diesen durch den Höhenzug Stygghøin (R 129 f) getrennt.
Die Herberge liegt am Fuß der für ihre Renfanggruben bekannten Gravhøi (bis zu 1486 m) in fruchtbarer Umgebung. Auf der topographischen Karte ist der Mautweg noch nicht eingezeichnet, auf dem u. a. in der Jagdsaison reger Verkehr herrscht.

Hüttenziele auf Pfaden ab Herberge Haverdalssetra (1053 m)

Zielname, Weg	höchste Höhe m	Stunden	Grad	Beschreibung
Dørålseter	1380	4–5	mittel	R 129 a
Grimsdalshytta	1320	3	unschwer	R 125 h
Høvringen via Sletthøi	1576	7	mittel	R 125 h

Die DNT-Hütte Bjørnhollia war ursprünglich ein Almhof.

● **132** **Bjørnhollia** (bewirtschaftete DNT-Hütte, 914 m)
Ost-Rondane;
2 Std. von der Reichsstraße 27 (R 27b).
Karte 1818 IV.

90-Betten-Herberge (Tel. 064-63713) mit Zeltplatz, geöffnet Winterhauptsaison und ca. 10. Juni bis Ende September; 14-Betten-Selbstbedienungsquartier (geschlossen 1. Mai bis 10. Juni).

Bjørnhollia liegt an der Ostausmündung des früher als Weide genutzten Tals Illmanndalen und am Südostfuß des Bergs vesle Svulten (1578 m). Ursprünglich war Bjørnhollia die Kälberweide-Alm des großen Hofs Formo (an der E 6 zwischen Selsverket und Nord-Sel). Die Setergebäude des einstigen Bergbauernhofs aus dem Jahr 1871 sind erhalten. Die DNT-Hütte von 1948 wurde der alten Baumstammbauweise nachempfunden (erweitert 1984).

Im Namen Bjørnhollia (bjørn = Bär) wird „ll" wie dickes l (= r) gesprochen; also „oll" (= „ur" = Geröll). Steinschutthalden, Weideplätze und üppige Vegetation – nicht zu vergessen die höchsten Rondane-Gipfel – liegen hier dicht beieinander.
Der Transportweg, der aus dem Tal des Flusses Atna von Nordosten nach Bjørnhollia führt, ist für den öffentlichen Verkehr gesperrt (auf der aktuellen topographischen Karte von 1959/1961 ist er nicht eingezeichnet, auf Cappelens Tourenkarte 1 : 100 000 ist er richtig als gesperrt eingezeichnet, Cappelens Straßenkarte zeichnet ihn falsch als frei befahrbar ein; Bergrad ist möglich).
Ein weiterer Weg führt von Bjørnhollia nach Südosten zum See Atnsjøen hinunter (auf der Straßen- und der Tourenkarte als Pfad eingezeichnet, auf der topographischen Karte als Karrenweg). Er ist im Winter der Hauptanmarschweg für die von Osten Anreisenden (im Winter ist die Reichsstaße 220 über das Ringebufjellet gesperrt). In der Wanderhauptsaison bestand am Ende des Wegs früher eine Bootsbrücke über den See Atnsjøen (siehe R 27b unter dem Stichwort Neset).

Bergziele ab Hütte Bjørnhollia (ca. 914 m)

Zielname	Höhe m	Pfad	Grad	Beschreibung
Rondslottet	2178	ja	anspruchsvoll	R 132b
Storronden	2138	nein	"	R 132f
Høgronden	2114	ja	"	R 132c
Vinjeronden	2044	ja	"	R 132b
Rondvasshøgdi vestre	1951	nein	"	R 132f
Rondvasshøgdi midtre	1923	nein	"	R 132f
Rondvasshøgdi austre	1838	nein	mittel	R 132f
Geitsida/Blåkollen	1580	nein	unschwer	R 132e

Ziele für unschwere Kurzausflüge sind der Pflanzenoasen-Canyon Skjerdalen (= Villmanndalen, R 132a) und der Aussichtsberg Blåkollen (R 132e); die kurze Wanderung zum Blåkollen kann mit der Besichtigung der Grabhügel in der Umgebung der Vulutjørni-

Seen verbunden werden. Die beeindruckendste Talwanderung führt durch das Tal Langglupdalen (R 132b), von dem aus der höchste und der dritthöchste Rondane-Gipfel (Rondslottet und Høgronden) sowie die Hütte Rondvassbu und die Herbergen von Dørålseter zu erreichen sind.

Hüttenziele auf Pfaden ab Hütte Bjørnhollia (ca. 914 m)

Zielname, Weg	höchste Höhe m	Stunden	Grad	Beschreibung
Dørålseter via Langglupdalen	1430	6–7	unschwer	R 132b
via Høgronden	2114	8	anspruchsvoll	R 132c
Rondvassbu via Illmanndalen	1279	3½	unschwer	R 132f
via Storronden (pfadlos)	2138	6–7	anspruchsvoll	R 132f
via Langglupdalen	1418	5	unschwer	R 132b
via Rondslottet	2178	7–8	anspruchsvoll	R 132b
via Musvoldalen	1225	6	unschwer	R 132h
Straumbu	1090	2	unschwer	R 133a
Eldåbu via Steindalen	1200	5	unschwer	R 132e
Mysuseter via Musvoldalen	1225	6	mittel	R 132h
Rondablikk via Musvoldalen	1225	6	mittel	R 132h
Rondetunet/Hamna	1250	5	mittel	R 132d
Gunstadseter	1200	6	unschwer	R 132g

● **132a** **Skjerdalen = Villmanndalen** (Canyon)
Unschwer, 3 Std. hin und zurück, Anstieg unter 100 m.
Karte 1818 IV.

Das canyonartige Tal Skjerdalen (= Villmanndalen; „Wildermanntal") südwestlich der Hütte Bjørnhollia ist eine der wenigen Pflanzenoasen in den Rondane. Auf dem Weg hinab zum See Myldingtjørnet, 886 m, dessen Ausfluß auf der Brücke überschritten wird. Nun vom Weg nach rechts abzweigen und auf dem markierten Pfad dem Ostufer des Sees folgen. Im Südbuchtbereich ein kurzes Stück aufwärts steigen. Oben durch Birkenwald mit üppiger Vegetation, vorbei an einer zusammengebrochenen Steinbude und hinab in die Schlucht; diese wurde während der Schmelzperiode nach der letzten Eiszeit eingeschnitten.

● 132 b Bjørnhollia – Dørålseter (Herbergen, ca. 1060 m) via Langglupdalen.
Mittel, 6 – 7 Std., Anstieg ca. 160 + 450 + 40 = 650 m. Karten 1818 IV und 1718 I.

Beeindruckende Talwanderung. – Auf dem markierten Pfad Richtung grob Norden: quer über die ausflachende Ostflanke des Bergs vesle Svulten, 1578, und diesen quasi umgehen, allmählich in das Tal Langglupdalen hineinschwingend. Nach 2 km öffnet sich in der Nordflanke des Bergs ein namenloses Kar. Nun schräg abwärts zum Talfluß Langglupåi, der auf einer Stegbrücke überschritten wird. Die höchsten Rondane-Berge sind in Sicht.

Am anderen (= Nord-)Ufer des Flusses Langglupåi ein kurzes Stück schräg nach Nordwesten hinauf zur Pfadverzweigung: Talaufwärts geht es zur Hütte Rondvassbu und zum Gipfel Rondslottet sowie zu den Herbergen Dørålseter via Bergedalen; hangaufwärts geht es zum Gipfel Høgronden (weiter wie R 132 c) bzw. mit Høgronden-Überschreitung zu den Herbergen Dørålseter.

An der Pfadverzweigung also talaufwärts gehen. Nach 3 km zweigt der Pfad zum Gipfel Rondslottet ab: Den jetzt zahmeren Talfluß Langglupåi durchschreiten und auf dem breiten Rondslottet-Ostrücken aufsteigen zum Gipfel (5 Std. Aufstieg, 3 Std. Abstieg; oder Überschreitung des Gipfels mit Ziel Hütte Rondvassbu wie R 124 i; dann ca. 7 – 8 Std. für die gesamte Wanderung rechnen).

Der Pfad zu den Herbergen von Dørålseter bzw. zur Hütte Rondvassbu via Boot / Rondhalsen hingegen bleibt weiter im diesseitigen Uferbereich des Flusses Langglupåi und erreicht nach ca. 3 km den mit ca. 1420 m höchsten Punkt der Tour. Im Süden öffnet sich in der Nordflanke des Rondslottet ein namenloses Kar, dessen See nun nicht mehr in das Tal Langglupdalen entwässert, sondern nach Nordwesten Richtung Tal Bergedalen abfließt.

Von der Wasserscheide abwärts gehen zu den Bergedalstjørnin-Seen (ca. 1233 m). Rechts öffnet sich zwischen den Gipfeln Midtronden und Digerronden als „irrsinnige" Kar Galenbotn, das diesen Namen erhalten hat, weil es hier so „irrsinnig" (galen) zieht.

Im Gebiet der Bergedalstjørnin-Seen wieder Pfadverzweigung: nach Süden geht es das Tal Rondvassdalen abwärts zum See Rondvatnet, wo das letzte Boot während der Sommerhauptsaison um 16.30

Der Høgronden-Ostgrat bricht lotrecht in das Kar Midtbotn ab.

Uhr zur Hütte Rondvassbu fährt; wer das Boot verpaßt (falls es überhaupt gefahren ist), geht westlich des Sees über den Rondhalsen (wie R 124 f).
Der Pfad zu den Herbergen von Dørålseter verläuft westlich des Bachs Bergedalsbekken, der aus den Bergedalstjørnin-Seen austritt; weiter wie R 124 f.

● **132 c** **Høgronden** (Gipfel, 2114 m)
Anspruchsvoll, 5 Std. auf, 3 Std. ab, Anstieg ca. 1300 m bei Gipfelüberschreitung Richtung Herberge/n Dørålseter 8 Std.
Karten 1818 IV und 1718 I.

Sehr aussichtsreich. – Wie R 132 b zur Pfadverzweigung nach der Stegbrücken-Überschreitung des Talflusses Langglupåi, der die letzte Wasserschöpf-Möglichkeit darstellt. Nun hangaufwärts auf dem Høgronden-Südostrücken mit der Südschulter als Zwischenziel. Als Abstiegsmöglichkeit bietet sich der Südrücken an. Beschreibung der Route und der Gipfelüberschreitung mit Ziel Herberge/n Dørålseter siehe R 129 b.

● **132 d Rondetunet – Bjørnhollia** (bewirtschaftete DNT-Hütte, 914 m)
Unschwer, 5 Std., Anstieg ca. 110 + 290 = 400 m.
Karten 1818 IV und 1718 I.

Ausgangspunkt dieser Tal- und teilweise sehr aussichtsreichen Hangwanderung ist die Kafeteria und Unterkunft Rondetunet an der Reichsstraße 27 zwischen Enden und Atnbrua/Brenn (siehe R 27 b).
Der markierte Pfad führt durch den Wald nach Westen hinauf über den Südhang des baumlosen Bergs søre Vola, 994 m, verläßt kurz die Baumgrenze, taucht dann aber wieder hinein und führt hinab zu den Seen Voldalstjørna (860 m). Diese Seen liegen im oberen Bereich des Tals Voldalen, das flankiert wird vom Geitsida-Osthang und den Westhängen der drei Vola-Berge und nach Nordwesten in den See Atnsjøen entwässert. Der Pfad führt auf der Osteite der Seen Richtung Nordnordwesten und durchquert den Wasserlauf, der aus dem letzten (= nördlichsten) See austritt. Im Westuferbereich nach links den Hang hinauf zur Alm Midtbrennseter, 874 m. Nun ca. 5 km dem Hang folgen, meist durch Wald, kaum ansteigend, bis die Alm Fagerli, 968 m, erreicht wird. Oberhalb dieser Alm schneiden die schluchtartigen Täler søre und nordre Lausådalen in den baumlosen Geitsida-Nordosthang ein. Der Pfad führt hinauf zum ersten Tal, durchquert den herausfließenden Bach, verläßt die Baumgrenze (das Gebiet im Osten jenseits des Sees Atnsjøen ist Alvdal Vestfjell) und durchquert auch den aus dem zweiten Tal herausfließenden Bach. Nun letzter Anstieg in Nordwestrichtung über einen kleinen Rücken, dann in derselben Richtung hinab zur Alm Musvolseter, 883 m. Dort auf dem Weg nach Westen, vorbei am See Musvoltjørnet (892 m), den Ausfluß des Sees Myldingtjørnet (886 m) auf der Brücke überschreiten und hinauf nach Bjørnhollia (von der Alm abwärts führt dieser Weg zum See Atnsjøen, wo eine Bootsbrücke bestand).

● 132e Geitsida/Blåkollen (Fjell, bis zu 1580 m)
Karte 1818 IV.

Sehr aussichtsreich. – Geitsida ist das Fjell südlich der Herberge. Höchste Erhebung ist der Blåkollen, 1580 m, von dem sich wunderbare Aussicht nach Nordwesten auf die Rondane, nach Osten auf Alvdal Vestfjell jenseits des Sees Atnsjøen sowie nach Süden auf die Hochflächen zwischen den Tälern Gudbrandsdalen und Østerdalen bietet. – Auf dem Weg hinab zum See Myldingtjørnet, 886 m, dessen Ausfluß auf einer Brücke überschritten wird. Weiter dem Wegweiser Richtung Eldåbu folgend auf dem T-markierten Pfad nach Süden und auf dem Geitsida-Westhang hinauf.
Nach gut 3 km wird die Wasserscheide, 1124 m, zwischen dem Tal Musvoldalen und dem Tal Steindalen erreicht. Die Wasserscheide liegt in der Einsattelung zwischen der Geitsida und den Hornflågån (bis zu 1650 m). Die Kuppe direkt östlich der Wasserscheide ist der Blåkollen: unschwer zu ihm aufzusteigen, noch unschwerer bereits vor Erreichen der Wasserscheide. Von der Wasserscheide führt der Pfad durch das Tal Steindalen nach Süden hinab zu den Vulutjørni-Seen, in deren Umgebung zahlreiche Grabhügel gefunden wurden. Von dort führt er weiter zur DNT-Selbstbedienungshütte Eldåbu (weiter wie R 135c, wo auch genauer auf die Gräberfunde eingegangen wird).

● 132f Bjørnhollia – Rondvassbu (bewirtschaftete DNT-Hütte, 1373 m) via Illmanndalen
Unschwer, 3½–4 Std., Anstieg ca. 380 m.
Karten 1818 IV und 1718 I.

Talwanderung, teilweise aussichtsreich. – Nach Westen auf den Nordhang des Tals Illmanndalen hinauf und immer dem Talverlauf folgen bis zur Zielhütte am See Rondvatnet (siehe Routenbeschreibung R 124k).
Das Tal wird im Norden begrenzt von der Südflanke des Höhenzugs Rondvasshøgdi, über den die aussichtsreiche, anspruchsvolle und nicht markierte Alternativroute führt. Der Berg direkt westlich der Hütte ist der vesle Svulten, 1578 m; der markierte Pfad durch das Tal Illmanndalen verläuft zunächst an seinem Südfuß; westlich vom vesle Svulten erhebt sich der namenlose Kopf P. 1838; die Einsatte-

lung zwischen P. 1578 und P. 1838 ist das Ziel beim Aufstieg aus dem Tal Illmanndalen. Von der Einsattelung zu P. 1838 aufsteigen und dann immer dem Rücken-/Gratverlauf nach Westen folgen bis zum Storronden, 2138 m. Abstieg auf dem Storronden-Westrücken (vgl. R 124 l).

● **132 g** **Gunstadseter – Bjørnhollia** (bewirtschaftete DNT-Hütte, 914 m)
Unschwer, 6 Std., Anstieg ca. 210 + 200 = 410 m.
Karte 1818 IV.

Aussichtsreiche Hochflächen- und Talwanderung. Ausgangspunkt ist das Gebiet der Alm Gunstadseter (ca. 1000 m) an der Reichsstraße 220 (vgl. R 27 a).
Von der Reichsstraße nach Westnordwesten hinab in den Wald und den „Schneetalfluß" Snødøla durchschreiten. Weiter in derselben Richtung wieder über die Baumgrenze hinauf. Im Westen erhebt sich der langgestreckte „Schafberg" Saukampen (bis zu 1343 m), der im Norden etwas steil, aber nicht hoch abbricht. Dieser Abbruch (bzw. die Einsattelung zwischen Abbruch und der Anhöhe Gråhøgda, 1208 m) ist der Orientierungspunkt. Von hier schräg nach Nordwesten über den Saukampen-Nordhang hinab in das Tal Vuludalen und dem Fluß Vulua ein kurzes Stück aufwärts folgen (teilweise Wald und viel Sumpf), bis am anderen Ufer der Viehverschlag sichtbar wird. Gegenüber dieser Hütte den Fluß durchschreiten und dem Norduferbereich flußaufwärts folgen bis zum See søre Vulutjørnet, 1068 m. Nun nach Norden das Tal Steindalen aufwärts und weiter wie R 135 c.

● **132 h** **Bjørnhollia – Mysuseter** (Almsiedlung, ca. 900 m) via Musvoldalen
Unschwer, 6 Std., Anstieg ca. 280 + 130 = 410 m.
Karten 1818 IV und 1718 I.

Tal- und aussichtsreiche Hochflächenwanderung. – Im Osten der Herberge mündet das Tal Illmanndalen aus; an dieser Ausmündung wiederum mündet das Tal Musvoldalen von Südwesten. – Auf dem Pfad in das Tal Illmanndalen hinab, den Fluß Illmannåi auf der Stegbrücke überschreiten und dann aufwärts. Der markierte Pfad folgt anfangs dem Rücken zwischen den Tälern Illmann- und Musvoldalen und später dem Musvoldalen-Talhang, während unten ein nicht markierter Pfad dem Uferbereich des Flusses Musvolåi durch fruchtbare Vegetation aufwärts folgt, sich aber später mit dem ersten Pfad wieder vereinigt (vgl. R 122e). Das Tal schwingt nun nach Westen und verändert stark seinen Charakter, nicht mehr eng, sondern fast völlig flach. Der Pfad führt hier an der Hütte Veslelegret, 1225 m, vorbei. Wer nicht Mysuseter, sondern die Hütte Rondvassbu als Ziel hat, verläßt hier den Pfad und geht pfadlos weiter nach Westnordwesten. Der markierte Pfad hingegen führt sanft hinab Richtung Westsüdwesten und durchschreitet im Gebiet der „Mehlhundhügel" Mjølrakkhaugan den zahmen Oberlauf des Flusses Mysvolåi. Nach der Durchschreitung dem Wasserlauf westwärts folgen bis zur Wasserscheide, wo Pfadkreuzung: Nach Südosten zweigt der markierte Pfad zur Hütte Eldåbu ab (weiter wie R 122f), während der Pfad nach Mysuseter bzw. Rondablikk nach Westen hinabführt längs des Oberlaufs des Flusses Glitra, der nach 2½ km durchschritten wird. 1½ km weiter erneut Pfadkreuzung: Nach Westen geht es zur Almsiedlung Mysuseter (weiter wie R 122e); nach Norden geht es zur Hütte Rondvassbu (weiter wie R 124b); nach Süden, also dem Fluß Glitra abwärts folgend, geht es zum Hotel Rondablikk (weiter wie R 124b).

• 133 **Straumbu** (Bauernhof mit Schlafmöglichkeit, DNT-Rabatt, 753 m)

Ost-Rondane; an der Reichsstraße 27 (R 27b).
Karte 1818 IV.

Wanderunterkunft mit 30 Betten und Verpflegung (keine Wirtschaft, keine Einkehr, kein Hotel usw., sondern tatsächlich Bauernhof mit Kühen und Unterkunft). Auf der Straße direkt unterhalb des Hofs Bushaltestelle an der Linie Hjerkinn-Ringebu (Hjerkinn hat Bahnhof; von dort mit dem Fahrrad bis hierher auf gut ausgebauten Straßen). Straumbu liegt an der Grenze zwischen den Rondane (westlich) und dem Wandergebiet Alvdal Vestfjell (östlich), das im Rahmen dieses Führers kein Thema ist. Daher sind in der Umgebung von Straumbu keine Bergziele zu vermelden, und die einzige Zielhütte ist die bewirtschaftete DNT-Hütte Bjørnhollia.

Auf Cappelens Straßenkarte ist zwischen dem Hof Gammelgarden nördlich von Straumbu und Bjørnhollia fälschlicherweise eine Straßenverbindung eingezeichnet (Cappelens Tourenkarte hat diesen für Fahrrad nur mit Kondition empfehlenswerten Weg richtig mit dem „gesperrt"-Zeichen versehen).

● 133a **Straumbu – Bjørnhollia** (bewirtschaftete DNT-Hütte, 914 m)
Unschwer, 2 Std., Anstieg ca. 300 m
Karte 1818 IV.

Teilweise schöner Kiefernwaldspaziergang, dann aussichtsreich. – An der Bushaltestelle unterhalb des Hofs Straumbu führt eine ziemlich feste Hängebrücke über den Fluß Atna, eine der wenigen Hängebrücken mit Gebrauchsanweisungs-Schild: Nicht mehr als drei (tre = drei) sollen gleichzeitig über die Brücke gehen. Gedenkstein für Peer Gynt, der hier den „krummen" Troll Bøygen zur Strecke gebracht haben soll. Der T-markierte Pfad überquert zwei Mündungsläufe des Flusses store Myldingi (Brückensteg über dem ersten Lauf), dann durch den Wald und etwas steil das kleine Stüfchen hinauf. Orientierungspunkt ist der Nordrücken des Bergs Musvolkampen, 1154 m, der Pfad schwingt also allmählich nach Süden, läuft quer über den Rücken und weiter in dieser Richtung etwas steiler in das See-Tälchen südlich des Bergs hinab. Dort die Hütten der „Alt-Alm" Gammelseter sowie Weg: Auf dem Weg nach rechts (= Westen) und hinauf nach Bjørnhollia.

● 134 Rondablikk Høyfjellshotell (Hotel, 910 m)

Rondane-Südwest am See Furusjøen; Fahrweg 13 km ab E 6 Kvam (R 32) oder Peer-Gynt-Almweg (R 33a).
Karte 1718 I.

120-Betten-Hotel (Tel. 062-94937 bzw. 062-94912, N-2650 Kvam); geöffnet Ostern und ca. Juni bis Ende Oktober.

Das Hotel liegt in landschaftlich außerordentlich reizvoller Umgebung mit Blick auf die Rondane, die hinter dem See Furusjøen aufsteigen. Sie wirken aus dieser Perspektive recht fern und kulissenhaft. Wer den steilen, engen und nicht aussichtsreichen Fahrweg vom Ort Kvam herauffährt, wird fast unvermittelt mit dem Blick auf

die Rondane konfrontiert. Stünden an den Ufern nicht so viele Ferienhütten, wäre der von lichtem Kiefernwald umgebene „Föhrensee“ Furusjøen nördlich des Hotels noch mehr eine Perle von einzigartiger Schönheit.
Das grandiose Panorama hier zieht viele Ausflügler an. In der Hauptsaison schippert die „M/B Glitra“ von 9.00 bis 19.00 Uhr Urlauber von Bucht zu Bucht. Die Wartezeit an den Anlegestellen Kvamvika, Lyseby (Glittervika) und Einbu (Koltjernvika) beträgt ca. eine Dreiviertelstunde. Pfade führen um den ganzen See herum. Hauptzufluß ist der „glitzernde“ Fluß Glitra; er mündet in die Nordostbucht Glittervika; sein Oberlauf bildet die Südgrenze des Nationalparks Rondane. In der Südostbucht Fryosen fließt der Fluß Frya aus, der nach 47 km beim Ort Ringebu in den Fluß Lågen mündet.
Auf Cappelens Tourenkarte 1 : 100 000 ist die Mautstelle am Beginn des Peer-Gynt-Almwegs falsch eingezeichnet; richtig auf Cappelens Straßen- und Tourenkarte (auf der wiederum der Fahrweg zum Badesee Orvillingen fehlt).
Bergziele: Unschwere, aussichtsreiche Ziele sind Varden (R 134 e), nordre Geitberget (R 134 c) und Vulufjellet (R 134 d).

Hüttenziele auf Pfaden ab Hotel Rondablikk (910 m)

Zielname, Weg	höchste Höhe m	Stunden	Grad	Beschreibung
Rondvassbu via Rørosvegen	1210	4–5	unschwer	R 134 a
Bjørnhollia via Vuludalsråket	1430	5	mittel	R 134 b
Mysuseter via Seeufer/Mautweg	980	3	unschwer	R 134 a
Eldåbu via Vuludalsråket	1430	5	mittel	R 134 b

Abbildung folgende Doppelseite: Beim Gang auf den Hovdepiggen fällt der Blick über den „Föhren-See“ Furusjøen hinweg auf die westlichen Smiubelgen-Gipfel der Rondane.

● **134 a** **Rondablikk – Rondvassbu** (bewirtschaftete DNT-Hütte, 1173 m), via Rørosvegen
Unschwer, 4 – 5 Std., Anstieg ca. 300 m.
Karte 1718 I.

Vom Hotel nach Norden hinab zum Südufer des Sees Furusjøen mit prächtiger Aussicht auf die Rondane. Hier, an der Bucht Kvamsvika, legt in der Sommerhauptsaison das Motorboot an; dieses nehmen und an der Nordostbucht Glittervika (Lysebu) aussteigen. An der Bucht Glittervika mündet der Fluß Glitra in den See; der Fluß wird überquert, dann geht es flußaufwärts auf dem historischen Transportweg Rørosvegen (vgl. R 124 a): die ersten 4 km im Westuferbereich des Flusses Glitra, dann immer nach Nordnordosten mit dem Westhang der vorn aufragenden Kuppe fremre Illmannhøi als Orientierungspunkt.
Wenn das Boot nicht verkehrt, wird der See auf den vorhandenen Pfaden links (= im Uhrzeigersinn) umrundet (inzwischen ist auch ein Weg rechts herum sogar ausgeschildert), immer im Uferbereich, ein Stück auf einem Fahrweg (über diesen Fahrweg ist auch die Siedlung Mysuseter zu erreichen: R 122).
Eine pfadlose Alternative zu dieser Route nennt R 134 d.

● **134 b** **Rondablikk / Kvamsnysætrin – Bjørnhollia** (bewirtschaftete DNT-Hütte, 914 m) via Vuludalsråket
Mittel, 7 Std., Anstieg ca. 300 + 250 = 550 m.
Karten 1718 I und 1818 IV.

Ausgangspunkt sind die Hütten / Schuppen der Alm Kvamsnysætrin am Fuß der Südflanke des nördlichen „Geißbergs“ nordre Geitberget, 1178 m: Auf dem Peer-Gynt-Almweg das große Moorgebiet Hovdemyra durchqueren und im Tal Frydalen auf der festen Brücke den Fluß Frya überschreiten. Nach der Brücke noch ca. 1 km, bis nach links ein schlechter Fahrweg abzweigt. Dieser führt zu den Hütten von Kvamsnysætrin. Auf diesem Weg so lange gehen / fahren, bis er sich nach gut ½ km gabelt. Gleich hinter der Gabelung beginnt der Pfad: Schräg nach Osten über den Fuß des nordre Geitberget und den Bach Ljoslibekken durchschreiten. Weiter aufwärts in dieser Richtung mit der wenig ausgeprägten Nordseite des Bergs søre Geitberget, 1200 m, als Orientierungspunkt. Am Geißberg vor bei und dahinter in die feuchte Senke Vuludalsråket hinein; rechts liegen die „Guckloch-Moore“ Gluggmyrin (mit vielen kleinen Augen). In der Senke weiter die Nordost-Richtung beibehalten und nach ca. 2 km – vor der wenig ausgeprägten und nicht kotierten Höhe Eldåhøgda – nach Osten schwingen und hinab zum Fluß Eldåi, der durchwatet wird. Nach der Durchwatung verzweigt sich der Pfad: Geradeaus geht es weiter zur DNT-Hütte Bjørnhollia (weiter wie R 135c), flußabwärts geht es zur DNT-Selbstbedienungshütte Eldåbu: Noch ca. 3 km wie R 124p.

● **134c** **Nordre Geitberget** (Berg, 1178)
Unschwer, 1¾ Std. Auf- und Abstieg.
Karte 1718 I.

Wie R 134b zu den Hütten von Kvamsnysætrin, genauer: an der Gabelung des schlechten Fahrwegs links halten und den Weg (Traktorweg) bis zum Schluß gehen. Nicht dem Schild „Til fjells over bekken“ (= „Ins Gebirge über den Bach“) folgen, sondern vor dem Wasserfall, den der Fluß Buåa hier bildet, aufsteigen (Pfad). Oben pfadlos (grüner Flechtenteppich) zum Nordkopf des „Geißbergs“ Geitberget, der direkt auf der Nationalparkgrenze liegt und steil zum Tal Frydalen abbricht. Aussicht über das Tal und auf den See Furusjøen, aber nicht auf die Zentral-Rondane. Abstieg im Uhrzeigersinn. Oder weitergehen wie R 134d.

● **134d** **Vulufjellet** (Fjell, bis zu 1502 m)
Karte 1718 I.

Pfadlos; empfehlenswert als alternativer Anmarschweg (auch mit Zelt) zu den Hütten Rondvassbu oder Bjørnhollia. Auf der neuen Cappelen-Straßenkarte heißt dieses Gebiet jetzt Skjerelfjell, der Name Vulufjellet ist ganz getilgt.
Wie R 134c zum Berg nordre Geitberget aufsteigen. Der Blick fällt nun auf eine schwefelgrüne, von Rentiermoos dick bewachsene Hügellandschaft: das Vulufjellet. Teilweise ist hier so gut wie kein Blickkontakt mehr mit der Außenwelt möglich. Route am besten so: Dem Flüßchen/Bach Buåa, neben dem der Aufstieg zum nordre Geitberget erfolgt ist, weiter aufwärts folgen auf den Boden Bløyvangen (bis 1340 m) hinauf. Um wieder ein wenig Überblick zu gewinnen, vom

Boden nach Norden aufsteigen auf den Berg, den die topographische Karte als Skjerelfjellet, 1502 m, bezeichnet. Abstieg von hier auf dem Skjerelfjellet-Nordrücken, an dessen Fuß ein markierter Pfad verläuft: Auf diesem Pfad geht es nach Südosten hinab zur Selbstbedienungshütte Eldåbu (weiter wie R 122 f); nach Nordwesten hinab hingegen sind es auf diesem Pfad noch ca. 2 km zur Wasserscheide zwischen den späteren Flüssen Glitra und Musvolåi. An dieser Wasserscheide Pfadverzweigung: Nach rechts (= Osten) geht es zur bewirtschafteten DNT-Hütte Bjørnhollia (weiter wie R 122 e); nach grob Nordosten geht es pfadlos zur bewirtschafteten DNT-Hütte Rondvassbu (dazu siehe R 124 p).

● 134 e Varden (Hügel, 950 m)
Karte 1718 I.

Direkt nordwestlich des Hotels Rondablick erhebt sich der relativ aussichtsreiche Hügel Varden. Blick auf die Rondane über den See Furusjøen hinweg.

● 135 Eldåbu (DNT-Selbstbedienungshütte, 1000 m)

Südost-Rondane; 3 – 4 Std. zur Reichsstraße 220 (R 27 a). Karte 1818 IV.

Verproviantierte 14-Betten-Hütte; geschlossen 1. Mai bis 10. Juni. Auf der noch immer aktuellen topographischen Karte von 1964 ist die unlängst abgebrannte, aber inzwischen wieder hergerichtete Hütte nicht verzeichnet. Sie liegt auf Kartenblatt 1818 IV im letzten annähernd vollständigen Netzquadrat links unten im Wald östlich des Flusses Eldåi, der das Quadrat von Nord nach Süd durchfließt. Eldåbu ist sommers wie winters Durchgangshütte auf dem Weg Richtung Rondane oder Richtung Lillehammer. Eigentliche Bergziele in der näheren Umgebung fehlen. Auch erschweren Wasserläufe und Moore das unbeschwerte Herumgehen. Die empfehlenswertesten Pfade sind R 135 c zur bewirtschafteten DNT-Hütte Bjørnhollia und R 135 d zur bewirtschafteten DNT-Hütte Rondvassbu; beide Zielhütten sind gute Ausgangspunkte für Bergwanderungen und haben keinen Straßenanschluß.
Der Anmarsch zur Hütte Eldåbu erfolgt von der Reichsstraße 220 aus wie R 135 a oder R 135 b. Wer nur eine Dreiviertelstunde für den

Anmarsch investieren will, fährt – wie in R 27a geschildert – vom Kirchort Venabygd an der Reichsstraße 220 per Fahr- dann Mautweg zur Alm Eldåseter; von dort markierter Pfad nordwärts. Ein weiterer Ausgangspunkt für den Anmarsch, allerdings mit Durchschreitung des Flusses Eldåi, ist der südlich verlaufende Peer-Gynt-Almweg (siehe R 33a unter dem Stichwort Fryvollan).

Hüttenziele auf Pfaden ab Hütte Eldåbu (1000 m)

Zielname	höchste Höhe m	Stunden	Grad	Beschreibung
Venabu / Spidsbergseter	1000	4–5	unschwer	R 135a
Muvatnet	1272	4	unschwer	R 135b
Bjørnhollia	1200	5	unschwer	R 135
Rondvassbu	1250	6	unschwer	R 135d

● **135a Venabu / Spidsbergseter – Eldåbu** (DNT-Selbstbedienungshütte, 1000 m)
Unschwer, 4–5 Std., Anstieg ca. 250 m.
Karten 1818 III und 1818 IV.

Die Ausgangspunkte dieser geländemäßig gemischten Wanderung, die durch mooriges Gelände und meist durch Birkenwald führt, liegen an der Reichsstraße 220 auf dem Ringebufjellet: die Herbergen Venabu Høyfjellshotell und Spidsbergseter Fjellstue (beide siehe R 27a). Venabu nicht zu verwechseln mit dem weiter unten (= weiter südlich) gelegenen Kirchort Venabygd, wo von der Reichsstraße 220 eine Stichstraße abzweigt, über die der Pfad ebenfalls zu erreichen ist. Route R 135b ist interessanter.
Erstes Etappenziel von beiden Herbergen aus ist das Nordufer des Sees Flaksjøen, 905 m. Er liegt gut 2 km nordwestlich von Venabu bzw. 1 km westlich von Spidsbergseter; von beiden Herbergen führen Fahrwege an dieses Nordufer, die sich niemand zu benutzen scheuen sollte, da die Pfadalternative ziemlich sumpfig ist (der von Venabu aus in Frage kommende Fahrweg zweigt 1 km westlich ab). Am Nordufer enden die Wege, und der markierte Pfad beginnt mit Richtung Nordwesten: ansteigend, den Mündungsbereich des klei-

nen Tals Kverndalen durchqueren und noch 1 km weiter in dieser Richtung aufwärts bis auf knapp über 1000 m, schön und mit Aussicht. Nun gut 2 km abwärts durch Birkenwald, im Sumpf und an den Bächen die Vorteile hochschaftiger Gummistiefel genießend. Nach den gut 2 km wird die Alm Venåssetra erreicht, die auch über den oben erwähnten Fahrweg vom Kirchort Venabygd aus zu erreichen ist. Hier besteht nun die Möglichkeit, auf dem Weg bergwärts weiterzulaufen oder den Pfad (östlich des Wegs mit Hängebrücke über den Fluß Svartåa) zu nehmen. Beide treffen bei der Alm Eldåseter wieder zusammen. Von hier noch eine knappe Stunde auf dem markierten Pfad nordwärts.

● **135 b Muvatnet – Eldåbu** (DNT-Selbstbedienungshütte, 1000 m)
Unschwer, 4 Std., Anstieg ca. 230 m.
Karten 1818 III und 1818 IV.

Ausgangspunkt dieser gemischten Wanderung, die anders als R 135a meist oberhalb des Fjellbirkengürtels verläuft und dementsprechend mehr Sicht bietet, ist der Parkplatz (ca. 1060 m) an der Reichsstraße 220 an der Grenze zwischen den Provinzen Oppland und Hedmark; siehe R 27a unter dem Stichwort Muen (die Begehung des „Haufens“ Muen, 1424 m, direkt östlich der Straße ist zu empfehlen).
Der Pfad ist anfangs ein Weg, der vom Parkplatz nach Nordwesten hinaufführt zur Hütte Ramshytta (ca. 1100 m). Diese wird nach 2 km erreicht. Von der Hütte führt der markierte Pfad etwas mehr ansteigend nach Nordwesten hinauf zum Paß, 1272 m; links (= südwestlich) des Passes ragen die beiden Zinnen Ramstindan, 1325 m und 1331 m, auf; rechts erhebt sich der Höhenzug Ramshøgda (bis zu 1463 m). Vom Paß nach Nordwesten absteigen, vorbei am Moorgebiet Ramsholet, zunächst dem Fußbereich des Höhenzugs Ramshøgda folgend, aber nicht mit diesem nach Norden schwingend, sondern weiter nach Nordwesten und den Bach Svabubekken an der einzigen weitgehend moorfreien Stelle durchschreiten. Der Pfad schwingt nun nach Westen, wobei die Einsattelung zwischen der „runden Kuppe“ Rundhøi, 1228 m (südlich), und der „grauen Kuppe“ Gråhøi, 1336 m, Orientierungspunkt ist.

Von der Einsattelung 500 m sanfter Abstieg nach Westsüdwesten, dann nach Westen ebenfalls ca. 500 m über das Moor. Den aus dem Moor ausfließenden Bach durchschreiten (oder auch nicht, sondern ihm im diesseitigen Uferbereich abwärts bis zur Hütte folgen), dann kurz hinab zum großen Pfad, der nach rechts (= Norden) zur bewirtschafteten DNT-Hütte Bjørnhollia führt. Auf diesem Pfad (die Kreuzung liegt praktisch direkt an der Grenze des Nationalparks) südwärts gehen ca. 100 m, dann nach rechts zur Hütte (die erste ist eine private).

● **135c Eldåbu – Bjørnhollia** (bewirtschaftete DNT-Hütte, 914 m), via Vulutjørni
Unschwer, 5 Std., Anstieg ca. 100 + 140 = 240 m.
Karte 1818 IV.

Gemischte Wanderung, eher Talwanderung, zuletzt aussichtsreich; mit kulturhistorisch interessanten Funden.
Auf dem Pfad kurz ostwärts zum markierten Hauptwanderpfad, der nun immer in grob nördlicher Richtung nach Bjørnhollia führt (Richtung Süden führt er zur Alm Eldåseter, die Fahr-/Mautweganschluß ab Reichsstraße 220 hat; vgl. R 27a). Also nordwärts gehen, wo nach ca. 100 m die Grenze des Nationalparks Rondane erreicht wird. Nun Pfadkreuzung: Nach rechts (= Osten) führt der Pfad zur DNT-Selbstbedienungshütte Gråhøgdbu östlich der Reichsstraße 220 (5 Std. bis dorthin); nach links (= Nordwesten) führt der Pfad zur bewirtschafteten DNT-Hütte Rondvassbu (weiter wie R 135d); geradeaus (= nach Norden) aufwärts geht es weiter zur Hütte Bjørnhollia, begleitet vom Höhenzug Bågåskardshøgdin (bis zu 1364 m) östlich des Pfads. Nach 4 km ab Nationalparkgrenze wird die Wasserscheide P. 1092 erreicht (viele kleine Seen). Die Wasserscheide überschreiten und nach Norden hinab zum See søre Vulutjørnet, 1068 m, dessen zwei Zuflüsse durchschritten werden; der zweite, größere, fließt aus dem Tal Hornflågådalen heraus.
Der Pfad folgt dem Westufer des Sees søre Vulutjørnet am Fuß des Hornflågån-Südosthangs; im Osten hat sich inzwischen das Tal Vuludalen geöffnet, in das der See entwässert. Von Norden erhält der See zusätzlich Wasserzufuhr vom See nordre Vulutjørnet, 1081 m. Zwischen den beiden Seen wird der Wasserlauf durchschritten, und

am Ostufer des oberen Sees geht es dann das Tal Steindalen aufwärts. In der Umgebung der beiden Vulutjørni-Seen wurden rund 30 Grabhügel aus der Merowingerzeit entdeckt, ca. 700 n. Chr., darunter das einer Frau mit reichen Grabbeigaben. Außerdem sind Renfanggruben zu sehen. Gut 2 km talaufwärts bis zur Wasserscheide P. 1124, jetzt Aussicht. Das Berggebiet direkt im Osten ist die Geitsida mit dem aussichtsreichen Blåkollen, 1580 m, als höchster Erhebung. Der Pfad folgt ab Wasserscheide gut 1 km dem Geitsida-Westhang auf etwa gleichbleibender Höhe (leicht ansteigend) und führt dann noch knapp 3 km nach Nordnordosten hinab. Dort auf dem Weg nach Westen, den Ausfluß des Sees Myldingtjørnet auf der Brücke überschreiten und zur Hütte hinauf.

● **135d Eldåbu – Rondvassbu** (bewirtschaftete DNT-Hütte, 1173 m)
Mittel, 6 Std., Anstieg ca. 250 – 300 m.
Karten 1818 IV und 1817 I.

Tal- und aussichtsreiche Hochflächenwanderung. – Wie R 135c zur Pfadkreuzung. Dort nach links (= Nordwesten) weitergehen, auf etwa gleichbleibender Höhe, und den „tiefen Bach“ Djupbekken durchschreiten, einen Zufluß des Flusses Eldåi. Dem Fluß Eldåi nun 2½ km aufwärts folgen, bis immer mehr Pfadspuren auftauchen. Hier wird der Fluß durchschritten. Im Bereich des anderen = Südufers weiter flußaufwärts gehen. Der Pfad entfernt sich allmählich vom sumpfigen Uferbereich. Nun immer talaufwärts; das kaum ansteigende und stark versumpfte Tal Steinbudalen verzweigt sich am Ende; der Pfad bleibt immer auf derselben Seite und führt zur Einsattelung zwischen Skjerelfjellet, 1502 m, (links, vgl. R 134d) und Steinbudalshøi, 1387 m, hinauf. Von der Einsattelung geht es weiter nach Nordwesten (nun leicht abwärts und mit guter Aussicht) zur Pfadverzweigung an der Wasserscheide P. 1198 zwischen den Quellgebieten der späteren Flüsse Glitra und Musvolåi: Nach Osten führt der Pfad zur bewirtschafteten DNT-Hütte Bjørnhollia (weiter wie R 122e); nach Westen hingegen führt der Pfad, über den die Almsiedlung Mysuseter (R 122e), das Hotel Rondablikk (R 134) und die Hütte Rondvassbu zu erreichen sind: Dem Pfad abwärts folgen, an den Verzweigungen stehen Wegweiser.

Register
(Ziffern = Seitenzahlen)

Bergverlag Rudolf Rother – Verlagsprogramm

Landshuter Allee 49, 8000 München 19, Telefon (089) 12 21 30-10

Alpenvereinsführer

Allgäuer Alpen
Ammergauer Alpen
Ankogel-, Goldberggruppe
Berchtesgadener Alpen
Brentagruppe
Chiemgauer Alpen
Civettagruppe
Cristallogruppe, Pomagagnonzug
Dachsteingebirge Ost und West
Eisenerzer Alpen
Geisler-, Steviagruppe
Gesäuseberge
Glockner-, Granatspitzgruppe
Heiligkreuzkofel
Hochkönig
Hochschwab
Kaisergebirge
Karawanken
Karnischer Hauptkamm
Karwendelgebirge
Kitzbüheler Alpen
Lechquellengebirge
Lechtaler Alpen
Lienzer Dolomiten
Loferer und Leoganger Steinberge
Marmolada
Mieminger Kette
Ortlergruppe
Ötztaler Alpen
Pelmo
Puezgruppe und Peitlerkofel
Rätikon
Rieserfernergruppe
Rofangebirge
Rosengartengruppe
Samnaungruppe
Schiara
Schobergruppe
Sellagruppe
Sextener Dolomiten
Silvretta
Stubaier Alpen
Tannheimer Berge
Tauern, Niedere
Tennengebirge
Totes Gebirge
Venedigergruppe
Verwallgruppe
Wetterstein
Zillertaler Alpen

Gebiets- und Auswahlführer

Adamello-, Presanella- und Baitone-gruppe
Allgäuer Alpen
Allgäuer Bergland
Aostatal
Bayerisches Hochland Ost
Bayerisches Hochland West
Bayerische Voralpen (Kletterführer)
Berchtesgadener Alpen
Bergell
Bergamasker Alpen
Berner Alpen
Berninagruppe
Brandnertal
Bregenzerwald-, Lechquellengebirge
Brentagruppe
Dachsteingebirge
Dauphiné
Dolomiten Ost
Dolomiten West
Dolomiten mit Brentagruppe, Mendelkamm und Gardaseebergen (Klettersteige)
Dolomiten-Höhenwege 1–3, 4–7, 8–10
Nordöstliche Dolomiten
Südöstliche Dolomiten
Dolomiten, Mitterschwere Felsfahrten
Gailtaler Alpen
Gesäuse
Glockner-, Granatspitz- und Venedigergruppe
Gran Paradiso
Graubünden
Heilbronner Weg
Hindelang
Julische Alpen
Julische Alpen, Westliche
Julische und Steiner Alpen
Kaisergebirge
Kalkalpen, Nördl., Höhenwege
Kalkalpen, Nördl., Ost (Klettersteige)

Kalkalpen, Nördl., West (Klettersteige)
Kalkalpen, Nördl., West, Mittelschwere Felsfahrten
Karwendelgebirge
Kreuzeck-, Reißeck- und Sadniggruppe
Lechquellengebirge
Lechtaler Alpen
Loferer und Leoganger Steinberge
Marmolada und Fassaner Dolomiten
Montafon
Montblancgruppe
Norwegen
Ortlergruppe
Ötztaler Alpen
Palagruppe
Paznaun
Peitlerkofel und Plosegebiet
Peru
Pyrenäen
Rätikon
Rosengarten
Sarntaler Alpen
Schwangau
Sextener Dolomiten
Silvrettagruppe
Stubaier Alpen
Südtirol 1, 2, 3 und 4
Totes Gebirge
Tuxer Voralpen
Walliser Alpen
Watzmann-Ostwand
Wettersteingebirge
Zillertaler Alpen
Zoldiner und Belluneser Dolomiten

Wanderführer

Appenzeller Land
Berchtesgadener Land
Bodensee bis Brandnertal
Bregenzerwald
Chiemgau
Dolomiten
Gardaseeberge
Rund um Innsbruck
Rund um Meran
Montafon
Oberallgäu und Kleinwalsertal
Ostallgäu und Lechtal
Osttirol
Salzkammergut
Stubaier Alpen
Tannheimer Tal
Vinschgau
Zillertaler Alpen
Rund um die Zugspitze

Skiführer

Allgäuer Alpen
Haute Route
Kitzbüheler Alpen
Ortler
Ostalpen 1, 2, 3, 4, 5, 6, 7
Ötztaler Alpen
Silvretta und Rätikon
Stubaier Alpen

Alpine Lehrbücher

Die Anwendung des Seiles
Bergrettungstechnik
Bergwandern – Bergsteigen
Sicher Eisklettern
Alpine Eistechnik
Alpine Felstechnik
Sicher Freiklettern
Grundschule zum Bergwandern
Lawinen
Mit Kindern in die Berge
Orientierung im Gebirge
Alpine Seiltechnik
Tourenskilauf
Wetter und Bergsteigen
Alpines Wildwasserfahren

Bildbände

Abstieg zum Erfolg
Augenblicke oben – Klettern in den Westalpen
Bergell
Bernina
Dolomiten-Höhenwege 1–10
Das Gesäuse
Die Göttin des Türkis
High Life – Sportklettern weltweit
Hohe Ziele – Hütten der Alpen
Das Buch der Klettersteige
Luft unter den Sohlen – Klettern in den Sextener Dolomiten
Nepal – Schritt für Schritt
Die großen Skihütten der Ostalpen
Die großen Skihütten der Westalpen
Spurensuche – Anstiege auf berühmte
Gipfel der Ostalpen
Viertausender der Alpen
Wallis

Dombås
Joramo
Högsetra
Blæstra
Hardegg-lampen
Faksfall
Uleklelv
Arnkleiv
Björkhol
Mökjalasset
Korsvoll
Vårkinn
Hard-bakken
Haustgravi
Nyseterhö
Arnkleivshö
DOVRE
Storhö
Verkensåa
Gråsida
Einbuggdalen
Fjellheim kafe
Hornsjö
Vardhö
Gammel kongsgård
Ståkåhö
Mereftashö
Holum
Toftemo
Tofte
Dovre
Hornsjöhö
Sådalsveien
Lefinnlia
Sådalen
Skarshö
Musa
Nyseter
Åsa-grenda
Arnegård
Talleråsbrua
Vesle fjell
Svartdalsseter
Brennhö
Rudiåa
Holeseter
Jönndalen
Öyaseter
Musdalen
Jönndalen
Rudilökken
Storhö
Öyadalen
Ruddöldalen
Storkuven
46
Skog-bygda
Rishovda
Brånåhö
Jettdalen
Brennhaug
Skog-setrene
Kvamsladalen
Köyringi
Blähö
Vardehö
Hövringen
Skagsnebb
E 6
Svare
Håkenstad
Villa
Svee
Sandbu
Holung-seter
Horgen
Rosti
Anaipigg
Kvarberg
Valbjör
Vågå
Vågåmo
Horgesetran
Sandbakken
Peer
Sveom
Stavkirke
Heggeli
Otta
Holungsöyi
Nord-Sel
Putten
Klones
Kleppe
Vågårusti
Laurgard
Jörundstad
Formolia
Randen
Sjårdalen
Björnstad
Romund gard
Sel
Formo
Heimranden
Skårs
Tolstad
Selsmyrene
Okali
Olashovda
Sel Baksida
Klones-seter
Bringsfjellet
Lalm
Haldor-piggen
51
38
Crov
Flatningen
Bringen
Rindseter
Asårseter
Storvikseter
Reiret
Eide
Bergheim
Åsaren
Rudihö
15
Öya
Darthus
Gråhö
Heidal-skogen
Öyhusviken
Dale
Vesleseter
Skardå
Skarvhö
Veggum
Sanden
Fredet gård
Tro
Lemonsjöen
Strand
Heidal
Bjölstad
Tosetrene
Pillarguri
Lemon-sjöen skisenter
Lusefer
Skogbygda
Randen
Kruke
Ellingsbö
Randsverk
257
Skriu
Sjolia
Heidal
SEL
Harlaug
Leirflaten
Svartkampen
Ryen
Sandbu
Trondhus
Rinde-hovda
Rindseter
Storhö
Fuglseter
Ellingsbörusten
Kvernbru
Rusti
Faukstad
Sau-hovda
Steinhö
Grahö
Varp-haugen
Hovda
Nedre Tråsåfoss
Berdöla
Hög-setrene
Ryen
Riddersprangel
Brurusten
Stålane
Sjoa
Åmot